Anton Balthasar König

Biographisches Lexikon aller Helden und Militärpersonen

Erster Teil: A - F

Anton Balthasar König

Biographisches Lexikon aller Helden und Militärpersonen
Erster Teil: A - F

ISBN/EAN: 9783743641952

Hergestellt in Europa, USA, Kanada, Australien, Japan

Cover: Foto ©Andreas Hilbeck / pixelio.de

Weitere Bücher finden Sie auf **www.hansebooks.com**

Biographisches
Lexikon

aller

Helden und Militairpersonen,

welche sich

in Preußischen Diensten

berühmt gemacht haben.

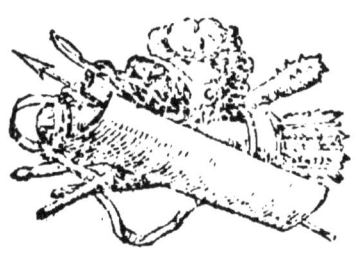

Erster Theil.

A — F.

Berlin,
bei Arnold Wever.
1788.

Vorbericht.

Ich lege hier dem Leser und den Liebhabern Schriften dieser Art, eine Arbeit vor, bei deren Uebernahme ich anfänglich weniger Mühsamkeit vermuthete, als sie mir wirklich gekostet hat, und bei der hoffentlichen Fortsetzung derselben noch kosten wird.

Wer viel und mancherlei Materialien zu verschiedenen Endzwecken sammlet, der kann, wenn sich zu einer Materie zufällig Nachrichten gehäuft haben, leicht verleitet werden, zu glauben, er habe so viel zusammengebracht, daß er eine Arbeit sicher anfangen und ausführen kann, ohne sich noch um viele Berichtigungen, Ergänzungen und Nachträge bekümmern zu dürfen. Allein, daß dies nicht so sei, habe ich bei Anfertigung dieses Werks erfahren, und in dessen Bearbeitung gefunden. Es würde mir eben so mühsam, als dem Leser unangenehm werden, wenn ich alle die unvermutheten Hindernisse beschreiben wollte, welche mir aufstießen, und die es unmöglich machten, weder so zu arbeiten, als ich es wünschte, noch mir immer in den vorzutragenden Anzeigen von

Männern,

Männern, deren Andenken ich erhalten wollte, gleich
bleiben konnte. Demohnerachtet aber finde ich es
nicht für ganz überflüßig, und zur Verhütung widri-
ger Urtheile, die man wider mich fällen könnte, einigermaßen nöthig, etwas von dem, was mir bei
meiner Arbeit begegnet ist, anzuzeigen.

Den ersten Gedanken, dieses Werk auszuarbei-
ten, bin ich dem, 1778 zu Hannover bei H. E. C.
Schlüter in 4to gedruckt erschienenen Verzeich-
niße sämtlicher seit dem Jahre 1608 bis zu dem
Ende des Jahrs 1777 in Königl. Preuß. Kriegesdiensten gestandenen Chefs der Regimenter,
Bataillons und Corps, schuldig. Ich kenne
den Verfaßer dieses Verzeichnißes nicht; allein, ich
muß gestehen, daß ich, der ich mit ihm zu gleichem
Endzwecke gearbeitet habe, es wohl einsehe, daß es
ihm nicht wenig Mühe und Fleiß gekostet. Demohnerachtet ist es nur ein bloßes Namenregister,
ohne die geringste wichtige Anmerkung begleitet,
welche sich Jedermann, da es erschien, darin zu finden wünschte, und die der Käufer mit Unwillen ver-
mißte. Anfänglich ließ ich dies Buch mit Papier
durchschießen, füllte die Lücken aus, da noch viele
Namen fehlten, sezte hie und da eine Anmerkung
hinzu, und da dieses in einem Zeitraume von sechs
Jahren zum öfteren geschehen war, schien mir's, als
wäre ein kleiner Vorrath zu einer vollständigen Anzeige von sämtlichen preußischen und brandenburgischen Generalen angewachsen, der es verdiene, mehr

aus-

ausgeführet und anwendbarer gemacht zu werden.
Ich fing nun an, ein großes Buch, mit gewissen
Eintheilungen, mit Namen nach dem Alphabete an-
zufüllen, und bei jedem einen Raum zum nachtragen
übrig zu lassen; hierin trug ich meine darauf erhaltene Nachrichten ein, und die Mitarbeiten an ver-
schiednen historischen Werken, gaben mir Gelegenheit,
nicht allein vieles nachtragen zu können, sondern auch
manchen bißher unbekannten, aber doch in seiner Art
wichtigen, Beitrag zu erhalten. Ich las alle Schriften durch, die von der preußischen Armee, und von
den Kriegen, darinnen solche zur allgemeinen Bewunderung so siegreich und rühmlich gefochten, zu
denen besonders die Seiffert- und Paulischen Nachrichten gehören, handelten; machte daraus die mir
zweckmäßig zu sein scheinende Auszüge, und nachdem dies geschehen, glaubte ich gewiß im Stande zu
sein, meinen Zweck ausführen, und ein biographisch-
militairisches Lexikon (denn so sollte der Titel einmal
heißen,) liefern zu können. Ich fing an zu arbeiten. Aber kaum hatte ich die Hälfte eines Buch-
stabens fertig, so sahe ich, wie viel mir noch fehlte,
wie ungeheuer meine Bemühung sein würde, und
daß ich meinen Vorsatz schwer ausführen möchte.
Dies erkältete meinen Eifer, ich warf Alles bei
Seite, und dachte nur dann und wann daran, zur
Befriedigung eigener Wißbegierde, oder zum Besten
des Gedächtnisses, von Zeit zu Zeit etwas aufzuse-
tzen oder aufzuzeichnen. Dieser Gedanke, nicht weiter zu arbeiten, ward noch mehr dadurch gestärkt,

* 3   daß

daß viele Personen, an die ich mich durch Briefe, um Beiträge, die ich nur von ihnen erhalten konnte, bittlich verwandte, mir nicht die geringste Beantwortung gönneten, und dies schlug mich völlig darnieder, und zog mich von meinem Vorhaben ab.

So verstrichen einige Jahre, während welchen ich doch noch immer von Zeit zu Zeit Nachträge machte, die mir nachher, bei einer wieder vorgenommenen Uebersicht meiner Sammlung, stark in die Augen fielen, und wieder reizten, mich dem ersten Vorsatze zu unterziehen. Es fanden sich auch noch überdas Gönner und Freunde, welche mir Quellen öfneten und nachwiesen, aus denen ich reichlich schöpfen und meinen Vorrath ansehnlich vermehren konnte. Ich fing daher an, Muth zu fassen, und beschloß, mich nun endlich einmal über alle Furcht hinwegzusetzen, und meinen Plan auszuführen. Jedoch, da ich wieder mitten in der Arbeit war, fing ich aufs neue an, mit allerlei vorher unbekannten Hindernissen zu kämpfen, wozu gehörte, daß es mir überhaupt schwer ward, mir in der Arbeit gleich zu bleiben, wie ich wünschte, und es mir vorher möglich zu sein schien. Endlich, da ich sahe, daß mit dies auf alle Fälle immer unmöglich bleiben würde, sezte ich meine Bemühungen kühn fort, und daburch bin ich in Stand gerathen, dem Leser den ersten Theil dieses Werks vorzulegen.

Ich sehe es ein, und gestehe es gern, daß die hier gelieferten Biographien, von so vielen Genera-

len

len und Offizieren, troz aller ungesparten For-
schungen und Nachsuchungen, hin und wieder Lüken
haben, die ich auszufüllen willig und bereit bin; allein dies kann nur mit der Zeit geschehen, je nachdem
sich die dazu nöthige Nachrichten darbieten und auffinden lassen. In dieser Absicht bitte ich alle diejenigen, deren Gelegenheit es zuläßt, etwas zur Er-
gänzung dieses Werks beizutragen, und besonders
diejenigen, an welche ich mich bereits schriftlich bittlich verwandt, und die mich bis jezt ohne Antwort
gelassen haben, recht angelegen und inständig, mich
in meinem Vorhaben geneigtest zu unterstützen, und
ihre Beiträge an den Herrn Verleger einzusenden.

Nach meinem gemachten Plane von diesem
Werke, wird solches in drei bis vier Bänden, jeder
ein Alphabet und einige Bogen stark, welche kurze
Biographien enthalten, der lezte Band aber aus lauter solchen Nachträgen bestehen, welche sich während
der Ausgabe einfinden und ergänzbar sind.

Keine andere Möglichkeit habe ich mir denken
können, nach der meine Absicht, so viel als immer
möglich vollständig zu werden, erreichbar werden
könnte, und ich hoffe, sie so zu erreichen.

Betrachtet man den Inhalt des Werks selbst,
so wird man ohne mein Rühmen finden, daß er in
vielerlei Rücksicht äußerst nüzlich, und bei manchen
vorkommenden Gelegenheiten brauchbar sein und
werden kann: Gewiß bin ich überzeugt, daß manche-

* 4   in

in diesem Werke befindliche Nachricht ganz sicher
verloren gegangen sein würde, wenn sie nicht hier
aufgezeichnet worden wäre. Denn es würde vieles wichtige auf die Nachkommenschaft gebracht und
erhalten werden, wenn die, welchen solches gelegentlich aufstößt und vorkommt, sogleich einen Platz
hätten, wohin sie solches bringen könnten; und das
ist nun hier bei dieser Arbeit vielfältig geschehen, da
ich zufälliger Weise manche Nachricht und manche
wichtige Anzeige da entdeckte, wo ich sie nicht ge-
sucht haben würde, und ihr einen Platz zum derein-
stigen Gebrauch anweisen konnte. Wie viel es aber
öfters nur auf ein einziges richtiges Datum an-
kömmt, in wie vielen Fällen solches, wenn es aufge-
funden werden kann, nüzlich und angenehm wird,
das habe ich, und, woran ich gar nicht zweifle, auch
viele andere, sehr oft gefunden.

Seitdem die löbliche Gewohnheit, Verstorbenen Gedächtnißreden zu halten, und solche im Druck
erscheinen zu lassen, sich verloren hat; seitdem ist
auch manche der Erhaltung werthe Nachricht in
Vergessenheit gerathen und unaufgezeichnet geblieben. Ja, man findet jezt sehr selten in den Zeitun-
gen angekündigt, daß ein oder der andere General
mit Tode abgegangen ist, und welche Verdienste er
sich im Dienste des Vaterlandes erworben habe.
Je mehr und mehr nun dies unlöbliche Verfahren
mit den Jahren zunehmen sollte; desto mehr Dank
wird der bei der wißbegierigen Nachkommenschaft ·
ver-

verdienen, welcher durch fleißige Erkundigungen
Nachrichten von andenkenswerthen Männern auf-
sammlet, und solche durch öffentliche Bekanntma-
chung mittheilt, und also zu erhalten sucht. Un-
sere Vorfahren haben sich diese Bemühung nicht
verdrießen lassen, und ohne derselben würden wir
sicher von vielen schäzbaren Personen wenig oder
gar nichts wissen.

Der Nachruhm eines wohlgeführten Lebens
bleibt ja immer der Hauptreiz für den Menschen,
edle Thaten und gute Handlungen auszuführen.
Wird man nun dagegen kaltsinnig, so muß man
auch billig fürchten, daß die Tugenden bei und unter uns seltener und ungeachteter werden, da man
keinen Zweck siehet, warum man sie lieben und aus-
üben soll; und da es darnieder schlägt, wenn alle An-
strengung, ein dem Vaterlande nüzliches Leben zu
führen, und alle Kräfte dazu aufzufordern, Vermögen und Gesundheit, ja selbst das Leben aufzuopfern,
vergessen, und in kurzer Zeit unbekannt werden.
Womit würde und könnte man es wohl entschuldi-
bigen, wenn man das Andenken großer Männer,
die für ihr Vaterland so entschlossen als tapfer ihr
Leben dahin gaben, zu vernichten suchte? — Das
Gedächtniß solcher Helden, die das Glück und eine
vorzügliche Geburt auszeichneten, ist einigermaßen
gesichert, lange erhalten zu werden; aber es giebt
auch andere brave Männer, deren Verdienste nicht
so glücklich gewesen sind, bekannt zu werden, ob sie

sich gleich)bestrebten, ihre Pflichten, so weit als es ihnen möglich war, in Ausübung zu bringen, Muster
zu werden, und die Nachkommen zur Bewunderung
und Nachfolge ihrer erreichten Größe zu reitzen.

Wie viele brave Männer, aus allen Dienstklas-
sen des Staats, wären nicht schon vergessen, wenn
sich nicht eine dazu aufgelegte Feder gefunden hätte,
ihnen ein Denkmal zu errichten! Und eben dann,
wenn eine Nation vorzüglich tapfer und edel geworden ist, und viel vorzügliche Menschen in allen Stän-
den der Gesellschaft hervorgebracht hat, dann muß
man um so vielmehr bemühet sein, das zu thun, was
ich eben gerühmet und empfohlen habe.

Die Regierungen der erhabenen Fürsten aus
dem Hause Brandenburg sind seit beinahe zweien
Jahrhunderten äußerst glücklich gewesen, große
Minister, tapfere Generale und berühmte Gelehrte
in allen Fächern der Wissenschaften, gehabt zu ha-
ben. Ich will nur bei den Generalen stehen bleiben.
Man erstaunt über die Anzahl derer, welche seit des
großen Churfürsten Friedrich Wilhelms Zeiten im
Dienste des Hauses Brandenburg gestanden und ge-
lebt haben. Ihre Menge wächst nun noch bei
der stehenden großen Armee, welche der preußische
Staat auf den Beinen hält, von Jahr zu Jahre.
Schon jetzt ist es mühsam, die häufigen Namen der
Feldherren, der Regimentsinhaber und der Anführer von einer geringeren Anzahl der Truppen, in's
Gedächtniß zu fassen, und sich ihrer bei vorkommen-
den

ten Gelegenheiten unterscheidend zu erinnern. Hierzu kommt noch, daß verschiedene preußische Geschlechter überaus glücklich gewesen sind, dem Staate eine
Reihe von Generale und vornehme Kriegesbediente
zu liefern; und diese werden sehr leicht mit einander
verwechselt: dadurch entstehen in historischen Nachrichten, von den Feldzügen der brandenburgischen
Truppen, auffallende und verwirrende Fehler, und
was der Tapferkeit des einen zugeschrieben wird, ist
einem andern zuständig, welches nicht leicht zu un-
terscheiden ist, wenn man nicht beide genauer kennet.
Hat man aber ein Werk, wie gegenwärtiges ist, bei
der Hand; so darf man sich nur die leichte Mühe
geben, und darin nachschlagen, wenn man von einem in militairischen Schriften gedachten Manne
etwas näheres wissen will.   Auch werden künftige
militairisch-historische Nachrichten, durch eine
Menge Noten, welche die darin vorkommende Generale und Offiziere näher bekannt machen, nicht
ausgedehnet werden dürfen; wie solches z. B. in
den Seiffertschen Schriften geschehen ist.   Endlich
siehet hier eine jede adeliche Familie, wie viel Feldherren, und in der preußischen Armee vorzüglich ge-
diente Offiziere, aus ihr entsprossen sind.

Charakteristische Nachrichten habe ich hier nur
sparsam anführen können; theils, weil solche schwer
zu erhalten sind, theils, weil man damit äußerst behut-
sam umgehen muß, wenn man nicht die Männer,
von denen man dergleichen anführen will, genau ge-

kannt

kannt hat; und lobredner und Schmeichler zu wer=
den, ist meinem Vorsaße zuwider gewesen. Nicht
alle hier vorkommende Generale waren Helden.
Viele haben diese Würde durch. die Menge von
Dienstjahren erreicht, ohne in solchen etwas vor=
zügliches verrichtet zu haben; und ich hätte in den
Fehler verfallen müssen, welchen man dem Professor
Pauli so sehr gerügt hat, da er alle Männer, deren
Leben er beschrieb, zu Helden machte, und sie mit
den grösten Feldherren des Alterthums, mit denen
die meisten von den ersteren wenig gemein hatten,
verglich, wenn ich dergleichen Erdichtungen hätte an=
bringen wollen. Ich erzähle von einem Jeden in die=
sem Werke vorkommenden Manne, je nachdem es
mir möglich gewesen ist, die dazu erforderliche Nach=
richten herbeizuschaffen: wenn und wo er gebohren
worden; wer seine Eltern gewesen; wenn er bei
der preußischen Armee in Dienste getreten; wie er
darin von einer Charge zur andern fortgeschritten;
welchen kriegerischen Begebenheiten von Wichtig=
keit er beigewohnet; wie oft und wo er verwundet
worden; wenn er gestorben ist; ob er verehlicht ge=
wesen, und ob er Kinder hinterlassen hat, deren
Anzahl und. Geschlecht zugleich bemerkt wird. Habe
ich hie und da von ihnen etwas Besonderes anfüh=
ren können, ist solches, wie man finden wird, sorg=
fältig und gern geschehen.

Nach meinem ersten Plane sollten auch genea=
logische Nachrichten beigefügt werden, welches sei=
nen

nen großen Nutzen in mancherlei Absicht gehabt
hätte. Z. E. ich war gesonnen, die Kinder der
Personen, welche hier gedacht werden, nebst ihren
Geburts- und Todesjahren, auch erreichten Würden, beizufügen. Allein, da der Herr Verleger
verlangte, so viel als möglich, in diesem Werke alle
Ausdehnungen zu vermeiden, und ich auch auf die
größere Anzahl von Lesern sehen muste, denen diese
Anzeigen vielleicht sehr überflüßig geschienen hätten:
so habe ich sie weggelassen, und finde auch dabei für
mich einigen Vortheil in der Arbeit, da die Herbei-
schaffung derselben gewiß höchstmühsam ist. Daß
ich endlich nicht alle die Schriften, welche ich be-
nuzt, hier angezeigt, und nur die Werke nachgewie-
sen habe, in welchen sich ausgedehntere oder voll-
ständigere Lebensbeschreibungen befinden, welche hier
kürzer vorkommen, dazu hat die Vermeidung der
Weitläuftigkeit Anlaß gegeben. Sonst kann ich
versichern, daß ich mit großen Kosten eine Menge
von kostbaren Büchern und Schriften zu meiner
Arbeit angeschaft habe.

Mein Werk ist also nicht bloßes Lesebuch; sondern vielmehr ein Buch zum Nachschlagen, und ich
hoffe, daß solches, da nie eines seiner Art existiret
hat, bei der preußischen Armee und den Liebhabern
der Vaterlandsgeschichte willkommen sein wird. Man
darf sich bei diesem ersten Theile nicht daran stoßen,
wenn man noch hie und da eine Lücke findet, auch
wohl eine Unrichtigkeit entdecket. Ich habe, mei-

ner

ner Ueberzeugung nach), gethan, was ich nur thun
konnte, um so viel als möglich etwas Vollständi-
ges zu liefern.   Ohne hinlängliche Unterstützung,
deren Mangel ich schon oben beschrieben und beklagt
habe, ist dies aber unmöglich geworden.   Jedoch,
schenkt mir Gott Gesundheit, Kräfte und Zeit, dies
Werk zu beendigen, und unterstützet man mich
mehr, als solches bis jetzt geschehen ist; so soll auch
das fehlende und mangelhafte im lezten Theile, der
zu dessen Aufnahme besonders bestimmt ist, willig
und gern nachgeholet und ergänzet werden.   Es ist
also keine neue Auflage zu befürchten.

In diesem lezten Theile werde ich auch besondere Nachrichten liefern, die gewiß willkommen sein
müssen.   Erstens werde ich in Form einer übersicht-
lichen Tabelle zeigen, wie viel Generalfeldmarschälle,
Generale von der Infanterie und Kavallerie, Generallieutenants, Generalmajors u. s. w., seit Churfürst Friedrich Wilhelms Zeiten, dem Hause Brandenburg gedienet, auch wie viel dazu, während einer jeden auf einander folgenden Regierung, kreiret
worden sind; und dies wird zu einer angenehmen
Uebersicht dienen, die manchen wesentlichen Vortheil, besonders für das Gedächtniß, gewähren wird.

Auch sollen in diesem lezten Theile, außer denen
schon vorgedachten Verbesserungen, zugleich die
Veränderungen, welche während dem Druck vorgekommen sind, gedacht und angezeigt werden; und so
glaube ich das zu leisten, was ich mir vorgesezt habe.

Was

Was nun die Schreibart betrift, welche ich ge=
wählet habe; so wird man finden, daß sie hauptsäch=
lich so eingerichtet ist, eine Kürze und Genauigkeit
zu bewirken. Ist sie nicht überall so rein und schön,
wie sie vielleicht der Kritiker fordert; so führe ich
hier zu meiner Rechtfertigung an: daß ich zwar den
lebhaftesten Wunsch gefühlet, solches zu beobachten
und zu erreichen; allein, man stelle sich vor, daß ein
einziger biographischer Artikel dieses Werks oft ei=
nen Tag Zeit kostete, um das gehörige dazu beizu=
tragen; daß ich in dieser Absicht eine Menge von
Nachrichten durchsuchen und viele gedruckte Werke
nachschlagen muste; daß ich in solchen immer einen
von dem andern abweichenden Vortrag der Sache
fand; daß ich dabei so viel widersprechendes entdeck=
te, welches ich gegen einander halten, vergleichen,
und das Beste und Wahrscheinlichste davon wählen
muste; daß diese Bemühungen so anstrengend wa=
ren, daß mir dabei die nöthigen Gedanken aufzufin=
den oft schwer wurden, und ich zur Erholung die
Feder weglegen muste; daß oft bei schon vollstän=
dig zu sein geglaubter Arbeit, bei der wiederholten
Uebersicht nöthige Verbesserungen und Einschaltun=
gen vorkamen, deren Anbringung gänzliche Umän=
derung des niedergeschriebenen erforderte; und daß
endlich meine Amtsgeschäfte, die Sorge für mein
häusliches Leben, und eine Menge von Privatstö=
rungen, es beinahe unmöglich machten, mir in mei=
nem schriftlichen Vortrage immer gleich und rein zu
bleiben. Wer sich Arbeiten dieser Art unterzogen

hat,

hat, der wird gefunden haben und fühlen, wodurch
ich zu entschuldigen bin, und mehr auf die Sachen
und deren Umfang sehen, welche ich hier geliefert
habe, als mich zu tadeln bemühet sein.

Denen würdigen Männern, welche mich mit
Rath und That unterstützet haben, sage ich hier meinen großen und verbindlichsten Dank, und versichere, daß ich ihre Liebe und ihr Wohlwollen stets dank-
bar verehren werde. Denen aber, welche meine
Bitten fruchtlos laßen werden, verzeihe ich von
Herzen, und überlaße es ihren eigenen Empfindun-
gen, wie sie sich gegen sich selbst entschuldigen wollen
und können.

Der Verfasser,

Bernhard

Bernhard Friedrich von Ahlimb,

Königl. Preuß. Obrister, Chef des magdeburgischen
Landregiments, Kanonikus des Stifts St. Nicolai
zu Magdeburg, Erbherr auf Ringenwalde
in der Uckermark.

Er ist in der Uckermark gebohren worden. Seine
Eltern waren Friedrich Wilhelm von Ahlimb,
auf Ringenwalde Erbherr, und Maria Tugendreich
von Barfuß. Hat von seinem 12ten Jahre an gedienet, der Belagerung von Stralsund und der Schlacht
bey Molwiz, in der er verwundet ward, beygewohnet.
1743 ernannte ihn der König zur Versorgung zum Obristen und Chef des magdrburgischen Garnisonregiments.
Starb den 6ten Januar 1757 zu Magdeburg in einem
Alter von 67 Jahren, und hat mit seiner Frau, Juliana Victorine von Werder, keine Kinder erzeuget.

Sein Bruder, war der, den 5ten Junius 1763
verstorbene Obriste und Kommendant des Bergschlosses
Regenstein, Joachim Wilhelm von Ahlimb, der
bis zum Jahre 1754 bei dem jetzig von Borckschen Dragonerregiment gestanden, und welcher oft mit dem vorgedachten Chef des Landregiments verwechselt wird.

George Friedrich von der Albe,

Königl. Preuß. Generalmajor und Chef eines Kui-
rassierregiments, auch Amtshauptmann
zu Lötzen.

War aus einem alt adelichen Geschlechte in Preußen
gebohren. Schon 1692 stand er als Major bei dem
Sonsfeldschen Dragonerregiment; ward 1703 den 9ten
Januar Obrister, 1710 den 21ten Januar Brigadier
von der Kavallerie, und erhielt 1711, nach dem Tode
des Generallieut. Friedrich Wilhelm Fryhn. von Sonsfeld, dessen Regiment, welches zu einem Kuirassierregiment gemacht wurde. 1713 den 12ten May ward er
Generalmajor, und starb 1717. Seit 1703 bis 1712
ist er Amtshauptmann zu Lötzen in Preußen gewesen.
Sein untergehabtes Regiment stehet jezt in der Altmark
in Garnison, und hat den Generalmajor Friedrich
Adolph Grafen von Kalckreuth zum Chef. Er war mit
N . . . . von Raab, aus Cleve, verehlicht,
mit der er muthmaßlich Kinder gezeuget.

Johann

Johann Ernst von Alemann,

Königl. Preuß. Generalmajor, Chef eines Dragonerregiments, Ritter des Ordens pour le Merite,
und Erbherr der Güther Kanckelfiß,
laßentin ꝛc.

Ist 1684 gebohren. Seine Eltern waren: Anton
Engelhard Alemann, Kön. Preuß. Beamter zu Berg-
holzhausen in der Grafschaft Ravensberg, und Beisitzer
des ravensbergischen Hofgerichts, und N . . Ortgießer.
Er wich 1792 seiner ersten Bestimmung zur Kaufmann-
schaft aus, und trat in Kriegesdienste als Gemeiner bei
dem du Weynischen Dragonerregiment, mit dem er in dem
spanischen Erbfolgekriege, in den Niederlanden, 1708
der Schlacht bey Oudenarde und 1709 der bei Malplaquet beiwohnte, und eine Kugel ins Bein bekam, die er
in der Folge, als ein Zeugniß seines bewiesenen Muths,
mit sich herumtrug. 1711 den 1ten April ward er
Fähnrich. 1715 machte er mit dem Regimente, bei
dem er stand, den pommerschen Feldzug mit, und war
bei der Belagerung von Stralsund zugegen. Sein überall bewiesenes Wohlverhalten empfahl ihn seinen Vorge-
setzten, die solches dem Könige Friedrich Wilhelm rühm-
ten, der ihn den 8ten Junius 1717 zum Lieutenant ernannte. 1720 den 17ten Julius ward er Staabshauptmann, und erhielt den 23ten Junius 1722 eine eigene Kompagnie. Als 1725, nach seines Chefs, des
von Weusen, Tode, das Regiment, welches aus 10
Kompagnien bestand, getrennt, und daraus zwei ge-

A 2   macht

macht wurden, davon eines der von Platen, das andere
aber der von Sonsfeld erhielt, kam er mit seiner Kompagnie, bei dem leztern zu stehen. 1731 den 21ten
October erhob ihn König Friedrich Wilhelm in den
preußischen Adelstand, um dadurch seinen Diensteifer zu
belohnen, und die hinterpommerschen Landstände beehr-
ten ihn, 1732 den 12ten März, mit dem pommerschen
Einzöglingsrechte. (Beide, ihm hierüber ertheilte Patente, finden sich in Pauli Leben großer Helden 4. Th.
S. 724. u. f.) Schon damals besaß er die Güther
Schwarzow, Wolchow und ein adelich Guth in Stre-
wenhagen in Hinterpommern, die er wieder veräußerte,
und dagegen die eben daselbst belegene Güther Kanckel-
fitz und Lassentin ankaufte. 1734 den 15ten May erhielt er Majorsbestallung, und ward 1741 den 12ten
Julius Obristlieutenant, da er in dem bekannten Lager
bey Genthin, unter dem Kommando des Fürsten Leopold von Anhalt, stand. Nach Aufhebung dieses Lagers,
kam er mit seiner Schwadron in Neuhaldensleben bei
Magdeburg zu stehen, wo er spürte, daß seine Gesundheit sehr wankelbar geworden war; deshalb suchte er
beim Könige die Diensterlassung nach, die ihm dieser
aber in einem sehr gnädigen Handschreiben vom 30ten
December 1741, als einem alten braven Officier, den
er nicht gern verlieren wollte, abschlug. 1742 kam er
mit dem Regimente, in die ihm angewiesene Standlä-
ger in der Grafschaft Glatz zu stehen. 1744 wohnte er
dem Feldzug in Böhmen bei, und stand bis nach der Vertreibung der Insurgenten aus Oberschlesien, bis in die
Mitte des Maymonats, in der Stadt Patschkau, unter
dem Oberbefehle des Markgrafen Karls. Bald darauf

half

half- er die in Schlesien einzubringen suchende Oesterreicher zurücktreiben, und hielt sich nebst dem Regimente
bei Jägerndorf so wohl, daß ihm der König, nebst den
sämtlichen Staabsofficieren desselben, den Orden pour
le Merite ertheilte. In der Schlacht bei Hohenfriedeberg war er ebenfalls zugegen, und ward 1745 den
1ten Julius Obrister. Diente darauf unter Anführung
des Generals von Nassau in Oberschlesien, und that sich
bei Neustadt und Kunzendorf, bei der Belagerung von
Kosel, und bei dem glücklichen Angriffe bei Holtschin
und Oderberg, auf das bravste hervor. Nach dem
Frieden 1746, rückte er mit dem Regimente, in das
Standlager zu Lübben bei Lignitz ein, ward den 6ten
December 1750 Generalmajor und Kommandeur des
Regiments, und erhielt 1751 den 23ten November das
Kattsche Dragonerregiment eigen. 1754 den 1ten
May, hatte er das Unglück, bei einer Uebung seines
Regiments, mit dem Pferde zu stürzen und die linke
Schulter zu zerbrechen. Der König bedauerte ihn die-
ses Unfall wegen in einem sehr gnädigen Handschreiben.
(Siehe Pauli a. O. S. 138.) Er ward zwar wieder
geheilt, begab sich auch, der völligen Wiederherstellung
wegen, ins Freyenwalder Bad, und den 16ten April
1754, mit königlicher Erlaubniß, nach Berlin; allein
seine Schwachheit blieb anhaltend, und er erhielt, 1755
im Junius, seine Dienstentlassung, mit einem Gnadengehalt von 1000 Thaler. Begab sich darauf nach seinem
Guthe Kanckelsitz, wo er seine letzte Tage in Ruhe zu-
brachte. 1757 den 2ten Junius, that er wieder einen
sehr schweren Fall, der ihn bettlägerig, und seinem Leben, den 4ten Junius 1757, in einem Alter von 74

Jah-

Jahren ein Ende machte. Er hat überhaupt 53 Jahr gedient, und ist mit Abigael Elisabeth von Borck vermählt gewesen. Sein Bildniß findet sich vor dem 5ten Theile von Pauli Leben Gr. Helden, so wie seine ausgedehntere Lebensbeschreibung im vierten Theile S. 119 — 142.

Achatz Heinrich von Alvensleben,

K. Pr. Generalmajor, Chef eines Dragonerregiments, Amtshauptmann zu Calbe ꝛc.

War 1716 den 16ten October im magdeburgischen gebohren, und ein Sohn des 1752 im März verstorbenen Friedrich Wilhelms von Alvensleben, auf Zichtau und Jenumeritz Erbherrn. Er stand bei dem von Czettritzschen Dragonerregimente, und ward bei demselben 1759 im März Obristlieutenant, 1761 im May Obrister; als solcher brachte er 1762 im November mit dem Generallieutenant Anton von Krockow, von Seiten der Preußen, mit dem kaiserlichen Generallieutenant Joseph Freiherr von Ried und dem Obristen Tonicoti des Fabris, von Seiten der Oesterreicher, den Vertrag wegen der ruhigen Winterläger zu Stande. 1763 im April erhielt er das Flanßische Dragonerregiment (jetzt von Thun), und ward 1766 im May Generalmajor. Starb zu Friedeberg in der Neumark, 1777 den 3ten April, im 62ten Jahre seines Lebens und 41sten seiner Dienste.

George

George Friedrich von Amstel,

K. Pr. Generalmajor von der Infanterie, Chef
eines Regiments zu Fuß, Kommendant der Festung
Stettin, Amtshauptmann zu Grüningen und
Ritter des Ordens pour le Merite.

Gebohren 1690 im Januar. Sein Vater war der
Obriste Dönhoffschen Regiments, Heinrich von Amstel und die Mutter eine von Königseck. Im Jahre
1707 ward er Unterofficier beim Dönhoffschen Regiment,
1709 Fähnrich, und 1711 den 1ten October Secondelieutenant. Wohnte 1715 der Belagerung von Stralsund und Einnahme der Insel Rügen, bei. Nach wiederhergestelltem Frieden, sandte man ihn nach Deutschland auf Werbung, wo er drei Jahre blieb. 1718
den 3ten September ward er Premierlieutenant, 1723
den 19ten August Staabshauptmann, und 1728 erhielt
er eine Kompagnie. 1734 wohnte er dem Feldzuge
am Rheinstrom bei, und 1737 nach wiederhergestelltem
Frieden ernannte ihn der König zum Major. 1740
ging er mit seinem Regimente, welches damals den General von Röder zum Chef hatte, nach Schlesien, ward
1741 den 1ten May Obristlieutenant, und war 1742
den 17ten May in der Schlacht bei Czaslau gegenwärtig. Im zweiten schlesischen Feldzuge ging er mit ge-
dachtem Regimente nach Böhmen, half Prag einnehmen und den Sieg bey Hohefriedeberg erfechten. Den
20ten Julius 1745 ward er Obrist des Schlichtingschen
Regiments, und war als solcher in dem Treffen bei
Soor, und bei dem Angriff bei Katholisch-Hennersdorf.
1753 den 14ten September erhielt er die Bestallung

A 4   als

als Generalmajor, und kommandirte noch eine Zeitlang
das Kanitzsche Regiment, bis er 1754 den 1ten Julius
ein eigenes erhielt, welches in Stettin sein Standquartier und jezt den Generalmajor von Scholten zum Chef
hat, und bald darauf, den 7ten Julius 1754, ward
er auch, nach der Entlassung des Generalmajor von
Treskow, Kommendant der Festung Stettin. 1756
ging er mit seinem Regimente nach Sachsen, wo er bei
Aufhebung des sächsischen Heeres war, und 1757 den
6ten May in der Schlacht bei Prag, worinnen ihm eine
Kartätschenkugel das Leben raubte. Sein Alter belief
sich auf 67 Jahr und 4 Monate, und seine Dienstzeit
auf 50 Jahre. Seiner Wittwe Elisabeth Eleonora
gebohrne von der Gröben, mit der er sich 1723 vermälet und sieben Kinder erzeuget hatte, gab der König
auf Lebenszeit eine jährliche Pension, und tröstete sie in
folgendem Kondolenzschreiben:

Besonders Liebe.

Ich habe Euer Schreiben vom 20ten dieses erhalten, und versichere Euch hiedurch mein aufrichtiges Mit-
leyden über den Verlust Eures bey der letzteren Bataille
auf dem Bette der Ehren verstorbenen Ehe-Mannes,
meines gewesenen General Major von Amstell, Ich
werde die von demselben Mir und Meinem Hause gelei-
stete vieljährige treue Dienste niemals vergessen, und
Mir ein Vergnügen machen, wenn Ich Gelegenheit habe, solche gegen Euch und die Eurigen in Gnaden zu er-
kennen. Ich bin Euer gnädiger König.

Im Lager vor Prag
den 30ten May 1757. Friedrich.

Ludwig

Ludwig Marquis von Angenelli,

Königl. Preuß. Generalmajor und Chef eines Freybataillons.

Er ist zu Bologna, aus einer alten und vornehmen Familie gebohren, und hat in verschiedener Staaten Dienste, z. E. als Obristlieutenant bei den baierschen Truppen, und als Obrister des ersten Bataillons Oranien-Nassau, bei der holländischen Landmacht, gestanden. 1756 im December kam er nach Dresden, nahm preußische Dienste an, und warb ein Freibataillon zu Merseburg. Im März 1758 ward er Generalmajor und erhielt im März 1760 die gesuchte Dienstentlassung. Ging nach Italien, wo ihn der Landgraf von Hessenkassel auf der Reise kennen lernte, und ihn in seine Dienste nahm, in welchen er als Generallieutenant, Chef eines Grenadierregimens und Ritter des heßischen Löwen- auch des pour la Vertu militaire-Ordens, 1784 verstorben ist. Er hat den Feldzügen von 1741 bis 1748 in Deutschland und den Niederlanden, und von 1757 bis 1759 in Schlesien und Böhmen rühmlichst beigewohnet, und ist 1755 bei Donawerth verwundet worden.

Christian der ältere, Fürst von Anhalt-Bernburg;

war 1610 Chur-Brandenburg- und Pfalz-Neuburgischer-Feldherr.

Er war ein Sohn Joachim Ernsts Fürsten von Anhalt und dessen erster Gemahlin Agnes Gräfin

von

von Barby, von der er 1568 den 9ten May gebohren worden. Er hat sich durch seine kriegerische
Thaten, den Ruf eines großen und erfahrnen Feldherrn seiner Zeit, durch ganz Europa erworben.
Diente anfänglich, König Heinrich dem vierten von
Frankreich, wider die Spanier und Ligisten, und führte ihm, im Namen verschiedener deutschen Fürsten,
ein ansehnliches Heer teutscher Völker zu Hülfe. Ue-
berließ darnach sein Generalat dem Vicomte Turenne,
und übernahm das Kommando der straßburgschen Truppen, wider die Lothringer, welche er den 3ten November 1592, aufs nachdrücklichste schlug. 1609
übernahm er eine Gesandtschaft, im Namen der verbundenen Städte, an den Kaiser Rudolph II. 1610
den 27ten Januar ward er zum General-Feldherrn
der Chur-Brandenburgischen und Pfalz-Neuburgischen
Völker, die zur Eroberung von Jülich bestimmt waren, bestellt. Half auch dem Prinzen Moriz von
Oranien die Festung Jülich einnehmen; wobei ihm
ein Pferd unter dem Leibe erschossen wurde. Darauf
schlug er 1619, als General des zum Könige von
Böhmen erwählten Pfalzgrafen Friedrich, die kaiserlichen Feldherren Dampier, und Buquoy, und kommandirte 1620 den 8ten November in der berühmten Schlacht bei Prag. Kaiser Ferdinand der 2te,
erklärte ihn als einen Reichsfeind 1621 in die Acht;
versöhnte sich aber bald wieder mit ihm. Er starb den
20ten April 1630. Seine Gemahlin war Anna
gebohrne Gräfin von Bentheim und Tecklenburg,
die ihm drei Prinzen gebohren.

Franz

Franz Adolf Fürst zu Anhalt-Bernburg-Schaumburg,

Herzog zu Sachsen, Engern und Westphalen, Graf zu Askanien und Holzappel, Herr zu Bernburg, Zerbst, Schaumburg und Lauenburg, K. Pr. Generallieutenant von der Infanterie, des schwarzen Adler- und St. Johanniterordens Ritter, Chef eines Regiments zu Fuß und Amtshauptmann zu Egeln.

Er ist 1724 den 7ten Julius aus der fürstlichen Ehe, Victor Amadeus Adolf Fürsten zu Anhalt-Bernburg und Charlotten Louisen gebohrnen Reichsgräfin zu Isenburg, gebohren worden. Nach der besten an ihn gewandten fürstlichen Erziehung, ging er 1738 nach Geneve, wo er Wissenschaften, nöthige Sprachen und nützliche Leibesübungen erlernte. Nach seiner Zurückkunft kam er 1740 nach Berlin, da König Friedrich der zweite so eben den Thron bestiegen hatte, an dessen Hof, und folgte ihm im ersten Feldzuge nach Schlesien. Als Volontair bewies er 1741 seinen Muth, im Sturm vor Glogau, in der Schlacht bei Molwitz und bei den Belagerungen von Brieg und Neisse. Darauf stellte er sich dem Könige, im Lager vor Neisse, zum Kriegesdienste dar, der ihn in sein Gefolge mit sich nach Berlin und Potsdam nahm, und ihm sodann eine Kompagnie bei dem Regimente von Lehwald in Preußen ertheilte. Mit solcher war er 1742 den 17ten May

in

in der Schlacht bei Chotuſitz; im folgenden Kriege 1745 den 14ten Februar bei Habelſchwerd, den 4ten Junius bei Striegau und den 30ten September bei Soor gegenwärtig, und kehrte 1746 ins Standlager des Regiments, in Preußen, zurück. 1749 den 5ten September, ward er Major. Im dritten ſchleſiſchen Feldzuge wohnte er 1757 den 30ten Auguſt der Schlacht bei Groß = Jägerndorf bei; hier ward ihm ein Pferd unterm Leibe erſchoſſen, und das zweite, ſo er beſteigen wollte, verwundet. 1757 den 13ten September erhielt er die Beſtallung als Obriſt= lieutenant. In der harten Schlacht bei Zorndorf, 1758 den 25ten Auguſt, ward er verwundet. Den 10ten December eben dieſes Jahres ward er Obriſt, und half den 17ten Januar 1759 Demmin einneh= men. Den 24ten Februar erklärte ihn der König zum Generalmajor, und gab ihm das Regiment des verſtorbenen Generalmajors Henning Alexanders von Kahlden, welches ſchon zuvor vier Chefs aus dem fürſtlichen Hauſe Anhalt gehabt hatte, und langte bei demſelben den 25ten April zu Dohna in Sachſen an. Befehlichte darauf eine Brigade bei dem Korps, welches der Generallieutenant von Finck in die Ober= pfalz und nach Franken führte. Gleich nach ſeiner Rückkunft nach Sachſen, ſtieß er mit dem Korps des General von Hülſen zur Dohnaſchen Armee, welche in Polen einrückte. Eine Krankheit, die ihn den 17ten Julius auf dem Rückzuge überfiel, verurſachte, daß er ſich nach Magdeburg begeben muſte, um da= ſelbſt ſeine Wiederherſtellung abzuwarten. Dieſe er= folgte im October, als in welchem Monate er ſich

schon

schon bei des Königs Armee befand, mit derselben
bei Köben über die Oder ging, um die Russen aus
Schlesien zu verdrängen. 1760 war er bei der Be-
lagerung von Dresden, und folgte wiederum des
Königs Heer nach Schlesien, wo er bei Lignitz den
15ten August den Sieg erfechten half, wobei ihm
aber auch ein Pferd unterm Leibe getödtet, und ein
anderes verwundet ward. Nachdem der König nach
Sachsen ging, blieb er unter dem Oberbefehle des
Generallieutenants von der Goltz in Schlesien, zur
Bedeckung. Dieser schickte den Prinzen am 4ten
November nebst dem Obristlieutenant Friedrich Daniel von Lossow und den Regimentern Bernburg,
Knobloch, Gablenz und 1000 Pferden, zur Bedek-
kung der Gegend von Ohlau und Strehlen, ab. Vom
18ten November, bis zur Mitte des Monats December, beobachtete er im Lager bei Waldenburg, den
bei Kunzendorf stehenden General Loudon, und nöthigte den Feind, Tannhausen und die umliegende
Gegenden zu verlassen, und den Preußen ein ruhiges
Winterlager zu verstatten, wozu der Fürst den 13ten
December Frankenstein gewählet hatte. 1761 sezte
er seine Beobachtungen auf die Oesterreicher, unter
dem General Loudon, auf dem Zeisgenberge, fort,
der wegen der ihm entgegen gesezten klugen Maßre-
geln, sich nicht getraute, einen Angriff auf ihn zu
wagen. Den 22ten März ging der Fürst mit seinen Truppen, nachdem er das Lager bei Kunzendorf
verlassen hatte, über Striegau, und befand sich bald
bei dem Korps des Generallieutenant von der Goltz,
bald bei dem Korps, welches der Generallieutenant

von Ziethen gegen die Russen, kommandirte, und stieß
endlich wieder zur Armee des Königs, mit der er
sich in dem festen Lager bei Bunzelwitz, gegen die
österreichische und rußische Hauptmacht vertheidigte.
Nach Trennung der feindlichen Heere, sandte der König den Fürsten nach Neisse, wo er den Winter hin-
durch stehen blieb. 1762 befand er sich mit seiner
Brigade bei dem Korps des Grafen von Neuwied,
welches während diesem Feldzuge in Schlesien und
Böhmen wichtige Thaten ausführte, und stark gebraucht ward. Den 6ten Julius war er bei dem
Angriffe bei Adelsbach, dem Einfalle in Böhmen,
und den 21ten Julius bei dem Angriffe der Leutmannsdorfer Anhöhen; half hierauf Schweidnitz belagern, und befand sich stets um die dritte Nacht
in den Laufgräben. Nach der Uebergabe dieser Festung an den König, ging der Fürst nach Sachsen,
und blieb bis zum Frieden, 1763, in Leipzig stehen.
Hierauf rückte er in das alte Standlager seines Regiments in Halle ein, wo er sich eine allgemeine Liebe, durch seine edle Handlungen erwarb.

1764 den 1ten October ward er zu Sonnenburg
zum Johanniterritter geschlagen, und auf die Kom-
thurey Lagow angewiesen. 1766 im Junius gab ihm
der König die Amtshauptmannschaft zu Egeln. 1771
den 21ten May ward er Generallieutenant und erhielt den großen schwarzen Adlerorden. Im Jahr
1778, im baierschen Erbfolgekriege, befehlichte er
den größten Theil des Prinz Heinrichschen Heeres in
den Kantonnirungsquartieren. Hatte sein Korps zu
Acken,

Acken, und kommandirte im Winter von 1778 bis
zum Frühjahr 1779 das ansehnlichere, welches zur
Bedeckung der Lausitz bestimmt war, mit Tapferkeit
und kluger Vorsicht, welche ihn in der längst er-
worbenen Gnade des Königs noch mehr befestigten.
Er starb zu Halle 1784 am 22ten April im 60sten
Lebensjahre; nachdem er dem königlichen Hause, mit
Ruhm und Ehre, 44 Jahre eifrig gedienet. Sein
Regiment erhielt der Obriste von Kellerschen Regiments Heinrich Ernst von Leipziger. 1762 den
19ten October hatte er sich mit Maria Josepha
Gräfin von Haßlinger vermählet, die ihrem Gemahl 1785 den 2ten December, zu Halle, im Tode
folgte, und sind aus dieser fürstlichen Ehe ein Prinz
und zwei Prinzessinnen gebohren worden.

August Ludwig, regierender Fürst von
Anhalt-Cöthen,

K. Pr. Generallieutenant, Ritter des Elephanten-
weißen Adler- und Seraphinenordens, Senior des
ganzen fürstlichen Hauses Anhalt.

Er war der zweite Sohn Emanuel Lebrechts
Fürsten von Anhalt-Cöthen und Gisel Agnes
gebohrnen von Rath, die vom Kaiser zu einer
Reichsgräfin von Nienburg erhoben worden, und die
ihn 1697 den 9ten Junius zur Welt gebohren. Da
dieser Fürst in der preußischen Armee nie würklich gedienet, so kann ich nur, um Weitläuftigkeit zu vermeiden,

meiden, dies von ihm anführen: daß ihn der König
von Preußen, 1753, zum Generallieutenant seines
Heeres ernannt, und ihm der Rittmeister von der
Gröben, den 6ten Februar, den Montirungsdegen
und Port d'Epee überbrachte. Er wollte zu preußischen Diensten ein besonderes Bataillon werben, woran ihn aber der Tod hinderte; denn er starb den 6ten
August 1755 im 59ten Jahre seines Alters und
27ten seiner Regierung. Sein ausführliches Leben,
findet sich in den bekannten genealogisch-historischen
Nachrichten für das Jahr 1755 S. 993 u. f.; sein
Bildniß aber, von Sysang gestochen, in Lenzens Bre-
mann. enucl. S. 902.

Carl George Leberecht Fürst von Anhalt-Cöthen,

K. Pr. Generalmajor von der Kavallerie, Ritter
des Elephanten- weissen- und schwarzen Adler- auch
des l'Union parfaite-Ordens, Senior des
fürstlichen Hauses Anhalt.

Er war ein Sohn des vorerwähnten Fürsten August Ludwigs von Anhalt-Cöthen und seiner
zweiten Gemahlin, Johanna Emilia gebohrne Gräfin von Promniß, die ihn 1730 den 15ten August
zur Welt gebohren. Vormals stand er in königlichen
dänischen Kriegesdiensten, bis er 1755 den 6ten August, nach Absterben seines Herrn Vaters, die Regierung antrat. 1780 den 10ten Junius ernannte
ihn

ihn der König Friedrich der zweite von Preussen zum
Generalmajor von der Kavallerie, und erlaubte ihm,
die Uniform des Kürassierregiments von Rohr, die
er sich gewählt und ausgebeten, zu tragen. Er ver-
säumte es nie, den großen Friedrich bei seinen jährlichen Musterungen zu begleiten, und dabei die gröste
Aufmerksamkeit, auf alle bei diesen Gelegenheiten vor-
gekommenen Dinge, zu äußern; welches er bei dessen
Nachfolger fortsezt.

Johann George Fürst von Anhalt-Dessau,

Chur-Brandenburgischer Generalfeldmarschall,
Stadthalter in der Churmark Brandenburg, würk-
licher Geheimer Staats- und Kriegesrath und Chef
eines Regiments zu Pferde und eines zu Fuß,
wie auch Senior des fürstlich-anhältschen
Hauses.

Ward gebohren 1627 den 7ten November. Seine
Eltern waren, Johann Casmir Fürst von Anhalt-Dessau und dessen erste Gemahlin, Agnes,
gebohrne Landgräfin von Hessenkassel. Nach einer fürstlichen Erziehung und zurückgelegten Reisen,
trat er 1655 in schwedische Kriegesdienste, erhielt
vom König Gustav Adolph ein Regiment zu Pferde,
und vertheidigte im folgenden Jahre die Stadt Ko-
nitz in Pomerellen, wider die Polen, welche er, nach
einer tapfern Gegenwehr, endlich doch zu übergeben,

B   genöthigt

genöthiget ward. In dem Kriege, welchen darauf
Schweden gegen Dännemark führte, half er die Festung
Friedrichsöde auf der Halbinsel Jütland erobern. 1657
nahm er churbrandenburgische Kriegesdienste an, ward
den 1ten Februar dieses Jahres Generalmajor, den
1sten August 1658 General von der Kavallerie und
Stadthalter der Churmark Brandenburg. 1666 gab
ihm der Churfürst ein Regiment Kavallerie (jezt von
Bohlen Kuirassier). 1668 erhielt er die Regierung
seiner Erblande. 1670 den 24ten Januar bekam er
die Charge eines Generalfeldmarschalls, und wurde dem
berühmten Dörfflinger vorgezogen. 1672 sandte ihn
Churfürst Friedrich Wilhelm zweimal an den kaiserlichen
Hof zu Wien, mit dem Auftrage, einige Unterstützung
an Truppen, zu dem Vertheidigungsbündnisse mit Holland auszuwürken. Nach der Schlacht bey Fehrbellin,
mußte der Fürst einen Zug nach Pommern thun, wo er
den Schweden die Stadt Greiffenhagen abnahm. 1683
wiederholte er die Gesandschaft nach Wien, und wohnte
während der Belagerung dieser Stadt, dem geheimen
Kriegesrath und dem bekannten Entsatz mit bei. 1679
trat der Obriste und Gouverneur zu Reinstein, Johann
Fürgel, sein Regiment zu Fuß (jezt von Leipziger) ab,
welches der Fürst den 5/12 May erhielt. 1688 den
29ten September ward er zum würkl. Geheimen Kriegesrath ernannt. War der Churfürst in Kriegeszeiten
abwesend, so verwaltete er seine Stadthalterschaft mit
Ausübung der, dieser hohen Stelle anhängenden Würde, und korrespondirte mit demselben über alle und jede
wichtige Vorfälle, welches denn besonders, während
dem Einfalle der Schweden in die Mark, häufig geschahe.

Thaler gehabt auch dahin, zu seiner Kriegszucht ansehnliches Gehalt. 1664 stand er mit 16000 Thaler, auf dem jährlichen Kriegsetat, und hatte 1668 noch überdem monatlich 200 Thaler, 2 Eimer Rheinwein, 5 Eimer Landwein, 3 Centner Fische, Wildpret und nothdürftig Holz. Dieses Gehalt wurde zwar, da die häufigen Kriegsausgaben der Churfürsten zu Einschränkungen seines Etats nöthigten, heruntergesetzt, wie er denn 1670 den 8ten Februar, bei einer allgemeinen Reduktion sich erklärte, mit 11000 Thalern zufrieden zu seyn, allein es blieb doch noch immer ansehnlich, und man findet, daß solches in der Folge, bei Erholung der Kassen, wieder erhöhet wurde; denn, 1688 hatte er 18400 Thaler Gehalt, ohne andere mannigfaltige Einkünfte mitzurechnen. Er starb zu Berlin, 1693 den 17ten August, im 66ten Lebensjahre, in einem Durchlaufe. 1659 den 9ten Julius vermählte er sich mit Henriette Catharine, Tochter des Prinzen Heinrich Friedrichs von Oranien, von der eilf Kinder geboren worden.

Leopold I.,

regierender Fürst zu Anhalt, Herzog zu Sachsen, Engern und Westphalen, Graf zu Askanien, Herr zu Zerbst, Bernburg und Gröbzig 2c. Senior des gesammten fürstlichen Hauses Anhalt, Kön. Preuß. erster kommandirender Generalfeldmarschall, wie auch Generalfeldmarschall des Heil. R. R., württ.

Gehei

Geheimerkriegsrath, Gouverneur der Stadt und Festung Magdeburg, Obrister über ein Regiment zu Fuß, Ritter des schwarzen Adlerordens ꝛc.

Er war ein Sohn des vorerwähnten Fürsten Johann George des IIten von Anhalt, und ist 1676 den 3ten Julius gebohren worden. Schon 1688 den 9ten Januar ernannte ihn Kaiser Leopold zum Obristen des Alt-Diepentalschen Regiments zu Fuß, welches er in der Folge bekam, und bis zum Karlowitzer Frieden, 1699, behielt. Da sein Vater 1693 starb, erhielt er dessen Regiment zu Fuß, in chur-brandenburgische Dienste. Nach der Reise, welche er in diesem Jahre nach Italien antrat, und von der er 1695 im Februar zurück kam, ging er in die Niederlande ins Feld, und war der älteste Obriste bey den brandenburgischen Truppen, die in Braband fochten. Bar Namur war er beigabler, und half solches den 24ten August einnehmen. 1696 den 14ten März ward er Generalmajor und diente bis 1697 in den Niederlanden, da der ryswickische Frieden erfolgte. In eben diesem Jahre ließ er sich in den Johanniterorden aufnehmen, und trat 1698 nach erlangter Majorennität die Regierung seiner Lande an. 1701 führte er zwei Bataillons nach Cleve, wo er unter dem Befehle des Generallieutenants von Heyden stand. Am 3ten Julius ertheilte ihm König Friedrich der erste, die Stadthalterschaft des Herzogthums Magdeburg. 1702 war er bei der Belagerung von Kaiserswerth, zwang die Besatzung zu Kempen, so in 100 Franzosen bestand, in Person, ihm solche zu übergeben. Muthig wohnte

wohnte er den Eroberungen von Lüttich, St. Michael
und Rüremonde, bei. 1703 den 18ten Januar erhielt
er den schwarzen Adlerorden, und ward den 13ten April
Generallieutenant. Bei dem Sturme vor Bonn und
der Einschließung von Geldern, war er zugegen. Im
Junius mußte er 6 Battaillons und eben so viel Schwadronen zum Reichsheer, an die Donau, führen, wo er
im August anlangte; und unter Styrum bei Hausheim
stehen blieb, um die Franzosen, die daselbst bei
Dillingen und Lauingen unter dem Befehle des Duc
d'Usson standen, zu beobachten. Bei Höchstädt wollte
ihn der Fürst angreifen, allein, nachdem die preußische
Reuterei die französische in einen Morast gejaget hatte,
zog sich d'Usson zurück, und ward von dem Fürsten bis
an die Vorstädte von Nördlingen mit drei Grenadier-
compagnien verfolgt. Das tapfere Verhalten Leopold's
wider den berühmten Villars, gegen den er das Sty-
rumische Heer deckte, und stets den Nachzug mit seinen
Grenadieren machte, wird in der Geschichte dieses Krieges mit vielem Ruhme, zu Ehren seiner und der Bran-
denburger, die unter ihm fochten, gedacht. Im folgenden 1704ten Jahre diente er ebenfalls beim Reichsheere, und ward mit 5 Battaillonen und 9 Schwadronen
Preußen verstärkt. Den 20ten Junius ward er General von der Infanterie, und stand unter dem großen Eugen. In der merkwürdigen Schlacht bei Höchstädt
commandirte er die Preußen auf dem rechten Flügel,
und als diese im Treffen durch die französische Reuterei
in Unordnung gerathen wollten, nahm er eine verlassene
Fahne aufs Pferd, und führte sie zu einem neuen Angriffe an, dadurch Sieg zuwege brachte. Hierauf ver-

B 3   folgte

folgte er den flüchtigen Feind bis Kronweissenburg und
Landau, welches letztere er belagern und erobern half;
und sodann die Preußen in die in der Oberpfalz angewiesene Winterquartiere führte. 1705 ging er mit seinen Truppen unter Eugen nach Italien, kommandirte in
der Schlacht bei Cassano den linken Flügel, und führte
das Heer ins Lager bei Treviglio zurück. Hier überfiel
ihn den 17ten August ein Fieber, welches ihn nöthigte,
sich nach Brescia bringen zu lassen. Nach seiner Wiederherstellung kam er den 12ten September wieder ins
Winterlager seiner unterhabenden Truppen, und reiste
sodann nach Deutschland. 1706 war er schon wieder
in Italien, und in dem Treffen bei Calcinato, so wie
bei Ersteigung von Piazezza den 5ten, und bei dem glücklichen Entsatz Turins am 7ten September gegenwärtig;
bei welcher letzteren Gelegenheit er sich besonders hervorthat, und mit den Preußen zuerst die feindlichen Verschanzungen erstieg. Die Folgen dieser siegreichen Thaten waren, daß die Franzosen die ganze Lombardey verlohren. Hierauf eroberte der Fürst noch Novara, die
Stadt Mailand, den Paß Ghiera, Pizzighitone und
Alexandria, und bezog sodann die Winterläger; reiste
darauf wieder nach Deutschland, und führte im folgenden Jahre 1707 die Preußen in Italien wieder an.
Half Toulon belagern; vertrieb die Feinde aus den Linien bei Susa, und nahm diese Festung weg. 1708,
da König Karl der zwölfte in Deutschland stand, war
er nicht zu Felde. 1709 diente er als Freywilliger in
Brabant, und war mit dem Kronprinzen von Preußen,
nachmaligen Könige Friedrich Wilhelm dem ersten, bei
der Schlacht bei Malplaquet und der Eroberung von

Mons.

Mons. 1710 befehlichte er die Preußen in den Niederlanden, und ward in den Laufgräben vor Douay, durch ein Stück Holz, welches eine Flintenkugel losgeschlagen hatte, über dem Auge verwundet. Nachdem sich Douay ergeben hatte, deckte er die Belagerung von Bethune, und führte den Oberbefehl bei der Belagerung von Aire, welches er glücklich eroberte. 1711. überstand er wiederum ein hitziges Fieber zu Bethune, und half nach seiner Wiederherstellung die feindlichen Linien unterhalb Arras ersteigen, und Bouchain erobern. 1712 fing er die Belagerung von Landrecy an, die er aber wieder aufheben muste, da der Herzog von Albemarle von dem von Villars geschlagen worden, auch außerdem sich bei dem Heere der Verbundenen alle Thätigkeit verlohr. Vor dem Schluße des Utrechter Friedens führte er aber noch die glückliche Ueberrumpelung des Schloßes Mörs aus. In diesem Jahre den 2ten December ward er zum Generalfeldmarschall ernannt, und dem Grafen von Lottum vorgezogen, der sich deshalb zwar beklagte, allein nichts ausrichtete.

Nachdem König Friedrich Wilhelm der erste den 25ten Februar 1713 den Thron bestieg, half der Fürst ihm die neuen Einrichtungen bei dem preußischen Heere einführen, und 1714 die Vermehrung desselben mit vielen Regimentern und Kompagnien besorgen. Zu seinen damals eingeführten Verbesserungen gehöret die Erfindung der eisernen Ladestöcke, wodurch der Soldat mit einer außerordentlichen Geschwindigkeit laden, und sein Gewehr brauchbar und würksam machen konnte. 1715 kommandirte er das Heer von Preußen, das sich zwischen

Schwedt

Schwebt und Stettin zusammenzog, und wozu noch
8000 Mann Sachsen stießen, gegen die Schweden in-
Pommern. Ging bei Loitz über die Peene, und nahm
Anklam, Wolgast und Greifswalde weg, worauf er zu
Stralsund anlangte, sich mit den Dänen vereinigte, Usedom und die Penamünder Schanze eroberte. Mit 35
Schwadronen und 24 Bataillons landete er den 15ten
November auf der Insel Rügen, vertrieb die unter Anführung Karl des zwölften fast verzweifelt fechtende
Schweden, und eroberte diese Insel völlig. Kam den
22ten wieder im Lager vor Stralsund an, welches sich
den 23ten December ergeben muste. Nach wiederher-
gestellter Ruhe bestanden seine Geschäfte in der Verwaltung der Regierung seines Landes und der Verbesserung
und Uebung der preußischen Truppen. 1719 ward sein
Regiment mit einem Bataillon vermehrt, welches seitdem stets aus drei Bataillons bestanden hat. 1724
durchreiste er Franken und Schwaben, und wohnte
1730 dem bekannten Kampement bei Mühlberg bei.
Bei den Musterungen, welche König Friedrich Wilhelm
der erste jährlich mit seiner Armee vornahm, befand er
sich sehr oft, besonders in Berlin und Magdeburg, gegenwärtig. 1734 erhielt er die Reichsgeneralfeldmar-
schallswürde, und besahe in eben diesem Jahre das
Reichsheer, und das französische Lager, welches erstere
er auch 1735 in Augenschein nahm, ohne dabei zu dienen; indem er erst 1737 die Reichsfeldherrnwürde öffentlich annahm, und dem Herzoge von Lothringen
die erste Stelle überließ, sich aber mit der zweiten
begnügte.

Im

Im ersten schlesischen Kriege, der sich 1740 nach der Thronbesteigung König Friedrichs des zweiten anhob, ward er im Januar 1741 nach Berlin berufen, wo ihm der König auftrug, bei Brandenburg ein Lager von 30000 Mann zusammenzuziehen, welches den 4ten April einrückte, und zwischen Genthin und Krahen angelegt war. Nachdem solches hier verschiedene Monate gestanden, ward es den 8ten September nach Gröningen an der sächsischen Gränze verlegt und bezogen; ging aber schon den 12ten Oktober wieder aus einander in die Winterquartiere. Hierauf ging der Fürst zum Könige nach Schlesien, wo er bis zum 24ten Oktober blieb. Den 12ten May 1742 erhielt er von demselben den Auftrag, 4 Regimenter Reuter, 14 Bataillons Fußvolk und 28 Grenadierkompagnien nach Schlesien zu führen, und die Anführung des königlichen Heeres daselbst zu übernehmen. Den 5ten April aber sollte er nach einem andern Befehle diese Völker durch die Lausitz nach Böhmen führen. Er theilte sie daher in drei Haufen, mit welchen er über Zittau und Reichenberg nach Kratzkau zog, und sie allda dem Oberbefehle des Prinzen Leopold Maximilian übergab. Er selbst aber ging den 25ten April zum Könige nach Chrudin, der ihm den Hauptbefehl über das Heer in Oberschlesien übergab. Er nahm seinen Weg über Königsgrätz, Glatz und Neisse, nach Jägerndorf, und verwandte viel Sorgfalt, zum Besten dieser Festungen und der unter ihm stehenden Völker. Troppau ließ er einigermaßen haltbar machen; feierte den Sieg von Czaslau bei seinen Völkern, wies den Feind bei Klein-Glogau zurück, und ging nach geschlossenem Frieden nach Neisse, wo solcher in seiner Gegenwart

wart bekannt gemacht wurde. Aus Schlesien begab er
sich nach seinem Lande, wo er bis zum Ausbruch des zweiten Krieges der Ruhe genoß.

1744 den 25ten September übertrug ihm der König den Oberbefehl über alle in der Churmark und in den
Herzogthümern Magdeburg und Pommern stehenden
Regimenter, um damit die preußischen Staaten zu
schützen, welchen er auch übernahm, und diese Völker
zusammenzog. Den 28ten September rief ihn der Kö-
nig nach Schweidnitz, und übergab ihm sein dasiges
Heer, um mit demselben Schlesien und Glatz zu decken.
In diesem und dem folgenden Jahre wandte er alle
Klugheit eines weisen Feldherrn an, die ihm zum Schutz
übergebenen Länder gegen den Feind zu sichern, dessen
Absichten er sehr oft vereitelte, besonders, wenn er über-
zeugt zu seyn glaubte, ihn überraschen zu können. Der
Markgraf Karl nahm ihm darauf den wohlgeführten
Oberbefehl in Oberschlesien ab, und er reiste den 31ten
März 1745, nachdem er zuvor mit dem Könige in
Neisse sich unterredet, nach seinen Staaten ab. Kaum
war er daselbst angelangt, so erhielt er schon im April
den königlichen Befehl, im magdeburgischen ein Heer
gegen Sachsen zusammenzuziehen. Dies geschahe im
Julius, und den 12ten August bezog der Fürst das Lager bei Gattersleben, und den 26ten bei Wießke. Den
30ten ward er von dem Prinzen Dietrich mit einigen
aus Böhmen gekommenen Regimentern verstärkt. Den
31ten August rückte er ins Lager bei Dieskau und be-
setzte Halle und Treuenbrietzen, wo er den 2ten Oktober
eine zweite Verstärkung unter Anführung des General-

lieute-

Lieutenants Grafen von Gesler erhielt, wodurch sein
Heer zu der Stärke von 25 Bataillons, 50 Schwadronen Reuter und 2 Husarenregimenter anwuchs. Den
15ten Oktober ging das Lager auf königlichen Befehl
aus einander, und die Regimenter bezogen ihre ehemaligen Standquartiere. Allein, die neuen Maaßregeln
der Feinde des Königs nöthigten demselben zu einem
Winterfeldzug, wozu er dem Fürsten Leopold ebenfalls
Befehl ertheilte. Er versammlete daher das Heer, das
er aus einander gehen lassen, bei Halle aufs neue; ging
mit demselben den 29ten November nach Sachsen, und
drang bis vor die Verschanzungen des sächsischen Lagers,
welches noch in dieser Nacht von den Sachsen verlassen
ward. Den 30ten November nahm er Leipzig, bald
darauf die Pleissenburg, den 6ten December Torgau,
und den 12ten Meissen ein. Am 15ten erfochte er den
seine Thaten krönenden Sieg bei Kesselsdorf, und sezte
sich dabei den größten Gefahren und dem heftigsten Feuer
aus, welches ihn, ohnerachtet drei Kugeln durch seinen
Rock gegangen, doch nicht beschädigte. Den 17ten
December zeigte er dem Könige das Schlachtfeld; worauf den 18ten December die Uebergabe von Dresden,
und den 25ten selbigen Monats der daselbst geschlossene
Friede erfolgte. Den 28ten kehrte er nach Dessau zurück, wo ihn 1747 den 7ten April, gleich nach der
Tafel, ein Schlagfluß überfiel, an welchem er den 9ten
April im 71ten Jahre seines Alters verstarb.

Der König Friedrich der zweite nimt in seiner Abhandlung von der preußischen Kriegesverfassung in den
ältesten Zeiten bis zur Regierung König Friedrich Wilhelms

hehms des ersten oft Gelegenheit, von dem Fürsten zu
reden, und seinen Charakter zu schildern. Ich habe
davon die zu Frankfurt und Leipzig 1771 in Octav er-
schienene deutsche Uebersetzung vor mir liegen, und halte
es meinem Zwecke angemessen, hier einige Auszüge daraus anzuführen. S. 59. heißt es: „Der Fürst von
„Anhalt, welcher unter dem Prinzen Eugen in Italien,
„Flandern und dem Reiche gedienet, hatte eine gründ-
„liche Wissenschaft in der Kriegeskunst erlangt. Er
„befehligte oft, wie aus der Geschichte bekannt ist, die
„preußischen Hülfsvölker. Er ließ von denselben eine
„strenge Mannszucht beobachten, und da er ohne Nach-
„sicht auf die Befolgung der Befehle der Obern durch
„die Untern hielte: so brachte er den großen Punkt des
„Gehorsams zur Vollkommenheit, der die größeste
„Stärke eines Heeres ausmacht. Da er aber seine
„Aufmerksamkeit vorzüglich auf das Fußvolk richtete,
„so ward hingegen die Reuterei sehr vernachläßiget.“
S. 63. „Alle diese (Generals) übertraf der Fürst von
„Anhalt. Er hatte die glänzendesten Thaten und das
„Zutrauen des Heeres für sich. Er rettete das kyrum-
„sche Heer bei Höchstädt, durch einen wohlgeordneten
„Rückzug, davon wir an seinem Orte geredet haben.
„Er trug in dem zweiten den Franzosen so nachtheiligen
„Treffen bei Höchstädt viel zur Erhaltung des Sieges
„bei, und der Prinz Eugen erkannte ihn als den vor-
„nehmsten Urheber des Sieges bei Turin. Dieser Fürst
„verband mit einer seltenen Tapferkeit sehr viele Klug-
„heit, aber unter der Anzahl großer Eigenschaften hatte
„er auch solche, die nicht gut waren. — Hiezu mag
wohl gehören, was S. 82. gesagt wird: „Der Fürst

„von

„~~einen Anhalt habe der Krieg als ein Handwerk geler-~~
~~net".~~ (Man sehe ~~auch~~ die historisch-statist. ꝛc. Beiträge 2. Th. 2. ~~Bd. 7. Abth.~~ 3. St. S. 636. nach.)

Ich enthalte mich, mein Urtheil ~~über einen~~ so großen
Feldherrn, als der Fürst Leopold von Anhalt zu seiner
Zeit gewesen ist, ~~dem vorigen beizufügen:~~ so viel weiß
ich, daß der gröste Theil desselben zu seinem Ruhme bei-
~~treten würde.~~ Es ist unleugbar, daß ~~aus~~ seiner Krie-
gesschule tüchtige Generäle gezogen worden, die dem
preußischen Hause die wichtigsten Dienste geleistet, und
zu bekannt ist es, daß sämtliche Prinzen seiner Familie,
sich für dessen Ehre alle Gefahren der Kriege aussezten,
die in der Geschichte ewig merkwürdig bleiben werden.

Man hat vortreffliche Bildnisse des Fürsten Leopolds,
von dem berühmten Peßne gemahlt, die sich in den königlichen Gemähldesammlungen zu Berlin und anderwärts
und auf den Schlößern des Hauses Anhalt, befinden.
Nach einem dieser Bildnisse hat G. F. Schmidt ein
Brustbild des Fürsten in Kupfer gestochen, welches ihm
sehr ähnlich und allen andern dieser Art vorzuziehen ist.
Dies hat übrigens denen Künstlern eben nicht schwer
werden können, da sein Stutzbart, und das von Pulver
bläuliche Gesicht sehr viel auszeichnendes und kennbares
hatte, welches leicht wieder zu finden war, wenn auch
nur die Abbildung mittelmäßig gewesen wäre. Desgleichen findet man ein in Kupfer gestochenes Bildniß des
Fürsten in Lenzens Becmannus enucleat. S. 434, dessen daselbst vorkommenden sehr umständlichen Lebensbeschreibung beigefügt.

Er

Er hat sich 1698 im September mit Anna Louisa
Füsin, die 1677 den 22ten März gebohren, den 29ten
December 1701 in den Reichsfürstenstand erhoben ward;
und den 5ten Februar 1745 starb, vermälet, und mit
ihr zehn Kinder erzeuget.

Leopold Maximilian regierender Fürst von Anhalt-Dessau,

Königl. Preuß. Generalfeldmarschall, Obrister eines
Regiments zu Fuß, Ritter des schwarzen Adlerordens, Gouverneur und Domdechant zu Magdeburg, Probst der beiden Kollegiatstifter S. Sebastiani und Nicolai zu Magdeburg.

Er war des vorhergehenden Leopold's zweiter Sohn,
und 1700 den 25ten December gebohren. 1706 den
28ten December erhielt er schon eine Hauptmannsstelle
beim kronprinzlichen Regiment und die Kompagnie des
von Prinzen. 1711 wohnte er dem Feldzuge in Braband bei, und ward 1715 den 22ten März Obristlieutenant bei dem Regiment Prinz Heinrich, (jezt von
Wunsch) wobei er den 13ten May die Düringshoffsche
Kompagnie erhielt. 1715 befand er sich bei der Belagerung von Stralsund, und den 25ten December gab
ihm der König ein mehrentheils aus gefangenen Schweden neuerrichtetes Regiment (jezt von Knobelsdorf).
1717 den 31ten May ward er Obrister, und ging in
eben diesem Jahr als Freiwilliger, unter Aufsicht des
Obristen

Obristen George Leyts von Winterfeld, nach Ungarn zu Felde. Hier überfiel ihn eine Krankheit, die er aber glücklich überstand. 1722 den 18ten Junius erhielt er den Generalmajorscharakter, und 1724 den schwarzen Adlerorden. 1729 bekam er die Löbensche Pfründe beim Domstift zu Magdeburg. 1730 wohnte er dem großen Kampement bei Mühlberg bei. 1732 erwählte ihn das Domstift zu Magdeburg zum Domdechantscoadjutor, wobei er zugleich die damit verknüpften Probsteyen zu St. Sebastian und St. Nicolai bekam. 1733 befehligte er die churbrandenburgische Völker, welche die Unruhen in der Stadt Mühlhausen dämpfen sollten, die aus 300 Mann vom Regiment Goltz, 300 Mann vom Regiment Grävenitz, 60 Mann vom Leibkuiraßierregiment, nebst 2 Kanonen bestanden. 1734 standen am Rheinstrohm die Regimenter von Goltz und Sondsfeld unter seinem Befehle, mit denen er die Winterquartiere zu Paderborn erhielt. In eben diesem Jahre starb der Domdechant von Platen in Magdeburg, und er erhielt dessen Stelle. 1735 ward er Generallieutenant mit dem Patente vom 12ten Julius 1732. In dem Feldzug am Rhein befehligte er dies Jahr die Regimenter Goltz und Prinz Eugen, nebst dem dazu gehörigen Geschütz. Die Reichsvölker im Rheingau verlohren ihren Anführer den Grafen von der Mark durch den Tod, und der Fürst Leopold erhielt den Oberbefehl darüber, der sich deshalb aus dem Lager bei Seinsheim dahin begab. Mit dem Bataillon, welches die Fürsten von Anhalt zum Reichsheere geschickt, hob er am 9ten Julius den berühmten französischen Partheigänger la Croix auf, und nöthigte die Rinne, den 27ten Julius, eine

von

von ihnen besezte Rheininsel zu verlassen. Während der
Abwesenheit des Generallieutenants von Röder, der ins
Bad nach Wißbaden gegangen war, erhielt er den Oberbefehl aller preußischen Völker beim Reichsheere, im Lager bei Geinsheim, die er nach geendigtem Feldzuge
nach ihren Standquartieren zurück führte. 1735 den
31ten December übertrug ihm der König das Gouvernement von Küstrin. Im December 1740 belagerte er
nebst dem Herzoge von Holstein, mit 7 Bataillons und
15 Schwadronen Großglogau, welches den 8ten März
mit Sturm erstiegen, und die Besatzung gefangen genommen ward. Den 11ten März nahm er daselbst die
Huldigung für den König von Preußen ein. Hierauf
befand er sich bei des Königs Heer in Oberschlesien, wo
er wichtige Dienste leistete, und besonders in der Schlacht
bei Molwitz, den 10ten April 1741, durch seine Vorsicht und Klugheit hinderte, daß die feindliche Reuterei
auf die rechte Flanke nicht einbrechen konnte, und nach
einem zweiten fehlgeschlagenen Versuche ihre Flucht, und
für die Preußen der Sieg erfolgte. Den 9ten April
erhob ihn der König zum General von der Infanterie.
Nachher half er die Belagerung von Brieg decken; den
10ten August die Stadt Breßlau überrumpeln, und
ward den 23sten August mit einem Theile des Heeres
dazu gebraucht, um den Feind zu beobachten. Den
18ten October schloß er Neisse ein, überließ aber die
Fortsetzung der Belagerung seinem Bruder Prinzen
Dietrich, und führte einen Theil des Heeres nach Böhmen ins Winterlager. 1742 den 9ten Januar nahm
er die Stadt und Festung Glatz ein, und empfing, den
29ten selbigen Monats, im Namen des Königs die
Hul-

Huldigung von der ganzen Grafschaft dieses Namens.
Nach diesen wichtigen Ausführungen ging er nebst den
unter ihm stehenden Völkern nach Oberschlesien, wo er
den 4ten April Befehl erhielt, nach Böhmen zu gehen,
und für den Unterhalt des Heeres zu sorgen, welches
sein Herr Vater der Fürst Leopold befehligte. Den
17ten April wohnte er der Schlacht bei Czaslau bei, an
deren glücklichen Ausgang er so großen Antheil hatte,
daß ihn der König auf dem Schlachtfelde, noch unter
dauerndem Kanonenfeuer, zum Generalfeldmarschall ernannte. Im zweiten schlesischen Kriege, 1744, rückte
er mit denen ihm untergebenen Regimentern durch die
Lausitz nach Böhmen, ließ durch den Herzog von Bevern
Leutmeritz besetzen, und bezog den 2ten September das
Lager bei Prag, wo er bis zur Eroberung dieser Stadt
blieb. Den 14ten November machte er einen auf ihn
gerichteten Angrif des Feindes, bei Collin, fruchtlos.
Zu Ende dieses Monats kam er nach Schlesien zurück,
und erhielt den Oberbefehl über das Marwitzische Heer
in Oberschlesien, welchen er annahm, ohnerachtet er in
Schweidnitz krank lag. Ging bei fortdauerndem Fieber
den 25ten December nach Neisse, und diente unter seinem Herren Vater bis zu Anfang des Jahres 1745,
da die Feinde aus Oberschlesien völlig vertrieben waren.
Uebergab hierauf den Oberbefehl dem General Nassau,
und blieb bis zum 26ten März, da der König ankam,
zu Neisse. Stand sodann bei dem großen Heere, bis
zur Schlacht bei Hohenfriedeberg am 4ten Junius. Bei
derselben zeigte er alle Eigenschaften eines großen Feldherren. An der Spitze des Altanhalschen Regiments
vertrieb er die Sachsen, und eröfnete dadurch die Bahn

C   zum

zum Siege. Eben so groß zeigte er sich in der
Schlacht bei Soor, den 30ten September, nach deren Gewinn er den 20ten Oktober mit dem Könige
und dessen Heer nach Schlesien zurückkehrte; und als
dieser den 28ten Oktober nach Berlin ging, erhielt
er über die in Schlesien stehende Macht den Oberbefehl. Hier wandte er die besten Maaßregeln an,
die Entwürfe der Oesterreicher gegen die königliche
Lande zu vereiteln. Nach der Schlacht bei Kesselsdorf, und dem darauf erfolgten Dresdner Frieden,
ging er nach Dessau, wo er nach dem Absterben seines Herren Vaters, den 9ten April 1747, die Lan-
desregierung antrat. Er erhielt auch dessen gehabtes
Regiment, nebst dem Gouvernement von Magdeburg,
wogegen er sein gehabtes Regiment und das Gouvernement von Küstrin abtrat. 1751 ward seine Gesundheit wankelbar; er ging im Junius ins Bad zu
Töplitz, fiel aber den 11ten December in ein hefti-
ges Fieber, welches ihm, ohnerachtet ihm der König
seinen Leibarzt Cothenius zu Hülfe sandte, den 16ten
dieses Monats das Leben raubte. Der jetzt in russi-
schen Diensten stehende Graf Friedrich von Anhalt,
der damals sein Adjudant war, überbrachte dem Könige die Nachricht von dessen Todesfalle, wodurch
derselbe ungemein gerührt ward. Er war ein vor-
treflicher Fürst und großer General, dessen Andenken
sich bis in die späteste Zeiten erhalten wird. Man
findet seine Lebensbeschreibung, nach allen Umständen
ausgebreiteter, in Pauli Leben großer Helden 3. Th.
S. 287. u. f. desgleichen in Lenzen's Beermann. enucleat. S. 495, wo auch sein Bildniß von Fritzsch,

nach

nach einer Mahlerei von Lisiewsky, schlecht gestochen,
zu sehen ist. Der Fürst hatte sich den 25ten May
1737 mit Gisela Agnes Prinzeßin von Anhalt-
Cöthen, die den 21ten September 1722 gebohren
und 1751 den 4ten April gestorben ist, vermälet,
und drei Prinzen und vier Prinzeßinnen gezeuget.

Leopold Friedrich Franz regierender Fürst von Anhalt-Deſſau,

Königl. Preuß. Obriſter von der Infanterie, Chef eines Regiments zu Fuß, und Ritter des schwarzen Adlerordens.

Er war ein Sohn des vorerwähnten Fürsten Leopold Maximilians, und ist den 10. August 1740 geboren worden. Nach einer wohleingerichteten fürstlichen
Erziehung widmete er sich, nach dem Beispiele der
edlen Vorfahren seines Hauses, dem Kriegesdienste,
und ward dem Könige von Preußen, 1751 im May,
bei Pißpuhl vorgestellet. Da sein Herr Vater in
diesem Jahre starb, kam er unter die Vormundschaft
des Fürsten Dietrichs von Anhalt, und der König
gab ihm seines Herren Vaters Regiment, bei dem er
im December 1752 Obriſter ward. Er wohnte den
verschiedenen Musterungen, die der König jährlich bei
Pißpuhl hielt, und dem Rampement bei Spandau
1753, bei. 1755 den 8ten Julius ging er nach
Halle, wo er Kapitainsdienste that, um den Dienst
zu erlernen. Da der Krieg 1756 ausbrach, wollte

C 2   ihm

ihm der König noch nicht erlauben, bei seinem Regimente zu dienen, er folgte aber dennoch dem preußischen Heere, als Freiwilliger, bei den Völkern, die der Fürst Moritz befehlichte. 1757 den 6ten May war er mit in der blutigen Schlacht bei Prag und der darauf erfolgten Belagerung dieser Stadt, wohnte auch den 18ten Junius der Schlacht bei Kollin mit bei. Den 3ten August überfiel ihn eine Krankheit zu Kötta, die ihn nöthigte, mit königlicher Erlaubniß nach Deßau zu gehen. Diese Krankheit und die Verfassung seines Landes machten es ihm nothwendig, den 15ten Oktober 1757 seine Erlassung nachzusuchen, die ihm der König auch ertheilte. 1758 trat er, nach erlangter Großjährigkeit, die Regierung seines Fürstenthums an, und zeigte sich während derselben als einen Vater des Landes und Beförderer der Künste und Wissenschaften. 1765 durchreiste er Deutschland, die Niederlande, England, Frankreich und Italien, und sammlete in diesen Ländern einen großen Vorrath von mannigfaltigen Kenntnissen. 1769 im December ertheilte ihm der König den, durch Absterben des Fürsten Dietrichs erledigten schwarzen Adlerorden. 1767 den 25ten Julius vermälte er sich zu Charlottenburg, mit Louise Henriette Wilhelmine, Tochter des Marggrafen Heinrich Friedrichs zu Brandenburg-Schwedt.

Dietrich

Dietrich Fürst von Anhalt-Deſſau,

Königl. Pr. Generalfeldmarſchall, Chef eines Regiments zu Fuß, und Ritter des ſchwarzen Adlerordens.

Er war der dritte Sohn des berühmten Preußiſchen Generalfeldmarſchalls, Fürſten Leopolds von Anhalt-Deſſau, und iſt 1702 den 2ten Auguſt gebohren worden. Seine Erziehuug war kriegeriſch, und ſeiner künftigen Beſtimmung angemeſſen. 1716 ging er in holländiſche Dienſte, und erhielt eine Kompagnie unter Kronprinz Holland mit dem Obriſtlieutenantstitel. 1718 bekam er als Obriſtlieutenant eine Kompagnie bei ſeines Herren Vaters Regiment, und 1721 das Kommando über daſſelbe. 1730 im Januar erhielt er als Obriſter, wozu er 1722 ernannt worden, das Regiment Prinz George von Heſſenkaſſel (jezt von Strwolinsky). 1738 ward er Generalmajor. 1740 ertheilte ihm König Friedrich II. bei ſeiner Thronbeſteigung den ſchwarzen Adlerorden. Im erſten ſchleſiſchen Kriege war er den 10ten April 1741 in der Schlacht bei Molwitz, bei der Belagerung von Brieg, wobei er als Generalmajor in die Trenſcheen wechſelsweiſe den Befehl führte. Dirigirte darauf die Belagerung von Neiſſe, und ward in eben dieſem Jahre zum Generallieutenant erhaben. 1742 im Februar befehlichte er ein eigenes Korps, mit welchem er in Oberſchleſien, das er für dem Eindringen der Oeſterreicher, und beſonders ihrer leichten Truppen, ſchüzte, viel zu thun fand, und beſtändigen Scharmüzeln ausgeſezt war.

Im zweiten schlesischen Kriege stand er mit dem General von Marwiz, dem er nach Oberschlesien folgte, welches sie aber bald verlassen musten, zusammen. 1745 befehlichte er in der Gegend von Ratibor ein besonderes Korps, mit dem er noch im selbigen Jahre zu dem Heere seines Herren Vaters stieß. In dem darauf am 4ten Junius erfolgten Treffen bei Hohenfriedeberg äußerte er alle Kennzeichen eines erfahrnen Generals, und ward gleich nach demselben zum General von der Infanterie erklärt. Nachdem stand er mit einem eigenen Korps bei Sagan, womit er hernach zu dem Heere stieß, welches unter dem Oberbefehle seines Herren Vaters bei Halle versammlet wurde. Mit solchem rückte er den 24ten November in Sachsen ein, bezog das verlassene Lager der sächsischen Völker, und besezte Leipzig. Hier blieb er, als die Armee nach Dresden aufbrach, und dirigirte das Königliche General-Kriegeskommissariat, welches dazu angewiesen war, die Kontribution in Sachsen zu erheben. Nach der Schlacht bei Kesselsdorf und dem darauf erfolgten Frieden, führte er die unter ihm stehenden Völker in die preußischen Staaten zurück, und ward 1747 den 24ten May Generalfeldmarschall. 1751 den 31ten December nahm er seinen Abschied und begab sich nach Dessau, wo er die Regierung der Länder seines unmündigen Neffen bis zum 20ten Oktober 1758 führte, und den 2ten December 1769 in einem Alter von 68 Jahren verstarb. Während der lezten Zeit seines Lebens führte er zu Dessau ein sehr stilles Leben, durch welches er sich zu dem wichtigen Schritt in die Ewigkeit vorbereitete.

Sein

Sein Bildniß befindet sich in Lenz a. O. S. 524.
von Fritzsch, nach einer Mahlerei von Lisiewsky, in
Kupfer gestochen, wo auch sein ausführlicher Lebenslauf vorkömmt.

Moritz Fürst zu Anhalt,

Königl. Pr. Generalfeldmarschall, Ritter des schwar-
zen Adlerordens, Chef eines Regiments zu Fuß,
Domprobst zu Brandenburg ꝛc.

Er war des vorigen Fürsten Bruder, und ist 1712 den
31ten Oktober auf dem Schlosse zu Dessau gebohren
worden. Seine Erziehung sollte ihn zum Soldaten bil-
den, zu diesem Endzwecke errichtete sein Herr Vater eine
eigene Kompagnie von sechszig Jünglingen, drey alten
Unterofficiers, zwey Trommelschlägern und einem Pfeifer,
wobei er die Waffenübungen erlernte. Diese Kompagnie, welche in Oranienbaum stand, nahm nachmals
König Friedrich Wilhelm I. in seine Dienste, und der
Prinz führte ihm solche 1721 zuerst in Dessau, und 1722
zu Magdeburg, vor. Als Adjudant war er mit dem
Herrn Vater bei allen Musterungen des preußischen Heeres zugegen, und erhielt 1727 die Kompagnie des
Hauptmann Simson bei dem von Arnimschen Regiment,
dessen Obrister, der Graf Alexander von Dohna, ihn
im Kriegesdienste unterrichtete. Im November dieses
Jahres ward er auf sein Ansuchen bei dem alt Anhaltschen Regimente versetzt, und übernahm die Kompagnie
des Hauptmanns von Barleben, der dagegen die seinige,

C 4   bei

bei dem Arnimschen Regiment bekam. 1729 stellte er
sich dem Könige bei der Musterung bei Magdeburg vor.
Bei den Bewegungen, welche die preußischen Völker
wegen der entstandenen Irrungen mit Hannover machen
musten, ward er seinem Herrn Vater als Generaladjudant zugegeben. Da der Friede aber fortdauerte, so
wohnte er den königlichen jährlichen Musterungen, und
auch 1730 dem großen Kampement bei Mühlberg mit
bei. 1731 ernannte ihn der König gleich, ohne vorher
Major gewesen zu seyn, zum Obristlieutenant. 1732
führte er bei der Musterung in Preußen, auf Befehl des
Königs, das erste Bataillon an, der denn damit so zufrieden war, daß er ihm die Anwartschaft auf die Domprobsten zu Brandenburg gab. 1733 diente er als
Obristlieutenant des Goltzschen Regiments unter dem
großen Eugen am Rheinstrom, so wie 1735 als Freiwilliger an der Seite seines Herrn Bruders Leopold
Maximilians, damaligen Generallieutenants. Bei der
Musterung im Jahre 1736 ward er Obrist mit dem
Patente von 1732, auch zu Ablauf desselben, Kommandeur des alt Anhaltschen Regiments. 1739 fiel ihm
nach Absterben des Generalfeldmarschalls von Grumbkow die Domprobsten zu Brandenburg zu. Bei Ausbruch des ersten schlesischen Krieges führte er solches
1741 im April ins Lager bey Brandenburg, wo er aber
nicht lange blieb, da ihn der König, nach dem am 25ten
May erfolgten Absterben des Generalfeldmarschalls von
Bork, dessen Regiment (jezt Graf Schlieben) im Ja-
nuins ertheilte; und da solches bei des Königs Heere in
Schlesien stand, so begab er sich dahin, und ward wenig Tage nach seiner Ankunft mit dem ersten Bataillon

dessel-

desselben und einiger Kavallerie gebraucht, einige tausend
Mann leichter österreichischer Völker zu vertreiben. Hierauf stieß er zu dem Heere, mit welchem der Generalfeldmarschall Schwerin Breßlau überrumpelte. Der
Prinz bemächtigte sich des Nickelsthor, und kam
hernach zu den Völkern, die unter dem Oberbefehle seines Herrn Brüders Leopold standen, diente auch mit
seinem Regimente bei der Belagerung von Neisse, wo
er als ältester Obrister gleich zu Anfang derselben 1000
Arbeiter anführte, welche in der Nacht eine Baterie von
sechszehn schweren Kanonen und einen Kessel von zwölf
Mörsern anfertigten. Nach Eroberung dieser Festung
bezog er mit seinem Regimente die Winterläger zu Frankenstein, Ottmachau und Silberberg. Hier machte er
das Regiment aus lauter Schlesiern vollzählig, und befand sich schon den 23ten December wieder bei dem
Heere des Prinzen Leopolds, welches die Festung und
Grafschaft Glatz eroberte. Vereinigte sich darauf mit
dem königlichen Heere, gleich darauf aber mit dem Prinzen Dietrich, dessen siegreiche Waffen er auch im folgenden 1742sten Jahre unterstützte, und in Mähren, Böhmen und Oberschlesien den Feinden, bis zum Breslauer
Frieden, die Spitze bot. Den 13ten Junius langte er
mit dem Regimente zu Stargard, als dessen Standquartier, an. 1742 den 31ten Julius ward er Generalmajor. 1744 im zweiten schlesischen Kriege ging er mit
seinem und dem la Mottschen Regiment nach Pelz, wo
sich die pommerschen und märkschen Regimenter versammleten, die der Prinz Leopold befehlichte, und durch
Sachsen nach Böhmen führte. Der Fürst führte den
Vorderzug, der aus vierzehn Grenadierkompagnien be-

C 5   stand.

stand. In Böhmen half er Prag belagern, und hatte
die Ehre, am Tage der Uebergabe, da er sich im Dienst
befand, zwei Stadtthore besetzen zu lassen. Bei den
vielen Märschen und verschiedenen Stellungen der Heere
war er stets zugegen, hatte sich aber dadurch seine Gesundheit geschwächet; so, daß ihn 1745 in dem Winterlager zu Frankenstein ein hitziges Fieber überfiel, welches sehr bösartig war, und nur allein durch seine gute
Natur überwunden werden konnte. Im April trat er
seinen Dienst aufs neue an, und befehlichte in der am
4ten Junius erfochtenen Schlacht bei Hohenfriedeberg
den rechten Flügel des ersten Treffens; warf die Sachsen übern Haufen, und brachte dadurch den Sieg auf
preußische Seite. Als der König darauf dem Feinde
folgte, befehlichte der Fürst den Vorderzug, und ging
über die Elbe ins Lager bei Chlum, wo ihm der König,
den 20ten Julius 1745, zum Generallieutenant mit
dem Patente vom 15ten Julius 1742 ernannte. Zwei
Tage darnach ward er mit einem Korps, unter Anführung seines Bruders, Prinzen Dietrich, zur Verstärkung der Völker abgesandt, die ihr Herr Vater, Fürst
Leopold, bei Magdeburg zusammenziehen sollte. Vorher
aber ging er auf dessen Befehl, nebst dem Herzog von
Bevern und Generalmajor von Kalnein, nach Berlin,
und empfing hier nähere Verhaltungsbefehle. Das
Beobachtungskorps gegen Sachsen hatte sich bereits zusammengezogen, ging aber auf Vermittelung der Krone
England wieder auseinander, und nur der Fürst Moriz
blieb mit 5 Bataillons, unter dem Befehle des General
von Leps, in Halle stehen. Als aber Oesterreich und
Sachsen ihre Feindseligkeiten auf dieser Seite erneuer-

ten,

ten, mußte sich das getrennte Heer wieder bei Halle zusammenziehen, und rückte den 29ten November in Sachsen ein. Der Fürst führte einen besondern Haufen, und
vertrieb die Sachsen aus ihrem verschanzten Lager bei
Leipzig. Den 30ten November ergab sich Leipzig selbst,
und den 5ten December Torgau. Am 15ten December
erfolgte das Treffen bei Kesselsdorf, in welchem der
Prinz das Fußvolk vom linken Flügel befehligte, und
und ungemeine Tapferkeit bewies. Er und zwei Mousque-
tier vom Dietrichschen Regiment, sprangen in einen bloß
an den Seiten zugefrornen Graben, der dem Fußvolke
im Vorrücken hinderlich war, ließ sich durchtragen, und
feuerte durch dies kühne Beispiel die ganze hinter ihm
staunende Linie an, ihm zu folgen, welches auch geschahe.
An der Spitze der unter ihm stehenden Regimenter that
er alles, was er konnte, um den Sieg zu befördern, und
setzte sich ohne alle Selbstschonung dem heftigsten Feuer
aus. Das Pferd, so er ritte, ward dreimal unter ihm
verwundet, und eine Kanonenkugel war ihm durch den
rechten Rockschoß gegangen. Der König ertheilte ihm
hierauf den schwarzen Adlerorden. Nach dem Dresdner
Frieden langte er den 19ten Januar 1746 zu Stargard
wieder an. Er ging darauf nach Dessau, wo 1747
am 7ten April sein Vater starb. In eben diesem Jahre
trug der König dem Fürsten die Urbarmachung wüster
Gegenden in der Mark und in Pommern auf, wozu
200 neue Dörfer, von denen einige mit 60 bis 70
Haushaltungen besetzt werden sollten, in Vorschlag kamen, und machte sogleich damit den Anfang. Wohnte
alsdenn den jährlichen Musterungen des Königs über sein
Heer, nicht allein in Pommern und Preußen, sondern
auch

auch in andern Provinzen, auf deffen Befehl bei.
1752 erhielt er das Gouvernement von Küstrin, wel=
ches der Generallieutenant von Gräveniz, hohen Al=
ters wegen, abtrat.

Bei Entstehung des siebenjährigen Feldzuges rückte
er den 2ten Julius mit seinem Regimente aus Star=
gard nach Spandow, und den 1ten September in
Sachsen ein; vereinigte sich mit den Völkern des Kö=
nigs und half das sächsische Lager bei Pirna einschlies=
sen. Nachdem sich solches ergeben hatte, beschäftigte
er sich während dem Winter, die sächsischen Regimen=
ter, die dem Könige dienen sollten, auf preußischen
Fuß einzurichten, welches ihm unsägliche Mühe kostete.
1757 im Frühjahr drang der Fürst mit in Böhmen
ein, und führte den Vorderzug nach Prag, wo er
dem blutigen Treffen am 6ten May zwar nicht bei=
wohnte, weil er dieffeits der Moldau unter des Ge=
neralfeldmarschall Keiths Anführung stand, und bie=
ser stark angewachsene und reissende Strom, aus
Mangel der Schiffbrücken, den Uebergang hin=
derte. Er half hierauf Prag einschliessen, welches
mit so vieler Klugheit und Einsicht geschahe, daß ihn
der König deshalb, den 11ten May 1757, zum Ge=
neral von der Infanterie erhob. Am 18ten Junius
war der Fürst mit in der Schlacht bei Kolln, nach
deren widrigen Ausgang, wozu er nach einiger Mei=
nung etwas beigetragen, er das Fußvolk in besser
Ordnung nach Nimburg führte. Der König übertrug
ihm darauf die Anführung verschiedener Heere, und
befahl ihm im Oktober, Berlin, welches der feind=

liche

liche General Haddick überrumpelt hatte, zu entsetzen. Er langte daselbst den 18ten Oktober an, fand aber keinen Feind mehr vor sich, da derselbe, nach eingetriebener Brandschatzung, Tages zuvor, nach der Lausitz zurückgegangen war. Der Fürst war darüber nicht wenig unzufrieden; da aber die Sache nicht zu ändern war, kehrte er nach Sachsen zurück, wo er sich mit des Königs Heer vereinigte, und den Sieg bei Rosbach, wo er den linken Flügel des ersten Treffens' in der Schlacht befehligte, erfechten half. Ging hierauf mit dem Könige nach Schlesien, wo sie im December anlangten, und den 5ten dieses Monats die bewundernswerthe Schlacht bei Leuthen gegen die Oesterreicher gewannen. Der Fürst führte den rechten preußischen Flügel an, und bewies dabei die ausgezeichnetste Tapferkeit. Zwei Kugeln prallten auf seinem Körper ab, und zwei Pferde wurden unter ihm getödtet; demungeachtet blieb er während fünf wiederholten Angriffen, die der Feind jedesmal mit frischen Völkern auf ihn that, unerschüttert. Der König ernannte ihn daher auf der Stelle mit den ehrenvollsten Lobsprüchen zum Generalfeldmarschall. Den 21ten December war Moritz bei der Einnahme von Breslau, und führte die zur Deckung Schlesiens bestimmte Völker in die Winterläger, ging aber, nachdem dies geschehen, 1758 zum Könige nach Breslau. Obschon der Reichshofrath die unmittelbaren Reichsglieder mit beigefügten schärfesten Bedrohungen aus dem Dienste des preußischen Monarchen abrief, und unter denselben besonders den Fürsten Moritz mitbenannte; so erschien er doch 1758 wieder ins Feld,

Feld, und beförderte mit einem Theile des Heeres die Belagerung und Eroberung der Festung Schweidnitz. Dies that er auch bei der Einschließung von Olmütz.

Da die Russen in die Mark eingefallen waren, verließ der König Böhmen und Schlesien, um diesem Feinde entgegen zu gehen. Der Fürst folgte ihm, und es kam im August zu der fürchterlichen Schlacht bei Zorndorf, in welcher er, durch den klugen Gebrauch einiger Reuterregimenter des rechten Flügels, mit denen er auf das rußische Fußvolk einhied, dem seinigen den Besitz einer vortheilhaften Anhöhe verschafte, und dadurch den Gewinn der Schlacht beförderte. Ging darauf mit dem Könige nach Sachsen und folgends ins Lager bei Hochkirch. Hier befehlichte er den linken Flügel, den er nach der Anordnung des König mit dem Oberbefehle des rechten verwechselte. Bei dem bekannten Ueberfall hatte er, während der lebhaftesten Beschäftigung, den allenthalben eindringenden Feind zurückzutreiben, das Unglück, von einer Flintenkugel, die durch den Leib zwischen den Ribben ging, verwundet zu werden, und den österreichischen Völkern in die Hände zu fallen. Der Graf Daun hinderte nicht, daß der Fürst nach Bautzen, und sobald er wieder hergestellet ward, bis zu seiner Auswechselung nach Dessau, gehen konnte. Zu der Verwundung, welche die einzige war, die der Fürst während seinen kriegerischen Arbeiten erhalten, kam ein zweites Uebel, ein Krebsschaden an der Lippe, der 1759 höchstgefährlich wurde. Er ließ sich

daher

daher nach Berlin bringen, um sich daselbst geschickter Aerzte zu bedienen; allein die Kunst ward hier
ohne Würkung erschöpft, und der tapfere Moritz starb
den 11ten April 1760 in einem mäßigen Alter von
47 Jahren 5 Monaten und 11 Tagen.

Ich habe hier bloß die vornehmsten Thaten dieses großen Generals ausgehoben, und glaube dadurch
demungeachtet seinen Werth hinlänglich bekannt gemacht zu haben, muß es aber einem jeden überlassen,
genauere Umschreibungen, mir hier nicht zweckdien-
licher Nachrichten, in Pauli Leben großer Helden
6. Th. S. 1 — 70. nachzuschlagen, wo man solche
sicher finden wird. Vor dem achten Theile dieses
Werks ist auch das Bildniß des Fürsten, von der
Sysangin in Kupfer radirt, angebracht. Ein anderes findet sich, nebst der ausführlichsten Lebensbeschreibung, von Fritzsch gestochen, in Lenz Beemann. enuel.
S. 532.

Wilhelm Gustav Prinz von Anhalt-Dessau,

Königl. Pr. Generallieutenant, Ritter des schwar-zen Adlerordens, Obrister und Chef eines Regiments zu Pferde.

Er war der erstgebohrne Sohn des Fürsten Leopold
des Ersten, und ist 1699 den 20ten Junius gebob-
ren worden. Bereits 1703 den 5ten Februar ward

er

er in preußischen Diensten erster Kornet des Genß
d'Armes Regiments, und 1712 begleitete er schon
seinen Herren Vater in dem Feldzuge in den Niederlanden. Den 28ten December 1712 ward er Rittmeister (Lenz a. O. sezt den 28ten December 1706),
und 1714 den 11ten Junius Major gedachten Regiments. 1715 war er bei der Belagerung von
Stralsund gegenwärtig, wo er so viel Diensteifer
zeigte, daß ihn König Friedrich Wilhelm der erste
zum Obristlieutenant mit dem Patente vom 20ten
May 1709 ernannte, und noch in eben diesem Jahre
erstlich das Pannewitzsche Dragonerregiment, welches
er aber nur drei Tage behielt, und dagegen das du
Portailsche Reuterregiment (jezt von Rohr Kuirassier)
für das seinige vertauschte, wozu ihm der König 1715
den 25ten November seine Einwilligung ertheilte.
1717 den 30ten May ward er Obrister, und ging
darauf als Freiwilliger gegen die Türken in Ungarn
zu Felde, wo er unter andern auch bei der Belagerung von Belgrad zugegen war. 1718 verstärkte er
mit königlicher Erlaubniß sein Regiment mit einer
Schwadron, wozu die Mannschaft größtentheils im
anhältschen geworben ward, und 1719 den 19ten
April war sie bei der Musterung im völligen Stande. In diesem Jahre erhielt er den schwarzen Adlerorden und 1722 den 17ten Junius die Würde eines
Generalmajors. 1730 war er beim Kampement, so
König Augustus von Polen bei Mühlberg veranstal-
tete, zugegen. 1732 den 12ten Julius ward er Generallieutenant von der Kavallerie. 1734 und 1735
diente er als Freiwilliger beim kaiserlichen Heere am

Rhein-

Rheinstrohm.   1737 den 6ten December ward er
von den Kinderblattern befallen, die ihm den 16ten
selbigen Monats das Leben raubten.   Sein Bildniß
befindet sich in Lenz Beckmann. enucl. S. 490. von
Sysang gestochen.   Er hatte sich 1726 mit Johanna
Sophia Herrin, die Kaiser Franz 1749 den 19ten
September mit ihren Kindern in den Reichsgrafenstand
mit dem Namen von Anhalt erhob, verehlichte. Sie war
1706 den 8ten Julius gebohren und lebt noch zu
Dessau.   Ohnerachtet ich in diesem Werke keine ge-
nealogische Nachrichten anbringen wollen, so muß ich
dennoch hier eine Ausnahme machen, und folgendes
von Prinz Wilhelm Gustav's Kindern beibringen; aus
der Ehe sind gebohren:

1) Wilhelm, geb. 1727 den 15ten März; von
   ihm wird das hieher gehörige folgends beigebracht.

2) Leopold Ludewig, geb. 1729 den 28ten Febr.
   Sein Leben kömmt hier vor.

3) Gustav, geb. 1730 den 25ten May; blieb als
   Grenadierkapitain 1757 den 22ten November,
   in der Schlacht bei Breslau.

4) Johanna Sophia, geb. den 9ten Julius 1731.
   Aebtißin den Klosters Mosigkau im anhältschen.

5) Friedrich, geb. 1732 den 21ten May, stehet
   jetzt in rußischen Kriegsdiensten, und man wird
   auf den folgenden Blättern nähere Nachrichten
   von ihm finden.

D   6) Wil

6) Wilhelmine, geb. den 12ten Februar 1734. Vermälte sich 1772 den 8ten April mit August Wolfrath von Campen, Königl. Großbrittannisch- und Churbraunschweigischen Obristen; ward 1779 Witwe und starb 1781 den 4ten Junius.

7) Albrecht, geb. 1735 den 24ten Junius; ist Major des jetzigen Infanterieregiments Herzog von Braunschweig gewesen. Vermälte sich 1764 den 24ten Junius mit Sophia Louise Henriette von Wedell, einer Tochter des Königl. Preuß. Kammerpräsidenten zu Halberstadt, Christian Heinrich von Wedell; geb. 1749 den 27ten März, starb 1772 den 2ten Julius.

8) Leopoldine Anna Dieterica Henriette Mauritiana, geb. 1738 den 26ten Januar; vermält mit George Dietrich von Pfuhl, Königl. Pr. Obristen des von Braunschen Infanterieregiments, ward 1783 Witwe und lebt noch.

Außer diesen Kindern erzeugte der Erbprinz Wilhelm Gustav mit einer Superindententochter aus Dessau, Namens Scharbius, zwei Söhne, die König Friedrich der 2te 1761 den 3ten Januar zu Leipzig mit dem Namen von Anhalt, in den Adelstand erhöb. Als:

1) Heinrich Wilhelm, geb. 1734, Königl. Preuß. Generallieutenant, von dem in der Folge Nachrichten vorkommen.

2) Carl

2) Carl Philipp, geb. 173.., kam 1756 zum
Artilleriekorps, ward 1759 den 3ten Junius
Secondelieutenant, 1761 den 27ten Septemb.
Staabskapitain, ohne Premierlieutenant gewesen
zu seyn, 1763 den 27ten April Kapitain, 1778
den 10ten Februar Major, und 1787 den 20ten
May Obristlieutenant. Er stehet gegenwärtig
als Kommandeur der reitenden Artillerie zu
Potsdam.

Friedrich Heinrich Eugen,

Chursächsischer Generalfeldmarschall, Gouverneur
von Wittenberg, Ritter des weissen Adlerordens,
und Chef eines Kuirassierregiments.

(Hat zuvor in Königl. Preußischen Diensten gestanden,
und hierauf beziehen sich folgende Nachrichten.)

Er war der vierte Sohn Leopolds des 1ten Fürsten von Anhalt, und ist 1705 den 27ten December gebohren worden. 1717 ward er Rittmeister
bei Prinz Gustavs Regiment zu Pferde, und 1722
Major. 1730 befand er sich beim Kampement bei
Mühlberg. 1732 erhielt er das Dockumsche Dragonerregiment (jezt von Borck). 1737 bekam er das
Prinz Gustavsche Kuirassierregiment. Von 1734 bis
1735 hat er den Feldzügen am Rheinstrohm beigewohnet. 1735 erhielt er die in Preußen stehende
drei Esquadrons Husaren (jezt von Czettriz Husaren),

D 2　　　　　welche

welche er 1739 auf königlichen Befehl mit drei neuen verstärken muste. 1740 den 7ten November ward er Generalmajor. 1742 im May hatte er das Unglück, bei Anführung des Regiments Marggraf Friedrich Kuirassier, von den Feinden überwältiget zu werden, und dabei viel Leute zu verlieren. Dieser Vorfall trug wohl mit dazu bei, daß er 1744 im März die preußische Dienste verließ, und sein Regiment erhielt der Obriste und Generaladjudant Ludwig Christoph von Stille. 1746 im May ward er in sächsischen Diensten Generallieutenant von der Infanterie; den 11ten Julius übernahm er das Kommando beim ober- und nieder-lausitzschen Generalate zu Budißin, und erhielt den 3ten August den weißen Adlerorden. 1749 bekam er, nach Resignation des General von Bose, das Gouvernement zu Wittenberg, und im September dieses Jahres das Sondershausensche Kürassierregiment. 1754 im März ward er General von der Kavallerie, und 1756 im September, im sächsischen Lager bei Pirna, preußischer Kriegesgefangener. Starb 1781 den 2ten März im 76sten Jahre. Sein Bildniß, von Fritzsch gestochen, findet sich in Lenz a. O. S. 530.

Anton Günther Fürst zu Anhalt-Zerbst,

Königlich Preußischer Generallieutenant von der Infanterie.

Sein Vater Johann Fürst von Anhalt-Zerbst er-zeugte ihn mit Sophia Augusta, einer gebohrnen Prinzessin

jeſſin von Holſtein-Gottorp, von der er 1653 den 11ten November zur Welt gebracht wurde. Nach einer fürſtlichen Erziehung durchreiſte er die vornehmſten Staaten von Europa in Geſellſchaft ſeines älteren Bruders, von 1669 bis 1672, in welchem lezteren Jahre er wieder zu Zerbſt anlangte, und bald darauf, 1674, in holländiſche Kriegesdienſte, bei dem Regiment des Brigadiers Pfalzgraf Johann Carl von Birckenfeld, als Kapitain trat. Bei den Belagerungen von Grave 1674, und von Binche 1675, war er zugegen. 1676 befand er ſich wegen der Erbtheilung mit ſeinen Brüdern wieder in Zerbſt, nach deren Beendigung er ſich nach dem Oberrhein begab, und der Eroberung der Feſtung Philippsburg beiwohnte. Von 1678 bis 1682 reiſte er nach Holland, England, Italien, durch Deutſchland nach Dänemark, Schweden, Curland, Preußen, Polen, und begleitete 1683 den Churfürſten George den 3ten und deſſen Heer zu dem berühmten Entſaz von Wien. Darauf begab er ſich wieder nach Zerbſt, wo er bis zum Jahre 1689 blieb. Im Auguſt deſſelben Jahres aber befand er ſich im Dienſte des deutſchen Reichs wider Frankreich, und war bei der Belagerung von Maynz und Bonn; bei welcher lezteren er ſich beſonders hervorgethan hat. Er war hier, nebſt dem Grafen von Dohna, unter den wenigen, welche durch den Graben und halben Mond mit größter Lebensgefahr und Herzhaftigkeit zuerſt drangen. Dieſe That zog ihm die Aufmerkſamkeit Churfürſt Friedrich des dritten von Brandenburg zu; der ihn in ſeine Dienſte nahm, im November zum Obriſten des Fußvolks ernannte, und ein Bataillon des Regiments gab, welches 1688 der Generalmajor Johann

von

von Ziethen gehabt. Dies Bataillon erhielt nun den
Namen Anhalt-Zerbst, welches den Holländern, unter
Anführung des Fürsten, zum Dienste überlassen wurde.
Zu Ath erhielt er sein Standquartier und die Kommendantenstelle. 1691 war er in dem Gefechte bei Leuse;
1692 bei der Belagerung von Namur, und den 23ten
Julius im Treffen bei Steenkerken, worin ihm, außer
andern erhaltenen Verwundungen, durch eine Kugel
der linke Arm zerschmettert ward, ohne daß er deshalb
seinen Posten verließ. Nach seiner Wiederherstellung,
1693, war er bei Oudenarde und bei Landen, wo ihm
wieder der rechte Arm durchschossen ward, welches ihn
doch nicht hinderte, sein Bataillon selbst aus dem Treffen zu führen. König Wilhelm der dritte von Engelland
ernannte 1694 bei dem verbundenen Heere sechs Brigadiers, von denen er der zweite ward, und neun Bataillons zur Anführung erhielt. 1695 stand er unter dem
Prinzen von Vaudemont, der mit einem Theile gedachten Heeres Flandern deckte, und nahm an dessen berühmten Rückzug Theil. Nach der Einnahme von Namur
ward er nach Ath abgesandt, wo er die Befehlshaber-
stelle verwaltete, und 1697 unter dem Prinzen von
Chimay, der Belagerung der Franzosen mit größter Tapferkeit begegnete. Da die Festung keinen Entsatz zu
hoffen hatte, und sich nicht länger vertheidigen konnte,
ward sie übergeben; die Besatzung aber erhielt freien
Abzug, und der Fürst ward mit seinem Bataillon nach
Brüssel verlegt. Die Feinde berennten auch diesen Ort,
wurden aber durch den Entsatz König Wilhelms des
3ten vertrieben. Von hier kam der Fürst nebst seinem
Bataillon zur Besatzung vor Mastricht; ging aber bald

darauf

darauf in Perſon nach dem Haag, kam nach dem Rys⸗
wickſchen Frieden wieder in brandenburgiſchen Sold und
Dienſt, und ward 1698 im Januar Generalmajor.
1701 ſchickte König Friedrich der erſte einen Theil ſei⸗
nes Heeres, wobei ſich auch der Fürſt und ſein Bataillon
befand, nach Weſel, und überließ 1702, 5000 Mann
an die Holländer, die ſeiner Anführung übergeben wur⸗
den. Mit ſolchen half er den 15ten May Kaiserswerth,
und den 7ten Oktober Venlo, erobern. 1703 im April
war er bei der Belagerung von Bonn, welcher beizu⸗
wohnen, ihm eine zugeſtoſſene Ruhr nicht hindern konn⸗
te, und nahm auch an der Einnahme von Huy Theil.
Zu Ende des Jahres reiſte er nach Berlin, um dem Kö⸗
nige Bericht von ſeinen und der ihm untergebenen Völ⸗
ker Handlungen abzuſtatten, und nöthige Ruhe zu ge⸗
nießen. 1704 ward ihm auf ſein Anſuchen der Ober⸗
befehl über die im holländiſchen Solde ſtehenden preußi⸗
ſchen Völker abgenommen, und 1705 erklärte ihn der
König zum Generallieutenant. Er begab ſich darauf
nach Zerbſt, wo er den 10ten December 1714 ſtarb.
Er hatte ſich 1705 im Januar mit Auguſta Antonia
Marſchall von Bieberſtein vermält, welche 1736
den 27ten December ſtarb, und nur eine Tochter geboh⸗
ren hat. Pauli hat in ſeinen Denkmalen berühmter Feld⸗
herren, auf zwanzig Seiten, eine umſtändlichere Nach⸗
richt, als gegenwärtige, von dem Fürſten Antan Gün⸗
ther geliefert.

D 4

Chri⸗

Christian August Fürst zu Anhalt-Zerbst,

Königl. Preuß. Generalfeldmarschall, Ritter des schwarzen Adlerordens, Gouverneur zu Stettin, Chef eines Regiments zu Fuß ꝛc.

Johann Ludwig der ältere Fürst von Anhalt-Zerbst, der 1704 den 1ten November starb, hatte ihn mit Christiana Eleonora von Zeutsch, einer Tochter George Volrath von Zeutsch, erzeuget. Er war 1690 den 29ten November zu Dornburg gebohren, und ward 1698 den 7ten Januar, nebst seinen Geschwistern, vom Kaiser Leopold zu Fürsten von Anhalt erklärt. Seine erste Erziehung geschahe unter des Vaters Augen; nach dessen Absterben er 1704 unter die Vormundschaft des regierenden Fürsten von Anhalt-Zerbst, Carl Wilhelms kam, der ihn 1707, nebst seinem Bruder, Prinz Christian Ludwig, nach Berlin sandte, wo er in der dasigen Ritterakademie erzogen wurde. 1708 ernannte ihn König Friedrich der erste zum Fähnrich (bei des Obristen Carl Hildebrand von Löben Kompagnie), und schon im Oktober dieses Jahres zum Hauptmann der weißen Grenadiergarde (jetzt Alt-Bornstedt), und er erhielt, da dieses Regiment damals nicht im Felde diente, die Erlaubniß, als Freiwilliger bei dem Bataillon seines Vettern, Fürst Anton Günther, bei welchem er 1709 eine Kompagnie bekam, in dem niederländischen Feldzuge zu dienen. Half Dornick einnehmen, bei Malplaquet siegen und Mons erobern. Im Winter besuchte er nebst seinem Bruder, Prinz Christian Ludwig, die vornehmsten Städte Hollands, und sie verweilten sich

der

der Wissenschaften wegen, besonders zu Utrecht. Im
Feldzuge von 1710 war er bei den Belagerungen von
Douay, Bethune, St. Venant und Aire zugegen. Fast
beständig befand sich der Prinz in den Laufgraben, und
sezte sich ohne Schonung allen möglichen Gefahren aus.
Hatte er selbst das Glück, unbeschädigt zu bleiben, so
ereignete sich doch vor seinen Augen die für ihn gewiß
schmerzhafte Begebenheit, daß sein Bruder, Christian
Ludwig, durch eine Kugel am Kopf verwundet wurde,
und den 20ten Oktober seinen Geist aufgab.

Nach Beendigung des Feldzuges begab er sich nach
Zerbst, und sodann nach Berlin, wo ihn König Friedrich der erste 1711 zum Obristwachtmeister ernannte,
und als Generaladjutant des Generallieutenants von
Arnim nach Italien zu Felde schickte. Da aber während diesem Feldzuge wenig bedeutendes vorfiel, durchreiste er die italiänische Staaten, und fand zu Rom den
für ihn bestimmten Orden de la Generösité. 1712
im Oktober kam er wieder zu Zerbst an, und reiste 1713
nach Berlin, wo er den 1ten März Obristlieutenant
ward. Nach Absterben Fürst Anton Günthers von Anhalt-Zerbst, 1714, machte ihn König Friedrich Wilhelm der erste zum Obristen, und gab ihm des Fürsten
erledigtes Regiment, bei der Musterung über dasselbe,
bei Schippenbeil in Preußen. 1715 wohnte er dem
Feldzuge in Pommern, der Einnahme der Insel Usedom
unter dem Generallieutenant von Arnim, und der Belagerung von Stralsund bei. 1716 erhielt er nebst seinem Regimente das Standquartier in Stettin. Als
der König daselbst 1721 die Huldigung einnahm, er-

D 5   nannte

nannte er den Prinzen zum Generalmajor, Ritter des
schwarzen Adlerordens und Kommendanten von Stettin;
übertrug ihm auch zugleich die Aufsicht über die neu auf-
zuführende Festungswerke. 1730 befand er sich im Lager bei Mühlberg. 1733 ward er Generallieutenant,
und 1740 erhob ihn König Friedrich der zweite zum
General von der Infanterie. 1741 befiel ihn ein
Schlagfluß; demohnerachtet führte er sein Regiment bei
Brandenburg ins Lager. Im May ernannte ihn der
König zum Gouverneur von Stettin, und da der Fürst
Leopold auf Befehl nach Schlesien kommen muste, erhielt er an dessen Statt den Oberbefehl über das er-
wähnte bei Brandenburg versammlete Heer, welches
den 12ten Oktober auseinander ging. 1742 erlaubte
ihm seine geschwächte Gesundheit nicht, dem Feldzug dieses Jahres beizuwohnen, er that indessen einige Reisen
nach Holstein und nach Achen, wo er sich wieder herzustellen suchte, welches ihm auch einigermaßen zu gelin-
gen schien. Nach seiner Zurückkunft ward er Generalfeldmarschall. Den 7ten November 1742 starb Johann
August regierender Fürst von Zerbst, worauf er nebst
seinem ältesten Bruder, Fürst Johann Ludewig, die ge-
meinschaftliche Regierung der zerbstschen Lande übernahm.
1743 führte er dem Könige bei der Revue zum ersten
mäle sein schönes Regiment vor. Die Regierung seines
Landes und die großen Veränderungen, welche mit seinem Hause vergingen, beschäftigten ihn die noch wenig
übrige Jahre seines Lebens, dessen Ende durch bösartige
Zufälle, besonders durch einen ihm zugestoßenen Stech-
fluß, 1746, befördert wurde, und die ihn 1747 den
16ten May tödteten. Sein Bildniß hat G. Schmidt,

nach

nach Pesne Mahlerei, meisterhaft in Kupfer gestochen,
davon sich eine Kopei, von Bernigeroth, in Lenz Beem.
enuct. S. 652 befindet, und seiner daselbst vorkommenden Lebensbeschreibung beigefügt ist. Seine Gemahlin
war Johanna Elisabeth, eine Tochter Christian
Augusts Herzogs von Holstein-Gottorp, die 1712
den 24. Oktober gebohren wurde, sich den 8. Novemb.
1727 vermälte, und 1760 den 30ten May zu Paris
starb. Sie hat zwei Prinzen und drei Prinzessinnen zur
Welt gebohren, von denen lezteren die älteste die jetzige
Kaiserin von Rußland ist, welche 1729 den 2ten May
zu Stettin das Leben empfing.

Wilhelm Reichsgraf von Anhalt,

Königl. Preuß. Obristlieutenant, Kommandeur ei-
nes Grenadierbataillons und Ritter des Ordens
pour le Mérite.

Er war ein Sohn des 1737 den 16ten December verstorbenen Erbprinzen von Anhalt-Dessau, Wilhelm
Gustav, und der vom Kaiser 1749 den 19ten September in den Reichsgrafenstand erhobenen Johanna
Sophia von Herrin, die ihn 1727 den 15ten März
zu Kleckwitz gebohren. Sein Großvater, Fürst Leopold, erzog ihn an seinem Hofe, und stellte ihn 1744
dem Könige vor, der ihn den 6ten März zum Hauptmann von der Armee ernannte, und als solcher folgte
er dem Fürsten in diesem und folgendem Jahre in dem

schle-

schlesischen Feldzuge. 1745 erhielt er bei des Prinzen
Leopold Maximillans von Anhalt Regiment eine Kompagnie; und da solcher das Regiment seines verstorbenen Herrn Vaters 1747 erhielt, nahm er den Grafen
mit zu demselben, und er bekam die erledigte von Wit-
struckiche Kompagnie. So lange der Friede währte,
beschäftigte er sich außer der genauen Beobachtung des
Kriegesdienstes, mit mancherlei Wissenschaften, die er
stets schätzte. 1751 gab ihm der König den Orden pour
le Merite. 1756 im August stand er bei dem Heere,
welches der Herzog Ferdinand von Braunschweig anführte und mit demselben in Böhmen einrückte, wo er
dem Treffen bei Lowositz mit beiwohnte. Im Oktober
dieses Jahres ward er Major, und führte als solcher
das dritte Bataillon des Anhaltschen Regiments nach
Leipzig in die Winterquartiere. 1757 rückte er unter
dem Oberbefehle des Fürsten Moritz von Anhalt durchs
Voigtland in Böhmen, und war den 6ten May in der
blutigen Schlacht bei Prag zugegen, worinnen er an der
Backe verwundet wurde. 1758 diente er in Sachsen
wider die Franzosen und verbundenen Oesterreicher und
Reichsvölker, und half den Sieg bei Roßbach erfechten.
1759 im März ernannte ihn der König zum Obristlieutenant und Flügeladjudanten, und gab ihm 1760 ein
Grenadierbataillon, so aus zwei Kompagnien von der
Garde und zwei Kompagnien von Prinz von Preussen
zusammengesetzt war. Mit diesem befand er sich am
3ten November in der Schlacht bei Torgau, worin er
erschossen wurde. Der König bedauerte seinen Verlust sehr, und äußerte solches in folgendem an seinen
Herrn Bruder den jezt in rußischen Diensten stehenden
Reichs-

Reichsgrafen Friedrich von Anhalt, abgelassenen Handschreiben:

Mein lieber Major, Graf von Anhalt!

Ich habe mit Eurem heutigen Schreiben den Orden pour le merite, so euer nunmehr verstorbener Bruder getragen, erhalten, und condolire euch um so mehr wegen des Verlusts dieses eures Bruders, als ich an demselben einen sehr braven und qualificirten Offizier verlohren, dessen Verlust ich sehr zu regrettiren, alle Ursache habe: Ich bin inzwischen Euer wohlaffectionirter König.

Torgau   **Friedrich.**
den 5ten November 1760.

Friedrich Reichsgraf von Anhalt,

Königl. Preuß. Generalmajor, Chef eines Regiments zu Fuß und Ritter des Ordens pour le Merite.

Er war des vorigen Bruder, und ist 1732 den 21ten May gebohren worden. Nach einer sorgfältigen und wohlgegründeten Erziehung trat er 1747 in preußische Kriegesdienste, und ward bei dem Regimente seines Onkels, des Fürsten Dietrich von Anhalt-Dessau, Lieutenant. Dieser Fürst machte ihn 1749 zu seinem Generaladjudanten, welches, nachdem solcher seinen Abschied nahm, von dem preußischen Generalfeldmarschall Fürst

Leopold

Leopold Maximilian von Anhalt-Dessau geschahe. 1751
im December überbrachte der Graf dem Könige die
Nachricht von dem Absterben des Fürsten nach Berlin.
Der König nahm ihn hierauf zu seinem Gefolge nach
Potsdam, und erklärte ihn zum Flügeladjudanten und Lieutenant vom ersten Bataillon Garde mit Hauptmanns
Charakter. 1756 war er in der Schlacht bei Lowositz
und Prag, nach welcher lezteren er Major und Generaladjudant des Prinzen von Preußen ward. Nach dem
Treffen bei Kollin gab ihm der König ein Grenadierbataillon, so aus zwei Kompagnien des Regiments Prinz
Ferdinand und zwei Kompagnien des Regiments von
Golz bestand. Mit diesem war er 1757 den 7ten September im Gefechte bei Görlitz, worinnen er nach der
tapfersten Gegenwehr durch einen Flintenschuß am linken Arm hart verwundet, darauf gefangen genommen,
und nach dem Dorfe Schönberg, wo der General Na-
dasty sein Hauptquartier hatte, gebracht wurde. Die
Prinzen und vornehmsten Generale des feindlichen Heeres, ein Herzog von Würtemberg, Prinz Karl von
Sachsen, Prinz Louis von Würtemberg u. a. m., be-
suchten ihn während seiner Krankheit, bezeigten ihm die
größte Achtung und sandten ihre Leibwundärzte, seine
Wiederherstellung zu befördern. Nachdem solche erfolgt
war, ward er im December 1758 ausgewechselt. In
der Schlacht bei Zorndorf erwarb er sich den Orden
pour le Merite, ward 1761 Obristlieutenant, 1764
Obrister, 1768 im November Chef des erledigten von
Lehwaldschen Regiments und 1770 den 25ten May Generalmajor. In dem siebenjährigen schlesischen Kriege
hat er vorzüglich folgenden kriegerischen Begebenheiten

mit

mit beigewohnt: 1756 der Einschließung des sächsischen Lagers bei Pirna vom 10ten bis zum 16ten Oktober; der Schlacht bei Lowositz den 1ten Oktober 1757; der Schlacht bei Prag den 6ten May s. J.; der Belagerung von Prag, vom 7ten May bis zum 20ten Junius; der Schlacht bei Kollin den 18ten Junius; der Aktion bei Görlitz den 7ten September, bei Hoyerswerda den 25ten September und bei Pretsch den 29ten Oktober 1759. 1760 wohnte er dem Gefechte bei Bantzen den 7ten Julius, der Belagerung von Dresden vom 13ten bis 21ten Julius, der Schlacht bei Lignitz den 15ten August, dem Gefecht bei Baumgarten den 12ten und bei Hohengiersdorf den 17ten September, wie auch der Schlacht bei Torgau den 3ten November, mit allen Aeußerungen kriegerischer Herzhaftigkeit und ausgezeichnetem Muths, bei. 1761 den 5ten November war er in dem Gefechte bei den Katzenhäusern, 1762 in dem Gefechte bei Döbeln und bei dem Uebergange über die Mulde den 12ten May; ferner fochte er in den Angriffen bei Pretschendorf den 28ten, 29ten und 30ten September, und bei Mönchenfrei den 13ten October, in dem Gefecht bei Freiberg den 15ten und in der Schlacht ebendaselbst den 29ten Oktober. Soviel tapfere Thaten erwarben ihm die Gnade des Königs und der Prinzen von Preußen und Heinrich, die ihm sehr oft ihren Beifall auf die gnädigste Art äußerten.

1776 erhielt er die nachgesuchte Entlassung aus preußischen Kriegesdiensten, und trat 1777 den 31ten August als Generallieutenant in chursächsische, worinnen er 1778 das erledigte Regiment von Thiele erhielt.

Hier

Hier stiftete er als Generalinspekteur von der Infanterie
durch seine angebrachten vielfältigen Verbesserungen dem
sächsischen Heere außerordentliche Vortheile. Während
seinen kriegerischen Beschäftigungen verwandte er seine
Muße auf die Wissenschaften, deren steter Beförderer er
gewesen, und unterhielt mit den gelehrtesten Männern seiner Zeit einen steten Briefwechsel. 1783 im December
suchte er seine Dienstentlassung bei dem Churfürsten nach,
der sie ihm zugestand, und begab sich in rußische Dienste
als General en Chef mit einem Gehalte von 12000
Rubeln, dem bestimmten Kommando einer eigenen Armee bei entstehendem Kriege, und eines Gouvernements
in Friedenszeiten. Er reiste darauf zu Regulirung seiner
Privatangelegenheiten nach Dessau, und eilte sodann
mit seinem bisherigen Adjudanten dem Herrn von Berg,
der in rußischen Diensten Majorsrang erhielt, nach
Petersburg, um von dort zur Armee nach Cherson zu
gehen. Er nahm zu dem Ende seinen Weg von Dresden über Prag, Warschau, und langte den 9ten Januar
1784 zu Petersburg an. Am folgenden Tage hatte er
die Gnade, der Kaiserin und der kaiserlichen Familie
aufzuwarten, und wurde von ihnen mit vielem Vorzug
empfangen und aufgenommen. Sogleich beschenkte ihn
die Kaiserin mit einem prächtigen silbernen Tafelservice
und einem ganz meublirten Hause, welches zuvor der verstorbene Fürst Orlow bewohnet hatte, und als er sich
vom Hofe dahin begab, fand er in einem der Kabinet-
ter, wozu ihm der Aufseher des Hauses, der auch Flügeladjutant der Kaiserin ist, die Schlüssel im Namen
der Monarchin überreichte, 10000 Rubel in Golde und
eben soviel soll er für Vergütung der Reisekosten, auch

nach

nach öffentlichen Nachrichten, ein Landgut von 16000 Rubel an Werth zum Geschenk empfangen haben. Bald darauf erging auch ein Befehl der Kaiserin, den Grafen von Anhalt als einem Prinzen vom Hause zu begegnen und anzusehen. Was übrigens mit ihm vorgegangen, gehört nicht hieher. Ein gutes Bildniß von ihm findet sich vor dem 8ten Stück des historischen Portefeuille, Jahrgang 1783.

Leopold Ludwig des H. R. R Graf von Anhalt,

Königl. Preuß. Generallieutenant von der Infanterie, Chef eines Füselierregiments, Generalinspekteur der niederschlesischen Infanterie, des schwarzen Adler- und pour le Merite-Ordens Ritter.

War des vorigen Bruder, und ist den 28ten Februar 1729 gebohren worden. 1745 nahm ihn sein Großvater, Fürst Leopold von Anhalt-Dessau, als Generaladjudant zu sich. Er begleitete ihn im zweiten schlesischen Kriege und nahm an allen Vorfällen in demselben, besonders der Schlacht bei Kesselsdorf, Antheil. 1745 den 24ten December ward er ältester Staabshauptmann bei dem Regiment Alt-Anhalt (jezt von Leipziger), bei dem er den 21ten April 1748 eine Kompagnie erhielt. Mit solcher ging er 1756 zu Felde, und wohnte der Schlacht bei Lowositz bei. 1757 den 6ten May befand er sich in der blutigen Schlacht bei Prag, in welcher er dreimal, in die Röhre des rechten Fußes, durch den

E   rechten

rechten Arm und durch den rechten Backen geschossen
wurde. Die erste dieser Verwundungen sezte ihn eine
Zeitlang außer Stande, zu dienen; und da ihm der Gebrauch des Achner Bades gerathen worden, so hatte die
französische Generalität für ihn die Achtung, Pässe zu
seiner freien und ungehinderten Reise dahin auszustellen.
1758 den 5ten Februar ernannte ihn der König zum
Major, bei dessen Heer er sich, sobald es nur seine Gesundheit verstattete, wieder einfand. 1759 den 4ten
December befand er sich bei den Völkern, so bei Cöln
ohnweit Meissen, unter dem Oberbefehl des Generalmajor von Dierecke, standen, und das Unglück hatten,
von den weit überlegneren Oesterreichern angegriffen
und überwältigt zu werden. Der Graf gerieth dabei in
kaiserliche Kriegsgefangenschaft, und ward nach Crems
in Oesterreich gebracht; erhielt aber bald die Erlaubniß,
auf sein Ehrenwort nach Dessau gehen zu können, und
ward nach erfolgtem Frieden ausgewechselt, worauf er
sich im März 1763 wieder beim Regiment einfand, und
1765 den 28ten May Obristlieutenant ward. 1767
im August ernannte ihn der König zum Obristen, 1769
zum Kommandeur des Regiments, gab ihm 1774 bei
der Revue den Orden pour le Merite und 1776 das erledigte Füselierregiment von Schwerin. 1777 den
12ten Januar ward er Generalmajor, 1785 den 20ten
May Generallieutenant und im August d. J. Generalinspekteur der niederschlesischen Infanterie. Er ist Soldat im strengsten Verstande, Verehrer der Wissenschaften und ihr Beförderer, Haushalter zur Nachahmung
und ein Muster für sein Regiment, dessen Bildung ihm
äußerst angelegen ist. König Friedrich Wilhelm II. gab

ihm

ihm 1787 im Auguſt, bei Gelegenheit der Revue in Schleſien, den ſchwarzen Adlerorden. 1763 den 1. Novemb.
vermälte er ſich mit Carolina Antoinette Eliſabeth,
einer Tochter des verſtorbenen Obriſten Regiments von
Fiukenſtein, Johann Friedrich Freyherrn von Prie-
zen und Eliſabeth Henriette von Rindtorf, ſo den
8ten April 1734 gebohren worden und eine Tochter zur
Welt gebracht hat.

Heinrich Wilhelm von Anhalt,

Königl. Preuß. Generallieutenant, Generalinſpekteur ſämtlicher Infanterie in Oſt- und Weſtpreuſ-
ſen, Chef eines Regiments zu Fuß, Ritter des
ſchwarzen Adler- und pour le Merite-Ordens,
Amtshauptmann zu Lebus, Erbherr
zu Plaue ꝛc.

Der 1737 verſtorbene Erbprinz, Wilhelm Guſtav
von Anhalt-Deſſau, erzeugte ihn mit der Tochter eines Generalſuperintendenten aus Deſſau, Namens
Schardius, die ihn 1734 den 24. December zur Welt
gebohren, und ſich nachmals an den fürſtlich anhalt-kö-
thenſchen Geheimenkonſiſtorialrath Günther verehlichte.
Da der Erbprinz ſtarb, nahm deſſen Bruder, der Fürſt
Moriz von Anhalt-Deſſau, den jungen Guſtavſohn, wie
man den nunmehrigen Herrn von Anhalt damals nannte,
zu ſich, gab ihm eine natürliche Erziehung und ließ ihn
bei zunehmendem Verſtande in den Kriegswiſſenſchaften,
und beſonders in der Ingenieurkunſt, unterrichten; nahm
ihn darauf 1753 bei ſeinem Regimente, wo er unter dem

E 2   Namen

Namen von Wilhelmi Fähnrich und darauf Lieutenant wurde. Zu Anfang des siebenjährigen Krieges
befand er sich im Gefolge des Fürsten, der ihn 1758
dem Generallieutenant von Hülsen und dieser wieder
seine Person dem Könige empfahl. Er kam darauf
als Flügeladjutant und Quartiermeister in dessen Gefolge, und ward 1760 nach der Schlacht bei Lignitz
Hauptmann von der Armee. 1761 den 3ten Januar erhob ihn der König, nebst seinem Bruder, dem
damaligen Lieutenant und jetzigen Major von der Artillerie, Karl Philipp, zu Leipzig, in den Adelstand,
mit dem Prädikat von Anhalt. Im Patente heißt
es, „daß solches wegen der in königlichen Krieges-
„diensten an ihnen bemerkten tapfern Muths, unver-
„drossenen Fleiß, Wachsamkeit und rühmlichen Betra-
„gens, auch bei allen Gelegenheiten von Ihnen be-
„zeigten Bravour und Standhaftigkeit, geschehen sey“.
Das neue Wappen, welches Ihnen gegeben wurde, ist
in folgender Beschreibung angezeigt, und verräth Ihren
Ursprung aus dem altfürstlichen Hause Anhalt. Nemlich: einen quadrirten Schild; in dessen ersten gülde-
nem Quartier ein schwarzer Bär mit einem silbernen
Halsband, auf einem schrägen schwarz und weißem
Schachbrett, gegen die linke Seite, empor gehet;
in dem zweiten aber, zwei silberne Balken, im rothen
Felde, sich befinden; das dritte hingegen damaßirt,
und im vierten ein, aus dem linken Rand hervorge-
hender geharnischter Arm, im silbernen Felde, zu sehen
ist, welcher ein bloßes Schwerdt in der Hand hält.
Der Schild ist mit einem blau angelaufenem, roth
ausgeschlagenem, mit goldenen Bügeln und anhängen-
dem

dem gleichmäßigem Kleinod geziertem, vorwärts ge=
kehrtem und goldgekröntem, frei offenem adlichem Tur=
nierhelm bedeckt, auf welchem drei grüne Federn her=
vorragen. Die Helmdecken sind auf beiden Seiten
blau und roth.

Im selbigen Jahre, 1761, erwarb er sich bei
Neustadt den Orden pour le Merite, ward Major
und erhielt ein Kanonikat, hatte auch von dieser Zeit
an die Aufsicht über des Königs Plan= und Charten=
kammer. 1762 im Junius, nach dem bekannten An=
grif der Burkersdorfer Anhöhen, ward er Obristlieu=
tenant, und 1763 den 13ten April bekam er die
Amtshauptmannschaft Lebus. 1764 ward er Obri=
ster; 1766 im Junius erhielt er als solcher und
Generalquartiermeister, nach Ableben des Generalma=
jors von Ingersleben, die Hofjägermeistercharge, die
er bis zum Jahre 1781 verwaltete. 1767 im Ok=
tober gab ihm der König, dessen Gnade er sich durch
seine stete Entschlossenheit und ununterbrochene Thä=
tigkeit im Dienste eigen gemacht hatte, und dem er
auf allen seinen Reisen und Musterungen begleitete,
aus eigener Bewegung, das von ihm zu Lehn gehen=
de, im Stift Münster belegene sogenannte Frey=Graf=
schaftliche oder Freygericht Heyden, so durch Abster=
ben des zulezt damit belehnt gewesenen Freyherrn von
Vehlen eröfnet worden. 1770 den 30ten May
ward er Generalmajor. 1778 war er im bayerschen
Erbfolgekriege bei dem Heere des Königs, und be=
fehlichte verschiedene Detachementer. Hatte das Un=
glück, mit dem Pferde hart zu stürzen, weshalb er

sich

sich wegen seiner Wiederherstellung von dem Heere
entfernte und nach Schweidnitz begab. 1781 im
Junius erhielt er das Falkenhainsche Füselierregiment
zu Breslau, welches auf seine Vorstellungen sein bis-
heriges Standquartier mit dem Marggraf Heinrichschen Regiment in Frankenstein verwechselte und dahin zog. 1782 den 2oten May ward er Generallieutenant. 1783 im September gab ihm der König das erledigte Regiment des verstorbenen Generallieutenants von Stutterheim zu Königsberg in Preuß-
sen, und ernannte ihn zugleich zum Generalinspekteur
über sämtliche Infanterie dieses Königreichs. Dieses
Amt verlohr er im Oktober 1786, und erhielt im
November dieses Jahres den schwarzen Adlerorden,
worauf er sich im December, mit königlicher Geneh-
migung, auf sein Guth Plauen bei Brandenburg begab, und mit einem Gnadengehalte von 4000 Thalern seine gänzliche Entlassung von Kriegesdiensten erhielt. Sein Bildniß befindet sich, nebst der beigefügten Lebensbeschreibung, in dem Berlinisch-genealog.
militairischen Taschenkalender für das Jahr 1786.

1768 den 1oten März vermälte er sich mit der
ältesten Tochter des Königl. Preuß. Generallieutenants und Kriegesministers Karl Heinrichs von
Wedell, die 1780 den 5ten Junius verstarb, und
ihm einen Sohn und eine Tochter gebohren hat.

Gideon Friedrich von Apenburg,

Königl. Preuß. Generalmajor, Chef eines Kuiraß-
sierregiments, Inspekteur der gesamten schlesischen
Kavallerie und Ritter des Ordens
pour le Merite ꝛc.

Er stammt aus einem uralten adelichen Geschlechte
in Pommern. Seine Eltern waren: Ernst Friedrich von Apenburg, Erbherr auf Groß-Mokraß, und
Eva Eleonora von Hanow aus dem Hause Laß-
beck, die ihn 1724 den 27ten Februar zur Welt
gebohren. 1738 trat er als Fahnjunker bei dem
Anspach-Bayreuthschen Regiment in Kriegesdienste,
ward 1741 Fähnrich und 1744 als Lieutenant bei
dem Rochowschen Kuirassierregiment versezt. Bei
demselben ward er 1753 Staabsrittmeister, erhielt
1755 im August eine Kompagnie, ward 1758 im März
Major, in selbigem Jahre Obristlieutenant, 1761 im
May Obrister, 1763 Kommandeur des Regiments.
Im leztbenannten Jahre bekam er das erledigte von
Plettenbergsche Dragonerregiment (jezt von Bork);
1766 den 24ten May ward er Generalmajor. 1781
erhielt er nach Absterben des Generalmajors von Röder
dessen gehabtes Kuirassierregiment (jezt von Bohlen),
und da ihm 1784 seine kränklichen Gesundheitsumstände
nicht länger zu dienen erlauben wollten, den gesuchten
Abschied, mit einem Gnadengehalte von 2000 Thaler.
Während seinen 46jährigen Kriegesdiensten hat er den
Schlachten bei Molwiz, Hohenfriedeberg, wo er verwundet wurde, Soor, Kesselsdorf, Lowosiz, Kollin,

E 4   Roß-

Roßbach, Leuthen, Zorrdorf, Hochkirch, Lignitz, Torgau und Reichenbach, wie auch denen Aktionen bei Jägerndorf, katholisch-Hennersdorf, Troppau, Hoyerswerda, Langensalze und Leütmannsdorf, mit dem ausgezeichnetesten Muthe, beigewohnt. 1758, nach der Schlacht bei Zorndorf, empfing er den Orden pour le Merite, und nach der bei Lignitz, ein Gnadengeschenk von 1000 Thaler. Er ist unvermält.

Friedrich Wilhelm von Apenburg,

Königl. Preuß. Major der Garde zu Fuß und Kommandeur eines Grenadierbataillons.

Er war ein Sohn des 1767 verstorbenen Erdmanns Joachim von Apenburg, auf Großen-Mokrah Erbherr, aus dessen zweiten Ehe mit Juliane gebohrnen von Apenburg, die ihn 1734 in Pommern zur Welt gebohren. 1756 ward er Fähnrich bei der Garde zu Fuß, 1757 Sekonde- und 1758 Premierlicutenant, 1761 Staabs- und wirklicher Hauptmann, 1776 Major und Kommandeur eines Grenadierbataillons, so aus zwei Kompagnien von der Garde und zwei Kompagnien von Prinz von Preußen zusammengesezt war. Während dem siebenjährigen Feldzuge wohnte er allen kriegerischen Vorfällen bei, stand 1778 mit seinem Bataillon bei dem Heere des Königs in Schlesien, unter den Völkern, die der Generallieutenant von Stutterheim befehlichte, in Jägerndorf. Er starb im Junius 1779 zu Potsdam.

Peter

Peter d' Arband,

Königl. Preuß. Obrister und Chef eines Garnisonbataillons.

Er ward 1701 den 1ten Februar Fähnrich bei dem damaligen jung-Dohnaschen Regiment, 1703 den 24ten Julius Lieutenant, 1710 Kapitain, 1715 den 25ten December Major, 1731 war er Obristlieutenant, als ihn der König den 11ten August d. J. zum Amtshauptmann zu Satzig ernannte, und starb 1739 als Obrister und Chef eines Garnisonbataillons, aus welchem 1740 das jetzige von Obtzsche Füselierregiment zu Glatz errichtet worden.

• • • • • • von Arend,

Soll der erste Chef des Stettinschen Landregiments gewesen seyn. 1713 lebten in der Prignitz: Anna Margaretha Sachsen, Witwe Arndten, diese hatte zwei Söhne:

1) N . . . . . von Arend, seit 1710 den 22ten Febr. Major bei Marggraf Christian Ludwig's Regiment zu Stettin, und dieser kann der Chef des Landregiments gewesen seyn.

2) Alexander Joachim von Arend, Major des Regiments Marggraf Albrecht Friedrichs, der seinen Abschied erhalten, und nachmals im Pommern verstorben ist.

E 5

Mehr

Mehr weiß ich von ihm nicht aufzufinden, und
die Nachrichten vom Zustande der preußischen Armee
für das Jahr 1787, erwehnen bei dem Stettinschen
Landregimente, so jezt der Major Friedrich August
von Eyff hat, keines von Arend.

Johann Gabriel Arnauld de la Perriere,

Königl. Preuß. Generalmajor und Chef eines leich‑
ten Infanterieregiments. Seit 1787 Brigadier
der leichten Infanterie.

Er ist in Frankreich gebohren, und stand in fran‑
zösischen Diensten als Lieutenant bei der Artillerie.
Im siebenjährigen Feldzuge befand er sich seit 1757
bei dem Freybataillon von Hordt in preußischen Dien‑
sten, wobei er eine Kompagnie erhielt, und sich ganz
besonders im kleinen Kriege hervorgethan hat. Nach
wiederhergestellten Frieden nahm ihn der König bei
seinem Gefolge, ernannte ihn 1773 zum Major bei
dem neuerrichteten Füselierregiment von Lengefeld in
Westpreußen, 1775 den 22ten May zum Obrist‑
lieutenant, 1778 den 28ten November zum Obristen,
1787 den 20ten May zum Generalmajor. Als der
König 1786 zwei leichte Infanterieregimenter warb,
davon das eine zu Coniß, Friedland und Tauchel ein‑
gerichtet wurde, gab er ihm solches, und wieß ihm
Coniß zum Standquartier an. 1787 ward mit dem
leztern wiederum eine Veränderung vorgenommen, und
König

König Friedrich Wilhelm der zweite machte aus seinem Regimente leichte Feldbataillons, ihn aber zum Brigadier von der leichten Infanterie.

Adam Friedrich von Arnstedt,

Königl. Preuß. Obrister und Chef eines Garnison-regiments, auf Demker Erbherr,

Er ist ein Sohn des 1718 verstorbenen Sigmund Friedrich von Arnstedt, Königl. Pohln. und Chursächsischen Generalmajors von der Kavallerie und Erb-Herrn auf Demker, und Annen Sabinen von Stö-len aus dem Hause Wölkau im merseburgischen. Schon 1738 war er Lieutenant des Regiments von Kalkstein (jezt von Möllendorf), und erhielt 1745, nach der Schlacht bei Soor, eine Kompagnie. 1757 den 18ten Junius ward er in der Schlacht bei Kol-lin verwundet. Im May 1758 machte ihn der Kö-nig zum Major und 1767 im August zum Obristen; gab ihm 1771 das Haslochersche Garnisonregiment (jezt von Natalis) in Crossen, wo er 1778 verstarb. Er ist mit Louise Tugendreich von der Marwitz, verwitweten von Gosen, verehlicht gewesen, und hat mit ihr drei Söhne und zwei Töchter erzeuget.

George

George Abraham von Arnim,

Königl. Preuß. Generalfeldmarschall, Obrist eines Regiments zu Fuß, Ritter des schwarzen Adlerordens, Amtshauptmann zu Grüningen, Erbherr auf Suckow, Stegelitz, Flieth, Zichow ꝛc.

Er ward zu Boitzenburg in der Uckermark den 27. März 1651 gebohren. Seine Eltern waren: George Wilhelm von Arnim, Churbrandenburg. Direktor der Uckermark und Landes Stolpe, auf Boitzenburg und Sachsendorf Erbherr, und Barbara Sabina von Hohendorf aus dem Hause Falkenhagen. 1667, im sechszehnten Jahre seines Alters, nahm er bei der Fußgarde Churfürst Friedrich Wilhelms, unter des Obristen von Schlabbrendorfs Kompagnie, Kriegesdienste an. Drei Jahr diente er mit der Picke, und da der Friede ihn ausser Thätigkeit sezte, trat er 1671 mit churfürstlicher Erlaubniß in die Dienste des damaligen Bischofs von Osnabrück und nachmaligen Churfürsten von Hannover Ernst Augusts, der nebst den übrigen Fürsten seines Hauses die Stadt Braunschweig zum Gehorsam zu bringen suchte, und ward Fähnrich bei dem Regimente des Grafen von Degenfeld. Nach Eroberung der Stadt ward er wieder entlassen. 1672 ging er unter die Truppen, welche Churfürst Friedrich Wilhelm zum Beistande der Holländer warb, und ward Lieutenant bei dem Regimente des Generallieutenants von Götzen. 1674 diente er bei dem Reichsheer im Elsaß wider Frankreich, half Brisach einschließen und ward Hauptmann. 1675 war er im Treffen bei Fehrbellin; 1676 bei der Einnahme

nahme von Wolgaſt und der Belagerung von Anklam, wobei er im Sturm gefährlich am linken Knie verwundet wurde. 1677 half er Stettin belagern und erobern, ward aber auch hier in die rechte Schulter verwundet. 1678 diente er bei der Landung auf der Inſel Rügen und der darauf folgenden Belagerung der Stadt Stralſund. Nachdem ſich dieſe Stadt ergeben hatte, bekam ſie das Götzenſche Regiment mit zur Beſatzung, und der Herr von Arnim, der während dieſer Zeit bei demſelben Major geworden, blieb ebenfalls daſelbſt, und verließ ſie 1679, nach dem Friedensſchluſſe zu St. Germain. Bald darauf verſezte ihn der Churfürſt beim Schöningſchen Regimente, mit dem er zu Magdeburg in Beſatzung ſtand. 1686 ging er mit den brandenburgiſchen Völkern, die der General von Schöning dem Kaiſer nach Ungarn zu Hülfe führte, vor Ofen, bei deſſen Beſtürmung ihm der linke Arm zerſchoſſen wurde. Nach baldiger Wiederherſtellung konnte er noch im ſelbigen Jahre beim Heere erſcheinen, bei dem ihn der Churfürſt indeſſen zum Obriſtlieutenant ernannt hatte. 1688 im November ſtieß er mit zwei Bataillons von der Garde, mit der das Schöningſche Regiment nunmehr verbunden worden war, zu den ſächſiſchen Völkern, die unter dem Oberbefehl des Generalfeldmarſchalls von Flemming des älteren, den ſchwäbiſchen und fränkiſchen Kreiſen wider die franzöſiſchen Einfälle zu Hülfe eilten; 1689 aber muſte er mit dieſen zwei Bataillons zum brandenburgſchen Heere, welches vor Kaiſerswerth ſtand, ſtoſſen. Bei der Eroberung dieſes Orts und der Feſtung Bonn befand er ſich gegenwärtig, und bezog darauf die Winterläger zu Aachen. Hier ward er Obriſter, und

1690

1690 Kommendant von Berlin, wohin er sich begab,
und bis 1691 verblieb. 1692 ging er zum Heere nach
Braband, wo er dem Treffen bei Steenkerken und Neerwinden, 1694 der Belagerung von Huy, und 1695 der
von Namur, mit beiwohnte. Im lezterwehnten Jahre
ward er Generalmajor und blieb bis 1697, da der ryswickische Friede geschlossen wurde, im Felde; kehrte darauf nach Berlin zurück, wo er seine Kommendantenschaft
versahe. 1702 befand er sich bei dem Heere, welches
König Friedrich der erste, der polnischen Angelegenheiten wegen, unter dem Oberbefehle des Herzogs von
Holstein-Beck, zusammenzog. 1704 ward er Generallieutenant, erhielt den 18ten Januar das Einzöglings-
recht in Preußen, und kam sodann nach Berlin zurück.
Im spanischen Erbfolgekriege, 1705, erhielt er den
Oberbefehl über die preußische Völker, welche nach der
Mosel abgeschickt wurden; diente, da hier nichts zu thun
war, bei dem Heere des Marggrafen Ludwig von Baa-
den, am Oberrhein, wo Hagenau den Franzosen ent-
rissen wurde. Nach Beendigung dieses Feldzuges ging
er wieder zu den Völkern nach Preußen, wobei er kommandirte. Um eben diese Zeit errichtete der König ein
neues Regiment aus einem Theile der Leibgarde, welches den Namen Leibregiment empfing (jezt von Lengefeld in Magdeburg), und dem Generallieutenant von
Arnim, mit einer schriftlichen Bestallung vom 28ten Februar 1707 gegeben wurde. 1708 erhielt er, in die
Stelle des Fürsten Leopolds von Anhalt-Dessau, den
Oberbefehl über die in Italien stehende brandenburgische
Völker, und führte selbige, bei allen den häufigen Belagerungen und anderen kriegerischen Vorfällen, mit aller

Klug-

Klugheit und Tapferkeit an. Nach dem 1713 erfolgten
Utrechter Frieden, erhielt sein Regiment seinen Namen,
und er ging mit demselben 1715 zur Belagerung von
Stralsund. Am 23ten May ernannte ihn der König,
im Lager bei Stettin, zum General von der Infanterie,
und gab ihm den schwarzen Adlerorden. Bei der Einnahme der Insel Wollin führte er den Oberbefehl über
die dazu bestimmte Truppen, und nahm den 21ten und
22ten August Peenamünde weg. Da nach wiederhergestell-
ter Ruhe seine Lebensjahre schon sehr hoch gestiegen waren,
so hielt er sich mehrerer Ruhe wegen auf seinem Land-
guth Suckow auf, von dem er sich nur entfernte, wenn
seine Gegenwart irgendwo nöthig war. 1728 den
28ten May ward er Generalfeldmarschall und bat bald
darauf, da er schon 80 Jahr alt war, um die Erlaubniß, sein Regiment abtreten zu können, welches ihm der
König in einem gnädigen Schreiben vom 21ten September 1731 zwar erlaubte, ihm aber alle Vorzüge und
Ehrenbezeugungen eines wirklichen Generalfeldmarschalls
vorbehielt. Er starb 1734 den 19ten May in einem
Alter von 83 Jahren, nachdem er 25 Feldzügen und
17 Belagerungen rühmlichst beigewohnet. Es wurde
ihm zu Ehren zu Berlin ein feierliches Leichenbegängniß
gehalten, sein Körper aber zu Boitzenburg beigesezt, wo ihm
ein prächtiges marmornes Monument errichtet worden.
Sein Bildniß ist von A. B. König, nach Peesne Mahlerey,
in Kupfer gestochen. Er hatte sich dreimal vermält. Erst-
lich mit Anna Sophia Helena von Ohr, zweitens
mit Anna Sophia von Pannewitz, und drittens mit
Charlotte Juliana von Löben. Aus erster und
zweiter

zweiter Ehe sind Kinder gebohren, welche in Grund-
manns uckermärkischen Adelshistorie umständlich aufzufinden sind.

George Christoph von Arnim,

Königl. Preuß. Generallieutenant, Chef eines Kuirassierregiments und Ritter des Ordens pour le Merite.

Er ist der zweite Sohn Anton Detlefs von Arnim, Königl. Preuß. Obristen Kattschen Kuirassierregiments (jezt von Braunschweig), und der 1739
verstorbenen Ilsabe Maria von Raven aus dem
Hause Holzendorf, die ihn 1723 den 24ten Junius
zu Lyck in Ostpreußen zur Welt gebohren hat. 1736
brachten ihn seine Eltern auf die Ritterakademie zu
Brandenburg, und 1738 den 25ten December ward
er bei dem Regimente Gens d'Armes Standartenjunker, 1741 den 5ten Januar Kornet, 1745 den
3ten Oktober Lieutenant, 1756 den 27ten May
Staabs- und bald darauf wirklicher Rittmeister, 1757
Major, 1758 den 27ten August Obristlieutenant und
1764 den 1ten September Obrister. Den 28ten
April leztgedachten Jahres sezte ihn der König als
Kommandeur zum Röderschen Kuirassierregiment und
gab ihm 1769 den 16ten Junius das Woldecksche
Kuirassierregiment (jezt von Mengden); den 7ten
September s. J. ward er bei demselben Generalma-

jor, und den 20ten May 1785 Generallieutenant.
Im letzteren Jahre erhielt er die gesuchte Dienstentlassung mit einem Gnadengehalte von 2000 Thaler,
und begab sich nach der Uckermark. Von 1741 an
hat er allen Feldzügen beigewohnet; besonders aber
den Belagerungen von Brieg, Prag, Breslau, Schweidnitz, Olmütz und Dresden, wie auch den Schlachten
bei Hohenfriedeberg, Soor, Lowositz, Rosbach, wobei
er den Orden pour le Merite erhielt, Leuthen, Zorndorf,
Hochkirch, Lignitz und Torgau. Bei allen diesen gefährlich gewesenen Vorfällen ist er nie verwundet noch
gefangen worden. 1779 vermälte er sich mit Anna
Maria von Münchow aus dem Hause Nassau,
die 1784 den 29ten Oktober ohne Kinder starb.
Sein Bildniß findet sich im Berlinischen genealogi-
schen Taschenkalender für das Jahr 1786, von D.
Berger gestochen.

Jakob Dietlof von Arnim,

Churbrandenburgischer Obrister von der Kavallerie,
(auf einige Zeit, im Dienst, Generalmajor.)
Hauptmann zu Gramzow, auf Boitzenburg,
Mechlin rc. Erbherr.

Ein Sohn George Wilhelms von Arnim, Churbrandenburgischen Landschaftsdirektors in der Uckermark, auf Boitzenburg und Sachsendorf Erbherr, und
Barbaren Sabinen von Hohendorf aus dem
Hause

Hause Falkenhagen, die ihn, 1645 den 13ten Januar, zur Welt brachte. Die unglücklichen Folgen
des dreißigjährigen Krieges hinderten seine Neigung
zum studiren, und lenkten solche zu den Waffen.
1663 kam er unter das Kadettenkorps zu Kolberg,
und nach zwei Jahren als Fähnrich unter des Obristen Schmiedes Regiment; da dieses aber, nach acht
Monate, abgedankt wurde, und er auch zugleich seine
Erlassung erhielt, wohnte er 1666 der Belagerung
von Bremen als Freiwilliger bei, und war entschlossen, nach deren Aufhebung, den Feldmarschall Grafen von Sparr, nach Kandien zu begleiten, welches
aber unterblieb. 1668 ward er wieder Fähnrich bei
dem Derflingerschen Dragonerregiment, bei dem er
bis zum Hauptmann avancirte, 1673 aber, nach dem
Frieden zu Pössem, bei Lipstadt mit dem ganzen Regimente verabschiedet wurde. Hierauf ging er nach
Holland, wohnte der Belagerung von Naerden als
Volontair bei, und ließ sich mit den Generalstaaten
in Kapitulation, wegen Werbung einer Kompagnie,
mit Majorscharakter, ein; da aber der Churfürst ihm
gleich darauf eine Kompagnie anbieten, und fremde
Werbungen in seinen Staaten untersagen ließ; so
kehrte er 1674 in sein Vaterland zurück, und ward
den 21ten August, der ihm ertheilten Kompagnie vorgestellt, mit der er nach dem Elsaß marschirte, und
hier Gelegenheit fand, sich in verschiedene kleine Aktionen zu zeigen. 1675 befand er sich in der
Schlacht bei Fehrbellin, und wohnte den Belagerungen von Wolgast und Anklam bei. 1676 im September ward er Major, 1677 im September Obristlieutenant,

lieutenant, und diente mit dem Regimente, bei dem er stand, bei der Erstelgung der Insel Rügen. 1679 ging er, unter dem Oberbefehle des Generalmajors von Schöning nach Preußen, und half die daselbst eingefallene Schweden bis Samogitien verfolgen. Nach wiederhergestelltem Frieden führte er das Regiment, welches viel gelitten hatte, in seine Quartiere in Preußen, wo er sich um dessen Wiederherstellung sehr bemühete. 1683 den 22ten Januar ward er Obrister, und erhielt kurz darauf die Amtshauptmannschaft zu Gramzow. 1688 führte er das Derflingersche Dragonerregiment, nach dem Cleveschen, zur Armee des Feldmarschalls von Schöning; unter demselben kommandirte er bei der Aktion; ohnweit Neus, als Generalmajor. Während der Belagerung von Kaiserswerth, sandte ihn der Churfürst zweimal, in wichtigen Verrichtungen, an den Fürsten von Waldeck. Nach seiner Rückkunft führte er den Vorderzug der Schöningschen Armee gegen den de Boufleurs an, und verfolgte denselben auf seinem Rückzuge. Bei dieser Gelegenheit hatte er sich aber dermaßen entkräftet, daß er, 1689 den 13ten September, ganz entkräftet zu Bonn ankam, und da die rothe Ruhr dazu schlug, den 7ten Oktober, im Lager, und im 45sten Jahre seines Alters, verstarb. 1676 verehlichte er sich mit Euphemia von Blankenburg, des Landraths in der Uckermark, Heinrich von Berg, Witwe, mit der er drei Söhne und eine Tochter erzeuget.

Jost

Jost Erdmann von Arnim,

Königl. Preuß. Major von der Garde zu Fuß,
Kommandeur eines Grenadierbataillons und Ritter
des Ordens pour le Merite.

Seine Eltern waren: Hans Wolf von Arnim aus
dem Hause Fredenwalde, und Eleonora von Ther-
mo aus dem Hause Warsin. 1729 den 9. April
kam er bei den Kadets, ward den 28ten September
Fahnjunker bei des Königs Friedrich Wilhelm des ersten Regiment, 1740 im Junius Fähnrich bei der
neuerrichteten Garde, und noch in eben dem Jahre
Sekonde- und Premierlieutenant. 1744 ernannte
ihn der König zum Staabskapitain, und 1745 den
9ten Julius erhielt er eine Kompagnie. 1751 den
1ten August ward er Major, und bekam 1758 den
1ten April ein Grenadierbataillon, so aus zwei Kompagnien von Jung-Treskow und zwei von Hautchar-
moi zusammengesetzt war. Mit demselben eroberte er
das Fort No. 1. bei Schweidnitz im Sturm, worauf
sich nach Verlauf einer Stunde die Festung ergab.
1763 setzte ihn der König als ältesten Major bei das
Regiment Neuwied, und machte ihn 1764 den 2ten
Junius zum Obristlieutenant, und 1767 im August
zum Obristen. 1773 im December erhielt er mit
einem Gnadengehalte seine Entlassung. Er hat von
1740 an, allen Feldzügen beigewohnet, und in den
Schlachten bei Hohenfriedeberg, Soor, Leuthen, wo
er verwundet, und bei Landshut, wo er verwundet

und

und gefangen genommen wurde, hat er ungemein viel
Muth erwiesen. Nach der Schlacht bei Leuthen erhielt er den Orden pour le Merite.

Friedrich Wilhelm von Arnim,

Königl. Preuß. Major und Chef eines neumärk-schen Landbataillons.

Er war des Obristlieutenants Bernhard Ludwig
von Arnim und Marien Ilsen von Holzendorf
Sohn, und diente bei dem Bevernschen Regiment
(jezt von der Golz) bis zum Hauptmann, nahm als
Major den Abschied. 1757 ward er als Major
Anführer eines neumärkschen Landbataillons. Er stand
während der Schlacht bei Kunersdorf in Frankfurt
an der Oder; nachdem solche unglücklich ablief, zog
er sich mit seinen Leuten heraus, ward aber auf dem
Wege nach Küstrin von den Russen umzingelt und gefangen genommen.

Karl Heinrich Gottlieb von Arnim,

Königl. Preuß. Major von der Garde zu Fuß, und Kommandeur eines Grenadierbataillons.

Gebohren 1735 den 11ten Julius zu Sternhagen
bei Prenzlow, aus der Ehe Otto Friedrichs von

Arnim

Arnim auf Sternhagen und Dorothea Elisabeth
von Arnim aus dem Hause Fredenwalde. Im Jahr
1751 im Junius trat er als Junker bei dem Regiment
Garde in Kriegesdienste; 1755 den 20ten November
ward er Fähnrich; 1758 im Januar, nach der Uebergabe von Breslau, Sekondelieutenant; 1761 im Januar, nach der Schlacht bei Torgau, Premierlieutenant;
1771 im May Staabskapitain; 1772 im Oktober erhielt er eine Kompagnie. 1779 den 5ten August ward
er Major und bekam das Grenadierbataillon, welches
aus zwei Kompagnien Garde und zwei Kompagnien vom
Regiment Preußen bestehet. Er ist bei allen Vorfällen
des siebenjährigen Feldzuges gegenwärtig gewesen, und
bei Hochkirchen zweimal verwundet worden.

Christian Siegmund von Aschersleben,

Königl. Preuß. Obrist und Chef eines Kuirassier-regiments.

Er war aus der Uckermark gebürtig, und ein Sohn des
1695 verstorbenen Siegismund von Aschersleben
Ich finde von ihm nichts mehr aufgezeichnet, als daß
er 1692 Obristlieutenant des Regiments Churprinz zu
Pferde war, 1703 den 19ten Januar Obrist ward und
darnach Inhaber des Regiments gewesen ist, welches
jezt Backhof Kuirassier heißt. 1709 büßte er sein Leben
im Brabandschen ein. Ist mit Adelgunde Louise von
Beneckendorf verehlicht gewesen; davon ein Sohn
gebohren worden.

Ehrent=

Ehrentreich Friedrich von Aschersleben,

Königl. Preuß. Generalmajor und Kommandeur
des Marggraf Friedrichschen Kuirassierregiments.

Seine Eltern waren: Martin Siegmund von
Aschersleben und Margaretha Hedwig von
Klützow aus dem Hause Depelow. Zuerst stand
er bei dem Regiment Gens d'Armes, von welchem er zu
dem Kyauschen Kuirassierregiment versezt und 1744 den
22ten März Major wurde; 1751 den 27ten Junius
machte ihn der König zum Obristlieutenant, und 1754
zum Kommandeur des Finkensteinschen Dragonerregiments, wobei er 1755 den 13ten Junius zum Obristen
erhoben wurde. 1758 den 30. August ward er Generalmajor und Kommandeur des Marggraf Friedrichschen
Kuirassierregiment; starb 1761 zu Wittenberg. Er hat
allen Feldzügen König Friedrich des zweiten beigewohnet, und sich besonders im zweiten schlesischen Feldzuge
bei Chatusitz, wo er gefährlich verwundet ward, bei
Hohenfriedeberg, im siebenjährigen Kriege aber, in der
Schlacht bei Groß-Jägerndorf, Krevelt und Torgau
hervorgethan. 1759 befand er sich bei den Unternehmungen des Prinzen Heinrichs in Thüringen, und nach-
gehends des Generallieutenants von Hülsen in Böhmen,
wo er den Vorderzug führte. Von hier ging er zur
Schlacht bei Kunersdorf, nach welcher er aber wieder
bei der Prinz Heinrichschen Armee gesezt wurde.

F 4 Johann

Johann von der Asseburg.

Marggraf Johann von Brandenburg bestellte zu Küstrin 1552 den 2ten Julius, Johann von der Asseburg, Erbsassen zu Neindorf, zum Rittmeister mit 500 reisigen Pferden und wohlgerüsteten Schützen, und gab ihm darauf 2500 Thaler, auf jedes Pferd 5 Thaler gerechnet, zum Wartegeld.

Es werden unten mehrere dergleichen Bestallungen vorkommen, und einigen nähern Nachrichten, von den Ursachen ihrer Ausstallung beigefügt werden. Da man zu diesen Zeiten keine stehende Völker auf den Beinen erhalten konnte; so nahm man Fürsten, Grafen und Edelleute mit Wartegeld in Bestallung, die sich alsdann anheischig machen musten, bei entstehender Gefahr, mit so viel Pferden oder Fußknechten zu erscheinen, als worüber man mit ihnen einig geworden war. Diese schlossen sodann wieder mit andern bekannten Edelleuten Kontrakte, sich gegen gewisse Besoldung, die unter ihnen festgesezt wurde, entweder in Person mit Pferden, oder mit einer bestimmten Anzahl Knechte zu stellen. Entstand kein Krieg; so strich der Entreprenneur sein Wartegeld ein, und verdiente dadurch oft sehr viel.

Mortz

Moritz Wilhelm von der Asseburg,

Königl. Preuß. Generalmajor, Chef eines Regiments zu Fuß und Ritter des Ordens pour le Merite.

Gebohren 1703/4. Seine Eltern waren: Friedrich Aßwin von der Asseburg, auf Amfurt Erbherr und Domherr zu Magdeburg, und Johanna Sidonia von Hagen, genannt Geist. Er diente bei dem Regiment Alt - Anhalt (jetzt von Leipziger) von 1715 an, bis zur Hauptmannsstelle, und ward 1729 den 2ten Junius an das Regiment von Arnim (jetzt von Lengefeld) gegen den Kapitain von Schmiedeberg vertauscht. Bei demselben avancirte er weiter fort, und ward 1747 den 24ten May Obrister. Der König setzte ihn darauf bei das Regiment Prinz Ferdinand vom Hause, machte ihn 1757 im Januar zum Generalmajor, und gab ihm das Kleistsche Regiment zu Fuß (jetzt von Knobelsdorf). 1759 im März erhielt er die gesuchte Dienstentlassung mit einem Gnadengehalte von 1000 Thaler, und starb den 11ten April 1780 zu Magdeburg. Er hat 43 Jahr gedienet, und allen Feldzügen von 1740 bis 1759 rühmlichst beigewohnet. Als er den 12ten September 1745 mit dem Bonnischen Regiment aus Lauban rückte, ward er von den Uhlanen in den Kopf geschossen, von dieser gefährlichen Wunde aber glücklich wieder geheilet. 1767 vermälte er sich mit einem Fräulein von Jungen, davon zwei Söhne und drei Töchter gebohren worden.

Jonas Casimir von Auer,

Königl. Preuß. Obrister und Chef eines Regiments zu Fuß, auf Pilshöfen Erbherr.

Er war in Preußen aus einem daselbst blühenden alt-
adelichen Geschlechte, und zwar aus dem Hause Pils-
höfen im Amte Balga gebohren; diente schon im vorigen Jahrhundert unter Churfürst Friedrich Wilhelm,
und stand 1701 als Obristlieutenant bei dem Regimente
Marggraf Philipp. 1706 den 6ten Oktober ward er
Obrist bei dem Regiment von Finkenstein, wobei er sich
noch 1716 befand, im Jahr 1718 aber, nach einer
Liste von sämtlichen preußischen Regimentern, nicht mehr
aufgeführt ist. 1719 trat ihm der Generalmajor Ferdinand Siegmund von Heyden sein Regiment zu Fuß
(jetzt von Budberg) ab, welches er bis zum Jahre
1721, da er starb, befehlichte. Er ist mit Charlotten, einer Tochter Friedrich Wilhelms von Canitz,
Königl. Preuß. Geheimenraths und Oberburggrafen zu
Königsberg, verehligt gewesen.

Ludwig von Aulack,

Königl. Preuß. Major und Kommandeur eines Grenadierbataillons, auf Warglitten und Parteinen Erbherr.

Er war aus Preußen gebürtig. Seine Eltern waren
der Obristlieutenant Friedrich Wilhelm von Aulack

und

und eine von Roch. Schon 1718 war er dritter Fähnrich bei dem Regiment von Arnim (jezt von Lengefeld), bei dem er bis zur Stelle eines Majors stieg, 1745 ein Grenadierbataillon, so aus zwei Kompagnien Alt-Würtenberg und zwei Prinz George von Darmstadt zusammengesetzt war, kommandirte, uud mit demselben in der Schlacht bei Kesselsdorf fochte. Er erhielt darauf als Obristlieutenant seinen Abschied, und ward 1752 den 27ten April Oberforstmeister des Fürstenthums Magdeburg, wo er auch 1763 den 9ten December auf dem Jagdhause zu Collitz gestorben ist.

Wilhelm Chenu de Chalsac l'Aujardiere,

Königl. Preuß. Obrister, Chef eines Regiments zu Fuß, Amtshauptmann zu Usedom, Ukermünde, Stolpe und Berchen.

Er war aus Frankreich gebürtig, und ist wegen seiner Reisen, die er in den Jahren 1686 bis 1690 (in welchem lezteren Jahre er bei dem Alt-Anhaltischen Regimente in brandenburgische Dienste trat) nach der Küste der Kaffern berühmt. 1707 den 6ten December ward er Major bei Lattorf, 1710 den 23ten Januar Obristlieutenant beim Heidenschen Regiment (jezt Budberg), 1718 den 30ten Julius Obrister. 1723 den 29ten Oktober erhielt er die Bestallung als Amtshauptmann der Aemter Usedom, Ukermünde, Stolpe und Berchen, und bekam 1729 das Regiment von Stille (jezt Jung-Bornstedt). Er starb zu Magdeburg 1732 im 60ten Jahre seines Lebens und 42ten seiner Dienste.

Wil-

Wilhelm Ludwig von Aweide,

Königl. Preuß. Obrister und Chef des Jägerkorps auf Polwitten Erbherr.

Er stammt aus einem alt-adelichen Geschlechte aus
Preußen, und diente bei dem Buddenbrockschen Kuraß-
sierregiment (jezt von Bohlen), ward 1724 Kornet,
1739 als Lieutenant Staabsrittmeister, 1745 im September Major; 1751 im September ernannte ihn der
König zum Obristen und Chef des Jägerkorps zu Fuß,
welches er bis 1756, da er starb, befehlichte.

Henning Ernst von Bähr,

Königl. Preuß. Obrister und Kommandeur eines Grenadierbataillons.

Er ist 1706 in Vorpommern gebohren, und trat bereits im 16ten Jahre in Dienste. 1740 kam er als
Staabshauptmann zu dem neuerrichteten Regiment von
Münchow in Brandenburg. Zu Anfang des siebenjährigen Krieges, 1757 den 14ten Februar, erhielt er als
Major ein Grenadierbataillon, so aus zwei Kompagnien
des Regiments von Wendessen und zwei von Lehwald
bestand; und da solches 1757 untergesteckt wurde, ein
anderes, welches aus zwei Kompagnien des Regiments
von Lehwald und zwei von Jung-Bornstedt zusammengesezt war. Mit dem lezteren that er sich 1762 den
29ten September, in der Aktion bei Pretschen, besonders

ders hervor. Ward nachher Obrist und Kommandeur des Regiments von Hülsen; erhielt 1765 im Junius mit einem Gnadengehalte die nachgesuchte Dienstentlaßsung, und starb 1783 den 28ten August.

Nikolaus Albrecht von Bähr,

Königl. Preuß. Obrister, Chef eines Grenadierbataillons, Ritter des Ordens pour le Merite.

Er ist 1716 in Vorpommern aus einem guten bürgerlichen Geschlechte gebohren, und trat 1745 bei dem jezigen von Schöufeldschen Infanterieregimente in Dienste, bei dem er 1751 im März als Sergeant stand; ward 1759 Fähnrich, im selbigen Jahre Sekonde= und 1763 Premierlieutenant. Im leztbenannten Jahre nahm ihn der Generallieutenant von Stutterheim der ältere als Generaladjudanten zu sich. 1768 ward er Hauptmann von der Armee und 1769 Major bei dem von der Hardtschen Grenadierbataillon. 1775 erhielt er ein neuerrichtetes Grenadierbataillon, welches zu Königsberg in Preußen sein Standquartier hat; ward 1777 Obristlieutenant und 1780 den 9ten September Obrister. Er hat von 1745 bis 1779 allen Feldzügen rühmlichst beigewohnet, und empfing 1762, bei Freiberg, den Orden pour le Merite. Er ist unverehlicht.

Karl

Karl von Backhof,

Königl. Preuß. Generalmajor, Chef eines Kuirassierregiments, Ritter des Ordens pour le Merite.

Er stammt aus einem im anhalt-köthenschen blühenden adelichen Geschlecht, und war sein Vater Johann August von Backhof, Königl. Preuß. Major des jezigen Herzog Friedrichschen Regiments, der 1716 seinen Abschied nahm, und nach seinem Vaterlande zurückging.

Während seiner langjährigen Dienstzeit ging er die unteren Befehlshaberstellen durch, ward 1745 den 8ten Junius Lieutenant, und war noch als solcher 1756 Adjudant des General von Pennavaire, 1771 im Oktober, als Major des Leibregiments, Kommandeur desselben, 1773 den 30ten May Obristlieutenant, 1780 den 1ten September Obrister; 1781 im Oktober nahm ihn der König Friedrich der zweite als Oberhofmeister der beiden ältesten Prinzen des jeztregierenden Königs Majestät nach Potsdam, gab ihm 1783 das erledigte Saherfche Kuirassierregiment, bei dem er nur zur Revuezeit kam, die übrige Zeit aber in Potsdam verblieb. 1783 den den 1ten May ward er Generalmajor. 1787 im Januar muste er seine Oberhofmeisterstelle bei dem Kronprinzen und Prinzen Ludwig dem Generallieutenant von Brühl abtreten. Als er von diesen beiden Prinzen Abschied nahm, standen dem Kronprinzen die Thränen in den Augen, und er versicherte dem General, er werde es ihm nie vergessen, was er für seine Bildung gethan.

1762 erwarb er sich in der Schlacht bei Freiberg den Orden pour le Merite. Ist unvermält.

N.

N . . . . von Barwinkel,
Churbrandenburgischer Obrister.

Hatte 1655 in brandenburgischen Diensten ein Regiment, welches er zu Herford und Lübbecke errichtet, und im folgenden Jahre auf zwei Kompagnien reducirt wurde; im Oktober lezteren Jahres muste er mit dem Obristen von Hundebeck, Meseriz und Schwed, wider die Polen, besetzen. 1657 hatte er nur eine Kompagnie von hundert Mann, die im halberstädtischen garnisirte, und mit der er im März zu den Truppen stoßen muste, die der Churfürst Friedrich Wilhelm nach Preußen und Polen, um sich daselbst zu verstärken, ziehen wollte. Mehr ist mir von diesem Manne nicht vorgekommen.

Johann Friedrich von Balby,
Königl. Preuß. Obrister und Chef des Ingenieurkorps, Ritter des Ordens pour le Merite.

Er stammt aus einem der vorzüglichsten Geschlechter zu Genua, wo der Doge, so 1730 daselbst regierte, sein Groß-Onkle war. Bereits im 16ten Jahre seines Alters trat er in preußische Kriegesdienste. 1734 befand er sich als Volontair bei der Belagerung von Philippsburg und Kehl, und von 1746 bis 1748 bei der französischen Armee in den Niederlanden. 1752 begleitete er den König auf der nach Holland inkognito gethanenen Reise, ganz allein. In den Jahren 1757 und 1758

dirigirte

dirigirte er die Belagerungen von Breslau, Schweidnitz und Olmütz. 1757 im December ernannte ihn der König zum Obristen. Er hat überhaupt während seiner Dienstzeit 9 Schlachten und 23 Belagerungen beigewohnet, und starb 1779 den 19ten Januar, zu Berlin, in einem Alter von 79 Jahren, und in stets fortdauernder Gnade seines Monarchen.

Joachim Christian von Bandemer,

Königl. Preuß. Generalmajor von der Kavallerie, Chef des Leibkarabiniersregiment, Erbherr auf Silesen, Silkow und Gembin.

Er ist 1702 den 19ten November gebohren worden. Seine Eltern waren: Dietrich von Bandemer, Königl. Preuß. Kammerherr und Stallmeister sämtlicher Stuttereien in Pommern, und Anna Ernestina von Schmieden. 1717 kam er unter die Kadets, und ward 1720 als Standartenjunker zum Regiment Gens d'Armes gesetzt. 1721 avancirte er zur Charge eines Kornets, und ward 1723 Lieutenant. 1729 machte ihn der Generalfeldmarschall von Natzmer zu seinem Flügeladjubanten, und er begleitete denselben als Generaladjudant, 1730, ins Lager bei Mühlberg. 1738 ward er Staabsrittmeister, und bekam noch im selbigen Jahre eine Kompagnie. 1741 stand er im Lager bei Brandenburg, und 1743 den 1ten Junius ernannte ihn der König zum Major. 1745 den 4ten Junius wohnte

er

er dem Treffen bei Hohenfriedeberg, und den 3ten September dem bei Soor bei, in welchem lezteren er an der rechten Hand verwundet wurde, und ihm eine Haubitzgranate das Pferd unter dem Leibe tödtete. 1750 den 16ten September ward er Obristlieutenant, 1751 den 22ten September Kommandeur des Holstein-Gottorpschen Dragonerregiments, und 1756 Obrister, 1757 den 30sten August war er im Treffen bei Groß-Jägerndorf, und verlohr dabei ein Pferd unterm Leibe. Hierauf zog er mit dem Generallieutenant von Lehwald nach Pommern, der ihn von dort aus nach der Neumark sandte, um den zu befürchtenden Einbruch des Laudonschen Heeres mit zu verhindern. 1758 stieß er mit dem Regiment zum alliirten Heere gegen die Franzosen; fochte am 24ten Junius in der Schlacht bei Krefeld, und empfing eine Wunde am Haupte. Bei allen Vorfällen dieses Feldzuges war er stets gegenwärtig, und that sich besonders bei der Vertreibung der Franzosen, aus dem Lager bei Soest, rühmlich hervor. 1759 im Januar ertheilte ihm der König das Leibkarabinierregiment, zu dem er sich nach Schlesien, zum Heere des Königs, begab; 1760 unter dem Oberbefehl des General von Ziethen stand, und den 3ten November d. J. den Sieg bei Liegnitz erfechten half. 1761 diente er gegen das Reichsheer, und war den 29ten Oktober in der Schlacht bei Freiberg. Starb zu Sandow 1764 den 28ten Sept. Seit 1738 war er mit Katharina Charlotte gebohrnen Gräfin von Schlippenbach, verehlicht gewesene von Krahn, vermält, die ihm zwei Söhne und drei Töchter gebohren.

Chrb.

Friedrich Asmus von Bandemer,

Königl. Preuß. Obrist und Chef eines Husarenregiments, Erbherr auf Reitz.

Er war in Pommern 16** den 24ten August gebohren. Sein Vater hieß Kaspar Moritz von Bandemer. In den Jahren 1713 bis 1717 stand er in polnischen, von 1719 aber bis 1738 in rußischen Kriegesdiensten. 1724 war er Kapitain und Generaladjutant des Prinzen Menzikof; 1727 aber Obristlieutenant, und wohnte den Feldzügen in Polen, Persien und der Krimschen Tartarey mit bei. 1738, laut Patent vom 1ten Februar, nahm ihn König Friedrich Wilhelm der erste als Obristen in seine Dienste, und König Friedrich der zweite gab ihm ein neuerrichtetes Husarenregiment (jetzt von Rösenbusch), welches 1741 den 1ten August bei Kloster Leubus, durch sein Versehen, fast zu Schanden gerichtet wurde; worauf ihm der Abschied ertheilt wurde, und er begab sich nach seinem Vaterlande Pommern, wo er 1770 den 24ten August, an seinem 86sten Geburtstage, starb. Er ist dreimal verehlicht gewesen.

Christian Friedrich von Bandemer,

Königl. Preuß. Generalmajor, Chef eines Infanterieregiments, Ritter des Ordens pour le Merite, und Amtshauptmann zu Treptow.

Er stammt aus Pommern, und war ein Sohn Peter George von Bandemer auf Rotten Erbherr, der als

Haupt-

Hauptmann in preußische Dienste gestanden. Bei dem
jetzigen von Knobelsdorffschen Regimente hat er vom
Junker an gedienet, und ward, nachdem er die untern
Officierstellen durchgegangen, 1759 im Februar Major, 1767 im May Obristlieutenant, und 1770 im
May Obrist. 1772 im Januar setzte ihn der König zu
dem Regiment Herzog Friedrich von Braunschweig als
Kommandeur, und gab ihm 1776 im Oktober das
Koschenbarsche Regiment (jetzt von Alt-Bornstedt).
1777 den 11ten Januar ward er zum Generalmajor,
und den 27ten May zum Amtshauptmann zu Treptow
bestellt. 1778 den 23ten März erhielt er wegen kränklicher Gesundheitsumstände den gesuchten Abschied, mit
einem Gnadengehalte von 1000 Thaler. Begab sich
nach seine Güther in Pommern, wo er den 10ten Junius 1782 im 54sten Jahre seines Alters und 42sten
seiner Dienste, starb. Er hat alle Feldzüge des König
Friedrich des 2ten mitgemacht, und erwarb sich, 1756,
in der Schlacht bei Lowositz, in der er verwundet wurde, den Orden pour le Merite.

Peter Heinrich Erdmann von Bandemer,

Königl. Preuß. Major und Kommandeur eines
Grenadierbataillons, Ritter des Ordens pour le
Merite, und auf Kickow und Peckel Erbherr.

Er war aus Pommern gebürtig, und trat 1719 bei
dem jetzigen von Lichnowkyschen Regiment in Dienste;

G 2   ward

ward bei demselben 1726 den 12ten August Fähnrich,
und avancirte nach und nach weiter. 1756 im Junius
machte ihn der König zum Major, und gab ihm bei Ausbruch des siebenjährigen Feldzuges ein Grenadierbataillon, welches aus zwei Kompagnien des Regiments Fort-
kade und zwei von Winterfeld zusammengesezt war. Er
hatte es aber nicht lange; sondern starb schon 1757 den
30ten März zu Lichtenstein im Erzgebürge an einem hitzigen Brustfieber, im 53sten Jahre seines Alters und
38sten seiner Dienste. Von 1740 an, hatte er an allen Feldzügen des Königs Antheil genommen, und ward
in der Schlacht bei Soor verwundet.

Valentin Ludwig von Bandemer,

Königl. Preuß. Obrister und Kommandeur eines Grenadierbataillons.

Sein Vaterland war Pommern, wo er 1726 gebohr-
ren worden, und sein Vater ist Ernst Friedrich von
Bandemer, Erbherr auf Sorche und Dominicke gewesen. 1742 kam er unter die Kabets zu Berlin, 1749
als Junker zum jetzigen Regiment von Strolinsky;
ward bei demselben, 1746, Fähnrich, 1751 Sekonde-
und 1756 Premierlieutenant, 1758 Staabs- und 1762
wirklicher Hauptmann, 1775 den 21ten November
Major, und erhielt das Grenadierbataillon, so aus
zwei Kompagnien von Budberg und zwei von Strolinsky zusammenstößt. 1784 den 6ten Oktober ward
er Obristlieutenant, und 1787 den 20ten May Obrister.

ſter. Iſt vermält mit Anna Sophia, einer Tochter des im holſteinſchen anſäßig geweſenen hannoveri-
ſchen Majors von Vitzthum.

***

Hans Chriſtoph von Bardeleben,

Königl. Preuß, Generallieutenant von der Infanterie, Chef eines Regiments zu Fuß, Gouverneur
zu Weſel, und Amtshauptmann zu Dreyleben.

Er war aus der Uckermark gebürtig, wo ſein Vater,
Hans Chriſtian von Bardeleben, der 1700 ſchon
ſiebzehn Jahre todt war, das Guth Seelchow beſaß.
Bereits 1687 ſtand er als Gemeiner bei der churfürſtlichen Garde zu Fuß, nebſt zweien Brüdern, und diente
im brabandſchen Kriege wider Frankreich. 1690 war
er Fähnrich, 1699 kam er als Lieutenant bei den Grenadiers; 1705 ward er Kapitain; 1710 den 26ten
Auguſt erhielt er die Amtshauptmannſchaft Zoſſen und
Trebbin als Major; ward darauf bei dem Stilleſchen
Regiment (jezt von Jung-Bornſtedt) verſezt, und den
4ten März 1712 Obriſter. 1723 den 14ten Julius
ernannte ihn der König zum Generalmajor und gab ihm
ein neuerrichtetes Füſelierregiment in Weſel (jezt von
Wendeſſen). 172* ward er Generallieutenant, und
1733 Gouverneur zu Weſel, wo er 1736 den 30ten
April ſtarb. Er iſt mit Maria Tugendreich von
Barfuß verehlicht geweſen, davon eine Tochter, die
den Generalmajor Heinrich Adolph von Kurſel zur Ehe
gehabt.

G 3   Philipp

Philipp Ernst von Bardeleben,

Königl. Preuß. Obrister und Chef eines Füselierregiments.

Er war ein Sohn Christoph Georgens von Bardeleben, Erbherrn auf Ribbeck, Selbelang und Netzo, und Maria Elisabeth von der Schulenburg, aus dem Hause Ribbeck und Linum. Im Jahre 1716 findet er sich schon in den Listen des Alt-Anhaltschen Regiments (jezt von Leipziger) als Fähnrich aufgeführt. 1718 war er Sekondelieutenant; 1727 ward er als Kapitain an das Regiment von Arnim (jezt Jung-Bornstedt), gegen den Prinzen Moritz von Anhalt, vertauscht. Von diesem Regiment ward er 1741 verabschiedet, bekam aber das Kampusche Regiment (jezt Graf von Anhalt) 1743, bei dem er 1741 als Obrister gesezt worden, und starb 1744 im May als Obrister zu Breslau.

Christoph Karl Friedrich von Bardeleben,

Königl. Preuß. Obrister und Chef des zweiten Artillerieregiments.

Er ist 1727 den 23ten September gebohren, und sein Vater Kapitain gewesen. 1748 den 27ten December, kam er von den Kadets zum Artilleriekorps; ward dabei, 1751 im Junius Sekonde- und 1758 Premierlieutenant. Staabskapitain ist er nicht gewesen. 1761
den

den 27ten December erhielt er eine Kompagnie, ward 1772 den 17ten September Major, 1785 den 1sten Januar Obristlieutenant, 1786 den 6ten Junius Obrister, und 1787 den 5ten August Chef des zweiten Artillerieregiments. Er hat von 1756 bis 1779 sämtlichen Feldzügen beigewohnet. Erstens verehlichte er sich mit einer von Krosegk, davon verschiedene Kinder gebohren; zweitens mit einer von Randau.

Johann Albrecht des H. R. R. Graf von Barfus,

Königl. Preuß. Generalfeldmarschall, Kommandeur der Garde zu Fuß und Chef eines Regiments zu Pferde, wirklicher Geheimerrath, Ober-Kriegespräsident, Gouverneur der Residenz Berlin, Ritter des schwarzen Adlerordens, Hauptmann zu Spandau, der Grafschaft Ruppin und des Landes Bellin.

George Henning von Barfus, Churbrandenburgischer Obrister, und Cäcilia Freyfrau von Wins, waren seine Eltern, denen er 1631 gebohren wurde. Es finden sich wenig oder gar keine Nachrichten von seinen ersten kriegerischen Beschäftigungen; daher betreffen die hier vorkommende Umstände, solche ansehnliche Veränderungen, die mit ihm vorgegangen, welche zwar zu den wichtigsten gehören, doch aber auch voraussetzen, er habe vorher solche Thaten und Handlungen ausgeführ-

G 4

ret

ret und verrichtet, die ihn dazu würdig machten.
Schon 1677 im December ward er Obrister von
der Infanterie, und bekam zugleich als Chef das Infanterieregiment des verstorbenen Generalfeldzeugmei-
sters Grafen von Dohna. 1684 den 9ten Junius
ward er Generalmajor, 1688 den 14ten September
Generallieutenant, und den 11ten December eben dieses Jahres wirklicher Geheimerkriegesrath. 1689
ging er mit den churbrandenburgischen Truppen, wider Frankreich, am Rhein, zu Felde. Der Churfürst,
der selbst gegenwärtig war, sandte ihn dem Herzog
von Lothringen, der Mainz belagerte, und wegen des
harten Widerstandes um einiges Fußvolk angesucht
hatte, mit 5000 Mann zur Hülfe. Vor dem
Aufbruche begab er sich im Lager vor Bonn zum
Churfürsten, um sich zu beurlauben, welcher ihm befahl, dem Feldmarschall vor Schöning seinen erhaltenen Auftrag bekannt zu machen. Bei dieser Gelegenheit kam es zwischen ihnen, durch ihre widrige
Gesinnungen zu Händeln, die bald in harte Thätlich-
keiten ausgebrochen wären, wenn man sie nicht auseinander gebracht hätte. Der hierüber aufgebrachte
Churfürst ließ beide arretiren, und den Vorfall un-
tersuchen, welches endlich dahin kam, daß Schöning, in der Stille, seinen Abschied als eine Gnade
erhielt, und sich auf seine Güter in der Neumark begeben muste; Barfuß hingegen, ward ohne fernere Weit-
läuftigkeiten des Arrests entlassen, und blieb im Dienste.
1691 führte er 6000 Mann brandenburgischer Völker, dem Kaiser wider die Türken in Ungarn zu Hülfe, und bewieß dabei so viel Klugheit und Erfahrung,

rung, daß ihm der Kaiser und dessen Generalität,
ein großes Lob beilegten, ihm auch einen großen
Antheil des bei Salentement erfochtenen Sieges zu
eigneten. Deshalb erhob ihn Churfürst Friedrich der
3te zum General von der Infanterie, mit einem Geschenke von 6000 Thaler. 1698 ward er Generalfeldmarschall und Gouverneur der Festung Spandau,
mit einem Gehalte von 4000 Thaler, imgleichen
Oberkriegespräsident; war auch damals Kommandeur
der Garde zu Fuß, und Chef des Flemmingschen Regiments zu Pferde. In diesem Jahre trat er dem
Oberhofmarschall Freyherrn von Wylich zu Lottum,
die Oberhauptmannschaft zu Spandau ab, und ward
dagegen den 29ten September f. J. zum Hauptmann
der Aemter Ruppin und Bellin bestellet. 1699 erhob ihn Kaiser Leopold in den Reichsgrafenstand,
welchen der Churfürst den 28ten Oktober oder 28ten
November d. J. bestätigte. 1701 den 17ten Januar erhielt er den neugestifteten schwarzen Adlerorden; ward auch bald darauf Gouverneur der Resi-
denzstadt Berlin. 1702 erhielt er die nachgesuchte
Diensterlassung mit einem Gnadengehalte von 8000
Thaler, und starb 1704 den 27ten December in einem Alter von 89 Jahren. Sein Bildniß findet
man im XIVten Bande des bekannten Theatr. Europ. Er ist zweimal vermält gewesen: 1) mit Sophia Elisabeth von Schlabberndorf; 2) mit Eleonora Gräfin von Dönhof. Aus diesen Ehen sind
drei Söhne gebohren, welche aber ohne männliche Erben gestorben sind.

G 5   Ditlof

Ditlof von Barfuß,

Chur-Brandenburgischer Obrister der Ritterpferde des Lebus- und Nieder-Barnimschen Kreises, auf Mögelin Erbherr.

Er war Hennig von Barfuß, auf Mögelin Erbherrn, und Dorotheen von Röbel aus dem Hause Buch, Sohn, und ward 1566 gebohren. 1610 am Tage Michaelis, bestellte ihn Churfürst Johann Sigismund zum Rittmeister über die Lehnspferde des Lebus- und Nieder-Barnimschen Kreises. Dies war eine Charge, wozu man in den damaligen Zeiten, einen bereits im Kriege erfahrnen Mann nahm; und daher stehet wohl zu vermuthen, daß er entweder in brandenburgischen, vielmehr aber in auswärtigen, Kriegesdiensten gestanden habe. Unten werden von der damaligen Kriegesverfassung, und der Auswahl der Befehlshaber über die aufgebrachten Kriegesvölker, gelegentlich, mehrere Nachrichten beigebracht. Er starb 1620, und ist zweimal, erstens mit Katharina von Oppen aus dem Hause Kossenblat, und zweitens mit Sophia von Buch aus dem Hause Stolpe, verehlicht gewesen. Aus beiden Ehen sind Kinder gebohren worden.

N.

N . . . . von Barfuß,

zu Churfürst Friedrich Wilhelms Zeiten.

War 1659 Obrister, und erhielt das Regiment des verstorbenen Obristen von Ritterforth. Vielleicht ist es der Hauptmann Joachim Valentin von Barfuß, der 1656 den 21ten Julius als Hauptmann, an des verstorbenen Obristlieutenant von Stranz Stelle, beim Trottischen Regiment Obristlieutenant ward.

Friedrich Wilhelm von Bauer,

Königl. Preuß. Obrister und Chef eines Freykorps.

Gebohren im Hannöverischen, wo sein Vater Ober-forstmeister war. Er liebte die Mathematik, und ging 1755 in heßische Dienste als Feuerwerker. 1759 war er Ingenieurkapitain, befand sich bei dem Prinzen Karl von Bevern, bei der alliirten Armee, und muste den 4ten September die Anstalten zur Belagerung des Schlosses Marpurg machen, und die Attaken darauf führen helfen. 1760, zu Anfang des Jahres, errichtete er bei der alliirten Armee ein neues Pionierkorps, als Major, und darauf ein Husarenkorps. 1761 im März ward er bei der Belagerung von Ziegenhayn schwer verwundet; wurde bald darauf Generaladjudant des Herzogs Ferdinand von Braunschweig, und gerieth, im Julius, denen

Fran-

Franzosen bei Gelegenheit eines Scharmützels als Gefangener in die Hände. 1763 war er Obrister. Im März, da der Friede wieder hergestellet war, zog sein untergehabtes Freykorps nach Berlin, wo es reduzirt wurde. Die Uebergabe, der von den französischen Völkern bis dahin besezt gehaltenen Plätze, im Clevischen, geschahe vermittelst einer Konvention, welche zwischen dem Marquis Karl Klaudius Andrault von Langeron, französischen Generallieutenant und Kommendanten zu Wesel, Geldern und Meurs ec. an einer Seite, und dem Königl. Preuß. Obristen Friedrich Wilhelm von Bauer, Kommendanten der Königl. Preuß. Völker in Westphalen andrer Seits, den 11ten März zu Wesel, und den 12ten s. M. zu Geldern geschlossen wurde; und der leztere nahm auch darauf, nach geschehener Räumung von Cleve, solches, nebst dem Kammerdirektor der Cleveschen Krieges- und Domainenkammer, Johann Christoph von Meyen, im Namen des Königs von Preußen, wieder im Besitz. Darauf hielt er sich bis zum Jahre 1769 auf seinem, im Heßischen gelegenen Landguthe Beckenheim auf, trat sodann, durch Vermittelung des Grafen von Czernichef, der ihn der Kaiserin empfohlen, die auch selbst an ihm schrieb, als Obrister in rußische Dienste, und ward im August benannten Jahres, in solchen, zum Generalquartiermeister und Generalmajor ernannt. Im Junius 1770 führte er die Avantgarde des rußischen Heeres, wider die Türken, und delegirte solche, mit ihrem großen Schaden, am Pruth; half auch die Schlacht bei Isaccia, den 1ten August d. J. erfechten. 1770 den 11ten May erhielt er den St. Annenorden, und ward im Oktober

tober Kommandeur des St. Georgenordens, bekam auch zur Belohnung seiner Dienste, die eingezogene beträchtliche Güther des Grafen von Ostermann. Während den Winterquartieren, begab er er sich nach Petersburg, und that der Kaiserin daselbst wichtige Vorschläge zur Verbesserung und Aufnahme der Salzwerke in den rußischen Staaten; sie erhob ihn daher zum Direktor aller Salzwerke in den Gegenden von Novogrod, mit einem jährlichen Gehalte von 6000 Rubel, als welcher er, dem Staate ansehnliche Dienste leistete. 1771 that er sich wieder bei der gegen die Türken stehenden Armee, durch verschiedene glückliche Unternehmungen, hervor. 1773 den 2ten May ward er Generallieutenant. Starb 1783. Die Kaiserin erkannte den erlitenen Verlust dieses ihres so nützlich gewesenen Dieners, und äußerte solches dadurch, daß sie eine Million, für das wiederherzustellende Leben desselben, aufzuopfern, sich willig erklärte. Die von ihm aufgenommene schöne Charten von der Wallachey, Moldau, Bulgarien und Beßarabien, kaufte der Kaiser, durch den Grafen von Kobenzel, von seiner Witwe.

Johann Friedrich von Bawhr,
zu Kasparsbruch,

Chur-Brandenburgischer Generallieutenant und Geheimerkriegesrath.

Seine Eltern waren: Johann von Bawyr (eigentlich Bauer), Herr von Frankenberg, und Maria von Scheidt

Scheidt, genannt Weißpfennig, aus dem Bergischen. Stand zuvor in fremde Dienste. 1656 den 21. Dec. ward er vom Churfürsten Friedrich Wilhelm zum Generallieutenant und Geheimenkriegesrath bestellet, und 1658 den 20ten März in diesen Chargen wirklich angenommen und bestätiget, hat aber nie wirkliche Dienste geleistet, ob er gleich deshalb verschiedene Bitten ergehen lassen. Mehr finde ich von ihm nicht aufgezeichnet. Ist verehlicht gewesen, und hat Kinder hinterlassen.

Johann Friedrich von Bayar,

Königl. Preuß. Generalmajor und Ritter des Ordens pour le Merite.

Er war im Bisthum Lüttich gebohren; stand anfänglich in französische, darnach in churcöllnische Dienste. 1743 kam er bei den preußischen Husaren, und stieg bei dem Regimente von Natzmer, bis zum Rittmeister. 1749 versetzte ihn der König zum Dewitzschen Husarenregiment; ward 1750 im Oktober Major, 1758 im März Obristlieutenant, und kam darauf durch anderweite Versetzung bei das Kyausche Kürassierregiment (jezt von Dalwig). 1760, nach der Schlacht bei Torgau, empfing er den Orden pour le Merite. 1761 den 17ten May ward er Obrister und Kommandeur des Regiments; 1766 im Oktober erhielt er Alters halber die nachgesuchte Dimission, als Generalmajor von der Kavallerie, mit einem Gnadengehalte, nachdem er

dreizehn

dreizehn Feldzüge und sechszehn Schlachten beigewohnet. Starb 1776 den 6ten November zu Schlawe in Schlesien, im 76sten Lebensjahre.

Alexander von Beaufort,

Königl. Preuß. Generalmajor und Chef eines Regiments zu Fuß, Erbherr auf Diesdonk im Geldernschen.

Er war 1683 den 12ten December auf dem Schlosse Roucy in Champagne gebohren; im folgenden Jahre flüchtete sein Vater, der angenommenen reformirten Religion wegen, nach Holland, wo er sich niederließ, und nachher den Sohn in Halle studiren ließ. Nachdem ging der leztere in preußische Kriegesdienste; war 1705 Fähnrich bei dem Regiment Varenne (jezt von Braun) und wohnte als Adjudant des General du Troussel, den Feldzügen in den Niederlanden, bis zum Jahre 1713, bei. 1715 stand er als Staabskapitain beim Jung-Dönhoffschen Regiment in Halberstadt, wozu er 1708 den 2ten November ernennet worden, und war im pommerschen Feldzuge, 1715, zugegen. 1726 ward er zu dem Regiment von Röseler, mit Obristlieutenantscharakter und Patente vom 5ten August, versezt. 1734 ward er Obrister und 1736 Chef eines neuerrichteten Füselierbataillons (jezt Prinz von Hohenlohe). Begleitete 1738 den König Friedrich Wilhelm den ersten, auf seiner Reise nach Holland. 1743 im May ward er

General-

Generalmajor; starb 1743 den 18ten April zu Minden im 60sten Jahre seines Alters, und hinterließ
eine zahlreiche Familie.

Johann Philipp de Beaupré,

Königl. Preuß. Generalmajor von der Infanterie.

War aus Frankreich gebürtig. 1692 findet er sich
als Hauptmann, und 1705 als Obristlieutenant, bei
dem Regiment Verenne (jetzt von Braun); ward
1706 den 26ten Junius Obrist, 1712 den 4ten
Februar Brigadier von der Infanterie, den 20ten
December 1715 Generalmajor, und stand bei dem
Regimente von Pannewitz, welches das vorgedachte
ist; starb 1716.

Ludwig Graf von Beauveau, Herr von Espenses,

Churbrandenburgischer Generallieutenant, Obrister der Trabanten, und Oberstallmeister.

Stammt aus einem der vorüglichsten und angesehen-
sten Familien in Frankreich, und von denen alten
Grafen von Anjou ab. Die Herrlichkeit d'Espense
liegt in Champagne. Stand bei der Armee König
Ludwigs des 14ten als Obristlieutenant. Die refor-
mirte

mirte Religion, der er eifrig zugethan war, hinderte seine Beförderung im Dienst; er nahm daher mit Erlaubniß des Königs seinen Abschied, und erhielt als eine besondere Gnade, auf Lebenszeit, den Genuß seiner Güther. 1668 zog ihn Churfürst Friedrich Wilhelm, noch vor Aufhebung des Edikts von Nantes, in seine Dienste. Es findet sich beigehendes Schreiben, woraus die gnädige Art zu ersehen, mit welcher solches geschahe.

Monsieur Dépence,

L'estime que je fais de votre naissance et de votre merite, et la confiance que je prends en voltre personne me porte à vous offrir le commandement de mes Gardes du corps en qualité de Colonel et celle de General majeur en mes armées. Je me promets que vous accepterez en attendant qu'il s'offre quelque occasion de vous en pouvoir donner de plus considerable et ne doute point, que le Roy Tres Chrétien ne vous en accorde la permission. Je m'asseure que vous ne differez pas à vous rendre au pluftot en ma cour, me remettant du reste a ce que mon grand Escuyer le Baron de Pelnitz vous mandera plus au long de mes sentiments et demeure,

Monsieur Dépence,

votre bien affectioné

De Custrin le 16 Aout 1668.

Fréderic Guillaume.

ſ)

Er ward 1668 den 1ten November Generalmajor zu Pferde und Obrister der Trabantengarde. 1669 den 26ten Februar erging eine Verordnung an die Generalkriegeskasse, ihm 1000 Thaler über das Gehalt, so er bei der Trabantengarde genoß, zu bezahlen. Er trug vieles zu der nützlichen Aufnahme der französischen Flüchtlinge, in den brandenburgischen Staaten, bei, und begleitete 1673 den Churfürsten in dem Feldzuge wider Frankreich, der ihn zuvor, 1672, an den Churfürsten von Mainz gesandt hatte, um denselben auf die Seite des Kaisers und des Reichs zu ziehen. Während den Unterhandlungen, wegen des Nimägischen Friedens, that er, auf Befehl, verschiedene Reisen nach Paris, besonders in den Angelegenheiten wegen Pommern, auf das der Churfürst seine angebohrne Rechte gültig zu machen suchte. 1679 den 10ten Julius ward er zum Oberstallmeister bestellt, und 1684 Generallieutenant. 1682 findet er sich in einem Kriegesetat nach dem Feldmarschall Derfflinger, Prinz von Anhalt und Landgrafen von Hessen-Homburg, mit 83 Thaler monatlicher Besoldung aufgeführet. 1687 begleitete er die Leiche des verstorbenen Marggrafen Ludwigs, und 1688 den Churfürsten Friedrich den Dritten, bei dem Leichenbegängnisse seines Herrn Vaters. Er nahm darauf noch im letztgedachten Jahre seinen Abschied, weil er es nicht ertragen konnte, daß man dem General Schöning, der nach dem ungarischen Feldzuge, ein Liebling des Churfürsten geworden war, den Vorzug einräumte, und starb nicht lange darnach im Holländischen zu Arnhem.

Bern-

Bernhard von Beauvrye,

Königl. Preuß. Generalmajor und Kommandeur
der sämtlichen Artillerie, Amtshauptmann zu
Acken, Calbe und Gottesgnade', auf
Klinge Erbherr.

Er kam 1715 als Mineurkapitain, aus holländischen
Diensten, zur preußischen Artillerie, und ward bei der
Belagerung von Stralsund gebraucht. 1724 erhielt er
eine Kompagnie, ward 1724 Major, 1736 im August
Obristlieutenant, 1740 Obrist, 1743 im November
Generalmajor, 1747 den 3ten May Amtshauptmann
zu Acken, Calbe und Gottesgnade, und starb zu Berlin,
1750 den 13ten August, an seinem Geburtstage, in einem Alter von 60 Jahren. In den Feldzügen von
1741 bis 1745, kommandirte er die Artillerie als
Obrister mit vielem Ruhme, und ward in der Schlacht
bei Soor, in der er durch die gute Stellung des Ge-
schützes, das feindliche zum Schweigen brachte, durch
zwei Streifschüsse verwundet. Er ist mit Johanna
Henriette, einer Tochter des Generals von der Infanterie und Chefs der Artillerie, Christian von Linger,
verehlicht gewesen, mit der er vier Söhne und zwei
Töchter erzeuget.

Karl

Karl Friedrich von Beckwiß,

Königl. Preuß. Generalmajor und Chef eines Füselierregiments.

Er war aus Engelland gebürtig, und 47 Jahr alt,
als er 1763 in Königl. Preuß. Dienste trat, in welchen er das Salmuthsche Füselierregiment (jezt von
Eichmann) erhielt, 1767 aber schon wieder seine Entlassung bekam.

Christoph von Bellin,

Im Jahre 1595 in den Weihnachtsfeiertagen, zu
Cölln an der Spree, bestellt Churfürst Johann George,
Christoph von Bellin zu Bellin und Linum, zum Ritt-
meister von Haus aus, über 300 wohlgerüstete Pferde.

Wilhelm Sebastian von Belling,

Königl. Preuß. Generallieutenant von der Kaval-
lerie, Ritter des schwarzen Adlerordens, Chef eines
Regiments Husaren und auf Schojo und
Schwetzko Erbherr.

Seine Eltern waren Johann Abraham von Belling, Königl. Preuß. Obristlieutenant von der Infanterie

terie und Kommendant zu Altena in der Graffchaft
Mark, auf Paulsdorf Erbherr, und Katharina von
Kospot, aus dem Hause Paulsdorf.

1734, im 14ten Jahre seines Alters, ward er
bei dem Kadettenkorps zu Berlin aufgenommen, und
1737 als Fähnrich bei dem jetzigen von Wittungs-
hofenschen Garnisonbataillon, zu Kolberg, gesetzt.
1739 kam er als Kornet bei dem Bronikowskyschen
Husarenregiment, und ward dabei, 1741, als es
augmentirt wurde, Sekondelieutenannt, und im selbigen Jahre Premierlieutenant bei dem Husarenregimente von Ziethen; avancirte 1745 zum Stabsrittmeister, und erhielt 1746 eine Esquadron. 1747
versetze ihn der König zu dem jetzigen von Erbling-
schen Husarenregiment, wobei er 1749 Major ward.
Während dieser Zeit seiner Dienste bewieß er im ersten und zweiten schlesischen Kriege seine Tapferkeit,
in den Schlachten bei Molwitz, Hohenfriedeberg,
Prag, Kesselsdorf und Collin. 1758 errichtete der
Prinz Heinrich, im Halberstädtschen, ein Bataillon
Husaren, welches der von Belling, als Obristlieutenant und Chef erhielt, solches in Aschersleben übernahm, nach Sachsen marschirte, und damit wider
die Oesterreicher, Schweden und Sachsen, in den
Schlachten bei Kunersdorf und Freiberg, und in
Sachsen, Böhmen, Pommern und Mecklenburg, bei
sehr vielen Gelegenheiten, auf eine sehr ausgezeichnete
Art aufführte, die man in der Geschichte des siebenjährigen Krieges mit mehreren angemerkt findet, und
die hier anzuführen zu viel Raum erfordern würden.

1759 hatte er beim sogenannten Paßberg das Glück, mit 200 Kürassierern vom Leibregiment und einigen Husaren, die zwei kaiserlichen Regimenter Alt-Königseck und Anhalt zu Gefangenen zu machen, und 3 Kanonen und 4 Fahnen zu erbeuten; weßhalb ihn der König zum Obristen ernannte. Bei Asch wurde er im May in die Lende blessiret, und erst im Julius wieder hergestellet. 1761 errichtete er zu seinem unterhabenden Bataillon Husaren, mit königlicher Bewilligung, das zweite und dritte. 1762 ward er Generalmajor. 1763 reducirte der König das dritte Bataillon; das erste und zweite aber blieb stehen, und erhielt die Standquartiere des ehemaligen von Seidlitzschen Husarenregiments in Pommern. 1770 zog er mit seinem Regimente an der Polnischen Gränze, und formirte, während der Berichtigung von Westpreußen, damit einen Kordon. 1776 den 10ten May ward er Generallieutenant. 1778, bei Entstehung des baierschen Erbfolgekrieges, kam er im May mit seinem Regimente nach Berlin; stieß mit selbigem zu dem Heere des Prinzen Heinrichs, und führte, als solches den ersten Julius nach Sachsen aufbrach, die Avantgarde. Beim Einmarsch in Böhmen, über Tollenstein und Gabel, that er sich auf eine so vorzügliche Art hervor, daß ihm der König den schwarzen Adlerorden, und eine jährliche Pension von 1600 Thaler, als eine Belohnung dafür gab. Er deckte darauf ferner bei Wernstädt die Artillerie und den Train des Heeres, und regulirte im Winter von 1778 bis 1779 sämtliche Vorposten, von der Elbe bis an die schlesische Gränze; über-

übernahm auch das Kommando von Zittau. Kehrte nach wiederhergestelltem Frieden, mit Ruhm überhäuft, mit seinem Regimente wieder in die Standquartiere zu Stolpe, wo er 1779 den 28sten November im 61sten Jahre seines Alters und 49sten seiner Dienste starb. Von seinem Charakter befinden sich wesentliche Nachrichten im historischen Portefeuille für d. J. 1786. S. 204. und sein Bildniß, von Chodowiecky radirt, stehet vor der 1780 im Druck erschienenen Leichenpredigt des Feldpredigers seines Regiments, George Friedrich Zietelmann. 1747 verehlichte er sich mit *Katharina Elisabeth von Grabow* aus dem Hause Wosten in Mecklenburg, die 1774 starb, und ihm eine Tochter gebohren hat.

Johann George von Belling,

Chur-Brandenburgischer Generalmajor, Chef eines Regiments zu Fuß und Kommendant zu Pillau.

Er war ein Sohn Christoph's von Belling auf Cremlin Erbherren, und Tugendreich von Stöhren aus dem Hause Nordhausen in der Neumark. Diente von Jugend auf im Kriege, ward 1679 Obrister, und erhielt ein neuerrichtetes Regiment, (jezt Graf Henckel) ging mit demselben nach Ungarn; ward 1689 den 21sten April Generalmajor, und blieb im selbigen Jahre im Sturme vor Bonn. Er ist zweimal, 1) mit

H 4 Fran-

Francisca Lambertin aus Engelland, und 2) mit Anna Sibilla von Eppingen, aus Preußen, verehlicht gewesen, und sind aus beiden Ehen Kinder gebohren.

Lorenz Ludwig von Below,

Königl. Preuß. Generallieutenant und Chef eines Regiments zu Fuß.

Er ward 1692 in Pommern gebohren, und trat 1710 in preußische Kriegesdienste. Hat bei dem Regiment Jung-Bornstedt nach und nach die unteren Befehlshaberstellen durchgedienet, bis er 1741 Obristlieutenant, 1745 im März Obrist, und 1749 im December Generalmajor wurde. Im leztgedachten Jahre erhielt er das Holsteinische Regiment (jezt von Voß) und 1758, Alters halber, mit Generallieutenantscharakter, die nachgesuchte Diensterlassung; starb aber, noch vor Ausgang dieses Jahres, im 66sten Jahre seines Lebens. Er hat drei Königen von Preußen gedienet, und sich 1715 in Pommern, in den Feldzügen von 1744 und 1745, von 1756 aber bis 1758, besonders in den Schlachten bei Groß-Jägerndorf und Zorndorf, rühmlichst hervorgethan.

Mat=

Matthias Wilhelm von Below,

Königl. Preuß. Generallieutenant, Gouverneur
der Festung Stettin, und Ritter des Ordens
pour le Merite.

Er stammt aus Pommern, wo sein Vater das Guth
Saleske besaß und ihn mit einer von Massow erzeugte. Er trat 1735 bei dem von Marwitzschen
Infanterieregiment (jezt Herzog von Braunschweig)
in preußische Kriegesdienste. Noch 1740 war er
Freikorporal, 1750 Premierlieutenant, und marschirte als solcher 1756 in das Feld. 1757 den
18ten Junius ward er als Hauptmann in der Schlacht
bei Kollin verwundet. Nach Endigung des siebenjährigen Krieges rückte er als Major, wozu er 1762
ernannt worden, in sein Standtquartier Halberstadt
ein. 1772 den 7ten Julius ward er Obristlieutenant, und erhielt 1774, bei der Revue, den Orden
pour le Merite, 1776 den 2ten Julius ward er Obrister.
1784 den 24sten September erhob ihn der König
zum Generalmajor, und gab ihm das Kalksteinische
Infanterieregiment (jezt Jurg-Bornstedt). Schon
im Jahre 1785 forderte er, Alters halber, seinen
Abschied, den er aber nicht erhielt; sondern der König Friedrich der Zweite erhob ihn, 1786 den 1sten
März, zum Generallieutenant und Gouverneur von
Stettin, mit einem jährlichen Gnadengehalte von
1000 Thalern, wogegen er sein Regiment abtrat.
Er hat sämtlichen Feldzügen des Königs Friedrich

H 5

des

des Zweiten mit ausgezeichneter Bravour beigewohnet, und sich dadurch die Gnade desselben auf das vorzüglichste zu eigen gemacht. Er ist unverehlicht.

Nikolaus von Below,

Königl. Preuß. Generalmajor von der Infanterie und Kommendant der Festung Spandau.

Gebohren 1648 den 29ſten Oktober auf dem Hauſe Medenick. Seine Eltern waren: Ludwig von Below auf Pennecko und Medenick Erbherr, und Margaretha von Zitzwitz aus dem Hauſe Techlüb. 1664 im 26ſten Jahre ſeines Alters, kam er bei der kolbergiſchen Garniſon, um den Kriegesdienſt und die Kriegesbaukunſt zu erlernen, und nach einem dreijährigen Aufenthalt hieſelbſt, nach Küſtrin, zu dem Regimente des Grafen von Dohna, wobei er bis 1671 ſtand. Da im ſelbigen Jahre beim entſtandenen Kriege wider Frankreich, aus der Küſtrinſchen und anderen Garniſonen, ein neues Regiment errichtet wurde, um die Gränzen der churfürſtlichen Lande in Weſtphalen zu decken, ward er dabei Regimentsadjutant; 1672 Lieutenant, und wohnte verſchiedenen Feldzügen im Elſaß, wie auch der Schlacht bei Fehrbellin, und den Belagerungen in Pommern, mit bei. 1676, nach Uebergabe der Feſtung Anklam, ward er Kapitain, und, 1677 den 7ten Ju-

nius

nius in einem Ausfalle dreimal verwundet, und als
er davon kaum genesen, zerschmetterte ihm, bei einem anderen Ausfalle, eine Handgranate zweimal
den linken Fuß, der ihm übel geheilet, und deßhalb
verschiedenemale wieder zerbrochen wurde; auch in
der Folge die Ursache seines Todes war. 1681
ward er Major; 1686 Obristlieutenant, und war
in den Feldzügen wider Frankreich, besonders bei
den Belagerungen von Kayserswerth und Bonn, zugegen. Vor lezterem Orte, ward er in den Approchen, durch eine matt gewordene Bombe am Halse
und Haupte verletzet. 1690 ernannte ihn Churfürst
Friedrich der Dritte zum Kommendanten der Festung
Spandau, wo er 1691 von einem durch den Blitz
entzündeten Pulverthurm hart beschädiget wurde. 1703
erhielt er den Orden de la Generosité, und ward
1704 Generalmajor von der Infanterie. Die Folgen seiner vielen Blessuren zogen ihm 1707 den
4ten Oktober den Tod, im 59sten Jahre seines Alters, zu. Sein Bildniß ist von Otto sehr gut in
Kupfer gestochen. Er hatte sich 1699 den 29sten
November, mit Maria Elisabeth, verwittweten von
Harken, gebohrnen Brand von Lindau, der Herzogin von Sachsen Gotha Hofmeisterin, verehlicht;
davon aber keine Kinder gebohren.

In den Nachrichten vom Zustande der preuß.
Armee, wie auch in anderen Schriften, wird eines
Nikolai von Below erwähnet, der Kommandeur
des Leibregiments gewesen, und solches Kommando
1673, da er versezt worden, an den Grafen und
Gene-

Generalmajer Ulrich Hipparchus von Promnitz abgetreten haben soll, erwähnet; von dem allen aber findet sich in meinen Sammlungen keine Spur.

Gerd Bogislav von Below,

Königl. Preuß. Obrister und ehemaliger Kommandeur eines Grenadierbataillons, Ritter des Ordens pour le Merite.

Er war ein Sohn des Königl. Preuß. Landraths und Direktors des Schlaw- und Polnowschen Kreises, Heinrich Friedrich von Below und Charlotte Louise von Wobser, aus dem Hause Klein-Silkow, und ward 1726 zu Peetz gebohren. 1743 kam er als Fahnjunker zu dem jetzigen Regiment von Brüning; ward 1745 Fähnrich, 1755 Sekonde- und 1756 Premierlieutenant; 1760 Stabs- und wirklicher Hauptmann; 1773 den 10ten Julius Major und Kommandeur eines, aus zwei Kompagnien des Regiments von Billerbeck und zwei vom Grafen von Schlieben zusammengesezten Grenadierbataillons; den 13ten Junius 1782 ward er Obristlieutenant, und 1784 den 4ten Oktober Obrister. Von 1744 an, hat er den Schlachten bei Hohenfriedeberg, Soor, Lowositz, Prag, Kollin, Breslau, Hochkirch, Torgau, wo er verwundet worden, und Freyberg, wie auch den Aktionen von Görlitz und Jauernick auf das rühmlichste beigewohnet. 1783 im Junius beehrte ihn der König mit dem Orden

den pour le Merite. Starb 1786 im September.
War seit 1764 mit Friderika Louisa von Below,
aus dem Hause Dänow verehlicht, die ihm verschiedene
Kinder gebohren.

Johann Friedrich von Benckendorf,

Königl. Preuß. Obristlieutenant und Kommandeur eines Grenadierbataillons.

Er war ein Sohn des Anspachschen Geheimeraths
Johann Anhatz von Benckendorf und Ernestinen
Magdalenen von Lengefeld, und ist 1716 den
23sten December im Schwarzburgschen gebohren.
1741 trat er aus Würtembergischen in Königl. Preußische Kriegesdienste, bei dem jetzigen Jung = Woldeck-
schen Regimente; erhielt 1748, als Stabskapitain,
eine Grenadierkompagnie; ward 1757 Major und
empfing den Oberbefehl über ein Grenadierbataillon,
so aus zwei Kompagnien von Neuwied, und zwei von
Jungken bestand. 1764 den 24sten May ward er
Obristlieutenant, und erhielt 1765 den 8ten Junius,
mit einem Gnadengehalte von 300 Thalern, seine Entlassung; starb aber noch im selbigen Jahre zu Magdeburg. Er hat die Feldzüge von 1745 bis 1762 un-
unterbrochen beigewohnet, ward in der Schlacht bei
Prag verwundet; und that sich bei Kollin, Breslau,
Leuthen, in der Aktion bei Görlitz, dem Sturme auf
Schweidnitz, und 1760 bei der Vertheidigung von
Cößlin, besonders rühmlich hervor.

Geor-

George von Beneckendorf.

Kommandirte 1633, als Obristlieutenant, das neu-
märksche Landvolk.

Christoph Friedrich von Beneckendorf,

Königl. Preuß. Generalmajor von der Infanterie und Kommendant der Festung Frie-drichsburg.

Er war ein Sohn Hans Kaspars von Beneckendorf, auf Pammin 2c. in der Neumark Erbherr, und
Erdmuth Lukretien von Beneckendorf aus dem
Hause Dickow. 1722 den 1sten Januar, ward er
Kommendant der Festung Friedrichsburg in Preußen,
als Generalmajor. Mehr ist mir von ihm nicht bekannt, als daß er 1694 als Major vom 2ten Bataillon preußische Garde in Ungarn stand, und 1698 den
26sten December Obristlieutenant ward. Er ist mit
Dorothea von Blankensee aus dem Hause Schön-
werder verehlicht gewesen; davon eine Tochter.

Egidius Arend von Beneckendorf,

Königl. Preuß. Obristlieutenant und Kommandeur des Leibhusarenregiments.

Er war aus der Neumark gebürtig, und kommandirte
das Leibhusarenregiment (jezt von Eben) als Obrist-
lieu-

lieutenant, wozu er 1730 den 8ten Oktober ernannt
worden. Er war nach einer Liste vom Jahre 1734,
48 Jahre alt, hatte 20 Jahre vorher bei dem Wartenslebenschen Regiment zu Pferde, bei dem er 1710 im
März Lieutenant geworden, gedienet, und nahm 1735
seinen Abschied.

Siegmund August von Bernhauer,

Königl. Preuß. Obrister und Chef eines Garnison-regiments.

Er ist aus Preußen gebürtig. Diente bei dem Bran-
deisschen Regiment (jezt von Hager) und stand 1741,
bei Errichtung desselben, als es den Obristen Wilhelm
Alexander von Dohna zum Chef hatte, als Fähnrich;
war aber schon eilf Jahr drei Monate im Dienst gewesen; ward 1757 im December Kapitain, als solcher
ist er 1759 den 12ten August in der Schlacht bei
Kunersdorf verwundet worden; 1767 im August
ward er Obristlieutenant, und 1771 den 28sten May
Obrister. 1778 erhielt er das Bremersche Garnisonregiment; ist gegenwärtig 68 Jahr alt, und hat
55 Jahre mit vielem Eifer in sämtlichen Feldzügen
des hochseeligen Königs gedienet.

Johann

Johann Leonhard d'Artois von Bequignolle,

Königl. Preuß. Rittmeister und Chef eines Husaren-Freikorps.

Er stammt aus einem alten französischen Geschlechte, das in der Person des Obristen Noe de Bequignolle, 1718 den 23sten November, vom Könige Friedrich Wilhelm den Ersten von Preussen, den Adelstand erhielt. 1758 stand er als Kapitain bei der Armee des Prinzen Ferdinand von Braunschweig, und erwarb sich, bei dem bekannten Uebergange über den Rhein, viel Ehre. 1761 errichtete er bei dem Heere der Alliirten ein Freykorps Husaren, welches er als Rittmeister anführte, und sich in der Aktion bei Warburg, und der Eroberung der Stadt Kassel, besonders hervorthat. Es ward 1763 gleich anderen reducirt.

Franz von Berg.

Lorenz von Berg auf Kleptow in der Uckermark Sohn; war 1627 als Chur-Brandenburgischer Rittmeister Anführer der neumärkischen Lehnspferde.

Bern-

Bernhard Siegmund von Berg,

Königl. Preuß. Obristlieutenant, Chef des magdeburgischen Landregiments.

Er war ein natürlicher Sohn Franz Otto von Berg auf Herzfelde Erbherrn, und ward 1721 den 16ten August legitimiret. In eben diesem Jahre war er Kapitain bei Prinz Albrecht zu Fuß (jetzt Herzog Friedrich von Braunschweig) und ward bei demselben 1733 den 29sten May zum Obristlieutenant ernannt. 1735 den 29sten Junius erhielt er als Obrister das magdeburgische Landregiment, und starb 1742. Er ist verehlicht gewesen, und hat Kinder hinterlassen.

Johann Leopold Berger.

Ward vom Churfürsten George Wilhelm 1633 den 4ten November, zu Stendal, zum Hauptmann des altmärkischen Landvolks bestellt.

Christian Friedrich von Berner,

Königl. Preuß. Obrister und Chef eines Garnisonregiments, Ritter des Ordens pour le Merite.

Er stammt aus einer uralten, in Mecklenburg blühenden Familie. Als Major des Anhalt-Bernburgschen

J   Regi-

Regiments, ward er 1757 den 18ten Junius in der
Schlacht bei Kollin verwundet; 1760 im Februar
ward er Obristlieutenant, 1761 im Februar Obrister
und Kommandeur gedachten Regiments; 1763 den
12ten September erhielt er das Jung-Sydowsche Garnisonregiment, (jezt von Natalis) und 1770 mit einem Gnadengehalte, seine Entlassung. Er hat sich
bei den wichtigsten Vorfällen, während des Königs
Regierung eifrig im Kriegesdienste erwiesen, und erhielt
bei Bestürmung der Burkersdorfer Anhöhen, 1762
den 21sten Julius, den Orden pour le Merite.

Jakob von Beschefer,

Königl. Preuß. Generallieutenant von der Infanterie, Chef eines Regiments zu Fuß, Kommendant von Magdeburg und Amtshauptmann
zu Beeskow und Storckow.

Er war aus Frankreich gebürtig, und 1685 Fähnrich
bei dem Infanterieregiment Marggraf Philipp; 1692
war er bei demselben Hauptmann. 1701 den 29sten
Oktober erlaubte ihn der König als Major und Gene-
raladjutanten, mit den preußischen nach Holland be-
stimten Truppen, zu gehen. 1703 den 27sten Februar ward er Obristlieutenant, 1707 den 9ten März
Obrister, 1718 den 15ten Junius Generalmajor,
1729 den 28sten Junius zum Amtshauptmann der
Aemter Beeskow und Storckow. 1716 erhielt er das
Regi-

Regiment des Geuenerals von der Infanterie, Grafen
Christoph von Dohna; (jezt von Egloffſtein) ward
1729/30 Generallicutenant, bekam, 1731, das jeßige
Lengefeldſche Regiment zu Magdeburg, wo er Kommendant war, und ſtarb 1731.

1705 den 18ten Januar erhob ihn König Friedrich Wilhelm der Erſte, als Obriſtlieutenant, nebſt
ſeiner Ehegattin, **Suſanna de la Coude**, wegen
ſeiner, wie es im Adelsdiplom heißt, bei verſchiedenen Aktionen, zum Ruhme der preußiſchen Waffen be-
wieſenen Tapferkeit, in den Adelſtand. Mit derſelben
hat er zwei Töchter, davon eine den Großkanzler von
Cocceji, und die andere einen Freihern von Hertefeld
geehlicht hat, erzeuget.

Gottlieb Ludwig von Beville,

Königl. Preuß. Generalmajor, Chef eines Infanterieregiments, Gouverneur des Fürſtenthums
Neufchatel und Ritter des Ordens pour
le Merite.

Er iſt 1734 den 28ſten Julius gebohren. Seine Eltern waren: **Heinrich le Chenevir de Beville**, Königl. Preuß. Obriſtlieutenant, und **Suſanna Freyin**
von Montaulieu Saint-Hipolite. 1749 kam er
zu dem jetzigen von Lichnowskiſchen Regimente als
Fahnjunker; ward im May 1755 Fähnrich, 1752

J 2   Sekon-

Sekondelieutenant, 1758 Königl. Flügeladjudant und Quartiermeisterlieutenant, 1762 Hauptmann und bekam eine Kompagnie bei dem jetzigen Füselierregiment von Pfuhl. 1764 den 8ten May sezte ihn der König als Major zu dem jetzigen Regiment von Raumer, an die Stelle des Majors von Wittich, der seinen Platz wieder bei dem ersten Regimente einnahm, 1773 im May ward er Obristlieutenant, 1777 den 26ten Junius Obrister, 1779 Gouverneur von Neufchatel, 1785 den 20ten May Generalmajor, und erhielt das Regiment Herzog Leopold von Braunschweig. Von 1756 bis 1779 hat er allen Feldzügen beigewohnet; ward in Schweidniß, 1761, zum Gefangenen gemacht, nach Verlauf von zwei Monaten aber wieder ausgewechselt. 1778 bekam er wegen seines Wohlverhaltens bei Jung-Buch, den Orden pour le Merite. 1786 nahm er im Namen des Königs Friedrich Wilhelms des zweiten, die Huldigung im Fürstenthum Neufchatel ein. Er ist ein Mann von ausgebreiteter Kenntniß und vieler Erfahrung, und mit einer gebohrnen von Voß verehlicht, davon auch Kinder vorhanden.

Johann Albrecht von Beyer,

Königl. Preuß. Obristwachtmeister und Kommandeur eines Grenadierbataillons.

Er war in Preußen gebohren. Sein Vater stand als Rittmeister beim Schlippenbachschen Kuirassierregiment,

und

und blieb in der Schlacht bei Malplaquet. Als er 1735 den 26ten November beim Schlichtingschen Regiment Fähnrich ward, hatte er schon beinahe zwanzig Jahre bei demselben gedienet. 1739 finde ich ihn als Grenadierkapitain, welches er am 4ten Januar dieses Jahres geworden. 1758 erhielt er als Major das Grenadierbataillon, welches aus zwei Kompagnien von Lehwald und zwei von Below zusammengesezt war. Blieb 1760 den 3ten November in der Schlacht bei Torgau. 1747 den 22ten Julius hatte ihn der König als Lieutenant in den Adelstand erhoben.

Johann Christoph von Billerbeck,

Königl. Preuß. Generallieutenant von der Armee, ehemaliger Kommandeur eines Grenadierbataillons, Ritter des Ordens pour le Merite, auf Hohenwalde, Golß und Janicker Erbherr.

War 1703 in Pommern gebohren; diente bei dem Regiment von Anhalt-Zerbst (jezt von Scholten), ward 1758 im December als Obristlieutenant, Obrist, 1764 als solcher und Kommandeur des Regiments, Generalmajor mit einer Pension von 1000 Thaler. Starb 1777 den 20. Julius, als Generallieutenant von der Armee, im 74sten Jahre seines Alters, und 57sten seiner Dienste. Von 1756 an, kommandirte er ein, aus den vier Grenadierkompagnien der Regi-

menter

menter von Amstel und Alt-Würtemberg bestehendes
Grenadierbataillon, mit welchem er sich in den Schlachten bei Reichenberg, Prag und Zorndorf, wie auch
in der Aktion bei Domstädel, vorzüglich auszeichnete.
Er ist verehlicht gewesen, und hat Kinder verlassen.

Heinrich Wilhelm von Billerbeck,

Königl. Preuß. Obrister und Chef eines Husaren-regiments, auf Warnitz Erbherr.

Er war aus Pommern gebürtig, und ein Sohn
Anton Christophs von Billerbeck, auf Warnitz
Erbherrn, der Kornet in preußischen Diensten gewesen. Bei dem von Ebenschen Husarenregimente diente er von Stiftung an; ward bei demselben 1746
als Obristlieutenant Obrister, und erhielt das Dieu-
rysche Husarenregiment (jetzt von Usedom), nahm
aber schon 1753 im August hohen Alters wegen Abschied, und ging auf sein Guth Warnitz in Pommern.
Er hat bis 1746 allen kriegerischen Vorfällen mit
vieler Herzhaftigkeit beigewohnet; starb 1774 oder
1775, und hinterließ verschiedene Kinder.

Hans

Hans Christoph von Billerbeck,

Königl. Preuß. Obrister von der Armee, Hauptmann vom ersten Bataillon Garde, Ritter des Ordens pour le Merite.

Er war ebenfalls aus Pommern gebürtig; ward als Hauptmann des ersten Bataillons Garde, 1758 im December, Obristlieutenant von der Armee, und befehlichte von 1756 bis 1763 ein Grenadierbataillon, so aus den vier Grenadierkompagnien der Regimenter Ferdinand von Braunschweig und Jung-Stutterheim zusammengesezt war. In der Schlacht bei Kunersdorf ward er gefährlich verwundet; erhielt 1763 den gesuchten Abschied, und begab sich auf sein Ritterguth Beichlitz bei Halle. Er ist verehlicht mit einer gebohrnen von Stecher aus Halle.

Carl Gottfried von Billerbeck,

Königl. Preuß. Major und Kommandeur eines Grenadierbataillons.

War aus Pommern gebürtig; diente von seinem dreizehnten Jahre an, und wohnte den Feldzügen von 1740 bis 1759 rühmlichst bei; ward auch in der Schlacht bei Kay verwundet. Als Hauptmann des von Wedelschen Regiments (jezt von Alt-Woldeck) kommandirte er nach der Schlacht bei Kunersdorf, in der er verwundet worden

den

den war, ein Grenadierbataillon, welches aus acht
Grenadierkompagnien der Regimenter von Kalkstein,
Marggraf Karl, von Wedel und Itzenplitz, zusammengesetzt war, und ward 1760 Major. 1761 gerieth er
in die österreichische Gefangenschaft, ward nach Tyrol
geführet, wo er im 39sten Jahre seines Alters verstarb.

Konstantin von Billerbeck,

Königl. Preuß. Generallieutenant, Chef eines Re-
giments zu Fuß, Ritter des schwarzen Adler-
und pour le Merite-Ordens.

Seine Eltern sind Gottfried von Billerbeck, Königl. Preuß. Staabshauptmann des Regiments von
Barfus, und Beate Johanna von Schmelingen,
aus dem Hause Streitz bei Cößlin, gewesen, und er ist
zu Janickow in der Neumark, 1713 den 19ten November, gebohren worden. 1727 den 7. April kam er
bei das Kadettenkorps zu Berlin; ward 1731 den 16ten
Julius Fahnjunker des jetzigen von Knobelsdorffschen
Regiments, bei dem er 1735 den 5ten Februar Fähnrich und 1737 den 26ten Januar Sekondelieutenant
ward. 1740 den 15ten Oktober setzte ihn der König
zum Regiment Prinz Heinrich, bei welchem er 1742
den 16ten Januar Premierlieutenant, 1749 Staabshauptmann, 1751 wirklicher Hauptmann, 1757 Major und 1761 Obristlieutenant ward. 1768 im April
erhielt

erhielt er wegen seiner schweren Wunden, mit einem
Gnadengehalte, die gesuchte Erlassung seiner Dienste,
die er 1766, als er wieder hergestellet worden, von
neuem annahm, und als Kommandeur zum gräflich-
Anhaltschen Füselierregiment gesezt ward. 1767 im August ward er Obrister, 1771 den 25ten May Generalmajor; erhielt 1772 im Januar das erledigte von Ro-
sensche Regiment, und 1784 den 20ten Mäy ernannte
ihn der König zum Generallieutenant. Er hat von 1744
an bis 1779 allen vorgefallenen Feldzügen, und in selbigen besonders der Belagerung von Prag, der Schlacht
bei Reichenberg, Kollin, wo er schwer verwundet worden, Kunersdorf, wo er eine Kontusion empfing, mit
allem kriegerischen Muthe beigewohnet. 1757 im Junius deckte er mit 350 Mann Infanterie und 150 Husaren, einen Transport von Brodwagen gegen 6000
Oesterreicher, und brachte ihn glücklich zur Armee, weshalb er den Orden pour le Merite erhielt. Starb 1785
den 27ten November im 76sten Jahre seines Alters
und 54sten seiner Dienste. Sein Bildniß, mit der beigefügten Lebensbeschreibung, findet sich in dem Berlinischen militairischen Taschenkalender für das Jahr 1786.
Er war mit einer gebohrnen von Pöpping verehlicht,
davon verschiedene Kinder gebohren worden.

Johann

Johann Rudolph von Bischofswerder,

Königl. Preuß. Obrister von der Kavallerie, Flügeladjubant und ehemaliger Chef eines Jägerkorps.

Sein verstorbener Vater ist Obrister in holländischen Diensten, die Mutter aber Henriette Wilhelmine von Bünau gewesen. Studirte von 1756 an zu Halle und ward 1760 bei dem preußischen Leibkarabinierregiment Kornet; wohnte auch den Feldzügen bis 1763 bei. 1764 nahm er seinen Abschied; ging in chursächsische Hofdienste und ward Kammerherr und Stallmeister des Herzogs Karl von Kurland. 1778 errichtete er ein Jägerkorps bei der Prinz Heinrichschen Armee, und bekam, 1779 im Februar, in preußischen und sächsischen Diensten den Majorscharakter. Nach geendigtem Feldzuge nahm ihn König Friedrich der zweite in seine Suite zu Potsdam auf, und sein Nachfolger, König Friedrich Wilhelm der zweite, ernannte ihn 1786 im August zum Obristlieutenant und Flügeladjubanten, 1787 den 20ten May aber zum Obristen von der Kavallerie; und seit dieser Zeit ist er des Monarchen beständiger Begleiter. Den 1ten März 1764 verehlichte er sich mit einer Tochter des 1762 verstorbenen chursächsischen Kammerherrn von Wilke, davon verschiedene Kinder vorhanden sind.

Chri=

Christoph Friedrich von Bismark,

Königl. Preuß. Generalmajor, Kommendant der Festung Küstrin, auf Schönhausen, Fischbeck und Reniz Erbherr.

Sein Vater war Valentin Busso von Bismark, dem er 1652 im Februar gebohren worden. 1690 den 29ten Junins ward er Obrister bei dem von Marwitzschen Regiment, und den 4ten Oktober s. J. Kommendant zu Küstrin; 1704 den 10ten May erhielt er als ältester Obrister das Patent als Generalmajor, und starb 1704 den 24ten December, im 52sten Jahre seines Alters. Er ist zweimal verehlicht gewesen: erstlich mit Louise Margaretha von der Asseburg, seit dem 24ten Januar 1681; sie starb 1698 den 18ten December, und ist Mutter von fünf Söhnen und acht Töchtern geworden; zweitens mit Margaretha Helena von Wulffen, aus dem Hause Tempelberg.

Ludwig Wilhelm von Bissing,

Königl. Preuß. Generalmajor und Chef eines Regiments Dragoner.

Er war aus Großen-Salza im magdeburgischen gebürtig, und seine Eltern sind Hans Ludwig von Bissing auf Löberitz, und Magdalena Katharina v. Schneidewind aus Großen-Salza gewesen. Schon 1711

im

im März ward er Staabsrittmeister und 1716 Rittmei‑
ster bei dem Leibregiment zu Pferde. 1717 den 3ten
April ward er Major bei dem Schulenburgschen Regi‑
ment Grenadiers zu Pferde. 1724 findet er sich als
Obristlieutenant und 1739 als Obrister. 1741 im
May erhielt er ein Dragonerregiment, welches aus dem
eingegangenen Schulenburgischen Regiment errichtet
worden (jezt von Thun); ward im Junius selbigen
Jahres Generalmajor, und bekam 1742 im Januar
auf sein Ansuchen, da seine schwächliche Gesundheitsum‑
stände ihm nicht länger zu dienen erlaubten, den Ab‑
schied. Begab sich auf seine Güther im mecklenburgi‑
schen, wo er vor einigen Jahren verstorben ist. Er ist
mit Christiana Sophia von Lehsten, des General‑
lieutenants von Dewitz Witwe, verehlicht gewesen,
davon eine Tochter.

Peter von Blankensee,

Königl. Preuß. Generallieutenant von der Kaval‑
lerie, Ritter des schwarzen Adlerordens, Chef ei‑
nes Kuirassierregiments, Gouverneur der Festung
Kolberg, auf Wulfow Erbherr.

Ward 1669 in Pommern gebohren. Schon 1683
war er Lieutenant und 1692 Rittmeister bei dem Derff‑
lingerschen Regiment zu Pferde. 1713 den 14ten
May ward er Generalmajor von der Kavallerie, und
hatte schon ein eigenes Regiment Kuirassier (jezt von
Meng‑

Mengden). 1721 den 24ten May ward er zum Generallieutenant ernannt und erhielt den schwarzen Adlerorden. 1733 ward er Gouverneur von Kolberg, und sein Regiment erhielt der Graf v. Geßler. Starb 1734 auf sein Guth Wulkow bei Stargard, und nahm den Ruhm eines tapfern Soldaten, den er sich in den vorzüglichsten Feldzügen der brandenburgischen Völker, in Ungarn, Braband, und am Rhein erworben, mit ins Grab. Bereits 1683 hatte er sich als Lieutenant mit Frau Susanna Maria von Wedell, sel. Hasso von Papstein auf Blumberg nachgelassene Witwe, verehlicht; ob er davon Kinder gehabt, finde ich nicht.

Wolf Christoph von Blankensee,

Königl. Preuß. Generalmajor, Chef eines Regiments zu Fuß und Amtshauptmann zu Neidenburg und Soldau.

Er war ein Sohn des 1693 den 7ten September an seinen vor Belgrad empfangenen Wunden verstorbenen Obristen, Christian Hennings von Blankensee und Hedwig Juliana von Volkmar. 1719 ward er zu dem Regiment von Forkade gesetzt, und 1721 den 17ten Januar zum Major, 1732 aber zum Obristlieutenant ernannt. Als solcher besorgte er, da König Friedrich Wilhelm der erste zu ihm ein besonderes Vertrauen hegte, den Bau der Friedrichsstadt zu Berlin, fiel durch ein Mißverständniß in Ungnade, die aber bald auf-

aufgehoben wurde, und 1736 erhielt er die Amtshaupt
mannschaft zu Neidenburg und Soldau, nebst einem
Geschenke von 500 Dukaten. 1740 ward er Obrister,
1743 den 28ten May Generalmajor, und erhielt im
Julius letztgedachten Jahres das Sydowsche Regiment
(jezt von Lichnowsky). 1745 den 30ten September
traf ihn und seinen Sohn Friedrich Wilhelm, der bei
ihm Generaladjudanten-Dienste that, in der Schlacht
bei Soor, eine einzige Kugel, die beiden das Leben
raubte. Er hatte die Feldzüge in Pommern, am
Rhein und in Schlesien, mit vieler Tapferkeit beigewoh
net, und war mit einer gebohrnen von **Witten** vereh
licht, die ihm zehn Kinder gebohren.

Bernd Siegmund von Blankensee,

Königl. Preuß. Generalmajor von der Infanterie,
Chef eines Regiments zu Fuß, Ritter des Ordens
pour le Merite, Amtshauptmann und Drost zu
Ravensberg, auf Schlagentin Erbherr.

Er ward zu Schlagentin 1693 den 9ten Junius ge
bohren. Seine Eltern waren: Hans Adam Jürgen
von Blankensee, auf Schlagentin in der Neumark
Erbherr, und Margaretha von Delitz, aus dem
Hause Morstein bei Nürnberg. 1710 trat er bei dem
von Schlabbrendorfschen Regiment zu Küstrin in Krie
gesdienste; und war zuerst Gemeiner, dann Unteroffi
zier, Fahnjunker, und ward 1711 bei dem Regiment
von Hessenkassel (jezt von Strvolinsky) versezt, mit dem

er

er bis zum Utrechter Frieden, die Feldzüge im brabandschen mitmachte. 1713 den 24ten April avancirte er
zum Fähnrich, und den 30ten Oktober eben dieses Jahres zum Sekondelieutenant. 1715 befand er sich mit
vor Stralsund, und ward 1728 den 24ten Februar
Premierlieutenant, den 6ten December f. J. Staabshauptmann, 1730 den 28ten August wirklicher Hauptmann und 1739 den 16ten September Major. Im
ersten schlesischen Kriege befand er sich, 1741 den 10ten
April, in der Schlacht bei Molwitz, worin er durch
zwei Kugeln in die rechte Seite verwundet wurde; half
den 30ten Oktober Neisse erobern, 1742 den 17ten
May aber den Sieg bei Chotusitz erfechten. 1743
den 3ten Junius ward er Obristlieutenant, 1745 den
2ten November Obrister, und befand sich in der Schlacht
bei Kesselsdorf, in der er verschiedene Wunden empfing.
1751 den 12ten August erhielt er die Drosten Ravensberg, im Oktober f. J. den Orden pour le Merite;
ward 1754 den 9ten September Generalmajor, und
bekam den 5ten November das Regiment von Uchtlän-
der (jezt von Schönfeld). Zu Anfang des siebenjährigen Feldzuges, führte er dasselbe zwar ins Feld, war
auch bei der Schlacht bei Lowositz gegenwärtig; allein
seine Kräfte waren zu schwach, ferner auszuhalten,
weshalb er sich nach Magdeburg begab, wo er die bei
Pirna gefangene sächsische Garde, als ein neues preußi-
sches Regiment zur Einrichtung erhielt. Er starb zu
Magdeburg 1757 den 8ten Februar. Seit dem 22ten
April 1722, war er mit Maria Charlotte von
Schmerheim verehlicht, die ihm sieben Kinder
gebohren.

Chri-

Christian Friedrich von Blankensee,

Königl. Preuß. Generalmajor von der Kavallerie, Chef eines Regiments Dragoner, Ritter des Ordens pour le Merite.

Er war der zweite Sohn des oben erwehnten General-majors Wolf Christophs von Blankensee, und ist 1716 gebohren. Seine schwächliche Jugend, und die Ungnade, darin der Vater bei dem Könige Friedrich Wilhelm dem ersten gefallen war, verursachte, daß er erst im 21sten Jahre Offizier ward. Er kam aber bald darauf als Kapitain und Flügeladjudant in das Gefolge König Friedrichs des zweiten, mit dem er die ersten schlesischen Feldzüge beiwohnte, und der seine trefliche Talente dadurch auszeichnend belohnte, daß er ihn, 1745 im April, vom Hauptmann zum Obristlieutenant und Kommandeur des Eßlerschen Kuirassierregiments erhob. 1747 im May ward er Obrister; 1754 im September Generalmajor und bekam das Schwerinsche Dragonerregiment (jezt von Mahlen). Er starb 1757, an seinen den 27ten May bei Prag am Fuß empfange-nen Wunden, und ist zweimal verehlicht gewesen: erst-lich mit einer von Flemming, aus dem Hause Beck, davon ein Sohn; zweitens mit einer Tochter des Etats-ministers von Boden, davon auch zwei Söhne gebohr-ren worden.

Anton

Anton von Blankensee,

Königl. Preuß. Obrister und Chef eines land-regiments.

Er war seit 1694 den 17ten November Obristlieu-tenant, und seit 1704 den 7ten Oktober Obrister bei der Küstrinschen Garnison; nachmals hatte er das 1729 errichtete Landregiment (jezt von Lö-ben), bis zum Jahre 1740, und finde ich von ihm weiter keine besondere Nachrichten aufgezeichnet. Der in Pauli Leben großer Helden 8ter Th. S. 137. vor-kommende preußische Obriste Anton von Blanken-see, scheint es, nach chronologischen Verhältnissen, nicht gewesen zu seyn. 1699 war ein Antonius von Blankensee Obristlieutenant bei der Besatzung zu Driesen, wozu er 1694 den 17ten November er-nannt worden.

Busso Christian von Blankensee,

Königl. Preuß. Obrister und Chef eines Garnison-regiments, Ritter des Ordens pour le Merite, auf Steinberg und Mantickow Erbherr.

Er war ein Sohn Antons von Blankensee, Kö-nigl. Pr. Obristen, und einer gebohrnen von Volk-mar. Schon 1718 stand er als Fähnrich bei dem Regiment von Gersdorf (jezt Preußen), bei dem er fort-

fortavancirte und den 15ten Junius 1747 Obrister wurde. Im September selbigen Jahres, erhielt er das von Rettbergsche Garnisonregiment (jezt von Oven), und starb 1765 den 10ten November zu Patschkau in Schlesien, im 71sten Jahre seines Alters und 51sten seiner Kriegesdienste. 1758 hat er sich bei der Vertheidigung von Neisse, unter dem Generallieutenant von Treskow, hervorgethan.

1757 im September, finde ich einen Chef des sogenannten neuen Garnisonregiments, Obristlieutenant Busso Ernst von Blankensee; er war zwar 66 Jahr 10 Monate alt, und hatte 11 Jahr 9 Monate gedienet. Sein Regiment bestand aus drei Kompagnien, davon eine in Peiz, eine in Kolberg und eine in Spandow in Garnison lag.

. . . . von **Block,**

Chur-Brandenburgischer Obrister. ?

Hatte in Diensten des Churfürsten Friedrich Wilhelms, 1666, ein Regiment Dragoner von sieben Compagnien, die in Preußen lagen, als Obrister.

Karl

Karl August von Blomberg,

Königl. Preuß. Obrister und ehemaliger Kommandeur eines Grenadierbataillons.

Er ist 1726 zu Groß-Sernathen in Kurland gebohren, und seine Eltern waren: Johann Ulrich von Blomberg, gewesener chursächsischer Hauptmann, und eine gebohrne von Heyking. Im 17ten Jahre seines Alters trat er in preußische Kriegesdienste, und ward bei dem jetzigen von Rhodichschen Grenadierbataillon 1746 Fähnrich, 1750 Sekonde- und 1758 Premierlieutenant; 1762 Staabs- und 1765 wirklicher Hauptmann; 1772 den 16ten Oktober Major und Kommandeur eines Grenadierbataillons, so aus zwei Kompagnien von Rhodich und zwei von Leipziger zusammengesetzt war, welches er im baierschen Erbfolgekriege, bei dem Heere des Prinzen Heinrichs, anführte. 1781 im Julius ward er zu dem von Egloffsteinschen Regiment versetzt. 1782 im May ernannte ihn der König zum Obristlieutenant, und 1784 den 23ten May zum Obristen und Kommandeur. Er hat den Schlachten bei Hohenfriedeberg, Soor, Roßbach, Leuthen, Hochkirch und Torgau, und den Belagerungen von Prag und Olmütz beigewohnet, und sich bei allen Gelegenheiten brav erwiesen.

George

George Ewald von Blumenthal,

Königl. Preuß. Generalmajor, Chef eines Füselier-regiments, Ritter des Ordens pour le Merite, auf Enßow und Kummerzien Erbherr.

Seine Eltern waren: Heinrich Albrecht von Blumenthal, auf Quackenburg in Pommern Erbherr, und Katharina Elisabeth von Lettow, aus dem Hause Machmin. Er ist 1722 den 20ten April gebohren; diente bei dem von Billerbeckschen Regiment (jezt von Raumer), und ward bei demselben 1738 Fahnjunker; nachdem er die untern Offizierstellen bis zum Major durchgegangen, ernannte ihn der König, 1769 im May, zum Obristlieutenant, 1772 den 8ten Junius zum Obristen, als welcher er, 1780, das Regiment Prinz von Hessen-Philippsthal erhielt, und 1781 den 15ten August zum Generalmajor. Starb im September 1784 in seiner Garnison Mewe. Während seines 46jährigen Kriegesdienstes, wohnte er den Schlachten bei Chotusitz, Hohenfriedeberg, Soor, Lowositz, Prag, Kollin, Hochkirch, Torgau und Freyberg, wie auch den Aktionen bei Kuttenberg, Görlitz, Holitz, Neustadt und Jauernick; den Belagerungen von Namslau, Brieg, Neisse und Prag bei. In den Schlachten bei Soor und der Aktion bei Görlitz ward er verwundet, und zwar bei lezterer Gelegenheit gefährlich am Kopfe. Nach der Schlacht bei Prag erhielt er den Orden pour le Merite. 1766 den 7ten Februar verehlichte er sich mit Barbara Helena von Zitzwitz, aus dem Hause Goschen bei Bütow, die zwei Söhne gebohren.

Hans

Hans August Graf von Blumenthal,

Königl. Preuß. Obristlieutenant und Kommandeur der Garde du Korps, Ritter des Ordens pour le Merite.

Er ist 1722 den 12ten Februar zu Horst in der Prignitz, aus der ersten Ehe des Königl. Preuß. Etatsministers Adam Ludwig von Blumenthal, mit Sophia Ester von Hoym, aus dem Hause Poblotz, gebohren. 1737 ward er Fähnrich beim Möllendorfschen Dragonerregiment zu Insterburg; 1740 Lieutenant bei der Garde du Korps, avancirte weiter, und ward 1742 Rittmeister, 1747 den 20ten September Kommandeur, 1755 im Junius als Major Obristlieutenant, und erhielt im August selbigen Jahres eine jährliche Zulage von 500 Thalern. 1757 nahm er wegen der, in der Schlacht bei Lowositz empfangenen vielen Wunden, den Abschied, und bekam die Oberhofmeisterstelle bei dem Prinzen Friedrich Heinrich Karl von Preußen. Nachdem solcher gestorben war, hielt er sich theils zu Berlin, theils auf seinen Güthern auf, und ward 1786 den 2ten Oktober bei der Huldigung zu Berlin mit seiner Descendenz in Grafenstand erhoben. 1741 den 10ten Junius hat er sich mit Ulrike Amalia Reichsgräfin von Wartensleben verehlicht, die zehn Kinder zur Welt gebohren.

Chri-

Chriſtian Wilhelm Bock von Wülffingen,

Königl. Preuß. Major und Kommandeur eines Grenadierbataillons. -

Ward 1713 den 21ten Junius zu Wingenbach im Herzogthum Bergen gebohren. Seine Eltern waren: **Dietrich Albrecht Bock von Wülffingen,** Chur-Braunſchw. Lüneb. Kapitainlieutenant, und **Anna Lucia von Hille.** 1729 trat er in preußiſche Kriegesdienſte, und ward bei dem Regiment von Flanß 1735 Fähnrich, 1738 Sekondelieutenant; 1741 als ſolcher bei dem jetzigen von Borkſchen Grenadierbataillon geſetzt, und zum Premierlieutenant ernannt; 1752 den 21ten May zum Staabs- und 1756 den 26ten May zum wirklichen Hauptmann. 1760 den 21ten April ward er Major und Kommandeur des erledigten von Buddenbrockſchen Grenadierbataillons, ſo aus zwei Kompagnien des Regiments von Grabow, und zwei des Garniſonregiments von Langen, zuſammengeſtoßen war; erhielt 1776 als Obriſtlieutenant des Garniſonregiments von Mülben, mit einer Gnadenpenſion ſeinen Abſchied, und hält ſich noch in Schleſien auf. 1734 und 1735 befand er ſich in den Feldzügen am Rhein; 1741 in dem Lager bei Brandenburg; 1744 und 1745 in Schleſien und Böhmen, und während des ſiebenjährigen Krieges in den Schlachten bei Reichenberg, Prag, Hochkirch und bei den beſchwerlichen Unternehmungen bei Kolberg, wo er mit ſeinem Grenadierbataillon die ſogenannte grüne Schanze eroberte. Bei Prag iſt er dreimal ſehr ſchwer verwundet worden.

Johann

Johann von Bodt,

Königl. Preuß. Generalmajor und Kommendant von Wesel.

Ist zu Paris, 1670, von reformirten Eltern erzeuget worden. Der Religion wegen verließ er sein
Vaterland in sehr jungen Jahren, und ging nach Holland, wo er unter dem Prinzen Wilhelm von Oranien als Kadet Dienste nahm. Folgte auch demselben, da er als König den großbrittannischen Thron
bestieg, nach Engelland, und avancirte bei dessen
Armee bis zur Stelle eines Hauptmanns. Ward zu
verschiedenen Festungsarbeiten, und besonders bei dem
Bau des Schloßes Whitehall, gebraucht. 1700
trat er in churbrandenburgische Dienste, und kam bei
der Füseliergarde zu Fuß (jetzt von Alt-Bornstedt).
In einem Verzeichnisse der Offiziers dieser Garde,
vom November des Jahres 1705, finde ich ihn also
aufgezeichnet: Jean de Bodt, 37 Jahr alt, Kapitain, aus Paris gebürtig, hat eilf Jahre in englischen, und sechs Jahre in brandenburgischen Diensten
gestanden. 1705 den 9ten May ward im Gehei-
men-Kriegesrath beschlossen, daß er Direkteur der
Ingenieurs werden, jedoch noch kein Patent haben
solle. 1706 den 14ten September erhielt er das
Obristen-Patent. Zugleich war er Hofbaumeister,
und arbeitete als solcher an dem Zeughause zu Berlin, welches Nering angefangen hatte, und Schlüter
vollendete. Ueberhaupt sind seine vornehmste Werke
in der Baukunst, in Nikolai's Beschreibung von Ber-

K 4   lin

lin und Potsdam. 2ter Th. Anhang S. 52. aufge=
zeichnet zu finden, und daselbst nachzusehen. 1715
den 24ten December ward er Generalmajor, und
1722 den 1ten Januar Kommendant von Wesel.
Als Walrawe, bei der Befestigung von Magdeburg,
mehr Gehör, als er, bei dem Könige fand, nahm er
seinen Abschied, und trat 1728 als Generallieutenant
in chursächsische Dienste; ward in solchen 1741 Ge=
neral von der Infanterie, Kommandeur des Inge=
nieurkorps und Kommandeur der Neustadt Dresden
(S. Zirschke chursächsisch. Militair= und Civil=Etat
2ten Theils erste Fortsetzung S. 170.). Er starb
1745 den 3ten Januar in einem sehr hohen Alter
zu Dresden, und ist zweimal verehlicht gewesen, er=
stens mit N . . . . .; zweitens mit Magdalena
von Persode, einer Schwester des preußischen Ge=
neralmajors. Aus beiden Ehen sind Töchter gebohs
ren worden.

Ernst Gottlieb von Börstel,

Churbrandenburgischer Kriegesrath, Kammerherr,
Generalmajor, Obrist zu Fuß über der Churfürstin
Leibregiment, Gouverneur zu Magdeburg, Amts=
hauptmann zu Wolmirstädt und Wansleben, Ritter
des St. Johanniter=Ordens, Komthur zu Wer=
ben, Erbherr auf Hohen=Finow und Tornow.

Er ward auf dem Amtshause zu Lebus 1630 den
30ten April gebohren. Seine Eltern sind Ludewig
von

von **Börstel,** churbrandenburgischer Räth und Hauptmann der Aemter Lebus und Fürstenwalde, und **Anna Magdalena** gebohrne von **Einsiedel,** aus Saalis und Roschwitz gewesen. Bis im 8ten Jahre erzog ihn **Hans Ernst von Börstel,** fürstlich anhaltscher Rath und Hauptmann zu Harzgerode, und brachte ihn darauf als Page bei dem Fürsten **Christian von Anhalt-Bernburg,** mit dem er verschiedene Reisen that, und von ihm wehrhaft gemacht wurde. Nahm darauf selbst eine Reise nach Holland und Frankreich vor, nach deren Beendigung er bei der Churfürstin **Elisabeth Charlotte von Brandenburg,** Churfürst **Friedrich Wilhelms** Frau Mutter, Kammerjunker ward. Da er aber eine sonderbare Neigung zum Soldatenstande äußerte, machte ihn der Churfürst zum Hauptmann bei der Leibgarde zu Fuß, und er wohnte als solcher der Belagerung von Stettin, wo er verwundet wurde, mit bei. 1662 ward er der Kammerjunkercharge entledigt, und erhielt dagegen, 1662 den 20ten September, das Oberschenkenamt. Wenig Jahre darauf ward er Kammerherr, in den Johanniterorden aufgenommen und auf die Komthureien Werben und Nemerow designirt. Avancirte darauf weiter, ward endlich Obristlieutenant bei der Leibgarde zu Fuß, und 1675 den 4ten Februar Schloßhauptmann zu Berlin, wobei ihm der Schloßbau übertragen ward. Während der Abwesenheit des Churfürsten am Rheinstrom kommandirte er den zu Berlin zurückgelassenen Rest der Leibgarde, und hatte die Aufsicht über die Residenz und Festung Berlin unter dem Fürsten **Johann George von Anhalt.** Nachdem

K 5

für die Churfürstin Dorothea ein eigenes Leibregiment aus der Leibgarde und andern Regimentern errichtet wurde, erhielt er darüber das Kommando, und
diente mit demselben in Pommern wider die Schweden, wo er vor Greiffenhagen, Pasewalk, Garz und
Stettin, besondere Tapferkeit zeigte. 1676 den 27ten
November ward er Obrister dieses Leibregiments;
wohnte mit solchem der Belagerung der Festung Stettin bei; nach deren Eroberung er darüber das Gouvernement, 1678 den 2ten November zu Wrangels-
burg erhielt, dagegen aber die Schloßhauptmanns-
stelle der churfürstlichen Residenz Berlin wieder abtreten muste. Nach der Rückgabe der Stadt Stettin
an Schweden, verlohr er das daselbst gehabte Gouvernement wieder, und der Churfürst schickte ihn 1680
den 15ten Januar nach Preußen, um mit dem Generallieutenant von Görzke, das Kommando über die
daselbst stehende Regimenter zu übernehmen; ward
aber bald zurückberufen; erhielt darauf das Prädikat
eines Kriegesraths und, 1681 den 4ten März, das
Vicegouvernement zu Magdeburg; 1682 den 3ten
August die Hauptmannsbestallung der Aemter Wolmirstädt und Wansleben, den 14ten September s. J.
das wirkliche magdeburgische Gouvernement, 1684
den 6ten März aber den Charakter eines Generalmajors. 1685 empfing er auf dem öffentlichen Reichs-
tage in Pohlen, zu Warschau, das Jus-Indigena-
tus in diesem Königreiche, für sich und seine Nachkommen. Er starb 1687 den 30ten April, in einem
Alter von 57 Jahren, zu Berlin, und liegt in der
Kirche seines gewesenen Guthes Hohen-Finow begraben.

ben. 1663 hatte er sich mit Konstantia Louise von Pröen verehlicht, die ihm fünf Söhne und eine Tochter gebohren.

Johann Heinrich von Börstel,

Königl. Preuß. Generallieutenant und Kommendant der Festung Magdeburg.

Seine Eltern waren, der 1661 verstorbene fürstlich Anhältische Gesammtrath und Hofmeister zu Bernburg, Christian Heinrich von Börstel, und Christine von Wutenow, denen er zu Dessau 1644 den 28ten September gebohren worden. Begab sich im siebzehnten Jahre seines Alters auf Reisen, und darauf in churbrandenburgische Kriegesdienste, in welchen er 1695 Generalmajor und 1705 den 9ten December Generallieutenant geworden, und den Feldzügen Churfürst Friedrich Wilhelms, als auch unter seinem Nachfolger, am Rhein und in Italien beigewohnet hat. 1687 ward er Kommandeur der Churfürstin Regiment (jezt von der Golz), welches er bis 1693 gewesen, und da er davon im lezt gedachten Jahre entlassen wurde, Kommendant der Festung Magdeburg. Starb daselbst 1711 im Januar und liegt zu Bernburg begraben. Ist mit Charitas von Jena verehlicht gewesen, die ohne Kinder geblieben.

Philipp

Philipp Christian von Bohlen

Königl. Preuß. Generallieutenant, Chef eines Kuirassierregiments und Ritter des Ordens
pout le Merite.

Sein Vater war Philipp Karl von Bohlen, der
als churfächsischer Lieutenant, 1744 den 7ten Januar,
verstorben, die Mutter eine gebohrne von Hacke, aus
dem Hause Machenow, die ihn 1718 den 22ten April
zu Dahme in Sachsen zur Welt gebohren. 1734 kam
er zum adelichen Kadettenkorps zu Dresden, wovon
er 1739 ausgehoben, und zum Kommandeur eines kleinen adelichen Kadettenkorps gemacht wurde, welches
der Graf Sulkowsky in polnisch Lissa, aus vornehmen
polnischen Edelleuten, auf Dresdner Fuß, errichtet hatte.
1742 trat er als Kornet und Adjudant bei dem neuerrichteten Husarenregiment von Hobiß (jezt von Gröling)
in preußische Dienste. Ward 1743 Lieutenant, 1750
im Oktober Staabs- und 1755 im December wirklicher
Rittmeister; 1758 im April Major, und 1767 Obristlieutenant. 1770 sezte ihn der König als Kommandeur
zu dem Leibkuirassierregiment, bei dem er 1772 den
23ten May Obrister ward, und 1775 das Leibkarabinierregiment bekam. 1777 den 16ten August ward
er Generalmajor, erhielt 1784 das Apenburgsche Kuirassierregiment, und 1786 den 3ten März die Würde
eines Generallieutenants. 1787 im Oktober bekam er
seine Dienstentlassung. Von 1744 bis 1779 hat er
den Feldzügen des Königs Friedrich des zweiten, wider
Oesterreich, Rußland und Schweden, besonders den

Schlach-

Schlachten bei Roßbach, Jorndorf und Kunersdorf,
mit vielem Ruhme beigewohnet, und erhielt nach der
Affaire bei Zuckmantel, den Orden pour le Merite,
1760, nach dem Scharmützel bei Kauth, eine ansehnliche Belohnung an Geld, und that sich bei dem glücklichen Entsatz der Festung Kolberg besonders hervor.
Seit 1763 den 13ten November ist er mit Konstantia Henriette, vierter Tochter des Erblandmar-
schalls in Schlesien, Hans Friedrich Grafen von
Sandrasky, verehlichet, die ihm verschiedene Kinder
gebohren.

Balthaser Ernst von Bohlen,

Königl. Preuß. Obrister und Chef eines Husaren-regiments.

Er stammt aus schwedisch Pommern, und stand bei
dem von Kleistschen Husarenregiment (jetzt von Czettritz), zu dem er 1741 gekommen und eine Esquadron erhalten. War 1759 Major, und ward als solcher in der Schlacht bei Kunersdorf verwundet; 1761
im May ernannte ihn der König zum Obristlieutenant
und Kommandeur der Kleistschen Frey-Husaren und
Dragoner, und 1762 im December, zum Obristen
und Chef des Dingelstädtschen Husarenregiments (jetzt
Prinz Eugen von Würtemberg). Nahm 1770 im
Oktober seinen Abschied, mit einem Gnadengehalt
von 1200 Thalern, und bewohnet bis jetzt seine Güther

ther in Schlesien, worauf er, da er unverehlichet war, 1767, ein Fideikommissum stiften wollte. Während des siebenjährigen Krieges, hat er sich sehr wohl, besonders gegen die Russen und Schweden, gehalten, und nicht mindere Tapferkeit wider die Franzosen und das Reichsheer bewiesen.

George Wilhelm von Bolstern,

Königl. Preuß. Obrister und gewesener Kommandeur eines Grenadierbataillons.

Er ist aus einer bürgerlichen Familie, 1692, zu Spandau gebohren worden. Im achtzehnten Jahre trat er bei dem von Schlabberndorfschen Regiment in preußische Kriegesdienste, und ward nach vier Jahren zum Regiment von Anhalt-Dessau versetzt. Wohnte 1715 der Belagerung von Stralsund bei, und ward 1721 Staabshauptmann, erhielt 1728 eine Kompagnie und 1738 den 9ten August die Würde eines Majors. 1741 den 28ten März ernannte ihn König Friedrich der zweite zum Obristlieutenant und Kommandeur eines Grenadierbataillons, welches aus den Grenadierkompagnien der jetzigen Regimenter von Knobelsdorf und von Leipziger bestand, und 1743 den 6ten August zum Obristen und Kommandeur des jetzigen von Lehwaldschen Füselierregiments. 1749 den 3. März erhielt er seinen Abschied, und begab sich nach Schlesien, wo er gestorben ist.

ift. Im erften und zweiten fchlefifchen Feldzuge hat er fich beim Sturm von Großglogau, in der Schlacht bei Molwitz, der Eroberung von Breslau, und dem Scharmützel bei Kremfier in Mähren, gegen 1000 öfterreichifche Hufaren, die fein Bataillon angriffen, vorzüglich tapfer erwiefen.

Reinholt von Bommelbergk.

Nach einem oben gethanenen Verfprechen, gelegentlich Nachrichten von der älteren Kriegesverfaffung im brandenburgifchen zu liefern, füge ich hier Churfürft Joachims Beftallung für Reinholt von Bommelbergk zum Diener und Hofgefinde, mit fünf wohlgerüfteten Pferden, Datum Freitags nach Lucie 1541, bei.

Wir Joachim von Gottesgnaden Marggraf zu Brandenburgk des heiligenn Rö: Reichs Ertzkamerer vnd Churfurft zu Stettin pomern der Caffuben wenden vnd In Schlefien zu Croffen Hertzogk Burggraf zu Nurenbergk vnnd Furft zug Rügen. Bekennen vnnd thun kundt offentlich mit diefem briene vor aller menniglich das wir vnferen lieben getreuen Reinholten vonn Bommelbergk mit funf gerüften pferdtenn zu vnferem diener vnnd hofgefinde aufgenommen vnd beftelt habenn noch funf Jar langk die negften nach ein ander volgende die Izt auf Izo
negſte

negſtkommenden Walburgis tagk Im zwen vnnd
vierßigſthenn Jare angehenn ſollen vnnd von haus
aus auf vnſer erfordern, die ßcitt auß ßu dienen,
vnd ſich In vnſernn kriegen vnnd geſcheften ge=
prauchenn ßu laſſeun. Darumb wir Ime Jer=
lichen obberurte Jar aus Funfßigk gulden Rei=
niſch zu Solde vnd dienſtgelde zugebenn verſpro=
chen vnnd vorſchrieben haben vnnd ſoll der Erſte
ſold angehen Walpurgis dits ßukunftigen ßwe
vnnd vierßigſten Jares vnnd wir nehmen Ime auf
mit funf geruſten pferdenn ßu vnſerm diener vnnd
hofgeſinde noch funf Jar langk, verſprechen vnnd
verſchreibenn Ime funfßigk gulden zu ſolde vnnd
dienſtgelde wie obſtett In Craft vnnd macht dits
briues Alſo das vnns gnanter Reinholt von Bo=
melbergk mit funf|geruſten pferdenn So ofte wir
Jnen erfordern werdenn von Hays auß auf vnſer
Coſtung vnd ßerung aus vnnd ein dienſt gewertigk
ſein vnnd dienenn, ſoll ſich auch In vnſern kriegen
vnnd geſcheften alſo gebrauchenn laſſenn, vnſer,
vnſere landt vnnd leuthe beſtes getreulichenn vnd
vleiſſigk nach ſeinem hochſten vermugen vnd ver=
ſtandnuß wiſſenn thun vnnd befordern vnnd vnſe=
ren ſchaden verhutenn, wie er vns des pflicht ge=
than vnnd Neuerß brief gegeben hatt. Doch ha=
ben wir veſt vorbehalten So obgemelter Reinholt
von Bomelbergk vnuß nicht lenger ßu dienen wil=
lens wir auch Jnenn hinfur vor vnſeren diener
nicht gebrauchen wolten Jeder dem andern die
loſkundigunge ein Jar zuor aufßuſagen macht
haben ſoll, So wollen wir Ime zu Jglicher tag=

ßeitt

zeitt auf Walpurgis. Im zwey vnnd vierzigsten
Jar anzugebenn, auf sein ansuchen vnnd Quitenz
Funfzigk guldenn dienstgeldes an Muntz Reichenn
vnd bezalenn lassenn, Auch so wie Inen geforderth
vnnd er In vnserenn diensten ist futter vnnd maß
gebenn, vnnd vor pferde schaden stehenn wie anderen vnseren dienern. Doch haben Wir Jme nach-
gebenn daß er vnserenn Oheimen, den Landtgra-
fenn zu Hessen außgenommen hatt vnnß wider denselben nicht zu dienen, Alles getreulich vnnd vn-
geuerlich zu urkunt mit vnserem aufgedruckten Se-
cret versiegellt vnnd gebenn zu Schonbeg Freitags
nach Lucie Anno m. xlj. (1541).

(L. S.)

Wolf Friedrich von Bomsdorf.

Chur-Brandenburgischer Obrister über ein Regiment zu Pferde, Kommendant zu Oderberg,
und auf Ranfft Erbherr.

Er war aus der Mark Brandenburg gebürtig, und
hatte sich in verschiedenen Feldzügen vom Kriegesdienste
wichtige Kenntnisse verschaft; daher nahm ihn Churfürst
Friedrich Wilhelm, als der Krieg mit Schweden und
Polen anging, bei seiner Armee, errichtete 1665 den
9. Oktober mit ihm eine Punktation, ein Regiment Dra-

zoner von sechs Kompagnien, jede Kompagnie von hundert Gemeinen, zu werben. Zu Werbegeldern wurden ihm auf jeden Dragoner 20 Thaler gegeben, dafür er solche wohl beritten und gut bekleidet, auch mit Untergewehr versehen, stellen mußte. Das Obergewehr gab der Churfürst. 1666 den 11ten May wurden dem Regimente die Quartiere in Krossen, Züllichau, Sommerfeld, Drossen, Reppen, Zielenzig und Kotbus angewiesen. Es war damals aber nur eine Kompagnie von 200 Köpfen vorhanden, die wegen der von der Stadt Magdeburg geäußerten Widersetzlichkeit, angeworben war; da es deshalb zum gütlichen Vergleich kam, erging den 31ten May gedachten Jahres der Befehl, daß sie mit den Schöningschen Reutern abgedankt werden sollten. Im Jahre 1677 den 13ten Junius ward er zum Obristen ernannt, und warb aufs neue ein Regiment Dragoner, mit dem er dem Churfürsten gegen die Franzosen diente, aber so unglücklich war, mit seinen Leuten zweimal, erstens bei Unna in der Gr. Mark, und darnach bei Ruffach im Elsaß, gefangen zu werden. Es finden sich auch Nachrichten, daß er ein Regiment zu Fuß gehabt, und von 1668 bis 1676, das Amt Freyenwalde arrendiret hat. 1674 war er Kommendant zu Oderberg, und starb 1676. War mit Anna Sophia von der Marwitz verehlicht, mit der er verschiedene Kinder erzeuget.

Anshelm

Anshelm Christoph von Bonin,

Königl. Preuß. Generallieutenant Chef eines Regiments zu Fuß, Kommendant zu Magdeburg, Ritter des schwarzen Adlerordens, Amtshauptmann zu Memel und Drost zu Blankenstein in der Grafschaft Mark.

Seine Eltern waren: Christoph Ulrich von Bonin, Churbrandenburgischer Landkammerrath und Amtshauptmann zu Sublitz, und Magdalena von Puttkammer, aus dem Hause Treblin, die ihn 1685 zur Welt gebohren. Er stand bis zum Jahre 1715 bei dem Regimente Alt-Anhalt (jezt von Leipziger), wohnte mit demselben zu Anfang dieses Jahrhunderts den Feldzügen in Italien, Deutschland, den Niederlanden und Pommern bei, und ist in der Schlacht bei Höchstädt verwundet worden. Ward sodann als Kapitain bei das Regiment von Löben (jezt von Alt-Woldeck) versezt, wo er bis zur Obristlieutenantscharge stieg, und als solcher bei das Regiment von Finkenstein (jezt Graf Henkel) kam, und zugleich 1727 den 23ten Junius zum Amtshauptmann zu Memel bestellt wurde. Ward darauf Obrist, und machte 1734 den Feldzug am Rhein mit; erhielt 1740 den 25ten May, die Drostei Blankenstein in der Grafschaft Mark, und 1742 das Regiment von Wedel (jezt von Lengefeld). 1743 im May ward er Generalmajor, 1745 im Julius Generallieutenant, und erhielt im December selbigen Jahres den schwarzen Adlerorden. 1747 im Junius ernannte ihn der König zum Kommendanten, und ertheilte ihm 1749

im

im December eine Präbende beim Stift S: Sebastiani
zu Magdeburg, wo er 1755 den 2ten May, in einem
Alter von 71 Jahren, starb. Von 1740 bis 1745
hat er den Feldzügen in Böhmen, Schlesien und Sachsen, und besonders den Schlachten bei Hohenfriedeberg
und Soor, desgleichen dem Einfalle des Königs in die
Lausitz und der Eroberung der Stadt Dresden, rühmlichst beigewohnet. War mit Charlotte Louise, Tochter des Generallieutenants Kurt Hildebrand von der
Marwitz, verehlicht, von der zwei Söhne und eine
Tochter gebohren worden.

Casimir Wedig von Bonin,

Königl. Preuß. Generallieutenant, Chef eines Dragonerregiments, und Ritter des schwarzen
Adlerordens.

Er war des vorigen Bruder, und ist 1691 den 1ten
May in Pommern gebohren worden. Anfänglich war
er Reitpage des Marggrafen Albrechts von Brandenburg, der ihn 1712 bei seinem Regiment zu Pferde (jezt
von Reppert) sezte; wobei er 1718 Rittmeister war,
und 1738 den 4ten Januar bis zum Obristen und Kommandeur des Alt-Waldauischen Kuirassierregiments
stieg. 1743 im Januar erhielt er das Spiegelsche Dragonerregiment (jezt von Götzen); ward 1743 Generalmajor und 1747 den 24ten May Generallieutenant von
der Kavallerie. 1748 im December erhielt er die
schwar-

schwarzen Adlerorden. Von 1740 an, wohnte er den Feldzügen in Schlesien, Böhmen und Sachsen bei, und that sich 1745, in der Schlacht bei Hohenfriedeberg und im Treffen bei Kesselsdorf, mit seinem Regimente vorzüglich hervor. Er starb zu Landsberg an der Warte, 1752 den 12ten September, unverehlicht.

Bogislav Ernst von Bonin,

Königl. Preuß. Generalmajor, Chef eines Füselier-regiments, auf Repzien in der Neumark Erbherr.

Ist ein Sohn des 1761 verstorbenen preußischen Ritt-meisters George Ernst von Bonin. Er stand an-fänglich bei dem jetzigen Alt-Woldeckschen Regiment; nahm seinen Abschied als Lieutenant, und begab sich auf sein ererbtes, in der Neumark belegenes Guth Repzien. Als der siebenjährige Krieg ausbrach, bewarb er sich bei dem Könige wieder um Dienste, und dieser nahm ihn als Flügeladjudanten in sein Gefolge, und machte ihn bald darnach zum Hauptmann. 1758 kam er als Major zu dem Regiment Herzog Friedrich von Braun-schweig; ward 1775 den 28ten Junius Obristlieute-nant, 1779 den 24ten Junius Obrister, 1786 den 1ten März Generalmajor und erhielt zugleich das erle-digte von Klitzingsche Füselierregiment. Er hat sich in den Kriegen des Königs Friedrich des zweiten jederzeit als ein braver Soldat gezeigt, und zweimal verehlicht:

L 3   erstens

erstens mit einer von Borne, welche Ehe getrennet
worden, zweitens mit Dorothea von Grumkow,
seit 1772, die ihm verschiedene Kinder gebohren.

Wedig von Bonin,

Chur-Brandenburgischer Kriegeskommissarius,
Kammerherr, Gouverneur zu Stargard an der
Ihna, Obrister über ein Regiment zu Fuß, Erbherr
auf Clamin, Jaßrhum, 2c.

Ein Sohn Antons von Bonin, Herzog Bogislavs
des 14ten Regimentsrath, Dechant zu Kolberg, Amtshauptmann zu Bublitz, und Elisabeth von Wedell,
aus dem Hause Freyenwalde; ist 1612 den 19ten Julius zu Woienthin gebohren worden. War anfänglich
Landrath; erhielt aber in der Folge die Chargen eines
churbrandenburgischen Kriegeskommissarius, Kammerherrn, Gouverneurs zu Stargard und Obristen über ein
Regiment zu Fuß, welches er 1659, dem Jahre seines
Todes, in Pommern errichtet hatte, und welches im
Junius gemustert werden sollte. Er ist zweimal, erstens mit Agnese von Ramel, aus Altenschlage, und
zweitens mit Barbara von Wolden, aus Beerwalde,
verehlicht gewesen; aus solchen Ehen sind verschiedene
Kinder erzeuget.

Bernd

Bernd Eckard von Bonin,

Königl. Preuß. Obrister und Chef eines Garnisonregiments.

War ein Sohn Bernd Eckards von Bonin, auf
Naseband, Gellen, Crangen ꝛc. Erbherr, und Marien
Louisen von Rohwedel. 1759 im Februar erhielt
er als Obrister das jetzige von Salenmousche Garnison
bataillon zu Geldern, welches er bis 1763, da er auf
sein Ansuchen entlassen wurde, befehlichte, und 1771
den 22ten März unverehlicht starb.

Adrian Bernhard Graf von Bork,

Königl. Preuß. Generalfeldmarschall, wirklicher
Geheimer-Etats-Krieges- und Kabinetsminister,
Ritter des schwarzen Adlerordens, Gouverneur
von Stettin, Chef eines Regiments zu Fuß, Domprobst zu Halberstadt, Amtshauptmann zu Kolbatz,
und auf Labes, Regenwalde, Strammehl, Wangerin ꝛc., Schloß- und Burggesessen.

Gebohren 1668 den 21ten Julius zu Döberitz in
Pommern. Seine Eltern waren: der 1675 verstorbene
Andreas von Borke, und Benigna Maria von
Wedell, aus dem Hause Schwerin. 1686 bezog
er die Universität zu Frankfurt an der Oder, und 1688

die

die zu Leipzig. Begab sich von hier auf Reisen, über
Straßburg nach Frankreich und Italien, wo er sich so
lange mit Betrachtung der dortigen Merkwürdigkeiten
beschäftigte, bis ihn 1690, der Tod seiner Mutter, nach
Hause berief. Sodann widmete er sich den Kriegsdiensten, und ward in dem brabandschen Feldzuge Adjudant des General von Spaen, der seine bewiesene Tapferkeit und Klugheit schätzte, und ihn mit sich nach dem
Haag nahm, als König Wilhelm von Engelland, sich
eben daselbst eingefunden hatte. 1691 ging er mit zur
Belagerung von Mons, ward des Generals von Spaen
Generaladjubant, den er im ganzen Feldzuge dieses
Jahres, und besonders in der Schlacht bei Leuse, mit
größter Thätigkeit im Dienst unterstützte. Dies veranlaßte seine Empfehlung bei dem Churfürsten Friedrich
dem dritten, der ihn als Staabskapitain bei dem Alt-
Holsteinschen Regiment sezte, welches zu Namur stand,
wohin er sich 1692 begab, und die sechswöchentliche
Belagerung der Franzosen aushielt, auch dabei zweimal
verwundet wurde. Nach der Uebergabe dieser Festung,
muste er die Nachricht davon zur Armee bringen; wobei
er dem Generalfeldmarschall von Flemming bekannt
wurde, der ihm die Kompagnie des gebliebenen Kapitains von Arnim gab. 1693 diente er mit dem Regimente, nach der unglücklichen Schlacht bei Landen, nur
kurze Zeit im Felde, und 1694 bat ihn sich der Generalfeldmarschall von Flemming, vom Churfürsten, zum
Generaladjubanten aus; welches er während den Feldzügen in den Jahren 1695 und 1696 gewesen; half
Namur wieder erobern, und war im lezteren Jahre
Obristlieutenant und Kommandeur des Heidenschen Regiments.

giments. Er zeichnete sich in dieser Charge während
dem Feldzuge im Jahre 1697 dermaßen aus, daß
er sich dadurch den Beifall des Fürsten von Anhalt-
Dessau auf eine ausnehmende Art erwarb, weshalb er
auch, als nach Beendigung des Feldzuges ein Theil
des brandenburgischen Heeres abgedankt wurde, ihn
das Schicksal zwar mit traf, doch als Obristlieutenant wieder bei dem Regimente des Generals von
der Infanterie, Freiherrn von der Heyden, gesetzt
wurde. Bald darauf lernte ihn der Generalfeldmarschall von Barfus kennen, der ihn bei der Garde,
als Obristlieutenant zog, und nicht lange darnach,
mit geheimen Aufträgen, an den General von Brand,
der Elbingen belagerte, abfertigte. 1699 im September, ging er wieder nach Preußen, um das Kommando der preußischen Garde daselbst zu übernehmen.
Nach einer benutzten kurzen Erlaubniß, seine Güter in
Pommern zu besuchen, berief ihn Churfürst Friedrich
der dritte, 1701, nach Königsberg in Preußen, wo
er dessen Krönung bewohnte, und auf seinen Befehl,
nebst dem General la Cave, die dortige Reiterei musterte. Damals war er dreiunddreißig Jahr alt, als
ihn die Pocken befielen, die er glücklich überstand,
und darauf, mit nachgesuchter und erhaltenes Erlaubniß, die Angelegenheiten seiner Güter in Ordnung zu
bringen suchte, als ihn ein neuer königlicher Befehl
nach Preußen rief, wo er an den Fürsten von Holstein zur weitern Bestimmung verwiesen war. Den
folgenden Morgen, nach seiner Ankunft zu Königsberg, begleitete er denselben nach Memel, wo der
Herzog den dortigen Kommendanten, Obrist Krüger,

cassirte,

laffirte, und den von Borck an deffen Stelle einfeßte.
Bis 1702 verwaltete er diefen Poften mit Beifall,
und wurde den 25ten November von dem Obriften
von Bornftedt abgelöfet. Hielt fich fodann, bis zu
Ende des Oktpbers 1703, zu Königsberg auf, da
er Befehl vom Hofe erhielt, fich des Elbingfchen
Territoriums zu bemeiftern, welchen Auftrag er wohl
ausführte, und bis zum Jahre 1704 den Oberbefehl
darüber hatte, auch während diefer Zeit Gelegenheit
fand, König Karl den zwölften von Schweden kennen
zu lernen. Der Kronprinz Friedrich Wilhelm übertrug ihm darauf das Kommando feines Regiments,
als Obriften, mit dem er den Feldzug im Jahre
1705 mit thun follte. Vorhero aber mufte er in
königlichen Angelegenheiten eine Reife nach Bayreuth
und Bayern verrichten, nach deren Beendigung er
den Feldzug antrat und Hagenau erobern half; auch
im folgenden Jahre den Belagerungen von Menin,
Ath und Dendermonde, und 1708 der Schlacht bei
Oudenarde, der Belagerung von Lisle, dem Treffen
bei Wifendal, den Uebergang über die Schelde, und
der Belagerung von Gent, nebft feinem Regimente,
beiwohnte. 1709 befand er fich als Brigadier bei
der Belagerung von Tournay, in den Schlachten bei
Malplaquet und Mons, und ward zu Ausgang diefes
Feldzuges, den 19ten September, Generalmajor;
half als folcher Douay und Aire erobern, 1711 die
franzöfifchen Linien erfteigen, ward bei der Belagerung von Bouchain hart verwundet, und, da er fich
beim Rekognofciren mit dem General Grafen von
Finkenftein, in der Nacht, zu weit entfernt hatte,

gefan-

gefangen und nach Cambray gebracht, aber nach Verlauf eines Monats wieder ausgewechfelt. 1712 war er, unter dem Oberbefehl des Fürſten Leopold von Anhalt bei der Belagerung von Landrecy, wozu auf, nachdem zuvor die Feſtung Mours in der Nacht überrumpelt worden, der Friede erfolgte. Er begab ſich ſodann nach Berlin, und von da auf ſeine Güter. Beim Regierungsantritt König Friedrich Wilhelms des erſten verfügte er ſich zu demſelben nach Wuſterhauſen, wo er von ihm ſehr gnädig empfangen ward, und ein neuerrichtetes Regiment zu Fuß erhielt. Der König gebrauchte ihn darauf zur Erlangung der ſich im ſchwediſchen Beſitz befindlichen Feſtung Stettin; ſandte ihn deshalb mit geheimen Aufträgen an den ſich in Hamburg aufhaltenden Fürſten Menzikof, um denſelben zu der hierzu nöthigen Vermittelung zu bewegen, welches er nicht allein auf das klügſte bewirkte, ſondern auch, den 10ten Oktober 1713, bei der Beſitznehmung der Feſtung gegenwärtig war, von welcher er Gouverneur wurde. 1714 beſahe der König ſein Regiment zu Pyriz zum erſtenmale, welches darauf zu Stettin ſeine Garniſon erhielt. 1715 wohnte er der Belagerung von Stralſund bei, und war 1716 beſchäftigt, die Feſtungswerke zu Stettin zu verbeſſern. 1717 begleitete er den König zur Muſterung des von Grumbkowſchen Regiments bei Cößlin, und ward den 10ten Oktober zum Generallieutenant erhoben; erhielt auch bald darauf die Dompropſten zu Havelberg. 1719 führte er dem Könige bei Stettin ſein Regiment zur Muſterung vor, worauf er nach Berlin berufen und mit

N   gehei

geheimen Aufträgen nach Wien gesandt wurde, um die
durch die Klemenssche Betrügereien entstandene Zwistigkeiten beizulegen, welches auch zur größten Zufriedenheit
seines Monarchen geschahe, der ihm nach seiner Rückkunft ein jährliches außerordentliches Gehalt von 1500
Thalern anweisen ließ. 1722 muste er die Kämmerei-
sachen der pommerschen Städte Stettin, Anklam und
Demmin, in Ordnung bringen. 1724 ward unter seiner Aufsicht die neue Befestigung von Stettin angefangen, und er erhielt den schwarzen Adlerorden. 1726
muste er sich nach Berlin begeben, wo er zum Geheimen-
staatsrath gezogen wurde, und nach dem 1728 erfolgten Tode des Etatsministers von Ilgen, dessen Departement, mit einer Zulage von 4000 Thalern, erhielt.
1732 war er bei der Unterredung des Königs mit dem
Käiser Karl dem sechsten, zu Chlumitz in Böhmen, gegenwärtig, und erhielt von lezterem dessen mit Diaman-
ten reich besetztes Brustbild zum Geschenke. 1733 ward
er General von der Infanterie, und 1737 Generalfeldmarschall. 1739 befiel ihn ein Schlagfluß, davon er
sich aber bald wieder erholte. 1740 bestätigte ihm König Friedrich der zweite, beim Antritt seiner Regierung,
seine Aemter und Würden, und erhob ihn den 28ten
Julius s. J. in den Grafenstand. Er starb 1741
den 25ten May zu Berlin, im 74sten Jahre seines
ruhmvollen Alters. Sein Bildniß ist von Wolfgang,
nach einem Gemälde von Pesne, in Kupfer gestochen.
1699 den 6ten Februar verehlichte er sich mit Anto-
netten Hedwig Freyin Hallard von Elliot, die
ihm drei Söhne und sieben Töchter gebohren.

Adrian

Adrian Heinrich Graf von Borck,

Königl. Preuß. General von der Kavallerie, Ritter des schwarzen Adlerordens, auf Stargord Erbherr.

War ein Sohn des ebengedachten Generalfeldmarschalls, und ist 1715 den 4ten April zu Stettin gebohren worden. Nach dem Beispiele seines Vaters verband er die Wissenschaften mit den Waffen, und bildete sich zugleich zum Staatsmann und Krieger. Nahm bei dem jetzigen von Rohrschen Kuirassierregiment Dienste an, und ward, nachdem er die untern Offizierstellen durchgegangen war, 1748 den 1ten Julius, Major, 1755 den 1ten Julius Obristlieutenant, bald darauf Oberhofmeister des damaligen Prinzen von Preußen und jeztregierenden Königs, Friedrich Wilhelms des zweiten Majestät, und 1761 im May als Obrister Generalmajor. Begab sich, nachdem er seine Entlassung aus eigener Bewegung des Königs erhalten, mit dessen Erlaubniß auf seine Güter in Pommern, wo er sich, durch seine große praktische Kenntnisse von der Landwirthschaft grossen Ruhm erwarb, und verschiedene dahin abzweckende Schriften herausgab. 1786 im Decemb. erhob ihn König Friedrich Wilhelm der 2te zum Generallieutenant von der Kavallerie, gab ihm den 30. selbigen Monats und Jahres mit einem sehr gnädigen Schreiben den schwarzen Adlerorden, und ernannte ihn bei der Revüe, den 20ten May 1787, zum General von der Kavallerie. Er hat sich 1743 den 23ten Julius mit Helenen von Brand verehlicht, die ihm verschiedene Kinder gebohren.

George

George Heinrich *) von Borck,

Königl. Preuß. Generallieutenant, Chef eines Regiments zu Fuß, auf Atwigshagen und Krinicke Erbherr.

Seine Eltern waren: Jürgen Heinrich von Borck, Königl. Preuß. Landrath und Direktor des anklamschen Kreises, der 1725 starb, und Ottilia Dorothea von Quast, aus dem Hause Gartz in der Prignitz, die ihn 1686 den 3ten Oktober zur Welt brachte. Nach einer im Gymnasium zu Stettin genossenen guten Erziehung, nahm er 1701, bei dem jetzigen von Backhöfschen Kuirassierregimente (damals Prinz Friedrich), wobei auch sein Vater stand, als Wachtmeister Dienste, und war 1702 Kornet. Da sein Vater bald darauf seinen Abschied forderte, verlangte er solchen auch, und erhielt ihn. 1705 ging er als Freywilliger in dem Feldzuge am Rhein. 1706 nahm ihn der Herzog von Würtemberg als Grenadierhauptmann bei seiner Leibwache in Dienste. Im spanischen Erbfolgekriege wohnte er der Schlacht bei Malplaquet und der Belagerung der Festung Dornick, wobei er durch den Leib geschossen wurde, bei, und ward 1709 Major. 1713 ging er nach Hause, und fand Gelegenheit, sich dem Könige Friedrich Wilhelm dem ersten zu empfehlen, der ihn

1714

---

*) Der Magister Steinbrück nennt ihn, in der 1784 herausgegebenen Stammtafel des Borckschen Geschlechts Regenwalder und Strammehler Linie, George Max von Borck.

1714 als Obristlieutenant bei dem Schlabberndorffschen
Regiment (jezt von Möllendorf) sezte. 1715 machte
er den pommerschen Feldzug mit, und überrumpelte die
Schanze bei Anklam vor dem schwedischen Damme mit
30 Mann. 1717 ward er zum Regiment von Lottum
versezt; 1723 den 21. Junius Obrister, und führte im
selbigen Jahre das Regiment in sein neues Standquartier
zu Ruppin. 1734 stand er als Obrister bei dem kronprinzlichen Regiment, und besuchte im königlichen Gefolge
das Lustlager bei Mühlberg. 1735 starb der Generalfeldmarschall Graf Fink v. Finkenstein, auf dessen Regiment
er, als ältester Obrister, Anspruch machte; es wurde
jedoch dem Obristen von des Königs Regiment, Andreas
Joachim von Kleist, ertheilt, ihm aber das zuerst vakant
werdende Regiment versprochen, und zur Schadloshaltung die Domprobstey zu Kolberg, und eine Pfründe zu
Magdeburg, mit der Freiheit, sie abzutreten oder zu
verkaufen, gegeben. 1736 im May erhielt er das von
Hardelebensche Füselierregiment, und ward 1738 den
19ten Julius Generalmajor. Als König Friedrich der
zweite den Thron bestieg, erklärte er sein Regiment zum
Musquetierregiment, und er selbst muste mit 1200 Grenadiers und 400 Mann Dragoner, im September 1740,
wegen der Herstallschen Zwistigkeiten, ins Bisthum Lüttich einrücken, und die Gerechtsame des Königs ernst-
lich gültig machen. 1741 führte er sein Regiment ins
Lager bei Brandenburg, und stieß mit selbigem 1742
zum Heere des Königs in Böhmen, wo er den 17ten
May den Sieg bei Czaslau erfechten half. 1743 den
25ten May ward er Generallieutenant mit dem Range
vom 26ten May 1742. Im zweiten schlesischen Feld-

zuge ging er mit seinem Regimente wieder nach Böhmen,
und muste die Kommendantenstelle zu Breslau übernehmen, wo er sehr nützliche Anordnungen machte, und
die neuerrichtete Husaren in brauchbaren Stand zu
setzen suchte. Nach hergestelltem Frieden ging er mit
königlicher Erlaubniß auf seine Güter in Pommern, wo
er 1747 den 9ten April zu Altwigshagen starb. Seit
1713 war er mit Maria Magdalena von Podewils
verehlicht, davon verschiedene Kinder gebohren worden.

Franz Andreas von Borck,

Königl. Preuß. Generallieutenant von der Infanterie, Kommendant von Magdeburg, Obrister
eines Regiments zu Fuß, Ritter des Ordens pour
le Merite, Amtshauptmann zu Stolpe und Schmel-
lentin, Schloß- und Burggesessener zu Labes,
Wangerin und Regenwalde, zu Unheim
Erbherr.

Sein Vater war Franz Heinrich von Borck, Königl. Preuß. Geheimerrath und Direktor der Stettinschen
Krieges- und Domainenkammer. Bereits 1715 den
23ten December ward er Kapitain des Regiments von
Stille; 1723 den 3ten Januar Major des von Masel-
schen Regiments (jetzt von Kalkstein), und erhielt den
9ten Oktober d. J. die Anwartschaft auf die Amtshauptmannschaft zu Stolpe, die er 1729 wirklich empfiug.
1740 den 31ten Julius ward er Obrister des Regiments

ments von Flanß, 1745 im Julius Generalmajor und
erhielt das Herzbergsche Regiment (jezt Jung-Bornstedt),
1746 im Januar. 1753 im September erhob ihn der
König zum Generallieutenant, und machte ihn 1755
im Junius zum Kommendanten zu Magdeburg, wo er
1758, wegen Alter und Schwachheit, seine Entlassung
erhielt, und 1766 den 24ten May, im 74sten Jahre
seines Lebens und im 50sten seiner ruhmwürdigen Dienste,
starb. Er hatte den Feldzügen in Braband und Italien
bis 1712, dem Feldzug in Pommern 1715, und von
1742 bis 1745 den Kriegen in Schlesien, Mähren
und Böhmen beigewohnet.

Friedrich Wilhelm von Borck,

Königl. Preuß. Generalmajor von der Kavallerie, und Kommendant von Kolberg.

Er soll (nach Seifferts Leben des Königs Friedrich
des zweiten, 1ter Th. S. 272.) ein Bruder des Generalfeldmarschall Grafen Adrian Bernhards von
Borck gewesen seyn, welches ich aber in der Stein-
brückschen Stammtafel dieses Geschlechts, nicht bestä-
tigt und nur wenig von ihm aufgezeichnet finde. Zu
dem lezteren gehöret, daß er in den Feldzügen zu Ende
des vorigen und im Anfang des jetzigen Jahrhunderts, bis
1715, ausgezeichnet gedienet hat; wegen seiner kränklichen Gesundheitsumstände, mit einem Gnadengehalte

M   von

von 1000 Thalern, seinen Abschied erhielt, und Kommendant zu Kolberg ward, wo er 1743 den 5ten November, in einem Alter von 65 Jahren verstorben ist, und mit Margaretha Freyin von Mardefeld vierzehn Kinder erzeuget hat.

Friedrich Ludwig Felix von Borck,

Königl. Preuß. Generalmajor, erster Generaladjutant des Königs, und Amtshauptmann, zu Lehnin.

Seine Eltern waren: George Heinrich von Borck, Königl. Preuß. Geheimer- und Oberappellationsrath, und Wilhelmine Maria von Meinders. Nach geendigten Universitätsjahren, trat er in preußische Kriegesdienste, und stieg darin bis zum Hauptmann des großen Potsdammer Leibregiments. König Friedrich der zweite, dessen Liebling er war, nahm ihn bei Antritt seiner Regierung als Obristen und Generaladjudanten zu sich, und bediente sich seiner in den wichtigsten Geschäften, durch deren kluge Ausführungen er sich die Gnade des Monarchen so eigen machte, daß er stets um ihn seyn mußte. 1742 den 27ten Junius erhielt er die Amtshauptmannschaft zu Lehnin; 1744 im Januar bekam er eine außerordentliche Pension von 1000 Thalern, im August s. J. ward er Generalmajor. 1747 verfiel er in eine schwere Krankheit, die ihn ganz unthätig machte,

machte, weßhalb ihm der König zwei Kuratoren, 1748
den Generallieutenant von Münchow, und 1750 den
Generallieutenant von Schwerin, bestellte. 1751 ging
er auf Anrathen der Aerzte nach Freyenwalde ins Bad,
wo er im May verstarb.

Christian Ernst Wilhelm Benedikt von Borck,

Königl. Preuß. Generalmajor und Chef eines Regiments zu Fuß.

Er war 1714 in Pommern gebohren, und trat 1730
in preußische Kriegesdienste; stand bei dem Regiment
von Braun (jezt von Wolfframsdorf); ward 1764
Obristlieutenant, 1767 im August Obrister und Kommandeur; erhielt 1771 im May das Regiment von
Syburg (jezt von Romberg) und ward Generalmajor.
1776 den 29ten December bekam er den, wegen schwächlicher Gesundheit nachgesuchten, Abschied, mit einem
Gnadengehalte von 1200 Thalern, und starb zu Königsberg in Preußen 1783 im Januar. Während seines Dienstes wohnte er den Belagerungen von Kosel,
Prag, Schweidnitz, und den Schlachten bei Hohenfriedeberg, Prag, Zorndorf, Kunersdorf und der Aktion
bei Landshut bei. In der Schlacht bei Prag ward er
am Fuß stark verwundet, und ihm das Pferd unter dem
Leibe erschossen, wodurch er bei Zurücktreibung des linken Flügels in die österreichische Gefangenschaft gerieth.

M 2 In

In der Aktion bei Landshut, 1760, befehlichte er ein
Bataillon Freiwillige, mit dem er, nach einer standhaf-
ten Gegenwehr, endlich gefangen, und erst nach geschlof-
senem Frieden wieder ausgewechselt wurde.

Gottlieb Matthias Siegfried von Borck,

Königl. Preuß. Generalmajor und Chef eines Dra-
gonerregiments.

Er ist 1718 in Pommern gebohren worden, und sind
seine Eltern Melchior Felix von Borck, Königl.
Preuß. Obristlieutenant und Kommendant von Alt-
Driesen, und eine gebohrne von Saldern gewesen.
Von seinem funfzehnten Jahre an hat er bei dem bayreuthschen Dragonerregiment gedienet, und ist 1778
im April, als Obrister, Kommandeur desselben geworden. 1781 gab ihm der König das Apenburgische Dragonerregiment, und ernannte ihn 1782 den 23ten September zum Generalmajor. Er hat den Feldzügen von
1740 bis 1779, mit ausgezeichnetem Muthe, besonders beigewohnet.

Ernst Ludwig von Borck,

Königl. Preuß. Obrister, Kommendant von Minden, und Chef eines aus vier Bataillons bestehenden Landregiments.

Gebohren 1702 auf dem adelich von Borckschen
Stammgute Zozenow in Pommern. Diente dem
Könige Friedrich Wilhelm dem ersten sechs Jahr als
Reitpage, und rettete demselben während dieser Zeit
zweimal das Leben. Vom Pagen ward er sogleich
Lieutenant beim Buddenbrockschen Kuirassierregiment,
und erhielt von dem Monarchen die Equipage und
zwei Pferde zum Geschenke. Von 1740 bis 1745
wohnte er dem ersten und zweiten schlesischen Feldzuge bei, und ward 1749 wegen seiner kränklichen
Gesundheitsumstände zum Kommendanten zu Minden
ernannt. Im siebenjährigen Kriege war er Chef eines Landregiments, welches aus vier Bataillons, so
3500 Mann stark waren, bestand. Mit solchem that
er sich im Jahre 1757 gegen die Franzosen hervor,
und nahm die französische Postirung in Osterburg
gefangen. Er ist vor wenig Jahren gestorben.

Albrecht Friedrich von Borck,

Königl. Preuß. Obrister und Chef des Königsberg-
schen Landregiments.

Er ist aus Pommern gebürtig, und erhielt als
Obristlieutenant des Jung-Stutterheimschen Regiments

(jetzt

(jezt Jung-Bornstedt) das Königsbergsche Landregiment, 1766 im April, mit einer Pension. Er starb
1773, und der König war so gnädig gegen seine
Wittwe, daß sie sein genossenes Gnadengehalt behielt.

Friedrich Adrian von Borck,

Königl. Preuß. Major und Chef eines Grena-
bierbataillons.

Er ist aus Pommern gebürtig, diente beim zweiten
und dritten Bataillon Garde bis zum Kapitain, und
ward 1771 den 8ten August zum Rohrschen Grena-
bierbataillon versezt, 1782 den 14ten September
Major, und zu Anfang des Jahres 1787 Chef des
gedachten Bataillons.

Johann Wilhelm Leopold von Borck,

Königl. Preuß. Major und Kommandeur eines
Grenadierbataillons.

Er ist aus Pommern gebürtig, und ein Sohn des
Königl. Preuß. Generalmajors Friedrich Wilhelms
von Borck und Margarethen Freyin von Mardefeld. Diente bei dem Regimente von Hessenkassel,
zu welchem er 1743 als Sekondelieutenant gesezt
wurde,

wurde, bis zum Major, welches er 1778 den 12ten
Februar geworden, und erhielt, 1780 im August, das
Grenadierbataillon von Romberg, welches aus zwei
Grenadierkompagnien des Regiments von Jung-Woldeck und zwei vom Gaudischen Regiment zusammengesezt
war, und zu Magdeburg garnisonirte, 1784 erhielt er
seine Entlassung.

Otto Heinrich Friedrich von Borg,

Königl. Preuß. Generalmajor und Kommandeur des lengefeldschen Regiments.

Er stammt aus dem magdeburgischen, und hat bei dem
Jung-Bornstedtschen Regiment, in seinem 48jährigen
Dienst, seit 1740 alle untere Offizierstellen durchgegangen, ward 1746 den 10ten Oktober Sekondelieutenant,
1759 den 3ten Februar Kapitain, 1768 Major, 1773
den 31ten May Obristlieutenant, 1778 den 22ten
April als Kommandeur zum Kalksteinschen Regiment
an des Obristen von Kirschbaums Stelle versezt, 1779
den 9ten Junius Obrister, und 1787 den 20ten May
Generalmajor. Er hat sich in den schlesischen Feldzügen
als ein braver Offizier bekannt gemacht, ist verehlicht,
und hat Kinder.

Rüdiger

Rüdiger von dem Borne,

Er stammte aus einer uralten Familie in der Neumark, und kommandirte 1633 als Rittmeister die neumärkschen Lehnspferde.

Bernhard Heinrich von Bornstedt,

Königl. Preuß. Generallieutenant und Chef eines Kuirassierregiments.

Er war der zweite Sohn des Königl. Preuß. Obristen und Kommendanten zu Pillau, Ernst Ludewigs von Bornstedt und Annen Elisabeth von Büren. Ungefehr 1693 ist er in Preußen gebohren worden; trat im zehnten Jahre als Kadet in preußische Kriegesdienste, und ward 1713 bei dem Regiment Graf von Wartensleben (jetzt Alt-Bornstedt) Fähnrich. 1715 wohnte er den pommerschen Feldzug bei, nach dessen Beendigung er bei dem jetzigen von Knobelsdorfschen, damals neuerrichteten, Regimente, zum Lieutenant ernannt ward. 1718 ging er mit dem General von Varenne als Freiwilliger nach Ungarn, und erhielt nach seiner Zurückkunft, beim Platenschen Dragonerregiment, eine Kompagnie. 1726 den 22ten Junius ward er Major, 1738 den 4ten Januar Obristlieutenant, und war 1743 Obrister, als er zum Anführer derer Offiziers ernannt wurde, welche mit königlicher Erlaubniß, als Freiwillige bei der Reichsarmee, wider die Franzosen,

in

in diesem und dem folgenden Jahre dienten. 1743 den 14ten November ernannte ihn der König, nach seiner Zurückkunft vom Heere des Prinzen Karls von Lothringen, als Obristen des Geßlerschen Kürassierregiments, zum Generalmajor, und gab ihm das Möllendorffsche Kürassierregiment, 1751 im Februar aber, auf sein wiederholtes Ansuchen, die Dienstentlassung, mit einem Gnadengehalte von 1200 Thalern und dem Generallieuuantscharakter. Starb den 17ten Februar 1752 auf seiner Herrschaft Gutentag in Oberschlesien, im 59sten Jahre seines Alters. Er hat nach der Belagerung von Großglogau den Orden pour le Merite erhalten, und sich jederzeit bei allen kriegerischen Gelegenheiten, bei Molwitz, Chotusitz, vorzüglich aber 1745, in der Schlacht bei Striegau, hervorgethan, wo er im zweiten Treffen auf dem rechten Flügel kommandirte, und am Arme verwundet wurde. Hat sich zweimal verehlicht: erstens mit Sophia Henriette von Podewils, davon zwei Söhne und drei Töchter, zweitens mit einer von Weyherr, davon ein Sohn.

Hans Ehrentreich von Bornstedt,

Königl. Preuß. Generallieutenant, Chef eines Regiments zu Fuß, Ritter des Ordens pour le Merite, und Amtshauptmann zu Biesenthal.

Er ist 1720 in der Neumark gebohren, und ein Sohn des Königl. Pohln. Majors Hans Jürgen von Bornstedt.

M 5

stedt. Hat von 1740, seinem achtzehnten Jahre
an, bei dem Regiment Preußen gedienet, und ward
bei demselben 1760 Major, 1767 im September
Obristlieutenant, und 1771 den 5ten Junius Obrister. 1778 den 28ten April ernannte ihn der König zum Generalmajor, gab ihm das Regiment von
Kalkreuth, welches er noch jetzt hat, und welches
nach ihm den Namen Alt-Bornstedt, zum Unterschie-
de von dem Jung-Bornstedtschen Regiment in Magdeburg, führet, und erhob ihn 1786 den 3ten März
zum Generallieutenant. Er hat den Feldzügen von
1740 bis 1779 beigewohnet, ward in der Schlacht
bei Zorndorf, 1758, verwundet, und erhielt den Orden pour le Merite, und 1766 im May die Amtshauptmannschaft zu Biesenthal. 1786 den 9ten September wohnte er dem prächtigen Leichenbegängnisse
König Friedrich des zweiten, zu Potsdam, bei, und
trug den Kordon des Thronhimmels, der den Sarg
bedeckte. Er hat sich zweimal verehlicht, erstens
mit einer von Kleist, die vorher den Obristlieutenant von Belling des Regiments Preußen zur Ehe
gehabt; zweitens, seit 1777, mit Johanna Friderike Sophia von der Asseburg, des Königl. Preuß.
Obristen und Chefs eines Landbataillons, Ludwigs
von Gohr, Witwe.

August

August Gottlieb von Bornstedt,

Königl. Preuß. Generalmajor und Chef eines Regiments zu Fuß.

Er ward im Herzogthum Magdeburg gebohren, und sein Vater war der Königl. Pohlnische und Chursächsische Generallieutenant, Heinrich Ehrentreich von Bornstedt, die Mutter eine gebohrne von der Gröben. Trat 1714 bei dem Regiment von Arnim (jetzt von Lengefeld) in Dienste; war 1724 Lieutenant, ward 1729 Staabs= und 1733 wirklicher Hauptmann, 1741 Major, 1745 Obristlieutenant, 1749 Obrister und 1753 Kommandeur des Borkschen Regiments, welches er 1757 im May als Chef und Generalmajor erhielt. Im April 1759 erhielt er seine nachgesuchte Dienstentlassung, und starb 1772 den 13ten December. Er hat den Feldzügen am Rhein, in den Jahren 1734 und 1735, und von 1740 bis 1759 den Feldzügen in Schlesien, Böhmen und Sachsen rühmlichst beigewohnet. 1757 verwaltete er eine Zeitlang die Kommendantenstelle zu Dresden, und war mit Philippinen Sophien Spiegel von Pickelsheim verehlicht.

Dietrich

Dietrich Eugenius Philipp
von Bornstedt,

Königl. Preuß. Generalmajor und Chef eines
Regiments zu Fuß.

Er ist 1726 gebohren. Sein Vater war Kaspar
Philipp von Bornstedt, Königl. Preuß. Oberforstmeister der Altmark. Trat 1743 bei dem jetzigen von
Knobelsdorffschen Regiment in Dienste. Ward 1746
den 30ten Julius Sekonde= 17** Premierlieutenant,
17** Staabs = und 17** wirklicher Hauptmann,
1767 Major, 1775 den 7ten Julius Obristlieutenant,
1779 den 1sten Julius Obrister; erhielt 1786 den
1sten März das Belowsche Regiment, und den 11ten
selbigen Monats den Generalmajorscharakter. Er hat
von 1744 an, in den zweiten und dritten schlesischen
Feldzügen, besonders den Schlachten bei Kesselsdorf,
Lowositz, Leuthen und Zorndorf, und 1778 und 1779
dem baierschen Erbfolgekriege, beigewohnet. Er ist
verehlicht, und hat, wie mir bekannt worden, vier
Söhne.

Maximilian von Bornstedt,

Königl. Preuß. Major und Kommandeur eines
Grenadierbataillons; des Ordens pour le Merite
Ritter.

Seine Eltern waren Friedrich Wilhelm von Bornstedt, gewesener preußischer Kornet, auf Ostro und
Lochow

Lochow im Krossenschen Erbherr, und dessen erste
Frau, die ihn 1709 den 6ten August zu Lochow zur
Welt gebohren. 1724 den 16ten Junius kam er
zu den Kadets, und 1726 den 6ten Oktober zum
Regiment Alt-Anhalt (jezt von Leipziger), wobei er
1731 den 20ten Junius Fähnrich, 1735 den 13ten
May Sekonde- und 1740 den 7ten August Premierlieutenant ward. 1744 den 12ten Februar erhielt
er beim Röderschen Regiment eine Grenadierkompagnie, kam aber 1747, gegen den Kapitain Heinrich Siegmund von der Heyden, wieder zum Alt-
Anhaltschen Regiment. 1757 erhielt er als Major
ein Grenadierbataillon, so aus zwei Kompagnien vom
Regiment Prinz Friedrich Wilhelm und zwei Kompagnien vom Regiment von Wylich bestand. Den
10ten November selbigen Jahres erhielt er ein anderes Grenadierbataillon, so aus zwei Kompagnien
vom Regiment von Itzenplitz und zwei Kompagnien
vom Regiment von Meyering zusammengesezt war.
1759 im Junius bekam er im Treffen bei Kay, eine
Wunde in der Lende, die ihm 1759 den 11ten August zu Großglogau den Tod zuzog. In den ersten
schlesischen Kriegen sowohl, als im dritten Feldzuge
König Friedrichs des zweiten, zeichnete er sich stets
durch Muth aus; besonders aber in den Schlachten
bei Molwitz, Striegau, Soor, Lowositz, nach der er
vom Könige den Orden pour le Merite und ein
ausserordentliches Gehalt von 300 Thalern erhielt,
Rosbach, beim Ueberfalle bei Hochkirchen, und diente
gegen die Oesterreicher, Russen und Franzosen, in
Böhmen, Sachsen, Franken und Polen. 1748 den
17ten

17ten Julius verehlichte er sich mit Friderike Christiana von Drachstädt, die ihm vier Söhne und zwei
Töchter gebohren hat.

Karl Ernst von Bose,

Königl. Preuß. Generalmajor, Chef eines Garni-
sonregiments und Ritter des Ordens pour
le Merite.

Er ist ein Sohn Karl Friedrichs von Bose, chursächsischer Oberaufseher der Saalflöße und Ritterschafts-
direktor des Freyburgschen Distrikts, und Christianen
Luisen von Beust, die ihn 1726 den 20sten December zu Branderode im Weißenfelsschen zur Welt gebohren. Nachdem er auf der Universität zu Jena
studiret, trat er 1745, nach der Schlacht bei Keßels-
dorff, zum jetzigen Graf Schliebenschen Regiment, durch
Vermittelung des damaligen Chefs desselben, Fürsten
Moritz von Anhalt, in preußische Dienste als Fähnrich;
ward 1750 Sekonde- und 1757 Premierlieutenant;
1758 Staabs- und 1760 wirklicher Hauptmann, 1768
Major, 1777 den 11ten Januar Obristlieutenant,
1779 den 4ten Julius Obrister und 1787 den 20ten
May Generalmajor. 1786 im April erhielt er des erledigte von Hallmannsche Garnisonregiment. Er hat
den Schlachten bei Keßelsdorf (in sächsischen Diensten),
Prag, Kay, Kunersdorf, Kollin, Zorndorf, in welchen drei lezteren er, besonders aber bei Kunersdorf,

hart

hart am Kopfe verwundet worden, rühmlichst beigewoh-
net. 1778 erhielt er, wegen seiner im baierschen
Erbfolgekriege, in der Affaire bei Weißkirch bewiesenen
Muths, den Orden pour le Merite. Ist mit Ester
Emerentia von Wedell, aus dem Hause Tranpe,
verehlicht; davon verschiedene Kinder gebohren worden.

***

Heinrich Günther Gottfried von Bosse,

Königl. Preuß. Generallieutenant, Chef eines Gar-nisonregiments und Amtshauptmann zu Usedom, Uckermünde, Stolpe und Verchen.

Er ist 1680 den 19ten November zu Clausthal gebah-
ren; sein Vater war Nikolaus Bosse, ein berühmter
Ingenieur zu Eisleben. Diente anfänglich als Gemeiner, und half sich durch seinen Diensteifer dermaßen fort,
daß er schon 1718 Hauptmann bei dem Regiment Prinz
Leopold von Anhalt (jezt von Knobelsdorf) war. 1732
den 12ten Januar bestellte ihn der König, als Obristlieutenant des Beschefschen Regiments, zum Amtshauptmann zu Usedom, Uckermünde, Stolpe und Ver-
chen, 1743 den 28ten May ward er als Obrister Generalmajor, und that sich als solcher in den Feldzügen
von 1744 und 1745, unter dem Fürsten Leopold von
Anhalt, hervor, der ihn nach Einnahme der Stadt
Leipzig, zum Kommendanten derselben bestellte. 1747
den 24ten May ward er Generallieutenant, und 1750
im

im December erhielt er das Lehmannsche Garnisonregiment und die Kommendantenstelle zu Kosel. Im December 1753 bekam er die Erlaubniß, seine Chargen niederzulegen, und empfing dagegen ein Gnadengehalt von 3000 Thalern, welches er bis zu seinem 1755 den 6ten December erfolgten Lebensende genoß. Sein Alter erstreckte sich auf 76 und seine Dienstzeit auf 56 Jahre. Er hatte dreien Königen von Preußen rühmlich gedienet, und den Feldzügen des spanischen Erbfolgekrieges, der Schlacht bei Malplaquet, in der er verwundet ward, den Belagerungen von Bethune, Aire u. s. w., 1734 dem Feldzug am Rhein, 1745 der Aktion bei Habelschwerdt, und mehreren kriegerischen Begebenheiten von Wichtigkeit, beigewohnet, ward auch, als ein geschickter Ingenieur, zur Befestigung einiger Plätze und bei dem Bergwerkswesen, mit vielem Nutzen gebraucht. Seine Verdienste erwarben ihm und seinem Bruder, dem Obristlieutenant von den Kadets', Hans Martin von Bosse, den Adelstand. Er war mit Maria Isabelle Margaretha von Eckart verehlicht, davon der nachfolgende Sohn gebohren worden.

Friedrich Leopold von Bosse,

Königl. Preuß. Generallieutenant, Chef eines Dragonerregiments, wie auch Amtshauptmann zu Draheim.

Ist des vorgedachten Generallieutenants ältester Sohn, und 1719 den 15ten May zu Magdeburg gebohren worden,

worden, und trat zuerst bei dem jetzigen von Kaltreuth-
schen Kuirassierregiment, 1739, in Kriegesdienste;
ward 1741 Kornet, 1745 Lieutenant, 1755 Staabs-
und 1756 im Julius wirklicher Rittmeister, 1759
im Junius Major, 1769 Obristlieutenant und 1772
Obrister. 1770 sezte ihn der König als Kommandeur zum jetzigen von Backhofschen Kuirassierregiment, und 1777 als Kommandeur zum Reitzenstein-
schen Dragonerregiment (jezt von Kalkreuth). 1778
den 12ten März ward er Generalmajor, 1787
den 20ten May Generallieutenant, und erhielt 1778
das erledigte von Mitzlaffsche Dragonerregiment, auch
1780 den 16ten May die Amtshauptmannschaft zu
Draheim, imgleichen die Inspektion über die schlesische
Reuterei, die zuvor der Generalmajor von Pannewitz
gehabt hatte. Von 1740 an hat er allen Feldzügen des
hochseligen Königs Friedrichs des zweiten rühmlichst beigewohnet. In der Schlacht bei Chotusitz ward ihm
das rechte Ohr abgehauen, und in der bei Kunersdorf
der rechte Fuß schwer verwundet. Er hat eine Tochter
des Kammeraths **Walther** zu Ihlefeld bei Nordhausen zur Ehe, von der verschiedene Kinder gebohren
worden.

N   Ernst

Ernſt Siegmund von Boyen,

Königl. Preuß. Generalmajor von der Kavallerie, und Direktor des ſechſten Departements des Kriegeskollegium.

Er iſt 1730 in Preußen gebohren worden. Trat 1746 bei dem jetzigen Graf von Kalkreuthſchen Kuiraſſierregiment in Dienſte; wohnte mit demſelben dem ſiebenjährigen Feldzug bei, und kam 1763 als Rittmeiſter wieder in deſſen Standquartiere, in der Altmark, zurück. 1768 den 4ten Junius ward er Major, 1781 den 21ten May Obriſtlieutenant. Bei der Specialrevüe bei Magdeburg, 1783 im May, erhielt er ſeine Dienſtentlaſſung. König Friedrich Wilhelm der zweite ernannte ihn, im Junius 1787, zum Generalmajor, und den 25ten ſelbigen Monats zum Direktor des ſechſten Departements des neuerrichteten Kriegeskollegiums, welches ſich mit dem Armatur- und Mondirungsweſen beſchäftigt. Er iſt mit Maria Eliſabeth Philippine von Klitzing verehlicht.

Friedrich Kaſimir von Botzheim,

Königl. Preuß. Generalmajor und Chef eines Infanterieregiments.

War aus Kurland gebürtig, und hat bereits unter Churfürſt Friedrich Wilhelm gedienet. 1694 ſtand er

als

als Fähnrich des Lottumschen Infanterieregiments in
Ungarn. 1709 den 13ten April ist er Major bei
dem Grumbkowschen Regiment, 1715 den 14ten November Obristlieutenant, und 1721 den 16ten Junius Obrister geworden (1727 wird in einer Liste
des von Grumbkowschen Regiments sein Alter auf
55 Jahr, und seine Dienstzeit bei demselben mit
33¾ Jahre, angegeben); 1734 erhielt er als Obrister
das erledigte Regiment des mit Tode abgegangenen
Marggrafen Christian Ludwig (jetzt von der Golz),
und starb 1737 als Generalmajor, ohne männliche
Erben. Er hat den Aktionen bei Peterwaradein,
Warasdin, Zenta, der Bestürmung der brabandschen
Linien, ferner den Vorfällen bei St. Löwen, Ramelies, Oudenarde, Winnendael und Hunskot, desgleichen
den Belagerungen von Griechisch-Weißenburg, Kaiserswerth, Ruremonde, Venlo, Reineberg, Bonn,
Menin, St. Venant und Stralsund, wobei er verwundet worden, beigewohnet.

Wilhelm von Brand,

Königl. Preuß. Generallieutenant, wirklicher Geheimer-Kriegesrath, Gouverneur der Festung Küstrin, Obrist über ein Regiment zu Fuß, Amtshauptmann der Aemter Rhez und Marienwalde,
auf Ehrenberg ꝛc. Erbherr.

Gebohren 1644 den 29ten September. Seine Eltern waren: Christian von Brand, Churbranden-

burg-

burgischer Geheimerrath, neumärkischer Kanzler und
Direktor der Amtskammer zu Küstrin, und Gertrud
von Rühligken, aus dem Hause Gralow. Hat zu
Joachimsthal und Frankfurt an der Oder studiret.
1664 ging er mit seinem Bruder, dem churfürstlichen
Gesandten, nach Engelland, und besahe sodann die vereinigte Niederlande. 1665 ward er Kornet, und diente
dem Churfürsten Friedrich Wilhelm, wider den Bischof
von Münster, unter des nachmaligen Generalfeldmarschalls von Schönings, der damals Rittmeister war,
Kompagnie. Im folgenden Jahre, da Friede wurde,
ward er abgedankt, und begab sich 1667 wieder nach
Holland, und von da, nebst seinem Bruder Eusebius,
durch Teutschland nach Frankreich. 1668 langte er zu
Hause wieder an, und übernahm die Verwaltung seiner
Güter. 1670 ernannte ihn der Churfürst zu seinem
Kammerjunker, und gab ihm 1671 die Erlaubniß, sich
in Kriegsdienste begeben zu können. Diente als Fähnrich, Lieutenant, Staabs- und wirklicher Kapitain des
Dohnaschen Regiments in den Feldzügen wider die Franzosen am Rhein, wider die Schweden in Pommern,
und wohnte der Schlacht bei Fehrbellin, den Belagerungen und Eroberungen der Insel Rügen, und der Festungen Stralsund, Anklam, wie auch Stettin, wo er verwundet ward, bei. 1677 im Januar ward er an den
König von Dänemark gesandt; 1678 machte ihn der
Churfürst zum Obristlieutenant des Derflingerschen Regiments, und schickte ihn, 1682, nach Ostfriesland,
um sich des Schloßes Grethsiel zu bemächtigen, davon
er, nach dessen Einnahme, Kommendant ward. 1683
den 21ten Junius ward er Kammerherr, und erhielt
das

das wirkliche Obristengehalt; und 1685 den 21ſten Januar ward er Obriſter bei des Prinzen Philipp Wilhelms Regiment zu Fuß. 1686 ging er als Obriſter und Generaladjudant mit den brandenburgiſchen Hülfsvölkern nach Ungarn, wo er der Belagerung von Ofen beiwohnte. 1688 ſchickte ihn Churfürſt Friedrich der dritte mit denen für die Generalſtaaten beſtimmten 6000 Mann Hülfsvölkern nach den Niederlanden, wo er bei denen vorgefallenen Unternehmungen ſich ſtets beſonders hervorthat. 1689 erhielt er das Gouvernement von Pillau; ward 1690 Generalmajor und bekam das Regiment des vor Bonn gebliebenen Generalmajors Johann George von Belling (jezt Graf von Henkel). 1690 ging er wieder mit 6000 Mann Brandenburgern nach Ungarn, dem Kaiſer zur Hülfe, und erwieß ſich in denen Treffen bei Salentement und Peterwaradein ſehr tapfer, weßhalb er vom Kaiſer Leopold ein ſehr gnädiges Schreiben, voller Lobſprüche, empfing. 1692 erhielt er das Gouvernement von Magdeburg, und ward 1692 Generallieutenant. 1693 befehlichte er wiederum 6000 Mann brandenburgiſche Hülfsvölker in Ungarn, en Chef, mit denen er ſich während den Feldzügen in den Jahren 1694 und 1695 rühmlichſt hervorthat. Nach ſeiner Zurückkunft ernannte ihn der Churfürſt zum Geheimenkriegesrath. 1696 muſte er nach Braband gehen und den Kriegesoperationen daſelbſt beiwohnen. Bald darauf empfing er Befehl, mit einem Theile des brandenburgiſchen Heeres nach Preußen zu gehen, um Elbingen unter churfürſtliche Hoheit zu bringen, welchen Befehl er auch glücklich ausführte, und ſolches 1698 den 1ten November einnahm. Blieb ſodann ſo lange in Preußen

ſtehen,

stehen, bis er 1700 im Junius, da der Krieg im Nor=
den ausbrechen wollte, bei Lenzen ein Lager zusammen=
ziehen muste. 1701 erhielt er das Gouvernement von
Küstrin, und denen davon abhängenden Festungen und
Pässen Driesen, Oderberg und Landsberg, zugleich auch
die Amtshauptmannschaften Marienwalde und Rheß.
Starb 1701 den 18ten December im 58sten Jahre sei=
nes Lebens, und ist zweimal verehlicht gewesen: erstens
mit Charlotte von Brand, seit 1669, davon ein
Sohn; zweitens, seit 1681 im December, mit Louise
gebohrnen von Börstel, des Hauptmanns Freiherrn
von Pölnitz Witwe, die zwei Söhne und vier Töchter
gebohren hat.

Paul von Brand,

Königl. Preuß. Generalmajor, Obrist eines Regi=
ments Dragoner, Kommendant der Gränzfestung
Driesen, auf Wützig, Gralow und Pollichnow
Erbherr.

Er war des vorigen Bruder. Ich finde von ihm nicht
mehr aufgezeichnet, als daß er 1687 den 22ten Januar
Obrister, 1692 Generalmajor geworden, und ein Dra=
gonerregiment gehabt hat. Verehlicht war er mit
Henriette Katharina von Sonntz, davon der
Königl. Preuß. Etatsminister Christian von Brand
gebohren worden.

Johann

Johann Christian von Brandeis,

Königl. Preuß. Generallieutenant und Chef eines Füselierregiments.

Er war aus einer bürgerlichen Familie zu Hannover gebohren, und hat sich durch seine Verdienste den Adelstand erworben. Seit dem Jahre 1702 hat er bei dem Grumbkowschen Regiment gestanden, ward bei demselben 1716 den 16ten Julius Sekondelieutenant, und avancirte weiter fort. 1743 im September ward er als Major des la Mottischen Infanterieregiments Obrist, und kommandirte im zweiten schlesischen Feldzuge ein Grenadierbataillon, so aus zwei Grenadierkompagnien des Regiments von Hautcharmoy und zwei von Jung-Dohna bestand, mit welchem er sich bei dem bekannten Abzuge von Prag sehr tapfer verhielt. 1747 im September gab ihm der König bei der Revüe den Orden pour le Merite. 1748 im November ward er Generalmajor, und erhielt 1749 im August das Dohnasche Regiment (jetzt von Hager); 1757 im May erhob ihn der König zum Generallieutenant, und ertheilte ihm 1758 im December, auf sein Gesuch, hohen Alters wegen, die Erlassung seiner langjährigen Dienste mit einem Gnadengehalte. Er starb zu Lignitz 17**, und hat im spanischen Erbfolgekriege, in den Aktionen bei Ramelies, Oudenarde, Wienendael, Hundskott, in dem Sturme vor Bouchain, desgleichen in den Belagerungen von Mekin, Mons, wo er verwundet ward, St. Venant und Stralsund, hervorgethan.

Ernst

Ernst Konrad von Brandeis,

Königl. Preuß. Obrist, Chef eines Infanterieregiments und Kommendant von Pillau.

Aus Geldern gebürtig und 1698 gebohren; hat bei dem Prinz Gustavschen Kuirassierregiment (jezt von Rohr) seit 1710, von den untersten Befehlshaberstellen heraufgedienet, und ward 1715 den 27ten April Kornet, 1724 den 10ten Junius Rittmeister, 1736 den 22sten September Major. 1744 im May gab ihm der König als Obrister das Bardelebensche Regiment in Breslau, welches er aber nicht lange behielt; denn schon im Julius selbigen Jahres sezte ihn der König als Kommendanten nach Pillau, wo er auch vermuthlich gestorben ist. Er ist erstens mit Augusta Friderike Freyin von Söhlenthal, die vorher einen Hrn. von Hammerstein gehabt, zweitens mit Henriette Sophia von Buddenbrock verehlicht gewesen.

Johann George Marggraf von Brandenburg.

Churfürst Joachim Friedrichs von Brandenburg und Katharinen gebohrnen Marggräfin von Brandenburg Sohn; gebohren 1577 den 16ten December; starb 1624 im 47sten Jahre seines Alters. 1609 ward er zum Obristen über 2000 Mann bestellt.

Doro=

Dorothea Churfürstin von Brandenburg,

Inhaberin eines Infanterieregiments.

Sie war Philipps Herzogs zu Holstein in Glücks-
burg, und Sophia Hedwig gebohrner Herzogin zu
Sachsen Lauenburg Prinzessin Tochter, und Christian Ludwigs Herzogs zu Lüneburg hinterlassene
Witwe; gebohren 1636 den 3ten März, und starb,
1689 den 6ten August, als Witwe des großen Churfür-
stens Friedrich Wilhelms von Brandenburg, mit
dem sie sich 1668 den 13ten Junius vermälet hatte,
und dem sie auf seinen Reisen und Feldzügen am Mayn,
Rhein, in Westphalen, imgleichen in den pommerschen
und preußischen Kriegen, als eine treue Gefährtinn bei
den größten Gefahren, folgte. 1677 errichtete der
Churfürst für diese seine Gemahlin ein eigenes Regiment
zu Fuß, aus der Garde, welches sie bis zu seinem Tode,
1688, behielt, und das ihren Namen führte. In
dem leztbenannten Jahre trat sie es dem Marggrafen
Karl Wilhelm von Brandenburg ab. Es ist das jetzige
von Golzische Infanterieregiment zu Stettin.

Karl Aemil Churprinz von Bran-
denburg.

War der zweete Prinz Churfürst Friedrich Wilhelms
von Brandenburg, den ihm Luise Henriette Prinzessin von Oranien, 1655 den 6ten Februar, zur

Welt

Welt gebohren. Dieser junge muthige Herr, dem die Folge in der Chur zufallen sollte, bewies in dem Feldzuge wider Frankreich, an der Seite seines großen Vaters, den größten Eifer und Heldenmuth, und erweckte dadurch die Hoffnung, daß in ihm die Zukunft einen, der Regierung und Beschützung der brandenburgischen Staaten würdigen Fürsten, sehen würde; allein, er starb zu früh, 1674 den 27ten November, zu Straßburg an einem hitzigen Fieber im 20sten Lebensjahre. 1672 hatte sein Herr Vater für ihn, durch den Obristen von Schöning, aus denen in Preußen stehenden Regimentern, ein eigenes Regiment errichten lassen, welches den Namen Churprinz führte, und das jetzige von Lengefeldsche in Magdeburg ist.

Ludewig Margaraf von Brandenburg.

Des vorigen Prinzen Bruder; ist 1666 den 28ten Junius geboren worden, und erhielt ebenfalls ein Dragonerregiment (mit welchem Charafter, ist unbekannt), welches der Obriste George Wilhelm von Lüttwitz kommandirte, der es nachher selbst als Chef erhielt. Der Prinz, dessen vortrefliche Eigenschaften überall gerühmet werden, starb schon 1687 den 28ten März, und hatte sich in eben diesem Jahre mit Louise Charlotte Fürstin von Radziwil vermälet.

Friedrich

Friedrich Churprinz von Brandenburg
(nachmaliger König von Preußen).

War der dritte Prinz Churfürst Friedrich Wilhelms, und der Prinzeßin Louise Henriette von Oranien, und ist 1657 den 1sten Julius zu Königsberg in Preußen gebohren worden. 1688 den 29ten April folgte er seinem Herrn Vater, dessen Begleiter er während dessen berühmten Feldzügen gewesen war, in der churfürstlichen Regierung, ward, 1701 den 18ten Januar, erster König von Preußen, und starb 1713 den 25ten Februar. 1673 ward von den churmärkschen Landständen, beim Einfalle der Schweden, ein Regiment errichtet, welches anfänglich zwei Bataillons stark war, und dem Churprinzen Friedrich gegeben ward. Dieses Regiment ward in der Folge mit noch zwei andern Bataillons vermehret, und ist der Stamm der Garde König Friedrich Wilhelms des ersten, und des jetzigen von Rhodigschen Grenadier-Bataillons. Auch erhielt der Churprinz Friedrich 1672 ein Kuirassierregiment, so 1666 errichtet worden, und gegenwärtig den Generalmajor von Backhof zum Chef hat.

Philipp Wilhelm Prinz von Preußen und Marggraf zu Brandenburg,

erster regierender Marggraf zu Schwedt, Königl. Preuß. Generalfeldzeugmeister und Stadthalter zu Magdeburg.

Churfürst Friedrich Wilhelm hatte ihn in der zweiten Ehe mit Dorotheen, gebohrnen Prinzessin von Holstein=Glücksburg, erzeuget, und er erblickte das Licht der Welt zuerst 1669 den 19ten May zu Königsberg in Preußen. 1685 muste der Obriste von Bränd für ihn ein eigenes Regiment, aus den Regimentern Garde, Churfürstin, Churprinz, Anhalt, Barfuß, Schöning und Derfflinger, errichten, welches das jetzige von Wunsch ist. 1692 ward er Generallieutenant von der Infanterie, und den 8ten Oktober selbigen Jahres Stadthalter zu Magdeburg. 1693 erhielt er das Briquemaultsche Kuirassierregiment (jetzt Prinz Louis von Würtemberg); 1697 ward er Grandmaitre über die sämtliche Artillerie, und starb 1711 den 19ten December in einem Alter von 42 Jahren und 7 Monaten. Er war der erste regierende Marggraf zu Brandenburg=Schwedt, und hat 14 Jahre regieret.

Albrecht

Albrecht Friedrich Prinz von Preußen und Marggraf zu Brandenburg = Sonnenburg,

des St. Johanniterordens Heermeister, General-lieutenant, Stabthalter in Hinterpommern, und Ritter des schwarzen Adlerordens.

Er ward 1672 den 14ten Januar von der Chur-fürstin Dorothea, zweiten Gemalin Churfürst Frie-drich Wilhelms, zur Welt gebohren. Wohnte 1694 dem Feldzug in Italien, bei; ward 1695 den 9ten März Generallieutenant und Obrister eines Dra-goner= und Reuterregiments; 1697 den 17ten May Heermeister des St. Johanniterordens zu Sonnenburg; 1701 den 17ten Januar Ritter des schwarzen Adleror-dens, und 1706 den 10ten Junius Stabthalter des Herzogthums Hinterpommern. Starb zu Friedrichs-felde 1731 den 27ten Junii im 60sten Jahre seines Alters. 1692 hatte er ein eigenes Dragonerregiment, so vier Kompagnien stark war, und von dem Obristlieu-tenant von Pannewitz kommandiret wurde. Es ist schwer zu entscheiden, ob dieses Dragonerregiment eben dasjenige, ist, so in den Nachrichten vom Zustande der preußischen Armee für das Jahr 1785 S. 181. als der Stamm des jetzigen Leibkarabinierregiments angegeben wird, da solches, diesen Nachrichten zufolge, erst 1692 von dem Obristen von Brand errichtet seyn soll, dassel-be aber, davon hier die Rede ist, in der vor mir liegen-den authentischen Liste der churbrandenburgischen Trup-pen, vom Jahre 1692, bereits aufgeführet stehet, wel-

ches

ches also nothwendig eine Verschiedenheit vermuthen
lässet. 1702 ward auch ein Infanterieregiment für den
Marggrafen aus verschiedenen Kompagnien alter Feld,
regimenter, als der alten Grenadiergarde, der Churfür,
stin Regiment, dem Dohnaschen und Marggraf Phi,
lippschen Infanterieregiment, und den Küstrin, und
Kolbergschen Besatzungen, auf zwölf Kompagnien er,
richtet; welches anfänglich in holländische Dienste gege,
ben ward, von 1703 an bis 1731 aber den Marggra,
fen zum Chef hatte. Es ist das jetzige Herzog Friedrich
von Braunschweigische Regiment. Das Bildniß des
Marggrafen befindet sich vor Beckmanns Beschreibung
des ritterlichen Johanniterordens, und ist von A. B.
König in Kupfer gestochen.

Karl Philipp Marggraf zu Brandenburg,

Herrmeister zu Sonnenburg.

Ist aus der schon angezeigten zweiten Ehe Churfürst
Friedrich Wilhelms 1672 den 26ten December zu
Sparenberg gebohren worden. Erhielt 1688 ein eig,
nes Infanterieregiment, welches jetzt den Namen von
Golz führet, und zuvor seiner Frau Mutter, der
Churfürstin, gehöret hatte. 1693 den 22ten Februar
ward er Heermeister des St. Johanniterordens, und
machte mit den churbrandenburgischen Truppen einen
Feldzug in Italien, wo er erkrankte und 1695 den
13ten

13ten Julius zu Kasal verstarb, da er nur ein Alter von 22 Jahren und 7 Monaten erreichet.. Man findet keine Nachricht, welchen militairischen Rang er eigentlich bei dem brandenburgischen Heere gehabt.

Christian Ludwig Prinz von Preußen und Marggraf zu Brandenburg,

Königl. Preuß. Generallieutenant, Stadthalter und Domprobst des Fürstenthums Halberstadt, Obrister über ein Regiment zu Fuß, des schwarzen Adler- und St. Johanniterordens Ritter.

Er war der jüngste Prinz aus zweiter Ehe des Churfürsten Friedrich Wilhelms, und ist 1677 den 24ten May gebohren worden, In seiner Jugend that er einige Reisen, und hielt sich 1692 eine Zeitlang auf der Universität zu Leyden auf. 1694 ward er St. Johanniterritter, und befand sich in den Feldzügen in Italien und darauf im brabandschen gegenwärtig. 1695 erhielt er nach Absterben seines Bruders, Marggraf Karl Philipp, dessen erledigtes Infanterieregiment (jezt von Golz), und 1696 den 8ten Julius die Bestallung eines Stadthalters zu Halberstadt, so wie 1696 den 6ten November den Charakter eines Generallieutenants. 1701 den 18ten Januar empfing er den schwarzen Adlerorden, und ward 1705 Komthur zu Lagow, 1728 aber

Dom-

Domprobst zu Halberstadt. Starb 1734 den 3ten
September zu Malchao bei Berlin, wo er seine Hof-
haltung hatte, und ein stilles Leben führte, unvermält,
in einem Alter von 57 Jahren.

Friedrich Wilhelm Prinz von Preußen und Marggraf zu Brandenburg-Schwed,

Königl. Preuß. Generallieutenant, Chef eines Kui-rassierregiments und Ritter des schwarzen Adlerordens.

Seine fürstliche Eltern waren der oben erwehnte
erste Marggraf zu Brandenburg-Schwed, Philipp
Wilhelm, und Johanna Charlotte gebohrne Fürstin von Anhalt-Dessau. Er ist 1700 den 27ten
December gebohren worden. Als sein Herr Vater
1711 den 19ten December starb, war er erst eilf
Jahr alt, und folgte demselben in der Appanage,
ward auch Rektor Magnificentissimus der Universität
Halle. 1715 begab er sich nach Genf und 1716
nach Italien auf Reisen; kam 1719 wieder zu Berlin an, wo er den schwarzen Adlerorden empfing.
1723 den 15ten Julius ward er Generalmajor. Die
churländschen Stände wählten ihn zu ihrem künftigen
Herzoge, woraus aber nichts wurde. 1737 den 10ten
Junius ernannte ihn König Friedrich Wilhelm der
erste zum Generallieutenant. 1711 erhielt er das
Kuiras-

Kurassierregiment, welches sein Herr Vater gehabt (jezt Prinz Louis von Würtemberg); solches führte beständig seinen Namen, hatte aber eigene Kommandeurs, welche auch die Einkünfte eines Chefs von demselben zogen. Er hat nie einem Feldzuge beigewohnet, und hielt sich gewöhnlich in seiner ordentlichen Residenz zu Schwed auf; starb auch ohnweit derselben, auf dem Jagdschloße Wildenbruch, in der Nacht vom 1sten März 1771, im 71sten Jahre seines Alters. Nachrichten von seinem Charakter finden sich im histor. Portefeuille vom Jahre 1786. Mon. Januar. S. 79.

Heinrich Friedrich Prinz von Preußen, Marggraf zu Brandenburg-Schwed,

Königl. Preuß. Generalmajor, Chef eines Füselierregiments, Domprobst zu Halberstadt, des St. Johanniterordens residirender Komthur zu Ließen, Ritter des schwarzen Adlerordens.

Des vorerwehnten Marggrafen Bruder; ist 1709 den 21ten August zu Schwed gebohren worden. 1711 erhielt er das Regiment des Marggrafen Philipp Wilhelms (jezt von Wunsch), ward 1740 den 22ten Junius Generalmajor, und bekam ein neuerrichtetes Füselierregiment, welches noch bis jezt den Namen Marggraf Heinrich führet, und ehedem in Frankenstein, dann in Breslau garnisonirte, und jezt in Reiße sein Stand-

O quartier

quartier hat. Nach der Schlacht bei Molwitz, der er
beigewohnet, ist er nie wieder bei dem preußischen Heere
erschienen, hat auch nicht weiter avanciret. 1749 ward
er Komthur zu Lietzen, und trat 1771 die Regierung zu
Schwedt an, wo er jezt in einem hohen Alter lebt.

Friedrich Karl Albrecht Prinz von Preuſ-
ſen, Marggraf zu Brandenburg,

Heermeiſter des St. Johanniterordens, Königl.
Preuß. General von der Infanterie, Chef eines
Regiments zu Fuß und Ritter des ſchwarzen
Adlerordens.

War der älteſte Prinz Marggraf Albrecht Friedrichs zu Brandenburg, und Marien Dorotheen
gebohrnen Prinzeſſin von Kurland, und iſt 1705 den
16ten Junius gebohren worden. Bald nach ſeiner Geburt empfing er den ſchwarzen Adlerorden, und ward
1727 den 7ten April im St. Johanniterorden aufgenommen, der ihn 1731 den 15ten Auguſt zu ſeinem
Heermeiſter erwählte. 1714 ward er Kapitain bei ſeines Herrn Vaters Regiment; 1723 Obriſtlieutenant,
und 1729 den 24ten May Obriſt; 1731 erhielt er
dies Regiment (jezt Herzog Friedrich von Braunſchweig)
ſelbſt, und 1740 erhob ihn König Friedrich der zweite
zum Generalmajor, 1742 den 19ten May, nach
der Schlacht bei Chotuſitz, zum Generallieutenant,
und

und 1747, den 28ten May zum General von der Infanterie. Starb zu Breslau 1762 den 22ten Junius in einem Alter von 58 Jahren. Unter dem Prinzen Eugen von Savoyen wohnte er den Feldzügen am Rhein bei. Im ersten schlesischen Kriege war er einer der ersten bei Uebersteigung der Wälle der Festung Glogau, und befand sich bei den Belagerungen von Olmütz und Dresden, wie auch den Schlachten bei Molwitz, Chotusitz, Striegau, Soor, Leuthen, Hochkirch und Torgau, mit größtem Muthe gegenwärtig. In den Schlachten bei Molwitz, Hochkirch und Torgau ist er verwundet worden. Sein menschenfreundlicher edler Charakter, seine Liebe für die Künste und Wissenschaften, werden unvergeßlich bleiben.

Friedrich Wilhelm Prinz von Preußen, Marggraf zu Brandenburg,

Königl. Preuß. Generalmajor, Kommandeur der Garde zu Fuß, Ritter des schwarzen Adler- und St. Johanniterordens.

Ein Bruder des vorerwehnten Marggrafen, und dritter Sohn seines durchlauchtigen Vaters; ward 1715 den 28ten März gebohren. Stand bei seines Herrn Bruders Regiment als Obristlieutenant, als ihn König Friedrich der zweite 1740 im August bei der neuerrichteten Garde zu Fuß zum Obristen ernannte. 1743 den 16ten

May

Man ward er Generalmajor und Kommandeur der
Garde; blieb 1744 den 12ten September im 30sten
Lebensjahre, da er bei der Belagerung von Prag als
Generalmajor du Jour in den Laufgräben kommandirte,
und ihn eine feindliche Kanonenkugel, in Gegenwart des
Königs, der den Prinzen liebte und seinen Verlust sehr
bedauerte, tödtete. (Eine Abbildung dieser traurigen
Scene findet sich im Berlinischen militairischen Taschenkalender für das Jahr 1787.) 1734 hatte er als Freiwilliger den Feldzügen am Rhein beigewohnet, und hielt
sich in dem ersten schlesischen Feldzuge, besonders in der
Schlacht bei Molwitz, wo er auch verwundet worden,
vorzüglich tapfer.

George Friedrich Marggraf zu Branden-
burg = Anspach.

Johann Friedrichs Marggrafen zu Brandenburg-
Onolsbach und Johannen Elisabeth Marggräfin
von Baden = Durlach Sohn; gebohren 1678 den
23ten April, starb 1703 den 29ten März an seinen bei
Enßhofen in der Pfalz empfangenen Wunden, im 25sten
Jahre seines Alters. Er gab 1690 zwei bis drei Kompagnien in churbrandenburgische Dienste, aus welchen
ein Dragonerregiment errichtet wurde, das seinen Namen führte, und solchen bis 1713 behielt. Es sind
aus diesem Regimente, in der Folge, die jetzigen Graf
von Lottum=, Mahlen=, Zitzwitz= und Pomeißkische
Dragonerregimenter errichtet worden.

Chri-

Chriſtian Friedrich Karl Alexander regierender Marggraf zu Brandenburg-Anſpach und Bayreuth,

Generalfeldmarſchall des fränkiſchen Kreiſes, Königl. Preuß. Generallieutenant von der Kavallerie, Chef eines Dragonerregiments und Ritter des ſchwarzen Adlerordens.

Er iſt der zweite Prinz Friedrich Wilhelms Marggrafen von Anſpach und deſſen Gemahlin Friederike Louiſe gebohrnen Prinzeſſin von Preußen, die ihn 1736 den 24ten Februar zur Welt gebohren hat. 1740 ertheilte ihm König Friedrich der zweite den ſchwarzen Adlerorden, und 1769 den 1ſten May das ſchon oft erwehnte preußiſche bayreuthſche Dragonerregiment, nebſt dem Patente als Generallieutenant. Sein Bildniß, nebſt vollſtändiger Lebensbeſchreibung, befindet ſich in dem zu Berlin 1785 herausgekommenen genealogiſch-militairiſchen Taſchenkalender.

Friedrich Marggraf von Brandenburg-Bayreuth,

Königl. Preuß. Generallieutenant, Chef eines Dragonerregiments, des fränkiſchen Kreiſes Generalfeldmarſchall, Ritter des Elephanten- des weißen und ſchwarzen Adlerordens.

War der einzige Sohn George Friedrich Karls, Marggrafen von Brandenburg-Bayreuth, und

O 3   Doro-

Dorotheen gebohrnen Prinzeſſin von Holſtein-
Beck, die ihn 1711 den 10ten May zur Welt gebohr-
ren hatte. 1731 den 6ten März ertheilte ihm König
Friedrich Wilhelm der erſte von Preußen den ſchwarzen
Adlerorden, nebſt einem Dragonerregiment, und gab
ihm zugleich ſeine älteſte Prinzeſſin Friderike Auguſta
Sophia, mit der er ſich 1731 den 20ten November
zu Berlin vermälte. Im Junius 1741 ernannte ihn
König Friedrich der zweite zum Generalmajor, und
1745 den 18ten März zum Generallieutenant. Er
ſtarb 1763 den 26ten Februar im 53ſten Jahre ſeines
Alters und 28ſten ſeiner Regierung, von der man, da
ſie hier zu beſchreiben nicht zweckmäßig, anderswo Nachrichten aufſuchen muß.

Friedrich Chriſtian Marggraf von Bran-
denburg-Bayreuth,

Kaiſerl. Generalfeldzeugmeiſter, wie auch Königl.
Preuß. und Däniſcher Generallieutenant, Chef ei-
eines öſterreichiſchen Infanterie- und preußiſchen
Dragonerregiments, Ritter des ſchwarzen Adler-
und Elephantenordens.

Er iſt 1708 den 17ten Julius zu Weverlingen gebohr-
ren worden, und war der jüngſte Sohn Marggraf
Chriſtian Heinrichs von der appanagirten Kulm-
bachſchen Linie, und Sophien Chriſtianen gebohrnen

nen Gräfin von Wolfstein. 1764 erhielt er das
bayreuthsche Dragonerregiment als Generallieutenant,
nebst dem schwarzen Adlerorden; hat aber nie wirklich
dem preußischen Hause gedienet, und starb 1769 den
20sten Januar im 61sten Jahre seines Alters und 6sten
seiner Regierung.

Christian Ernst Marggraf von Brandenburg-Kulmbach.

War Erdmann Augusts Marggrafen von Brandenburg und Sophien gebohrnen Marggräfin von
Brandenburg-Onolzbach Sohn, und 1644 den
27ten Julius gebohren; starb 1712 den 10ten May.
1690 muste der Obristlieutenant von Lethmate für den
Marggrafen aus einigen bayreuthschen Kompagnien ein
Küirassierregiment, sechs Kompagnien stark, errichten,
welches den Namen Bayreuth führte, und das jetzige
von Pannewitzsche Kuirassierregiment in Ohlau ist.

(Ueberhaupt ist bei diesen hier angeführten Marggrafen zu Brandenburg-Anspach und Bayreuth zu
merken, daß sie nie im preußischen Heere wirklich
gedienet; sondern nur Ehrenchargen bekleidet, und
ihre Regimenter bloß nach ihnen den Namen geführet, sonst aber besondere Kommandeurs, welche
die Würden eines Chefs über dieselben in Ausübung
gebracht, gehabt haben.)

August

August Wilhelm von Braun,

Königl. Preuß. Generallieutenant, Chef eines Füselierregiments und Ritter des Ordens pour le Merite.

Er ist 1701 gebohren worden. Seine Eltern waren: Adam Friedrich von Braun, der sich im Fürstenthum Anhalt-Köthen niedergelassen hatte, und Anna Margaretha von Lattorf. Trat bei dem Alt-Anhältschen Regiment in Dienste, und ward bei demselben 1722 Fähnrich, 1725 Seconde- 1734 Premierlieutenant, 1738 Staabs- 1740 wirklicher Hauptmann, 1746 im April Major, 1757 Obristlieutenant und Obrister, 1758 im December Generalmajor, 1759 Chef des erledigten von Kurselschen Füselierregiments (jezt von Wolfframsdorf), und 1767 im August Generallieutenant. Er hat den Feldzügen von 1744 bis 1763, und in denselben den vorzüglichsten Schlachten und Belagerungen, mit gröstem Ruhme, beigewohnet. In den Schlachten bei Prag und Kollin ward er verwundet, und nach der Aktion bei Strehlen, in der er sich besonders hervorgethan, erhielt er den Orden pour le Merite. Starb 1770 den 28ten Junius zu Groß-Glogau im 69sten Jahre seines Alters, und ist mit Gisela Henriette von Wuthenow verehlicht gewesen.

Heinrich

Heinrich Gottlob von Braun,

Königl. Preuß. Generallieutenant von der Infanterie, Chef eines Regiments zu Fuß, Kommendant der Residenz Berlin, des schwarzen Adler- und pour le Meriteordens Ritter.

Ist ein Bruder des vorerwehnten Generallieutenants, und 1717 zu Girsleben im Anhalt-Köthenschen gebohren. 1732 ward er Page bei dem damals regierenden Fürsten von Anhalt-Köthen, und 1734 Fähnrich bei dem neuerrichteten Anhaltschen Bataillon, so als Reichs-Kontingent nach dem Rhein marschirte, und unter dem Prinzen Eugen diente. 1735 trat er als Fähnrich bei dem Prinz Leopold von Anhaltschen Regiment (jezt von Knobelsdorf) in preußische Dienste, ward 1738 den 17ten September Sekondelieutenant, und machte mit dem Grenadierbataillon von Bolstern den ersten schlesischen Feldzug mit; 1741 den 24ten May ward er Premierlieutenant, 1745 den 22ten December Staabs- 1746 den 19ten Januar wirklicher Hauptmann, 1758 den 11ten Januar Major, 1765 den 27ten May Obristlieutenant, 1766 Kommandeur des Regiments und 1767 Obrister. 1774 den 18ten December erhielt er das erledigte gräflich Lottumsche Regiment. 1777 den 11ten Januar ernannte ihn der König zum Generalmajor, 1781 den 7ten Junius zum Kommendanten von Berlin, 1784 den 20ten May zum Generallieutenant, und ertheilte ihm den 21ten May s. J. den schwarzen Adlerorden. In den Jahren 1734 und 1735

wohnte

wohnte er den Feldzügen am Rheinstrohm, so wie
von 1740 an bis 1779 sämtlichen vom Könige Friedrich dem zweiten geführten Kriegen in Schlesien,
Böhmen, Sachsen und Mähren bei; befand sich besonders in dem Sturme auf Glogau, bei der Belagerung von Prag und den Schlachten bei Molwitz, Kesselsdorf, Lowositz, wo er am Arme verwundet ward,
und deshalb den Orden pour le Merite erhielt, desgleichen bei Breslau, wo er in den Leib geschossen
ward, und bei Zorndorf. 1786 den 9ten September wohnte er dem feierlichen Leichenbegängnisse Kö-
ig Friedrichs des zweiten zu Potsdam bei, und trug
den Zipfel des Leichentuches. Sein Bildniß befindet
sich in dem Berlinischen histor. militair. Taschenkalender für das Jahr 1784. Seit 1748 ist er mit
Louisen Dorotheen gebohrnen von Bornstedt verehlicht gewesen, die ihm einen Sohn und eine Tochter gebohren, und bereits verstorben ist.

Philipp Herzog zu Braunschweig-Lü-neburg,

Chur-Brandenburgischer Obrister über tausend Reisige zu Pferde.

Im Jahre 1587 am Tage Vincula Petri, bestellte
Churfürst Johann George von Brandenburg, zu Wald-
heim, Herzog Philipp von Braunschweig und Lüneburg zum Obristen, mit dem Auftrage, tausend rei-

sige

fige Pferde zu werben; auf jedes Pferd bekam er
fünf Thaler Wartegeld, und reichte noch im selbigen
Jahre eine Liste von der auf Wartung stehenden rei-
figen Pferden ein; diese enthielt sechs Rittmeister und
1007 Pferde, worunter sich 3 Grafen, 1 Freyherr
und 133 von Adel befanden.

Ernst Ferdinand Herzog von Braun-schweig-Bevern,

Königl. Preuß. Generalmajor von der Infanterie,
Domprobst der fürstlichen Stifte St. St. Blasii
und Cyriaci zu Braunschweig, Ritter des
Elephantenordens.

Er war ein Sohn Ferdinand Alberts Herzogs
von Braunschweig-Bevern und Christinen gebohrnen Landgräfin von Hessen-Eschwege, und
ist 1682 den 4ten März gebohren worden. 1697
begab er sich an den Königl. Schwedischen Hof, wo
er sich einige Jahre aufhielt, und sodann in den
Jahren 1701 und 1702 eine Reise nach Holland,
Italien, Frankreich und Katalonien machte, und nach
deren Beendigung in Königl. Preußische Kriegesdienste, bei dem Borstelschen Bataillon (jezt von Golz),
trat; bei demselben ward er 1706 den 1sten May
Obrister, 1709 den 15ten März Brigadier, und
1711 den 17ten Januar Generalmajor. In den
Feld-

Feldzügen in den Niederlanden hat er sich sehr hervorgethan, und ward 1708, bei der Belagerung von Ryssel,
gefährlich im Gesichte verwundet. 1710 befand er sich
vor Aire. Nach wiederhergestelltem Frieden verließ er
die Kriegesdienste, und trat die 1706 erhaltene beide
fürstliche Domprobsteien zu St. Blasii und St. Cyriaci, zu Braunschweig, an, wo er residirte, 1734 im
Junius den Dänischen Elephantenorden erhielt, und
1746 den 14ten April im 64sten Jahre seines Alters
verstarb. 1714 den 4ten August hatte er sich mit Eleo-
nore Charlotte, Herzog Friedrich Kasimirs von
Kurland Tochter, vermälet, und mit ihr sieben Prinzen und vier Prinzessinnen erzeuget.

August Wilhelm Herzog von Braun-schweig-Lüneburg-Bevern.

Königl. Preuß. General von der Infanterie, Gouverneur der Festung Stettin, Ritter des schwarzen
Adlerordens, Chef eines Regiments zu Fuß, und
Domprobst zu St. Blasii und St. Cyriaci
zu Braunschweig.

Er war des vorgedachten Herzogs Ernst Ferdi-
nands von Braunschweig-Lüneburg-Bevern
Sohn, und ist zu Braunschweig 1715 den 10ten Oktober gebohren worden. Im Jahre 1731 begab er
sich in Königl. Preußische Kriegesdienste, und ward den

24ten

24ten Junius dieses Jahres Kapitain des Kalksteinschen Regiments (jetzt von Möllendorf). 1734 wohnte er, im Gefolge König Friedrich Wilhelms des ersten, dem Feldzuge am Rheinstrohm bei, und diente unter seines Vatern Bruder, Herzog Ferdinand Albrechts, der als Reichsfeldmarschall kommandirte, als Major. 1735 den 5ten May ward er Obristlieutenant und 1739 Obrister und Kommandeur des vorgedachten Regiments. 1740 trat er den ersten schlesischen Feldzug mit an, ward in der Schlacht bei Molwitz verwundet, und erhielt ein aus würtembergischen Diensten übernommenes Regiment Füselier (jetzt Jung-Woldeck), welches er aber schon im November wieder gegen das Bredowsche Infanterieregiment vertauschte. 1743 den 12. May erhob ihn der König zum Generalmajor. In der Schlacht bei Hohenfriedeberg hielt er sich vortreflich, und ward 1746 im März Kommendant und 1747 im Julius Gouverneur von Stettin, 1750 den 17ten May aber Generallieutenant und Ritter des schwarzen Adlerordens. 1756 führte er eine eigene Kolonne königlicher Völker nach Sachsen und Böhmen; wohnte der Schlacht bei Lowositz bei; erfochte 1757 den 21ten April den Sieg bei Reichenberg, und half bei Prag die österreichische Macht schlagen. Bald darauf führte er gegen den österreichischen General Daun ein eigenes Korps an, und that sich in der Schlacht bei Kollin hervor. Als der König gegen die Franzosen ging, und der Prinz von Preußen, Krankheit halber, das Heer verließ, ward dem Herzoge der Oberbefehl über die Truppen in der Lausitz gegeben, welche die Oesterreicher im Zaume halten sollten; da letztere aber nach Schlesien zogen, ihnen

der Herzog folgte, und bei Breslau ein nach Möglichkeit verschanztes Lager bezog, ward er den 22ten November darinnen angegriffen, und zum Rückzug nach
Breslau genöthigt; hatte auch den 24ten November
das Unglück, beim Rekognosciren gefangen zu werden.
Er ging darauf nach Wien, wo er 1758 seine Freiheit
ohne einiges Lösegeld wieder erhielt, und sodann nach
seinem Gouvernement zu Stettin abging, wo er gegen
die Russen und Schweden und deren Ueberschwemmun-
gen des Landes, die besten Gegenanstalten traf, und verhinderte, daß sie Stettin nicht angriffen. 1759 den
28ten Februar ward der Herzog General von der Infanterie, und kam, 1762 den 16ten März, zu Stargard mit dem rußischen Fürsten Wolkonsky zusammen,
wo er den Waffenstillstand berichtigte, welchem der
Friede mit Rußland folgte. Er führte sodann die in
Pommern gestandene Regimenter nach Schlesien, und
erhielt den Oberbefehl in Oberschlesien; half Schweidnitz erobern und befehlichte, da der König nach Sachsen
ging, bis zum 1763 erfolgten Frieden, die preußischen
Truppen in Schlesien und der Lausitz. An dem baierschen Erbfolgekriege nahm der Herzog, Alters halben,
keinen Antheil, sondern blieb zu Stettin, wo er in der
Nacht vom 1sten bis zum 2ten August 1781, im 66sten
Jahre seines ruhmvollen Alters, unvermält verstarb,
und ihm ein feierliches Leichenbegängniß gehalten wurde.
Er hatte eine außerordentliche Leibesgröße, und sein
Betragen war völlig militairisch, da er sich beeiferte,
Soldat im strengsten Verstande zu seyn.

Fer-

Ferdinand Herzog von Braunschweig-Wolffenbüttel,

vormaliger Königl. Preuß. Generalfeldmarschall, Chef eines Regiments zu Fuß, Gouverneur von Magdeburg, Ritter des blauen Hosenbands, schwarzen Adler- und St. Johanniter-Ordens.

Er ist 1721 den 21ten Januar gebohren, und ein Sohn Ferdinand Alberts, Herzog von Braunschweig-Wolfenbüttel, Kaiserl. und des H. R. R. Generalfeldmarschalls, und Antoinetten Amalien, gebohrnen Prinzeßin von Braunschweig-Wolfenbüttel. Erhielt 1741 den 30ten Julius den schwarzen Adlerorden, und in preußischen Diensten das errichtete Füselierregiment, welches gegenwärtig den Namen Renitz führt. 1743 im August begleitete er den König Friedrich den Zweiten über Bielefeld, Minden, Lipstadt und Wesel nach dem Achener Bade, und besahe mit ihm die kaiserl. Armee, unter Anführung des Grafen von Seckendorf, bei Wembdingen in Franken. 1744 den 30ten März befand er sich bei der Grundsteinlegung der neuen Zitadelle bei Neisse gegenwärtig. 1745 im Januar ward er Chef der Garde zu Fuß, ging im August mit dem Heere des Königs nach Schlesien, begleitete den 14ten December denselben König nach Berlin, folgte ihm den 13ten März folgenden Jahres wieder nach Schlesien, und wohnte den 4ten Junius der berühmten Schlacht bei Hohenfriedeberg, und den 30ten September der bei Soor, in der er verwundet ward,

bei;

bei; kam den 1ten November mit dem Könige nach Berlin zurück, deſſen Perſon er ſtets begleitete, und dem er auf ſeinen Reiſen beſtändig folgte. 1750 im Auguſt, war er bei dem zu Berlin gehaltenen prächtigen Korouſſel in der griechiſchen Quadrille, und erwarb ſich einen Preiß. 1751 befand er ſich im Gefolge des Königs, als ſolcher die jährliche Muſterung bei Magdeburg vornahm, im Junius Salzthal beſuchte, und darauf ſeine Truppen in Weſtphalen beſahe. 1754 im September erhielt der Herzog das Gouvernement von Peiz. 1753 im Junius beſuchte er den königlichen Hof zu Kopenhagen. 1755 im Sommer begleitete er den König von Preußen durch ſeine Lande nach Weſtphalen. 1756 im Auguſt führte er eine eigene Kolonne nach Sachſen, half die ſächſiſche Armee bei Pirna einſchließen, und drang darauf, mit einem ſtarken Korps, bei Peterswalde in Böhmen ein, um die Oeſterreicher zu verhindern, die Gränzpäſſe zu beſetzen; den 18ten Oktober that er ſich in der Schlacht bei Lowoſitz vorzüglich hervor. Den 14ten November f. J. rückte er mit dem Könige in Dresden ein, und im folgenden Jahre nach Böhmen, wo er den 23ten April Außig und das dortige Magazin der Feinde wegnahm, und den 6ten May, in der blutigen Schlacht bei Prag, ſich beſonders dadurch auszeichnete, daß er den öſtreichiſchen linken Flügel in die Flanke angrif, und dadurch den glücklichen Ausgang auf preußiſcher Seite beförderte. In der Schlacht bei Kollin that er Wunder, und führte die Infanterie, die unter ſeinen Befehlen ſtand, ſiebenmal gegen die öſterreichiſchen Grenadiere an, deren 100 Kompagnieen eine Anhöhe vertheidigten. Nachdem befand er ſich im

Sep-

September, im magdeburg- und halberstädtschen, um das Eindringen der Franzosen daselbst zu verhindern. Im November verstärkte er die königliche Armee zu Leipzig, und befand sich am 5ten dieses Monats in der Schlacht bei Roßbach, nach welcher er wieder nach Halberstadt detachirt wurde. Mit Beschluß dieses Jahres übernahm er das Oberkommando, über die gegen die Franzosen vereinigte Armee in Westphalen, an die Stelle des Herzogs von Kumberland, und langte den 24ten November bei derselben zu Stade an, wodurch selbige auf's neue wieder belebt und thätig ward. Als er die Soldaten bei seiner Ankunft fragte: ob sie geneigt wären, ihm zu folgen, wohin er sie führen würde? — antworteten solche gemeinschaftlich freudenvoll: sie wollten ihm überall folgen. 1758 rückte er schon den 18ten Febr. ins Feld, und trieb den Feind vor sich her. Nahm Bremen und Hoya den 24ten Februar, und am 28ten Hannover wieder ein, und eroberte, nachdem er mit einem Theile der Armee über die Weser gegangen war, Minden, worinnen er die Besatzung gefangen machte, und hatte gegen die Mitte des Aprils, in welchem Monat er zum General von der Infanterie erklärt wurde, die churhannöverischen und braunschweigischen Staaten von den Feinden völlig gereiniget; folgte ihnen nach Westphalen, wo er die Kantonirungsquartiere bezog, und zu Anfang des Junius über den Rhein ging, welches allgemein bewundert ward. Am 23ten Junius lieferte er den Franzosen die berühmte Schlacht bei Creveld, in der sie 2546 Todte und 142 Verwundete hatten. Als man dem Sieger, Abends nach der Schlacht, auf der Wahlstatt, welche er besahe, Glück

P   wünsch-

wünschte, sprach er: wünschet mir kein Glück wegen
des Sieges; sondern betrachtet dieses mit Leichen bedeckte Schlachtfeld. Es ist nun das zehentemal, daß
ich einem solchen Spektakel beiwohne; und Gott gebe,
daß es das leztemal seyn möge! Er rückte darauf weiter bis Rüremonde, welches er einnahm, vor, und trieb
sich mit den Franzosen umher, bis das, dem Prinzen von
Isenburg bei Kassel zugestoßene Unglück ihn nöthigte, wieder über den Rhein zu gehen, welches denn auch auf
die beste Art den 9ten und 10ten August bei Schencken-
schanz geschahe, und zog sich sodann nach dem hessischen,
wo er den geschehenen Schaden wieder gut zu machen
suchte, sich nach der Schlacht bei Lutterberg mit den
Franzosen in Westphalen herumtrieb, von Zeit zu Zeit
verschiedene Vortheile über sie erhielt, und den 18ten
Oktober ihren Vortrupp unter dem Herzog von Chevreuse bei Soest und nachher bei Werle schlug. Die
Verdienste dieses großen Feldherrn hatten sich durch so
ausgezeichnete Thaten allgemein bekannt gemacht, man
gedachte seiner allenthalben mit Verehrung und Bewunderung; das Parlament von Ireland gestand ihm eine
Pension von 200 Pfund Sterl. auf Lebenszeit zu, und
das von England, 14000 Pfund Sterl. zum Unterhalte
seiner Tafel und seines Stalles; der König von Preussen aber erhob ihn im December zum Generalfeldmarschall. Im folgenden 1759ten Jahre suchte er im
März die Soubisische Armee, die unter dem Oberbefehl
des Herzogs von Broglio im hessischen stand, zu vertreiben, und verscheuchte durch den Erbprinzen Karl
von Braunschweig die Reichstruppen, welche derselben
aus Franken zu Hülfe kommen wollten. Den 13. April
lieferte

lieferte er den Franzosen das blutige Treffen bei Bergen, in welchem die Verbundenen zurückgetrieben wurden; welches aber in größter Ordnung geschahe, und
er verhinderte durch kluge Maaßregeln, daß solche von
diesem erhaltenen Vortheile keinen sonderlichen Nutzen
ziehen konnten, erfochte auch darauf den 29. Julius bei
Minden einen so herrlichen Sieg, der seinen dadurch er-
langten Ruhm unvergeßlich macht. Den 16. August erhielt
er den Orden vom blauen Hosenbande, wozu er den 6ten
May folgenden Jahres mit vielem Gepränge zu Wind-
sor installiret wurde. Seine Stelle vertrat, in seiner
Abwesenheit, der Zeremonienmeister Ritter Dormer
Cotterel. Den übrigen Theil dieses Jahres suchte er
dazu anzuwenden, daß er das französische Heer, von
Zeit zu Zeit im Respekt zu erhalten suchte, und manche
Vortheile über dasselbe zu gewinnen bemühet war, welches auch bei verschiedenen Gelegenheiten geschahe, deren Hererzählung jedoch dieser Raum nicht zuläßt. Das
Winterquartier nahm er zu Paderborn, wo er bis zum
April des folgenden 1760sten Jahres stehen blieb, und
den 15ten May wieder ins Feld rückte. Der Anfang
dieses Feldzuges ward gegen den Marschall von Broglio im heßischen gemacht; was hier vorgefallen, ist
größtentheils unten, bei dem Leben des damals sich bei
der Armee befundenen und unter ihm kommandirenden
Erbprinzen Karl von Braunschweig (jetzt regierender
Herzog von Braunschweig-Wolffenbüttel), angebracht
worden. Es fiel nichts entscheidendes vor; die Winterquartiere wurden im Münsterschen genommen. Inzwischen ibrach er schon 1761 im Februar wieder auf,
um die Franzosen ganz aus Hessen zu vertreiben; konnte

aber

aber die Vereinigung des Brogliofchen und Soubififchen
Heeres nicht hindern, von dem er bei Vellinghaufen
den 16ten Julius angegriffen wurde, aber glücklich den
Sieg erhält, und dem Feinde großen Schaden zufügte,
auch ihn verhinderte, in diefem Jahre fich des gering-
ften Vortheils rühmen zu können. 1762 eröfnete fich
der Feldzug im März wieder in der Grafschaft Mark;
während deffelben machte er fich den Gegnern nicht allein durch Tapferkeit und Klugheit fürchterlich; fondern
auch durch fein leutfeliges, großmüthiges und menfchen-
freundliches Betragen gegen die Ueberwundenen ehrwür-
dig. Man würde mit denen darüber anzuführenden
Beweifen ein Buch anfüllen können. Im diesjährigen
Feldzuge zeichnete fich das Gefechte bei Lutterberg den
23ten Julius aus. Im November zeigte fich Hoffnung
zum Frieden, und den 15ten wurde zwifchen dem Herzoge und den beiden Marfchällen von Eftrees und Sou-
bife ein Waffenftillftand gefchloffen, dem der Friede folgte. Der König von Großbrittannien fchrieb an den
Herzog nach geendigtem Feldzuge, zu Bezeugung feiner
Hochachtung, für feine in diefem Kriege geleiftete große
und tapfere Dienfte, folgenden Brief:

Mein Vetter!

„Ich ftatte Euch wegen des fehr verbindlichen Glück-
„wunfches, welchen Ihr mir in Eurem Schreiben
„vom 13ten Novemb. wegen des glücklichen Frie-
„densfchluffes, wozu Eure Anführung an der
„Spitze meiner Armee fo vieles beigetragen, ma-
„chet, meinen Dank ab. Ich willige gerne in
„Euer Begehren, und ift mir fehr lieb, daß Ihr

„nach

„, nach so vielen Fatiguen endlich in dem Schooße
„ der Ruhe den großen Ruhm, welchen Ihr Euch
„ mit so vielem Recht erworben, genießen möget.
„ Da ich übrigens vollkommen überzeugt bin, was
„ ich solchen Verdiensten, wie die Eurigen, schul=
„ dig bin, könnet Ihr Euch auf die Fortdaurung
„ solcher Gesinnung verlassen, nach welcher ich mit
„ aller Hochachtung und Geneigtheit seyn werde,

Mein Vetter,

St. James,   Euer geneigter Vetter,
den 3. Demb. 1762.   George, Rex.

Der Herzog blieb nach dem Frieden in preußischen
Diensten, behielt sein Regiment und das Gouvernement
von Magdeburg; verbat aber das ihm angetragene Ge=
neral=Gouvernement von Schlesien. 1763 den 19ten
März nahm er die neuerhaltene Domherrenstelle zu Mag=
deburg in Besitz; im Junius begleitete er den König
von Preussen nach seine westphälische Staaten, und be=
sahe unter Weges mit ihm die Schlachtfelder bei Min=
den, Vellinghausen und Crevelt. 1766 resignirte er
sämtliche Chargen und Pensiones in die Hände des Kö=
nigs, der die in diesem Jahre auf ihn gefallene Wahl,
als Dechant des hohen Stifts zu Magdeburg, im Sep=
tember bestätigte, und der Herzog nahm im folgenden
Jahre die Huldigung der domkapitularischen Dörfer
Groß=Ottersleben und Hadmersleben, den 3ten April,
ein. Im November ward er zum kaiserlichen General=
feldmarschall erhoben, und erhielt das Regiment von
Kollowrat Infanterie. 1767 im Oktober sezte ihm die

P 3   groß=

großbrittannische Krone eine jährliche Penſion von 2000
Pfund Sterling, auf die Einkünfte von Jreland, als
ein Aequivalent derjenigen Forderungen, welche er an
dieſelbe zu machen hatte, aus. Zu ſeinem beſtändigen
Aufenthalte hatte er, von dieſer Zeit an, Braunſchweig
gewählet. 1768 den 22ten Junius kam er nach Göttingen, und wohnte den 3ten Julius der Prorektorwahl
daſelbſt bei; empfing das juriſtiſche Doktordiplom, und
wurde zum Ehrenmitgliede der königlichen Societät der
Wiſſenſchaften und der königl. deutſchen Geſellſchaft aufgenommen. 1769 reiſte er nach dem Haag. 1772
im September erhob ihn der König von Preußen zum
Vicekönig von Preußen; er verbat aber dieſe Würde.

Jezt ruhet dieſer Held unter dem Schatten ſeiner
Siegeslorbeeren, und die Nachwelt wird dereinſt von
ſeinen Thaten, durch eine geſchickte Feder, gewiß näher
unterrichtet werden. Man hat von ſeiner ſchönen, aus-
gezeichneten Geſtalt, und der Mine der Leutſeeligkeit,
Menſchenliebe und angebohrnen Größe, die in ſeinem
Geſichte verbreitet iſt, verſchiedene gute Abbildungen,
unter welchen ſich der von Kohl, in Wien, nach einer Mahlerei von Jlſenis, verfertigte Kupferſtich beſonders auszeichnet.

Albrecht

Albrecht Herzog von Braunschweig-Wolffenbüttel,

Königl. Preuß. Obrist und Chef eines Füselier-regiments.

Er war ein Sohn Herzogs Ferdinand Alberts von Braunschweig-Wolffenbüttel und Antoinetten Amalien Herzogin von Braunschweig-Wolffenbüttel, die ihn 1725 den 4ten May zur Welt gebohren. 1738 ward er Grenadierhauptmann bei seines Bruders, des nachmaligen regierenden Herzogs, Regiment, welches im selbigen Jahre vom Hause Braunschweig dem Kaiser wider die Türken zur Hülfe gesandt wurde; 1743 im Oktober Kapitain bei der königlichen dänischen Leibgarde zu Pferde. 1744 erhielt er von seinen fürstlichen Eltern Erlaubniß, als Freiwilliger, den Feldzug in den Niederlanden, unter dem englischen General Wade, beizuwohnen, und ward Obristlieutenant. 1745 trat er in preußische Kriegesdienste, nachdem er im Januar vom dänischen Hofe seine Erlassung erhalten, und bekam das Füselierregiment, welches sein älterer Bruder, Prinz Ferdinand, gehabt (jezt von Kenitz); wohnte den Schlachten bei Hohenfriedeberg und bei Soor bei, in welcher lezteren er aber sein Leben, 1745 den 30ten September, endigte.

Frie-

Friedrich Franz Herzog zu Braunschweig-Wolffenbüttel,

Königl. Preuß. Generalmajor und Chef eines Füselierregiments.

War des vorigen Herzog Albrechts Bruder, und ist zu Wolffenbüttel 1732 den 8ten Junius gebohren worden. Er ward fürstlich tugendhaft erzogen, that einige kleine Reisen in Deutschland; erhielt 1745 in preußischen Diensten das erledigte Füselierregiment seines gebliebenen Herrn Bruders Albrecht, und führte solches dem Könige, 1748, zum erstenmale bei der Musterung ohnweit Krossen vor; trat aber die Chefsstelle bei demselben, 1751 im März, erst wirklich an. Als 1756 der Krieg ausbrach, erhielt er den 26ten Junius den Befehl, mit seinem Regimente, der rußischen Bewegungen in Liefland halben, nach Köslin zu rücken; ward im Oktober d. J. Generalmajor, und muste sodann mit dem Regimente nach der Lausitz gehen, in der er am 26ten December zu Lauban ankam, und bei der ihm anvertrauten Brigade, die Grenadierbataillons von Billerbeck, Kahlden und Waldau hatte. 1757 im März verrichtete er die erste kriegerische That, und half den 8ten d. M. die Oesterreicher aus Friedland, an der böhmischen Gränze, verjagen; wohnte darauf am 6ten May der blutigen Schlacht bei Prag bei, nach der er den 21ten May, mit seiner Brigade, zur Verstärkung des Bevernschen Heeres, in der Gegend von Kollin, abgeschickt wurde. Hier kam es, den 18ten Junius, zu einem Treffen, in welchem der Prinz auf dem linken

Flügel

Flügel stand, und dreimal den Angrif auf die feindliche
Reiterei wiederholte, endlich aber auf den Rückzug den=
ken muſte. Er befand ſich darauf bei dem Korps des
Prinzen von Preußen, welches den 17ten Julius nach
Zittau aufbrach, und führte bei demſelben den Vorder=
zug; er kam nach Zittau am 19ten, und befand ſich bei
dem Gefechte am Moys, den 7. Sept., wo er ſich durch
ſeine Tapferkeit auszeichnete; dieß that er nicht minder
im Gefechte bei Kloſter Wahlſtadt, in der Schlacht, die
der Herzog von Bevern, am 22ten November, den
Oeſterreichern bei Breslau lieferte, und der bei Leuthen,
am 5ten December, worinnen ihm ein Pferd unter dem
Leibe erſchoſſen, und ihm ſelbſt der Fuß gequetſchet
wurde, bei. Er half darauf Breslau belagern, das
ſich den 20ten ergab, und ward ſodann zur Einſchließung
der Feſtung Schweidnitz detachiret. Inr folgenden
1758ſten Jahre im März, ging er auf die Oeſterreicher
los, verjagte ſolche aus Reinerz und Habelſchwerdt,
und brachte die ganze Grafſchaft Glatz wieder in des
Königs Hände. Im May befand er ſich bei der Bela=
gerung vor Olmütz, wobei unter ſeinen Befehlen am
27ten die Laufgraben auf der Seite von Tobitſchau er=
öfnet wurden; die Belagerung ward aber den 2ten Ju=
lius aufgehoben, und der Prinz deckte den Nachzug der
Armee. Der verwüſtende Einfall Fermor's in die Neu=
mark, bewog den König, den Prinzen mit 10000 Mann
nach der Lauſitz zu ſchicken; wohin ihm ſolcher den 2ten
September aus dem Lager bei Blumberg folgte, und
ſich den 9ten mit deſſen und des Marggrafen Karls Heer
vereinigte. In der Nacht vom 13ten auf den 14ten
Oktober wagte der Feldmarſchall Daun den bekannten

P 5   Ueber=

Ueberfall bei Hochkirchen, wobei der Prinz durch eine Kanonenkugel am Kopfe getroffen wurde, und sein edles Leben im 26ten Jahre seines Alters einbüßte. Sein Leichnam ward den 14ten November zu Braunschweig in der dortigen fürstlichen Gruft beigesetzet. Eine charakteristische Schilderung dieses Prinzen und seiner Handlungen, hat der Professor Pauli, in seinen Leben großer Helden, 3. Th. S. 1 — 42, und dabei sein Bildniß von J. D. Philippin, gebohrnen Syfang, vor dem vierten Theile gedachten Werks geliefert. Merkwürdige Nachrichten von des Prinzen lezter That, die ihm das Leben kostete, trift man in dem Berlinischen histor. militair. Taschenkalender, für das J. 1787, an.

Karl Wilhelm Ferdinand, regierender Herzog von Braunschweig - Wolffenbüttel,

Königl. Preuß. Generalfeldmarschall, Chef eines Regiments zu Fuß, Ritter des schwarzen Adlerordens und blauen Hosenbandes.

Ein Sohn Herzog Karls von Braunschweig und Philippinen Charlotten gebohrnen Prinzeßin von Preußen; ist 1735 den 9ten Oktober gebohren und fürstlich erzogen worden. Der Geheimerath von Wittorf und der Abt Jerusalem, waren für seine Unterweisung besorgt. Der Prinz studirte die Geschichte,

fremde

fremde Sprachen und die Zeichenkunst gründlich und mit großem Nutzen; erweiterte auch seine Kentnisse durch in Deutschland, Italien, Frankreich, Engelland und den Niederlanden gethanen aufmerksamen Reisen. Bald fand er nach seiner Rückkunft Gelegenheit, seinen kriegerischen Muth bei Anführung der Landtruppen zu zeigen, und beim Einfalle der Franzosen in Deutschland, 1757, befand er sich bei der, wider dieselben vereinten preußischen und englischen Armee und kommandirte als Erbprinz die dazu gestoßenen, 6000 Mann braunschweigische Völker. Im May und Junius d. J. standen sie in Westphalen, bei Bielefeld, und den 25ten und 26ten Julius ereignete sich das blutige Gefecht bei Hastenbeck, in welchem sich der Erbprinz außerordentlich tapfer bewieß, und mit seinem Leibregiment dem Feinde zwölf im ersten Angriffe von ihm eroberte Kanonen, wieder abnahm. Zu Ende dieses Jahres begleitete er seinen Onkle, den Herzog Ferdinand, der, statt des Herzogs von Kumberland, den Oberbefehl über die vereinigte Armee übernommen hatte, nach Stade, wo sie den 24sten November anlangten. Nachdem der Herzog die Franzosen größtentheils aus dem haunöverischen Gebiete verjagt hatte, rückte ihnen der Erbprinz auf dem Fuße nach, und zwang, den 23ten Februar 1758, den Grafen Chabot, auch Hoya zu verlassen. Da die Franzosen aus Hannover, Hildesheim, Kassel und Westphalen vertrieben waren, bezog der Prinz im April die Kantonirungsquartiere, ging zu Anfang des Junius über den Rhein, führte, um die Franzosen irre zu machen, einen Theil des Heeres nach

Emme-

Emmerich, und wohnte am 23ten Junius der berühmten Schlacht bei Krefeld bei. Nach derselben nahm er Rüremonde ein, muste aber, nach dem vom Prinzen von Isenburg bei Kassel erlittenen Verlust, mit dem Herzog Ferdinand, den 25. Julius, wieder über den Rhein zurück gehen, welches er durch seine kluge Maaßregeln, die er dabei nahm, sehr erleichterte; denn er überfiel mit dem Vorderzuge, am 3ten August, den Posten zu Wachtendonk, nahm ihn ein, öfnete dadurch den Weg nach Rheinbergen, und machte es möglich, daß der Uebergang über den Fluß, am 9ten und 10ten d. M., bei Schenkenschanz vor sich gehen konnte. Darauf widerstand er nebst dem Prinzen von Holstein-Gottorp, dem, von dem Prinzen Soubise, wider ihn zum Angrif abgeschickten Herrn von Chevert, den 29ten September bei Bork im Heßischen. Nach der Schlacht bei Lutterberg, führten die eben genannten Prinzen die Avantgarde bei dem Heere des Herzogs Ferdinand, das sich mit dem französischen unter dem Marschall von Kontades, in Westphalen umherzog; überfielen, am 18ten Oktober, die Avantgarde des lezteren, unter dem Herzog von Chevreuse, bei Soest, und schlugen sie mit eben so vielem Glücke, als bald hernach bei Werle. Im Jahr 1759 hatte der Herzog Ferdinand die Vertreibung des Soubisischen Heeres, aus dem Heßischen, unternommen, und der Erbprinz verrichtete dabei die wichtige Dienste, daß er mit einem Korps von 10000 Mann, die, den Franzosen aus Franken zur Hülfe kommenden Reichsvölker verscheuchte, und bald darauf das Schloß Marburg wieder einnahm. Eben
so

so erleichterte er das Einrücken des Prinzen Heinrichs in Franken mit 12000 Mann, mit denen er
bis Königshorn vordrang; muſte aber zu Ende des
Maymonats wieder nach Heſſen zurückgehen, um die
Vereinigung, des in daſſelbe eingefallenen Broglio
mit dem Kontades zu verhindern; und ob ſolches dennoch geſchahe, ſo wurden die Franzoſen doch geſchla-
gen. Der Erbprinz nahm darauf dem Marſchall
Kontades den Poſten bei Hille weg, woſelbſt ſich das
Heer der Verbundenen lagerte. Hierauf fiel am
29ten Junius die berühmte Schlacht bei Minden vor,
in welcher die Franzoſen achthalbtauſend Mann verlohren, an welchem Tage er, des Morgens frühe, den
Herzog von Briſſac bei Gohfeld angrif und aufs
Haupt ſchlug; verfolgte ſobann, nach der Schlacht,
den fliehenden Kontades, ging bei Rinteln über die
Weſer, wobei er beinahe den Herzog von Broglio,
bei Hochmühlen, ertappt hätte; fiel dem flüchtigen
Feind bei Eimbeck und Minden in die Arriergarde;
ging bei Beverungen wieder über die Weſer, und kam
den 14ten Auguſt zu Warburg an. Am 30ten November ſchlug er mit 4 Bataillons Braunſchweiger,
3 Regimenter Heſſen, 10 Schwadronen Reuter, 200
Huſaren und 100 Jägern, 10000 Mann Würten-
berger, die dem Marſchall Kontades zur Hülfe kommen wollten, und zerſtreute ſie beinahe völlig; ging
darauf mit einem Korps von 12000 Mann durch
Thüringen nach Sachſen, um das Heer des Königs
von Preußen, nach dem Verluſt, welchen es bei Ma-
ren erlitten, zu verſtärken; langte den 25ten December bei Chemnitz an, und blieb den Winter über in
Sachſen.

Sachsen. 1760 im Februar brach er wieder auf, ging zur alliirten Armee, und bezog das Lager bei Warburg, welches er im März wieder verließ, und mit einem Korps von 10000 Mann ins Würzburgische gegen die Reichstruppen drang, die aber schon durch das Gerücht von seinem Anzuge verjagt wurden. Im Fuldischen fielen darauf verschiedene Scharmützel mit den Franzosen vor, worunter sich der bei Vach, am 28ten April, wo 1500 Franzosen angegriffen, verjagt, und 100 von ihnen getödtet wurden, auszeichnete. Der Erbprinz nahm darauf Fulda weg, grif den sich verstärkten Broglio bei Korbach an, ward dabei verwundet, und muste der Stärke des Feindes, nach einem Verluste von 500 Mann, weichen. Mit mehrerem Glück aber fochte er am 18ten Julius bei Kirchheim, wider den Brigadier von Glanbitz und den Prinzen von Anhalt-Köthen; nahm beide, nebst 3000 Mann gefangen, und erbeutete ihr Lager, nebst allem Geschütze, Gepäcke und Vorrath. Am 31ten Julius grif er bei Warburg den Ritter Muy an, der gegen ihn 2000 Mann und 2800 Mann Gefangene verlohr; die Anzahl der Verwundeten belief sich auf 3000. Das verbundene Heer bezog nun das Hauptquartier bei Warburg, der Erbprinz aber muste über die Weser nach Holzminde gehen, um den Grafen von Kielmannsegge zu unterstützen. Störte darauf, am 5ten September, die Franzosen bei Geismar, wo sie fouragiren wollten; warf in der folgenden Nacht, bei Zirrenberg, den Brigadier Norrmann über den Haufen, und machte 471 Gefangene; den 8ten rückte er gegen Marburg, und entwafnete am 10ten die ganze Besatzung, durch den Major von Bülow, indeß seine leichten Trup-

pen

pen bis Frankfurt streiften, und Gefangene und Beute
machten. Die Thaten dieses Jahres beschloß er damit,
daß er noch einen Zug am Niederrhein that, gegen Ende
des Septembers nach Hamm und anderen Orten über den
Rhein ging, am 3ten Oktober Cleve, und am 4ten Rü=
remonde eroberte; Wesel belagerte, beim Kloster Kam=
pen, den 16ten Oktober, dem Marquis de Castries ein
Treffen lieferte, nnd sodann im Münsterschen die Win=
terquartiere bezog. Im folgenden 1761sten Jahre
brach die alliirte Armee schon im Februar auf, und der
Erbprinz rückte mit dem rechten Flügel in Hessen ein;
grif den 13ten Februar Fritzlar an, und zwang die
Franzosen, solches zu verlassen; eroberte am selbigen
Tage Marburg; besezte den 17ten Hamburg, nahm
darauf Hirschfeld weg, und eroberte eine Menge fran=
zösische Magazine. Den 2ten May schlug er bei Mün=
sterbach das Stainvillische Korps, drang mit den Vor=
dertruppen ins Würzburgsche, und ließ Ziegenhain be=
lagern. Als hierauf das verbundene Heer wieder in
Westphalen das Lager bezog, so nahm der Erbprinz in
Münster sein Hauptquartier. Nach dem glücklichen
Siege des Herzogs Ferdinand, bei Vellinghausen, über
die 197 Bataillons und 196 Esquadrons starke franzö=
sische Armee, den 16ten Julius, blieb er, indeß der Her=
zog die Franzosen verfolgte, bei Lippstadt stehen, und
kanonirte, den 29ten Julius, Soubisens Arriergarde,
die sich nach Wesel zog. Dorsten, welches die Franzo=
sen zum Waffenplatze gemacht hatten, eroberte er mit
Sturm, und erbeutete das gröste französische Magazin;
that darauf verschiedene Hin= und Hermärsche, während
welcher Zeit Soubise Münster belagern wollte; der

Erb=

Erbprinz erfuhr solches aber kaum, als er schnell zurückkehrte und ihn wieder vertrieb; nach dem Entsatz von
Braunschweig nahm er die Winterquartiere im Münsterschen. 1762 ging er den 18ten April vor Arensberg,
welches er mit Bomben beschoß, und den 19ten eroberte.
Zu Anfang des Maymonats that er einen Marsch ins
Bergische, wo der Prinz von Conde stand; unter dessen
Augen er Kontributionen einforderte, Geissel wegführte,
ihn an allen Unternehmungen hinderte und zwang, sich
den 20ten Junius von Recklingshausen nach Wesel zu-
rückzuziehen. Als sich der leztere sehr verstärkt hatte,
fiel bei Wolfersheim am Johannesberge ein hitziges
Treffen vor, in welchem der Erbprinz hart verwundet
ward, und sich zurückziehen muste. Die Rückkehr des
Friedens erfreute nun Deutschland wieder, und Karl
kehrte zu Anfang des Decembermonats nach Braunschweig zurück.

Im Jahr 1766 und 1767 unternahm er eine Reise
nach Italien. 1773 trat er in preußische Dienste;
ward in solchen, den 18ten Januar, General von der
Infanterie, und erhielt das Schwerinsche zu Halberstadt
garnisonirende Regiment zu Fuß, welches er noch hat,
und das sich, durch seine bei demselben verwandte große
Sorgfalt, in der Armee sehr auszeichnet. Im baierschen Erbfolgekriege kommandirte er bei der Armee des
Königs, in Böhmen und Schlesien, das erste Treffen
der Infanterie, und führte während dem Winter, von
1778 bis 1779, den Oberbefehl in Oberschlesien, mit
einem Eifer, den die klügsten Maaßregeln und die gröste
Wachsamkeit unterstützten, und wodurch die verschiedene
Ver-

Versuche des Feindes, den von ihm gezogenen preußischen Kordon durchzubrechen, vereitelt wurden. 1780
den 2ten März trat er, nach seines Herrn Vaters Tode,
die Regierung der ihm dadurch zugefallenen Länder an.
Im Jahr 1781 gab ihm der König, unter dem Namen
eines Generalats, die Oberaufsicht über die in Westphalen stehende sämtliche preußische Truppen. 1785
den 5ten April erhielt er statt desselben die Magdeburgische Inspektion, 1787 den 1sten Januar ernannte ihn
König Friedrich Wilhelm der zweite zum Generalfeldmarschall, und den 25ten Junius s. J. zum Oberpräsidenten des neuerrichteten Kriegeskollegiums. Im Julius selb. J. erheb er ihn zum Oberbefehlshaber der
Truppen, welche sich der holländischen Unruhen wegen
bei Wesel versammleten. Mit diesen rückte er den 13ten
September in das holländische Gebiet, ging gerade nach
dem Haag, wo er den vertriebenen Erbstatthalter, Prinzen von Oranien, in die ihm geraubten Erbwürden wieder einsetzte, und die gesamte vereinigte Provinzen, ohne
Blutvergießen, zur Ordnung und Ruhe brachte. Diese
That wird die Nachwelt bewundern, weil sie alle Er-
wartungen übertraf; und was kann der preußische Staat
nicht noch von einem solchen Helden erwarten, der sich
ihm zum Schutz und Dienst gewidmet hat? — Sein
Bildniß ist, nach einer Mahlerey von Graf, sehr schön
in Kupfer gestochen. 1764 den 16ten Januar hat er
sich mit Augusten, Prinzessin von Großbrittannien,
des Prinzen von Wallis ältester Tochter, vermälet,
und mit ihr vier Prinzen und zwei Prinzessinnen erzeuget.

Q   Friedrich

Friedrich August Herzog von Braun- schweig-Wolffenbüttel,

Königl. Preuß. General von der Infanterie, Chef eines Regiments zu Fuß, Gouverneur der Festung Küstrin, Domprobst zu Brandenburg, Ehrenmit- glied der Akademie der Wissenschaften, des preußi- schen schwarzen Adler-, des schwedischen Seraphi- nen- und des Weimarschen Falkenordens Ritter.

Er ist ein Bruder des vorhergegangenen Herzogs, und 1740 den 29ten Oktober gebohren worden. Seine Erziehung besorgte der Geheime-Staatsrath von Wal- moden, der Abt Jerusalem und ein gewisser Herr Kirch- mann. 1761 den 29ten Julius ging er in Begleitung des Obristen von Rhetz und des Kammerherrn von Du- til, als Obrister der braunschweigischen Truppen, zur alliirten Armee ab, die, unter dem Oberbefehl des Her- zogs Ferdinand, im Felde stand. In der Schlacht bei Vellinghausen führte er sein zweites Bataillon selbst an, und machte damit das ganze Regiment Rougemont, mit seinen mehresten Offiziers, gefangen. Wenig Tage darauf bekam er, in einer kleinen Aktion, eine Kontusion am Arme, und ward wegen seines bewiesenen Muths zum Generalmajor erhoben. Noch in eben diesem Jahre sezte er Hannover in Vertheidigungsstand, und entsez- te, um die Mitte des Oktobers, Braunschweig, wel- ches 25000 Franzosen belagerten, mit einem Korps von 15000 Mann. 1762 ward er Generallieutenant und Chef der braunschweigischen Truppen. In der

Schlacht

Schlacht bei Wilhelmsthal, nahe bei Kassel, führte er
selbst seine Rute an, und attakirte mit ihnen das dabei
liegende Gehölze, wo er einen Theil des darin postirten
Stainvilleschen Korps gefangen machte. Bald nachher
ward er bei einem beschwerlichen Marsche der französischen Armee im Rücken detachiret, und machte durch
diese Bewegung, daß die Feinde Göttingen und Minden
verließen, welche Städte er sodann besezte und, in der
Mitte des Augusts, Kassel erst blokirte, dann belagerte,
und es den 1sten November einnahm. Hierauf folgte
der Frieden, und 1763 trat der Prinz als Generallieutenant und Chef eines Infanterieregiments in preußische
Dienste, in welchen er zugleich Gouverneur von Küstrin
ward, und den schwarzen Adlerorden erhielt. (Seit
1746 hat er den weimarschen Falkenorden, so wie den
schwedischen Seraphinenorden.) Im Jahre 1764
machte der König von Engelland dem Prinzen, zum Beweise seiner Zufriedenheit und Schätzung, der von ihm,
besonders in der Belagerung von Kassel, bewiesenen
großen Tapferkeit, ein Geschenk mit großen Stücken und
siebenzigpfündigen Mörsern, von dem eroberten französischen Geschütze, die noch im Zeughause zu Braunschweig
verwahret werden. In eben diesem Jahre nahm ihn
die königliche Akademie der Wissenschaften zu Berlin zum
Ehrenmitgliede auf; da er sich als Schriftsteller in verschiedenen Sprachen mannigfaltig gezeigt, so begnüge
ich mich, hier bloß anzuzeigen, daß er die Abhandlung
des Herrn von Montesquieu, von den Ursachen der
Größe und des Verfalls der Römer, in das italiänische
übersezt und drucken lassen. Den 10ten September dieses Jahres vermälte er sich mit der Prinzessin Fride-

Q 2   rika

rika Sophia Charlotta Augusta, Tochter des Her=
zogs Karl von Würtemberg = Oels. Seit 1774
ward er Domprobst zu Brandenburg, und legte dage=
gen seine Domherrenstelle beim hohen Stift zu Lübeck
nieder. 1778 und 1779 wohnte er dem baierschen
Successionskriege, bei der Armee des Königs, in Böh=
men, mit bei, führte zu derselben die pommerschen und
märkischen Regimenter, und befehlichte während diesem
Feldzuge, als ältester Generallieutenant von der Infan=
terie, den rechten Infanterieflügel im ersten Treffen;
führte auch nach geschlossenem Frieden die vorerwehnte
Regimenter, 1779, wieder in ihre Standquartiere zu=
rück. 1780 nahm er nach dem Tode seines Herrn Va=
ters, und da sein älterer Herr Bruder die Regierung
der braunschweig = wolffenbüttelschen Lande antrat, nebst
seinem jüngern Herrn Bruder, Leopold, den Namen
Herzog an, welches sie bis dahin nicht gethan hatten.
1786 den 2ten Oktober hielt er bei der Huldigung der
Stände, als Domprobst zu Brandenburg, an den neuen
König Friedrich Wilhelm den zweiten, im Namen der=
selben, eine vortrefliche Rede, mit der ihm eigenthüm=
lichen Geisteskraft. 1787 den 20ten May erhob ihn
dieser Monarch zum General von der Infanterie.

Wilhelm Adolph Herzog von Braunschweig-Wolffenbüttel,

Königl. Preuß. Generalmajor, Chef eines Füselierregiments, Ritter des schwarzen Adler- und des St. Johanniterordens.

Ein Sohn des Herzogs Karl von Braunschweig-Wolffenbüttel und Philippinen Charlotten, gebohrnen Prinzeßin von Preußen, und Bruder der vorerwähnten beiden Herzoge, ward 1745 den 18ten May gebohren. Er genoß eine Erziehung, wie sie den braunschweigischen Prinzen gegeben zu werden pfleget, das heißt: Tugend und Wissenschaften wurden ihm zugleich ins Herz geprägt. 1756 erhielt er den Sachsen-Weimarschen Falkenorden. 1763 kam er nach Berlin, wo ihn der König im September zum Obristen von der Armee ernannte, und ihm das Regiment Füselier, welches sein wohlseliger Vetter Herzog Franz gehabt, nebst dem schwarzen Adlerorden gab. 1764 den 2ten Oktober ward er zu Sonnenburg zum Johanniterritter geschlagen, und den 20ten December dieses Jahres, nebst seinem älteren Bruder Prinz Friedrich August, von der Akademie der Wissenschaften zu Berlin als Mitglied aufgenommen; wobei ein jeder von ihnen, als sie in der gehaltenen Versammlung ihren Sitz einnahmen, eine wohlgewählte Rede hielt. 1770 bekam er vom Könige und seinem Herrn Vater die erbetene Erlaubniß, als Freiwilliger zur rußischen Armee, die wider die Türken fochte, zu gehen. Er langte den 15ten Junius glücklich zu Caminieck an, nachdem ihn unter Weges, die Kon-

Q 3   föde-

föderirten, welche die ihm zugegebene rußische Bedeckung zerstreueten, gefangen genommen, aber bald wieder in Freiheit sezten. Hier erhielt er das Patent eines preußischen Generalmajors, und kam gegen das Ende des Junius zur Armee des Generals Grafen von Romanzow. Bei allen Vorfällen, wo er gegenwärtig war, bewieß er seinen Muth, und besonders in der Schlacht am 1sten August, worinnen er sich unter den ersten befand, die den Angrif thaten. Den 19ten August überfiel ihn im Lager eine Krankheit, die ihn jedoch anfänglich nicht verhinderte, dem Grafen von Romanzow zur Erhebung als Generalfeldmarschall Glück zu wünschen. Dieser überreichte dem Prinzen ein Schreiben der Kaiserin, wodurch er erfuhr, daß sie ihm mit einem Silberservice, und einer Equipage, von 30000 Rubeln an Werth beschenkt hatte. Er genoß aber die hierüber empfindende Freude nicht lange, sondern starb fünf Tage nachher, den 24ten August, an einer Magenentzündung. Sein einbalsamirter Leichnam ward bei der Abführung nach Braunschweig, ohnweit Krakau, von den Konföderirten angetastet, da sie aber keine Kostbarkeiten dabei fanden, verlassen, und er ward den 13ten December in der Stadtkirche zu Braunschweig beigesezt. Ein wohlgetroffenes Bildniß des Prinzen hat D. Berger in Kupfer gestochen.

Maximilian Julius Leopold Herzog von Braunschweig-Wolffenbüttel,

Königl. Preuß. Generalmajor von der Infanterie, Chef eines Regiments zu Fuß, des St. Johanniter- und des weimarschen Falkenordens Ritter.

Er war des vorgedachten Herzogs jüngster Bruder, und ist 1752 den 10ten Oktober zu Wolffenbüttel gebohren worden. Seit dem zwölften Jahre wurde mit seiner wissenschaftlichen Erziehung der Anfang gemacht, worüber der Herr von Walmoden, von Campe und von Bülow, jetziger Oberhofmeister der verwitweten Frau Herzogin, die Oberaufsicht führten; außer dem aber, genoß er auf dem Carolinum zu Braunschweig, von einem Gärtner, Archivar Schmidt und Abt Jerusalem, den bündigsten Unterricht. 1764 unterwiesen ihn in den kriegerischen Wissenschaften, der Obriste von Warnstädt, der Obristlieutenant Schneller vom Ingenieurkorps und der Hauptmann Gerlach, so wie in der Französischen Sprache, der Professor Mauvillon, und in der italiänischen, der Professor Gattinara. Alle diese würdigen Männer hatten seinen Verstand und sein Herz auf die vortreflichste Art ausgebildet. 1770 befand sich der Prinz bei den Musterungen des Königs von Preussen in Schlesien, und bei der damaligen Zusammenkunft desselben mit dem Kaiser. 1771 besuchte er die fürstlichen Höfe zu Weimar, Gotha und Anspach, und ging darauf, unter Aufsicht des Obristen von

Q 4

Warn-

Warnstädt, nach Straßburg, wo er sich ein Jahr lang aufhielt, und sich mit den nöthigsten Wissenschaften bekannter machte. 1772 den 6ten May langte er wieder zu Braunschweig an, wo ihn sein Herr Vater zum Obristlieutenant und nachmals, 1776, zum Obristen, bei den braunschweigischen Truppen, ernannte. 1772 den 1sten September ward er zu Sonnenburg zum Johanniter-Maltheserritter geschlagen. 1774 den 4ten April trat er mit dem Herrn von Warnstedt eine Reise nach Italien an, kam noch im selbigen Monate nach Wien, wo er den beiden Kaiserl. Königl. Majestäten vorgestellt, und von ihnen mit vorzüglicher Achtung empfangen wurde. Auch fand er hier den gelehrten Lessing, der mit seiner Erlaubniß sein Reisegesellschafter nach Italien ward. Hier besuchte er die vorzüglichsten Höfe und Städte, wurde zu Rom vom Pabste mit vieler Ehre überhäuft, und kehrte darauf wieder nach Teutschland zurück. 1776 nahm ihn der König von Preußen in seine Dienste, und gab ihm den 12ten Januar das erledigte von Düringshofensche Regiment zu Frankfurt an der Oder, wo er den 7ten Februar anlangte. Hier hat er sich durch seine ausgezeichnete, menschenfreundliche und erhabene Handlungen, einen unvergeßlichen Ruhm erworben, und stiftete besonders eine Garnisonschule, an deren Aufnahme er Sorgen und Fleiß ungespart verwandte. 1778 führte er sein Regiment in der Avantgarde, die der Generallieutenant von Möllendorf befehlichte, zur Armee des Prinzen Heinrichs nach Sachsen, und kam nach wiederhergestelltem Frieden, 1779, nach Frankfurt zurück.

1780

1780 im März nahm er den herzoglichen Namen an, und ward 1782 den 26ten May Generalmajor. Bei der großen im Frühjahr 1785 eingetretenen Ueberschwemmung bei Frankfurt, hatte er das Unglück, am 27ten April, da er in einem Kahne den bedrängten Vorstädtern zu Hülfe kommen wollte, und sich in dieser Absicht mit zu großem Muthe den Fluthen anvertrauete, zu ertrinken. Das allgemeine Betrauren des Todes dieses geliebten Prinzen, von dem man noch große Handlungen erwartete, und die vielen ihm gestifteten Denkmäler, sind Zeugen der Achtung und Verehrung, welche er sich während seines kurzen Lebens, durch edle, menschenfreundliche Handlungen erworben. Nach sechs Tagen, den 2ten May, fand man erst seinen Körper wieder, der am 14ten selbigen Monats nach Braunschweig abgeführt wurde. Sein Bildniß ist sehr oft in Kupfer gestochen worden, jedoch kann man von keinem sagen, daß es ihm gliche. Die Uniform, in welcher der Herzog ertrunken, hat sein Herr Bruder, der Herzog Friedrich, im Junius 1786, der Freimäurer-Loge zur strikten Observanz zu Berlin, deren Mitglied er war, zum Andenken geschenket.

Christian Friedrich von Braunschweig,

Königl. Preuß. Generalmajor, Chef eines Kuraßsierregiments, auf Karbin Erbherr.

Er ist in Pommern 1728 oder 1729 gebohren worden, und der einzige Sohn Christians von Braun-

Q 5

schweig,

schweig, Königl. Preuß. Hauptmanns; und Sophien
Dorotheen von Damitz. 1738 trat er bei dem
jetzigen von Rohrschen Kürassierregimente in Dienste;
ward 1740 den 20ten Februar Kornet, 1744 den
12ten May Lieutenant, 1756 den 3ten Oktober Rittmeister, 1763 den 20ten März Major, 1775 den
26ten May Obristlieutinant, und 1782 Obrister.
1784 gab ihm der König das erledigte von Podewils-
sche Kürassierregiment, und ernannte ihn 1785 den
30ten May zum Generalmajor. Er hat sich in den seit
1740 gewesenen Kriegen des Königs Friedrich des 2ten
von Preußen mit dem Hause Oesterreich, jederzeit vorzüglich ausgezeichnet, und starb 1787 im Oktober, in
einem Alter von 69 Jahren.

Karl Wilhelm von Brausen,

Königl. Preuß. Generalmajor und Chef, eines Dra-
gonerregiments.

Er ist in Polen gebohren; sein Vater hieß Johann
George von Brausen. Ward bei dem Regiment von
Preußen Kürassier (jezt von Backhof); 1750 im März
Kornet, war 1757 Lieutenant, 1759 Rittmeister, 1763
Major, und wurde darauf zum jetzigen von Kalkreuth-
schen Kürassierregiment versezt; bei diesem ward er
1773 den 29ten May Obristlieutenant, 1781 den
28ten May Obrist, und 1784 im Junius als Kommandeur beim Posadowskyschen Dragonerregiment versezt, bei dem er 1785 den 27ten May zum Generalmajor ernannt wurde, und erhielt, 1787 im Junius, das
erledigte

erledigte von Platensche Dragonerregiment. Im siebenjährigen Feldzuge hat er sich als ein braver Offizier bei
vielen Gelegenheiten gezeiget, und ist mit einer gebol=
nen von Platen verehlicht.

Friedrich Siegmund von Bredow,

Königl. Preuß. General en Chef von der sämtlichen
Kavallerie, Obrister eines Regiments Kürassier,
Ritter des schwarzen Adlerordens, auch des St.
Johanniterordens Mitglied, Erbherr auf Som=
merfelde, Baubach, Gablenz, Grapkow
und Duberow ꝛc.

Er ist zu Falkenburg, ohnweit Beeskow gebohren wor=
den, und seine Eltern sind Gottfried von Bredow
und Barbara Christina von Pannewitz gewesen.
1696 kam er im 13ten Jahre seines Alters, als Page,
bei dem Churfürsten Friedrich dem 3ten nach Berlin,
der ihn bald darauf zum Kammerjunker ernannte. Kö=
nig Friedrich Wilhelm der erste machte ihn zum Haupt=
mann des Derflingerschen Dragonerregiments, 1714
den 20sten Januar aber, zum Major, und er wohnte
als solcher dem pommerschen Feldzuge bei. 1721 den
13ten September ward er Obrister, und erhielt 1729
das Kommando über das von Coselsche Dragonerregi=
ment in Preußen. — 1731 den 20sten September nahm
ihn der Johanniterorden auf; erhielt 1733 ein Küraß=
sierregiment (jetzt von Kalkreuth), und ward 1737 den
23sten May Generalmajor. 1740 rückte er nach Schle=
sien,

ſien, und befand ſich in der Schlacht bei Molwitz,
1741 den 10ten April, im Hintertreffen. 1742
den 14ten May befehlichte er, im Treffen bei Czaslau, die Reuterei des linken Flügels im erſten Treffen. Er trug viel zu dem Siege dieſes Tages bei,
und der König belohnte ihn dafür dadurch, daß er
ihn auf dem Schlachtfelde zum Generallieutenant von
der Kavallerie, mit dem Patente vom 22ten May
1742, ernannte, und den Orden vom ſchwarzen Adler
ertheilte. 1744 war er bei der Belagerung von
Prag zugegen, und befehlichte am 4ten Julius bei
Hohenfriedeberg die Kavallerie des preußiſchen liuken
Flügels. 1747 den 25ten May erhob ihn der König zum General en Chef der ganzen preußiſchen Kavallerie; erhielt, 1755 im Junius, auf ſein Geſuch,
die Entlaſſung ſeiner Dienſte, mit einem Gnadengehalte von 2000 Thalern; ſtarb, 1759 den 15ten
Junius, zu Frankfurt an der Oder, im 77ſten Jahre, und liegt zu Sommerfeld begraben. Seinen Lebenslauf hat P. Pauli in ſeinen Leben großer Helden, 4. Th. S. 127 bis 142, weitläuftiger beſchrieben. Er iſt zweimal vermält geweſen: erſtens mit
Anna Eliſabeth von Kottwitz, ſeit 1715, die ohne Erben ſtarb; zweitens mit Emerentia Sophia
von Beerfelde, von der auch keine Kinder gebohrren worden.

Gott

Gottfried Albrecht von Bredow,

Königl. Preuß. Generallieutenant, Kommandeur
des kronprinzlichen Regiments zu Pferde, und
Gouverneur von Peitz.

Aus der Neumark gebürtig. 1692 war er Major
bei dem Derflingerschen Regiment zu Pferde, 1694
Obristlieutenant, und stand am Rheinstrohm im Felde.
Ward in der Folge Kommandeur des churprinzlichen
Regiments; 1709 den 19ten September Generalmajor, erhielt 1719, an die Stelle des verstorbenen
Generallieutenants von Hackeborn, das Kommando
des Leibregiments, und ward den 22ten May selbigen Jahres Generallieutenant, worauf er, 1726 den
20ten Januar, das Gouvernement von Peitz, an
des verstorbenen Generallieutenants de Veyne Stelle,
erhielt. Im Jahre 1719 wird in einer glaubhaften
Liste sein Alter auf 70 Jahre, und seine Dienstzeit
mit 53 Jahren angesezt. 1715 befand er sich im
pommerschen Feldzuge.

Asmus Ehrentreich von Bredow,

Königl. Preuß. Generallieutenant von der Infan-
terie, Obrister über ein Regiment zu Fuß, Gouver-
neur der Festung Kolberg, Ritter des schwarzen
Adlerordens, Domherr der hohen Stiftskirche zu
Brandenburg, Amtshauptmann zu Hamm und
Schlüsselburg im Mindenschen, Erbherr der
Worinschen Güter in Preußen.

Er ist in Preußen gebohren worden. 1714 trat
er bei dem Wartenslebenschen Infanterieregiment
(jezt

(jezt Alt-Bornstedt) in Dienste, und ward den 19ten
May Fähnrich. 1715 machte er den Feldzug in
Pommern mit. 1739 den 13ten März ward er
zum Drosten zu Hamm bestellet, und war Major,
als König Friedrich Wilhelm der erste, dessen Liebling er gewesen, und in dessen lezten Krankheit er
bei demselben stets die Nachtwache gehabt, starb.
Dessen Nachfolger ernannte ihn, 1740, zum Obristen beim zweiten Bataillon der neuerrichteten Garde,
und 1742 den 13ten März zum Drosten zu Schlüsselburg im Mindenschen; 1743 im November gab er
ihm das erledigte von Schlichtingsche Füselierregiment,
und machte ihn zum Generalmajor; 1745 erhielt er
das Marwizsche Regiment (jezt Herzog von Braunschweig), und 1747 den 24ten May ward er Generallieutenant. 1748 im Junius empfing er den
schwarzen Adlerorden, und 1749 im September das
Gouvernement von Kolberg. Er starb, 1756 den
15ten Februar, zu Halberstadt, im 63sten Jahre seines Lebens, unverehlicht; war von ansehnlicher Leibesgestalt, und hat sich in den ersten schlesischen Kriegen bei aller Gelegenheit hervorgethan. Bei Kesselsdorf ward er verwundet. Von 1711 bis 1713 hat
er zu Halle studiret; besaß viel Gelehrsamkeit, und
ward auch deshalb von der königlichen Akademie der
Wissenschaften zum Mitglied angenommen.

Kaspar

Kaspar Ludewig von Bredow,

Königl. Preuß. Generallieutenant von der Kavallerie, Chef eines Kuirassierregiments, Ritter des schwarzen Adlerordens und Erbherr auf Ihlow.

Er ist gegen das Ende des vorigen Jahrhunderts ohngefehr um 1677, in der Mittelmark gebohren, und hat von Anfang seiner Dienste an, bei dem Jung=Dönhofischen Regiment (jezt Herzog von Braunschweig) gestanden. 1715 war er als Kapitain bei der Belagerung von Stralsund, 1720 den 4ten Julius ward er Major, 1730 den 14ten Julius Obristlieutenant, 1739 ernannte ihn König Friedrich Wilhelm der erste zum Obristen Derschauschen Regiments (jezt Preußen), 1741 im Junius erhielt er das Leibkarabinierregiment; ward 1743 im May Generalmajor, 1747 den 28ten May Generallieutenant, und erhielt 1748 den schwarzen Adlerorden. 1751 im November erhielt er den gesuchten Abschied mit einem Gnadengehalte von 1500 Thalern, und starb 1773 den 11ten Januar, auf seinem Gute Ihlow, im 88sten Jahre seines Alters. Er hat den Feldzügen des spanischen Erbfolgekrieges, der Belagerung von Stralsund, und den beiden ersten schlesischen Kriegen, bis 1745, mit vorzüglichem Diensteifer beigewohnet.

Kuno

Kuno Ernst von Bredow,

Königl. Preuß. Generalmajor und Chef eines Kuirassierregiments, Erbherr auf Rostin.

Er wurde im vorigen Jahrhunderte in der Neumark gebohren; stand schon 1692 als Rittmeister bei dem churprinzlichen Regiment zu Pferde (jezt von Backhof), und ward 1709 den 12ten März Obrister; 1715 befand er sich als solcher in dem Feldzuge in Pommern. (In einem Verzeichnisse von lezterem Jahre, wird sein Alter mit 59 Jahren und seine Dienstzeit mit 41 Jahren angesezt.) Nachher ward er zum Regiment Marggraf Friedrich Wilhelm (jezt Prinz von Würtemberg Kuirassier) zu Pferde versezt. 1719 den 6ten Junius ward er Generalmajor, und erhielt im folgenden Jahre seinen Abschied, begab sich auf seine Güter, wo er — — verstorben ist. Er ist mit Anna Margaretha von der Marwitz verehlicht gewesen, die ihm verschiedene Kinder gebohren.

Karl Wilhelm von Bredow,

Königl. Preuß. Generalmajor, Chef eines Garnisonregiments, Kommendant zu Stettin, Ritter des Ordens pour le Merite, auf Groß-Lübbenau und Bischdorf Erbherr.

Er ist in der Mittelmark gebohren; diente seit 1699 beim Jung-Denhoffschen Regiment (jezt Herzog von Braunschweig); ward bei demselben 1713 den 15ten

März

März Major; 1720 versezte ihn der König zum Anhalt-Zerbstschen Regiment (jezt von Scholten), und er ward 1740 den 28ten Julius Generalmajor. 1741 gab ihm König Friedrich der zweite das Garnisonregiment, das jezt den Namen von Kowalsky führet, und einige Jahre darauf die Kommendantenstelle zu Stettin, auch den Orden pour le Merite. 1746 erhielt er die verlangte Diensterlassnng, und starb zu Korbus, 1761 den 25ten September, im 80sten Jahre seines Alters, nachdem er 50 Jahre gedienet, und die Feldzüge in Italien, am Rhein, in Pommern und in den Niederlanden, rühmlichst beigewohnt hatte. Er ist mit Elisabeth Wilhelmine von Pannewitz verehlicht gewesen.

Jakob Friedrich von Bredow,

Königl. Preuß. Generalmajor und Chef eines Kürassierregiments, des Ordens pour le Merite Ritter.

Er ist 1703 geboren. Sein Vater war Jakob Ludlof von Bredow, auf Bredow Erbherr. Trat 1717 in Kriegesdienste, und stand bei dem kronprinzlichen Kürassierregiment (jezt von Backhof) bei dem er von einer Offizierstelle zur andern fortavancirte, bis er 1746 den 27ten September Major, und 1757 den 9ten December vom Obristlieutenant gleich Generalmajor ward. 1758 erhielt er das Schönaichsche Kürassierregiment (jezt von Manstein). 1769 bekam er den gesuchten Abschied, mit einem Gnadengehalte von

1000 Thalern. Von 1740 bis 1759, da er bei Maxen gefangen worden, hat er allen Feldzügen, und besonders den Schlachten bei Chotusiß, wo er wegen seines Wohlverhaltens den Orden pour le Merite erhielt,
bei Hohenfriedeberg, Soor, wo er in die Schulter geschossen wurde, Lowosiß, Kollin, Breßlau, Leuthen,
Zorndorf und Hochkirch, rühmlichst beigewohnt. Er
starb zu Brandenburg, wo er sich aufgehalten hatte,
1783 den 7ten May, im 87sten Jahre seines Alters,
nachdem er 54 Jahr gedienet.

Joachim Leopold von Bredow,

Königl. Preuß. Generalmajor, Obrist eines Regiments zu Fuß, Amtshauptmann zu Driesen, des
St. Johanniter- und pour le Merite-Ordens Ritter, Erbherr auf Bredow, Markee, Schwan-
beeck und Werniß 2c.

Er war ein Sohn Otto Ludwigs von Bredow,
auf Bredow 2c. Erbherrn, und Thoma Lucia von
Grote, die ihn 1699 den 10ten Oktober zur Welt gebohren. Er wurde anfänglich von Hauslehrern, dann
auf der Ritterakademie zu Brandenburg unterrichtet,
und besuchte darauf die hohe Schule zu Jena. 1719
nahm er bei dem Regiment Anhalt (jezt von Leipziger)
Kriegesdienste, ward bei demselben 1720 den 2ten Julius Fähnrich, und 1723 den 20ten September Lieute-
tenant, als welcher er auf Werbung geschickt wurde.
1734 ging er zu dem Heere, welches am Rhein wider
die

die Franzosen fuchte. . 1736 den 1ten Oktober ward
er Staabshauptmann, und erhielt den 17ten December
f. J. eine Kompagnie. 1738 den 20ten Junius nahm
ihn der Johanniterorden auf. 1741 stand er in dem
bei Brandenburg zusammengezogenen Lager. 1743 den
16. Junius ernannte ihn der König zum Major, und er
half im zweiten schlesischen Kriege, unter des Fürsten
Leopold's Anführung, die Oesterreicher aus Oberschlesien vertreiben; wohnte den Schlachten bei Hohenfriedeberg, Soor und Kesselsdorf bei, und ward ihm in
der letztern das Pferd unterm Leibe verwundet. 1748
erhielt er den Orden pour le Merite; ward 1751 den
13ten Junius Obristlieutenant, und 1754 den 19ten
September Obrister; erhielt auch im May d. J. die
Amtshauptmannschaft zu Driesen.   Der König, der
ihm die Kommandeurstelle beim Marggraf Heinrichschen
Regiment auftrug, die er aber verbat, brauchte ihn
1756, da er ihn in besonderen Angelegenheiten an den
Anhalt-Bernburgschen Hof versandte. . Am 1sten Oktober selbigen Jahres befand er sich in dem Treffen bei
Lowositz, 1757 den 6ten May bei Prag, bei Kollin,
in welcher letzteren er schwer verwundet ward.   Da der
König zur Schlacht nach Rosbach ging, ward ihm die
Verpflegung des Heeres, von Merseburg aus, aufgetragen; und er verpflegte nach derselben die Kranken und Gefangenen mit vieler Menschenliebe und Vorsorge. 1748
den 21. Januar erhielt er das Kalkreuthsche Regiment,
und ward den 6ten März darauf Generalmajor.   Als
solcher stand er bei dem Heere des Prinzen Heinrichs,
und ging nach dem Ueberfalle bei Hochkirchen, zur Verstärkung, zum königlichen. 1759 den 17ten März über-

fiel

fiel ihn eine Krankheit zu Dresden, die ihn den 12ten
Julius tödtete; er liegt daselbst in der Frauenkirche begraben, und ist mit einer gebohrnen Rejall, seit 1734,
verehlicht gewesen, die ihm verschiedene Kinder gebohren hat. Seine ausgedehntere und umständlichere Lebensbeschreibung, hat der Prof. Pauli in seinen Leben gros-
ser Helden, 3. Th. S. 301 bis 330 geliefert, und dessen Bildniß, von Gründler, nach einer Mahlerei von
Spörleder gestochen, vor dem siebenten Theil gedachten
Werks gesezt.

Karl Benedikt von Bremer,

Königl. Preuß. Obrister und Chef eines Garnison-
regiments.

Er stammt aus einem hannöverischen adelichen Geschlechte, ist aber 1724 in Stockholm gebohren worden.
Nachdem er beinahe zweiundzwanzig Jahre in chur-han-
növerischen, pfälzischen und baierschen Diensten gestanden, trat er 1756 in preußische, und hat bei den Frei-
regimentern Wunsch und le Noble, während der siebenjährigen Kampagne gedienet, und sich auch bei allen
ihm vorkommenden Gelegenheiten, und vorzüglich bei
Pasewalk, hervorgethan. 1761 ward er bei Ebeleben
gefangen; bei Landshut tödtlich verwundet, und blieb
unter den Todten auf dem Wahlplatze liegen, bis er auf
besondere Art gerettet und wieder hergestellet wurde.
1758 den 1ten Januar ward er bei dem le Nobleschen
Regiment Major, 1769 im November Obristlieutenant
und

und 1772, in welchem Jahre er das Regiment selbst
erhielt, den 23ten Februar Obrister. 1778 zu Anfang
des baierschen Erbfolgekrieges erhielt er seinen Abschied,
und begab sich nach Sommerfeld, wo er noch verehlicht
lebt, und 1787 von König Friedrich Wilhelm dem 2ten
ein Gnadengehalt erhielt. Er ist ein Mann von schätz-
baren Talenten, und besizt einen großen Vorrath von
wissenschaftlichen Kenntnissen, sowohl in der Kriegeskunst als der bürgerlichen Gelehrsamkeit. Seine Frau
ist bürgerlicher Herkunft.

Jakob Friedrich von Briest,

Königl. Preuß. Generalmajor von der In-
fanterie.

Er ist aus einem alten adelichen Geschlechte in der Mittelmark gebohren; trat 1712, im 19ten Jahre, in
Kriegesdienste bei dem Infanterieregiment Prinz Heinrich (jezt von Wunsch), bei dem er 1715 Lieutenant
wurde, er avancirte weiter, ward 1742 Major, 1749
im Julius Obristlieutenant, 1750 Kommandeur des
Regiments, 1751 Obrister, nahm 1756 im April mit
Generalmajorscharakter den gesuchten Abschied, und
starb in einem mehr als 80jährigen Alter. Er ist zweimal verehlicht gewesen: erstens mit einem Fräulein von
Düringshofen aus dem Hause Pinnow, zweitens
mit Henriette Wilhelmine von Münchow, die ihn
überlebte.

Jaque

Jaque de Brion Baron de Lux,

Königl. Preuß. Generalmajor und Kommenbant zu Memel.

Er gehört zu den Flüchtlingen, die aus Frankreich, der Religion wegen, sich in die brandenburgische Staaten begeben. Trat sehr jung in Kriegesdienste, 1688 war er bereits Lieutenant bei dem Regiment Varenne (jezt von Braun), 1691 den 27ten Junius ward er bei dem Regiment Alt-Dönhof (jezt von Henkel) Kapitain, 1704 im April Major, 1710 den 10ten Junius Obristlieutenant, 1711 den 16ten Januar Obrist, (1715 wird sein Alter auf 48 Jahr und die Dienstzeit auf 31 Jahr angesezt,) und 1718 den 30ten May Generalmajor. 1722 den 1ten Januar ward er Kommendant zu Memel, wo er schon 1714 ein aus Invaliden errichtetes Garnisonbataillon (das jetzige Garnisonregiment von Bose) erhalten. Starb 1724 verehlicht.

Theodor Gigou de Brion,

Königl. Preuß. Generalmajor und Kommandeur der Gens d'Armes.

Er war aus Frankreich gebürtig, und bei der churbrandenburgischen Garde du Korps 1692 Staabsrittmeister; ward 1706 den 2ten December bei den Gens d'Armes Obrister. 1715 wird sein Alter auf 56 Jahr und seine Dienstzeit auf 38 Jahr angegeben, und er befand sich in diesem Jahre bei dem pommerschen Feldzuge.

zuge. 1718 den 15ten Julius ernannte ihn der König zum Generalmajor, als welcher er das Kommando bei den Gens d'Armes führte. Starb 17—

Heinrich Baron de Briquemault, Herr von St. Loup,

Churbrandenburgischer Generallieutenant von der Kavallerie, Obrister eines Regiments zu Pferde, und Gouverneur von Lipstadt.

Er stammt aus einer berühmten französischen Familie, und begab sich der Religion wegen nach den brandenburgischen Staaten; nahm unter des Churfürsten Friedrich Wilhelms Truppen Kriegesdienste, und trug in der Folge viel zur Aufnahme seiner bedrückten Landsleute, in den Staaten dieses Fürsten, bei. 1681 den 1sten Januar ward er Generalmajor, und führte als solcher, 1687, nebst dem Generalmajor du Hamel, die Prinzessin Maria Amalia bei dem Leichenbegängniß des Marggrafen Ludwig, und trug 1688, nebst den Generals von Prinzen und von der Marwitz, die Wappen vor dem Leichenwagen des Churfürsten Friedrich Wilhelms. Churfürst Friedrich der dritte ernannte ihn zum Generallieutenant, und vertraute ihm ein Regiment zu Pferde (jetzt Prinz von Würtemberg Kürassier) an, welches 1686 mit vier Esquadrons vermehret, und also auf zehn gesetzt wurde, da es zuvor nur sechs hatte, und ein Bataillon zu Fuß (jetzt van Budberg), womit er zu-

R 4 gleich

gleich das Gouvernement von Lipstadt erhielt. Er starb
1692 den 16ten August zu Wesel, wo in der Haupt-
kirche annoch sein Grabmal zu sehen ist.

Hans Christian von Britzke,

Königl. Preuß. Generallieutenant und Chef eines Füselierregiments.

Er ist 1705 den 12ten Februar zu Biesen im magdeburgischen, welches seinem Vater Busso Joachim
von Britzke gehörte, gebohren worden. 1720 ward
er Fahnjunker bei dem Regiment Varenne (jezt von
Braun), 1723 Fähnrich des Regiments von Bardeleben (jezt von Wendessen), bei dem lezteren ward
er 1728 Sekonde- und 1734 Premierlieutenant,
1743 den 24ten Julius Staabs- und 1745 Pre-
mierkapitain, 1755 den 27ten April Major, 1758
Obristlieutenant, 1760 den 8ten Februar Obrister,
als welcher er 1764 das Füselierregiment von Grant
erhielt; 1766 den 20ten May Generalmajor und
1778 Generallieutenant. In den Schlachten bei
Chotusiz, Hohenfriedeberg, Soor, Prag, Kollin, wo
er eine starke Quetschung am Fuß bekam, Breslau,
dem Gefechte bei Dresden, worinn ihm der Arm
entzwei geschossen wurde, und bei der lezten Belagerung von Schweidnitz, wo er eine Kontusion am
Halse bekam, ist er gegenwärtig gewesen. 1779 erhielt er, wegen seines hohen Alters, mit einem Gnadengehalte von 1200 Thalern jährlich, seine Dienst-
entlas-

fung. Starb zu Wesel 1783 den 1sten Oktober.
1747 verehlichte er sich mit Eleonora Gottlieb
von Rabenau, die ihm zwei Kinder gebohren.

Leberecht Friedrich von Brösigke,

Königl. Preuß. Obrister und Kommandeur des von
Wunsch schen Infanterieregiments, ehemaliger Kommandeur eines Grenadierbataillons, Ritter des Ordens pour le Merite, auf Craß in der Uckermark und Breitenfelde in Sachsen
Erbherr.

Er ist 1719 im Fürstenthum Anhalt gebohren. Im
dreiundzwanzigsten Jahre seines Alters trat er bei dem
ehemaligen Prinz Heinrichschen Regiment (jezt von
Wunsch) in Kriegesdienste; ward 1741 Fähnrich,
1745 Sekonde- und 1755 Premierlieutenant, 1759
Staabs- und im selbigen Jahre wirklicher Hauptmann, 1773 den 3ten Junius Major, und erhielt
das aus zwei Grenadierkompagnien vom Regiment
von Wunsch und zwei Kompagnien vom Regiment
Prinz Ferdinand zusammengesezte Grenadierbataillon.
1782 den 11ten Julius ward er Obristlieutenant
und 1784 den 2ten Oktober Obrister und Kommandeur des Regiments. 1787 ertheilte ihm König
Friedrich Wilhelm der zweite, wegen seiner Verdienste, den Orden pour le Merite. Von 1741 an hat
er allen Feldzügen rühmlich beigewohnet. Bei Maxen
ward er 1759 verwundet, als Kriegesgefangener nach

R 5

Krems

Krems im österreichischen gebracht, und 1761 wieder ausgewechselt. Er hat sich zweimal verehlicht: erstens mit Amalia Tugendreich von Arnim, zweitens mit einem Fräulein von Schweinichen, und hat verschiedene Kinder.

Karl Adolph des H. R. R. Graf von Brühl,

Königl. Preuß. Generallieutenant von der Kavallerie, Ritter des polnischen weißen Adlerordens, Gouvernenr S. K. H. des Kronprinzen und der übrigen königlichen Prinzen.

Er ist ein Sohn des ehemaligen Königl. Pohln. und Chursächsischen Kabinetsministers, Heinrichs Reichsgrafen von Brühl und Francisca Maria Gräfin von Kollowrath, die ihn, 1742 den 4ten April, zu Dresden zur Welt gebohren. Er ward in chursächsische Dienste bei der Kavallerie 1747 Kornet, 1750 Rittmeister, 1758 Obristlieutenant, 1760 Obrister, 1762 Generalmajor und 1763 den 6ten May Generallieutenant, und erhielt als solcher das Karabinierregiment. 1787 im Januar zog ihn König Friedrich Wilhelm der zweite von Preußen in seine Dienste, und ernannte ihn den 1ten dieses Monats zum Generallieutenant von der Kavallerie, Gouverneur S. K. H. des Kronprinzen, und deßen Herren Brüder. Seit 1715 den 17ten August hat er sich mit Sophia von Gomen verehlicht, davon ein Sohn und eine Tochter gebohren worden.

Wil-

Wilhelm Magnus von Brünning,

Königl. Preuß. Generalmajor, Chef eines Infanterieregiments, Generalinspekteur der pommerschen Infanterie, Ritter des Ordens pour le Merite, und Hauptmann zu Liebenwalde und Zehdenick.

Er ist 1727 den 1ten May auf dem Stammgute Belschütz in Westpreußen gebohren, und seine Eltern sind Johann Friedrich von Brünning, Churfächfifcher Lieutenant, und Anna Christina, Tochter des churfächfifchen Generals von Bixon, gewesen. 1739 ward er Page bei der Königin Sophia Dorothea, Gemahlin König Friedrich Wilhelms des ersten von Preußen, kam 1743, als Kadet, bei der Garde, ward 1745 Fähnrich, 1750 Sekonde= und 1756 Premierlieutenant, 1758 Staabs= und wirklicher Hauptmann. Als lezterer kommandirte er von 1761, nach der Schlacht bei Torgau, bis 1763 das aus zwei Grenadierkompagnien Garde und zwei Grenadierkompagnien des Regiments Preußen zusammengesezte Grenadierbataillon. 1763 ernannte ihn der König zum Major, 1773 zum Obristlieutenant, 1777 den 14ten Januar zum Obristen, 1779 zum Kommandeur des dritten Bataillons Garde, welches vorher der in der Schlacht bei Torgau gebliebene Graf von Anhalt gehabt; 1785 den 10ten April gab er ihm das von Zitzwitzsche Füselierregiment, und machte ihn, den 20ten May selbigen Jahres, zum Generalmajor. Von 1745 bis 1779 hat er allen Feldzügen mit Ruhm beigewohnet; wurde in der Schlacht bei

Leuthen

Leuthen verwundet, und erwarb sich 1760, nach der
Schlacht bei Torgau, den Orden pour le Merite.
1776 den 22ten Oktob. wurde er zum Amtshauptmann
von Liebenwalde und Zehdenick bestellet, und im selbigen
Jahre Generalinspekteur der westphälischen Regimenter,
die er nachher dem Herzog von Braunschweig abtreten
mufte, und dagegen die Inspektion über die pommersche
Regimenter erhielt. 1786 zu Anfang des Decembermonats', gab ihm König Friedrich Wilhelm der zweite
das Könitzsche Regiment zu Cößlin. Er ist mit einer
gebohrnen von Pannewitz verehlicht.

Friedrich Siegmund von Brünnow,

Königl. Preuß. Obrister und Kommandeur eines Grenadierbataillons.

Er ist aus einem sehr alten churländischen adelichen Geschlechte gebohren; trat im achtzehnten Jahre seines Alters als Fahnjunker bei dem Füselierregiment Prinz
Heinrich in preußische Kriegesdienste; ward bei demselben 1745 Fähnrich, 1751 Sekonde- 1756 Premierlieutenant, 1758 Staabs- und 1760 wirklicher Hauptmann. 1772 im May Major, und 1773 Kommandeur eines Grenadierbataillons, so aus zwei Grenadierkompagnien Prinz Heinrich und zwei Grenadierkompagnien vom Füselierregiment Pfuel zusammengesezt war;
1781 den 8ten Junius ward er Obristlieutenant, 1783
den 30ten May Obrist, und 1785 im Junius, mit einem

nen Gnadengehalte seiner, bis ins 43ste Jahr gewähr-
ten, treuen Dienste, entlassen. Er starb 1786 im
März zu Spandau; ist verehlicht gewesen, und hat verschiedene Kinder hinterlassen.

Johann von Brunikowsky,

Königl. Preuß. Generalmajor und Chef eines Hu-
sarenregiments.

Er ist in Polen gebohren, und sein Vater ist der schwedische Lieutenant Sigismund von Brunikowsky,
Erbherr auf Rynnowe gewesen. Er hatte schon unter
Karl dem zwölften König von Schweden sieben Jahr,
und nachher der Krone Polen vierzehn Jahr, gedienet,
und trat darauf 1725 bei König Friedrich Wilhelm dem
ersten von Preußen in Kriegesdienste, der ihn zum Rittmeister, bei den Husaren in Preußen, ernannte. 1737
bekam er als Obristlieutenant die Oberaufsicht über die
sechs neuerrichtete Schwadronen Husaren (woraus das
jetzige von Czettritzische Husarenregiment nachmals entstanden), 1740 ward er Obrister, und errichtete ein Husarenregiment von fünf Schwadronen, die 1742 mit
fünf andern vermehret wurden; mit solchen diente er
in den beiden ersten schlesischen Kriegen, ward 1742 im
May, nach der Schlacht bei Chotusitz, Generalmajor;
erhielt 1747 im September, Alters wegen, mit einem
Gnadengehalte von 600 Thalern, und der Anwartschaft
auf eine Amtshauptmannschaft, seine Dienstentlassung,
und starb 1765 im Julius im 87sten Lebensjahre.

Chri-

Christian Stanislaus von Brunikowsky,

Königl. Preuß. Major und Kommandeur eines Grenadierbataillons.

Er hat bei dem Regiment von Petersdorf (jezt von Stwolinsky) während der Regierung König Friedrichs des zweiten gestanden; war 1745, in der Schlacht bei Kesselsdorf, schon als Fähnrich gegenwärtig, stieg von einer Offizierstelle zur andern fort, ward 1773 Major und erhielt ein Grenadierbataillon, das ehedem aus zwei Grenadierkompagnien vom Regiment von Bubberg und zwei vom Regiment von Stwolinsky zusammenstieß. Er starb 1776; ist mit A. H. Delius verehlicht gewesen, davon verschiedene Kinder gebohren worden.

Hans von Buch der Aeltere zu Baruth,

Churbrandenburgischer Obrister zu Roß von Haus aus, Rath, Oberhauptmann der Festung Küstrin, Stadthalter der Herrschaften Vierraben und Schwed, und Hauptmann zu Trebbin

War Lorenz von Buch und Mathildis von Grambow Sohn; ward 1532 churbrandenburgischer Obrister; wohnte sowohl in diesem Jahre, als 1532, unter Churfürst Joachim des zweiten Oberbefehl, den bekannten Kriegeszügen wider die Türken bei; diente darauf in Frankreich, unter Pfalzgrafen Wolfgang von Zweibrück und Grafen Vollrath von Mansfeld. Unter den Trup-

Truppen, die ersterer 1569 den Protestanten in Frankreich zur Hülfe führte, befehlichte Johann von Buch
einen Haufen Reuter, der 1163 Mann stark war, und
befand sich in dem hitzigen Gefechte bei Saint Clar,
und in den Schlachten bei Moncontur und Aulnay le
Duc. Nach dem zu St. Germain en Laye geschlossenen Frieden, kam er wieder in sein Vaterland zurück.
1571 ernannte ihn Churfürst Johann George zum
Hauptmann von Trebbin. 1578 warb er 2000 Mann
an, mit denen er unter dem Pfalzgrafen Johann Kasi-
mir, den von Spanien bedrängten Niederländern diente; warb aber bald darauf vom Churfürsten zurückberufen, der ihn mit einigen Schwadronen Reutern zu dem
Heere schickte, welches die protestantischen Fürsten,
dem Churfürsten Gebhard von Köln zum Besten, auf-
gebracht hatten. 1587 ging er wieder mit den brandenburgischen Hülfstruppen, unter Dohna's Befehl, zu
dem Heere König Heinrichs des vierten von Frankreich,
mit dem er keinen glücklichen Feldzug machte. Er hat
nachher noch unter Fürst Christian von Anhalt, churfürstliche Völker angeführt, und starb 1600 im 93sten
Jahre seines Alters. Er ist zweimal verehlicht gewesen: erstens mit Ursula von Bredow, davon sechs
Kinder gebohren, die alle vor ihm gestorben, zweitens
mit Margaretha von Quitzow, davon auch Nachkommen entsprossen sind.

Hans

Hans von Buch der Jüngere,

Churbrandenburgischer Obrister zu Roß von Haus
aus, Rath, Oberhauptmann der Festung Küstrin,
Stadthalter der Herrschaften Schwed, Vierraden
und Hauptmann zu Trebbin; auf Wobbow
und der Burg zu Schwed Erb-
gesessen.

Er war des 1569 verstorbenen Valentin von Buchs
und Elisabeth von Sparren Sohn; diente in den
ungarischen und niederländischen Kriegen, und erwarb
sich die Stelle eines Obristlieutenants. 1581 am Ostertage, bestellte ihn Churfürst Johann George zum Obristen mit sechs reisigen Pferden von Haus, mit 300 Thalern Besoldung und auf sechs Personen die Hofkleidung.
Er war um diese Zeit auch Rath und Hauptmann zu
Trebbin, welches er Pfandweise besaß, und 1581, dem
Churfürsten gegen Rücknahme des Pfandschillings wieder
abtreten mußte. 1588 am Sonntag Trinitatis bestellte
ihn Churfürst Johann George zum Rittmeister über 300
Pferde. Er wurde seines Dienstes, aus unbekannten
Ursachen, wieder entlediget, aber 1593, Montags nach
Estomihi, aufs neue auf zehn Jahr für einen Rath und
Oberhauptmann der Festung Küstrin, so wie 1596 zum
Hauptmann zu Peitz, bestellet. Bei den Churfürsten
Johann George und Joachim Friedrich, stand er in
großen Gnaden, und ward von lezterem oft in Küstrin
besucht, auch in wichtigen Gelegenheiten um Rath be-
fragt, weil seine Erfahrung in großem Ansehen stand.
Bei den neumärkischen Landtagen war er jederzeit der

erste

erſte churfürſtliche Kommiſſarius, und hatte den Rang
vor den Landvögten von Sternberg und Schievelbein.
1605 finde ich, daß er ſeine Dienſterlaſſung gefordert
hat, die er aber nicht erhalten haben muß, weil er in
der Folge ſeinen Aemtern noch weiter vorſtand. Nach
dem am 5ten May 1609 erfolgten Tode des lezten Grafen von Hohenſtein und Schwed, ernannte ihn Churfürſt
Johann Sigismund zum Stadthalter der Herrſchaften
Schwed und Vierraden, und belieh ihn mit der dortigen Burg. Er ſtarb 1610 den 15ten April. In der
Stadtkirche zu Schwed findet ſich noch von ihm ein ſtei-
nernes Denkmal. Iſt mit Ilſa gebohrnen von Buch
verehlicht geweſen, davon eine Tochter gebohren worden.

Karl Friedrich von Buchhorſt,

Königl. Preuß. Major von Braunſchen Infanterie-
regiments, und ehemaliger Kommandeur eines
Grenadierbataillons.

Er iſt zu Berlin gebohren, wo ſein Vater als Feldwebel beim Truchſeßiſchen Infanterieregiment (jezt von
Braun) ſtand, und nachher als Kapitain über eine Kompagnie Invaliden in der Feſtung Peiz ſtarb; und nahm
ſelbſt bei demſelben Dienſte; ward nach dem Ueberfalle
bei Hochkirchen, wo das Regiment einen ſtarken Verluſt
hatte, als Feldwebel Sekondelieutenant, und bald darauf Adjudant. 1773 den 29ten Junius erhielt er als
Kapitain eine Kompagnie. 1775 den 15ten Januar
erhob ihn der König aus eigener Bewegung in den Adel-

S   ſtand,

ſtand, ernannte ihn 1782 den 13ten September zum
Major und Kommandeur des Grenadierbataillons, ſo
aus zwei Grenadierkompagnien des Regiments von Alt-
Bornſtedt und zwei Grenadierkompagnien des Regiments
von Braun beſtand, und ward 1786 im Januar Kommandeur des zweiten Bataillons Regiments von Braun.
Jederzeit hat er ſich als ein braver Soldat bewieſen,
und den Schlachten bei Hohenfriedeberg, Soor, Keſ-
ſelsdorf, Lowoſitz, Prag, Roßbach, Leuthen, Lignitz,
Hochkirchen und Torgau und den Belagerungen von
Prag, Schweidnitz und Dresden rühmlichſt beigewohnet, ohne jemals verwundet zu werden. Er iſt mit einer gebohrnen Buſſen aus Berlin verehlicht geweſen,
die 1784 den 28ten März ohne Kinder ſtarb.

Alexander von Budberg,

Königl. Preuß. Generalmajor und Chef eines In-
fanterieregiments.

Gebohren in Kurland 1720. Ging 1735, nach dem
väterlichen Willen, unter die rußiſche Kadets, nahm
aber 1740 als Fähnrich Abſchied, trat als Freiwilliger
in preußiſche Dienſte, und wohnte der Schlacht bei
Molwitz bei. 1741 ward er Fähnrich bei dem Regiment von Rampuſch (jetzt Graf von Anhalt), 1742
Sekondelieutenant, und 1733 den 17ten September als
Premierlieutenant zu dem Grenadierbataillon von Ingersleben verſetzt; ward bei demſelben 1753 Staabskapitain, und erhielt den 30ten Januar 1756 eine Kompagnie.

pagnie. 1757 wohnte er der Schlacht und Belagerung
von Prag, 1758 den Schlachten bei Breslau und Leuthen, der Belagerung von Olmütz und dem Uberfall bei
Hochkirchen bei. 1760 ward er in Glatz gefangen,
1761 wieder befreiet, und bekam darauf das Düringshoffsche Grenadierbataillon, welches aus zwei Grenadierkompagnien von Hülsen (jezt Herzog von Braunschweig) und zwei von Kleist (jezt von Knobelsdorf)
bestand, doch so, daß er seine Kompagnie beim Ingers-
lebenschen Bataillon behielt. 1763 sezte ihn der König
als Major, wozu er bereits 1761 den 25ten December
ernannt worden, zu dem Regiment von Brizke (jezt von
Gaudi); ward 176* Obristlieutenant, 1773 den 2ten
Junius Obrist; erhielt 1782 das erledigte von Wolf-
fersdorffsche Regiment, und den 24ten May s. J. das
Patent als Generalmajor. Schon als Premierlieutenant hatte er sich mit Dorothea Johanna Eleonora
Thielen verehlicht, die verschiedene Kinder gebohren.

Wilhelm Dietrich von Buddenbrock,

Königl. Preuß. Generalfeldmarschall, Gouverneur
von Schlesien und Breslau, Obrister eines Regiments Kuirassier, Ritter des schwarzen Adlerordens, Probst des adelichen Stifts zu Soest in der
Grafschaft Mark, Amtshauptmann der Aemter
Neuhaus, Labiau und Zezzden rc.

Seine Eltern sind Johann von Buddenbrock, Königl. Preuß. Obristlieutenant und Elisabeth Sophia

von

von Rappen gewesen, und er ist auf dem väterlichen Gute Tilsewirschen im preußischen Litthauen,
1672 den 15ten März gebohren. 1688 ging er,
nach vorhergegangener zweckmäßiger Erziehung, auf
die hohe Schule zu Königsberg in Preußen, wo er,
1690 den 7ten März, unter dem Professor Thugen,
eine Streitschrift: de ultimo fine hominis, öffentlich vertheidigte. Widmete sich darauf den Waffen,
und machte in Begleitung des Obristlieutenants von
den Grandmousquetairs, Grafen von Dönhof, 1690,
den Feldzug in den Niederlanden mit. Zu Ende
dieses Jahres ward er Kornet bei dem Alt = Anhaltschen Regiment zu Pferde (jetzt von der Gröben),
und wohnte 1692 den Treffen bei Steenkerken und
Klöse, 1693 der Schlacht bei Landen, wo er durch
den Leib gestochen und zweimal von Kugeln getroffen
wurde, bei Neerwinden, wie auch 1695 den Belagerungen von Ath und Namur, bei. Als 1697 und
1698 bei den brandenburgischen Truppen eine starke
Reduktion vorgenommen wurde, ward er auch seiner
Dienste entlassen; ging 1699 nach Preußen, wo er
sein väterlich Gut bezog, und sich mit der unten gedachten ersten Gattin verehlichte. 1704 ward er
nebst dem preußischen Gesandten, Grafen von Schlippenbach, zur Armee König Karls des zwölften in
Pohlen gesandt, um bei derselben Bemerkungen zu
machen, und davon Berichte zu erstatten. In eben
diesem Jahre ward er Rittmeister des Schlippenbachschen Regiments zu Pferde (jetzt von der Gröben),
marschirte mit demselben nach Braband, und befand
sich bei der Eroberung von Menin, 1708 in der

Schlacht

Schlacht bei Oudenarde, bei der Einnahme von Ryssel und Gent, desgleichen 1709 in der Schlacht bei Malplaquet, und der Belagerung und Eroberung von Dornick. 1710 ward er Major, 1712 Obristlieutenant. 1715 machte er den pommerschen Feldzug mit, und landete, unter der Anführung des Fürsten Leopolds von Anhalt, auf der Insel Rügen. 1718 ward er Obrister und Kommandeur des Regiments, welches er 1724 nach der Musterung, im Julius, bei Kalthof in Preußen, selbst erhielt. 1728 erhob ihn der König zum Generalmajor, und er begleitete in diesem Jahre den Kronprinzen nach Dresden; befand sich auch im königlichen Gefolge, bei dem Kampement bei Mühlberg, auf der Reise nach Kladrup in Böhmen, wo sich König Friedrich Wilhelm der erste mit dem Kaiser unterredete, und ebenfalls, da solcher 1734 zur Reichsarmee am Rheinstrohm reiste. 1739 im Julius ward er Generallieutenant und erhielt den schwarzen Adlerorden; ward auch den 20ten Julius d. J. zum Amtshauptmann zu Labiau und Neuhausen bestellt. Während der letzten Krankheit des Monarchen befand er sich täglich bei demselben gegenwärtig, und empfing auch von dessen Nachfolger Befehl, zur Besorgung seines Leichenbegängnisses. Solches ward den 22ten Junius 1740 zu Potsdam öffentlich gehalten, und Buddenbrock trug bei demselben; nebst noch drei andren Rittern des schwarzen Adlerordens, die Zipfel der Krone. 1741 brach er nach Schlesien mit seinem Regimente auf; ging aber auf anderweiten Befehl wieder nach Preußen zurück, um aber die daselbst verbliebenen Regimenter den

Ober=

Oberbefehl zu führen, und die Grenzen zu decken; weshalb er denn auch das Königreich ganz durchreiste, und
die nöthigen Postirungen ausstellte. 1742 den 24ten
März berief ihn der König schleunig zu seiner Armee in
Böhmen, wohin er zu Anfang des Maymonats kam,
den Oberbefehl des rechten Flügels erhielt, und am
17ten selbigen Monats dem Treffen bei Chotusitz beiwohnte, an dessen siegreichen Ausgang er einen großen
Antheil hatte; weshalb ihn auch der Monarch, gleich
nach der Schlacht, zum General en Chef der Kavallerie
mit vielen Lobsprüchen erhob. Nach dem hergestellten
Frieden rückte er den 10ten Julius mit dem Regimente
in Schweidnitz zur Besatzung ein, und übernahm auf einige Zeit das Interimsgouvernement von Breslau.
1743 muste er nach Berlin kommen, wo er vom Könige dessen mit Brillanten reich besetztes Bildniß, die
Amtshauptmannschaft zu Zehden, nebst einer beträcht-
lichen Zulage, und nach seiner Rückkunft in Schlesien,
den Oberbefehl über die dortige gesammte Kavallerie erhielt. 1744 rückte er mit dem königlichen Heere in
Böhmen ein; half Prag einnehmen, drang mit bis an
die bayersche Grenzen vor, und vertrieb unter dem
Oberbefehl des Fürsten Leopolds von Anhalt, zu Ende
dieses und Anfang des folgenden Jahres, die in Oberschlesien eingedrungenen Insurgenten. 1745 im Januar ward er Gouverneur von Breslau, und den 19ten
März s. J. Generalfeldmarschall. Im Treffen bei Hohenfriedeberg, am 4ten Junius, und dem bei Soor am
30ten September, hatte er den Oberbefehl der Kavallerie des rechten Flügels. Bis zum Dresdner Frieden
blieb er, seiner durch Alter geschwächten Gesundheit
ohn-

ohnerachtet, beständig bei der Armee, machte auch noch nachher, zu Breslau und bei den schlesischen Truppen, gute Anordnungen, und starb 1757 den 28ten März. Außer Pauli, in seinen Leben großer Helden, der daselbst 1. Th. S. 1. u. f. die Lebensbeschreibung des General-feldmarschalls von Buddenbrock geliefert, findet man auch in den Charakterzügen aus dem Leben König Friedrich Wilhelms des ersten, 2te Samml. S. 102. u. f. von ihm verschiedene Anekdoten. Er hatte sich zweimal verehlicht: erstens 1699, mit Klara Anna Katharina von Grüter, aus dem Hause Altendorf, damaligen Stiftsfräulein zu St. Walburg in Soest; zweitens 1745 den 15ten August, mit Beate Abigail von Siegroth, verwitweten Freyin von Nostitz, Frauen der Güter Lahsan, Peterwitz, Pleeßwitz, Saren, Metschkow rc., welche ihn überlebte. Aus erster Ehe sind drei Söhne und fünf Töchter gebohren worden.

Johann Jobst Heinrich Wilhelm von Buddenbrock,

Königl. Preuß. Generallieutenant, Chef des Kadettenkorps und der Akademie Militaire, Ritter des schwarzen Adlerordens, Senior und Ritter des St. Johanniterordens und Kommandeur auf Werben, auf Pleßwitz, Zuckelnick, Metschkau und Johnsdorf in Schlesien Erbherr.

Seine Eltern waren, der vorgedachte Generalfeldmarschall Wilhelm Dietrich von Buddenbrock und des-

sen

sen erste Gattin, **Klara Anna von Grüter**, aus dem
Hause Altendorf. Im Jahr 1727 stand er bei König
Friedrich Wilhelm dem ersten als Reitpage in Diensten,
der ihn bald darauf zum Regiment Kronprinz zu Fuß
(jezt Prinz Ferdinand) sezte: bei diesem ward er 1729
Fähnrich, und wohnte 1730 dem großen Kampement
bei Mühlberg bei. 1731 den 11ten August ward er
als Lieutenant zum Johanniterritter geschlagen, und auf
die Komthurei Werben designirt, 1736 den 31ten Ok-
ber aber zum Amtshauptmann zu Balga bestellet. König Friedrich der zweite nahm, als Kronprinz, den Hrn.
von Buddenbrock, wegen der an ihm bemerkten guten
Applikation, zum Adjudanten, und bei Antritt seiner
Regierung, 1740 im Junius, da er die Ehre hatte,
sein täglicher Gesellschafter zu sein, zum Flügeladjudanten in der Suite, mit Majorsrang. Vom August 1744
bis zum Junius 1745, da er bei Hohenfriedeberg verwundet wurde, war er Kommandeur eines Grenadierbataillons, das aus einer Kompagnie Grenadiergarde
und drei Grenadierkompagnien von Alt-Anhalt (jezt
von Leipziger) bestand. 1745 im Julius ward er Obrister, im November d. J. Generaladjudant, 1750 Chef
des reitenden Jägerkorps, 1753 im September Generalmajor, 1759 im November erhielt er die Oberaufsicht über das Kadettenkorps; ward 1767 im August
Generallieutenant, erhielt 1770 im Januar den schwarzen Adlerorden, den 9ten Oktober d. J. das Inkolats-
diplom in Schlesien, wegen der von seiner verstorbenen
Stiefmutter ererbten Güter Pleßwitz, Zickelnick, Metz-
kow und Johnsdorf im Fürstenthum Schweidnitz. 1775
den 1ten December ward er, nach Absterben des Gene-
ral-

rallieutenants Reichsgrafen von Wartensleben, zum
Senior des St. Johanniterordens gewählet; 1776 den
3ten April legte er im Namen des Königs den Grund-
stein zum neuen Kadettenhause zu Berlin, und war in
seinen lezteren Lebensjahren sehr oft ein Gesellschafter
des großen Friedrichs, der ihm viele Gnade wiederfah-
ren ließ, und ihn seines besondern Vertrauens würdigte.
Besonders gingen, in den ersten Regierungsjahren dieses
Königs, durch Buddenbrocks und Winterfelds Hände,
die wichtigsten Geschäfte, und beiden Männern war ei-
frigst daran gelegen, die Befehle ihres Herrn gut auszuführen. Daher war es für den Herrn von Buddenbrock ein großes Unglück, daß ihn zu Anfang des siebenjährigen Feldzuges eine Blindheit befiel, welche ihn zu
allen Geschäften unfähig machte; so wie es dem Könige,
der sich an ihn gewöhnet hatte, höchst unangenehm war,
ihn nicht brauchen zu können. Durch geschickte Aerzte
ward das Gesicht zwar wieder hergestellet, allein er war
nicht fähig, wie ehedem zu dienen; inzwischen hatte solches der König kaum erfahren, so ernannte er ihn zum
Generallieutenant und Chef des Kadettenkorps zu Berlin. Starb 1782 den 27ten November, im 75sten
Jahre seines Alters. Er hat sich viermal verehlicht:
erstens 1740, zu Rheinsberg, mit Elisabeth Dorothea Juliana von Walmoden, Hofdame der regierenden Königin Elisabeth Christine von Preußen; diese
starb, nachdem sie acht Kinder, von denen nur allein ein
Sohn am Leben blieb, zur Welt gebohren hatte, 1767
den 10ten März. Zweitens 1767 den 12ten August,
mit der jüngsten Tochter des Generalfeldmarschalls von
Kalkstein, die 1768 im April ohne Kinder starb.

Drit-

Drittens 1768 den 26ten August mit der Hofdame der Kronprinzeſſin, Johanna Charlotte von Wackenitz, die 1769 den 15ten Auguſt im Kindbette ſtarb. · Viertens 1769 den 13ten December mit der Staatsdame der Prinzeßin Ferdinand, Königl. Hoheit, Tochter des Königl. Oberhofmeiſters Friedrich Ludwigs Reichsgrafen von Wartensleben, Auguſta Charlotte, die ihn überlebte.

Ludwig von Buddenbrock,

Königl. Preuß. Generalmajor, Chef eines Infanterieregiments und Ritter des Ordens pour le Merite. ·

Er war ein Bruder des nachſtehenden Majors Wilhelm Ernſts von Buddenbrock, und iſt zu Gurmen in Preußen, 1720 den 18ten Februar, gebohren worden. Fürſt Leopold von Anhalt-Deſſau nahm ihn zu ſich, und machte ihn 1740 den 4ten März zum Sekondelieutenant ſeines Regiments (jezt von Leipziger). In eben dieſem Jahre ging er mit den Grenadiers nach Schleſien, half 1741 Großglogau einſchließen und einnehmen; befand ſich darauf in der Schlacht bei Molwitz und bei der Ueberrumpelung der Stadt Breslau gegenwärtig. 1742 gerieth er bei Jägerndorf in die feindliche Gefangenſchaft, und kam nach geſchloſſenem Frieden ſ. J. wieder zum Regiment nach Halle. 1744 ging er zum Zweitenmale mit den Grenadiers nach Böhmen, half Prag einnehmen; ward im December 1744

Pre=

Premierlieutenant, diente im Winter gegen die in Schlesien eingefallenen Insurgenten, befand sich 1745 im Gefechte bei Habelschwerdt, so wie folgends in den Schlachten bei Hohenfriedeberg und Soor, gegenwärtig. 1751
den 6ten Junius ward er Staabshauptmann; focht
1756 in der Schlacht bei Lowositz; erhielt den 21ten
Oktober dieses Jahres eine Kompagnie, und befand sich
1757 in den Schlachten bei Prag und Kollin. Als
das Regiment gegen die Franzosen ins Halberstädtsche
marschirte, wollte er, wegen zugestoßener Krankheit,
von Naumburg nach Halle reisen, fiel aber bei Merseburg in die feindliche Gefangenschaft, ward nach Krems
geführet, und nach acht Monaten wieder ausgewechselt.
1758|im April langte er wieder beim Regimente an,
und ward bei demselben, 1759 den 18ten Februar,
Major. Den 8ten May d. J. war er bei den 400
Mann, welche den Feind bei Asch angriffen; nachher
befand er sich in der Schlacht bei Züllichau, und führte
den 27ten Oktober ein Bataillon Wiedergenesene aus
Schlesien nach Sachsen. 1760 half er Dresden belagern, und ward bei einem feindlichen Ausfalle wieder
gefangen genommen, aufs neue nach Krems gebracht,
und erst nach Verlauf von zehn Monaten ausgewechselt.
1761 im May kam er bei Kunzendorf zum Regiment
zurück; erwarb sich 1762, beim Angriffe der Leutmannsdorfer Höhen, wegen der bei demselben bewiesenen Bravour, den Orden pour le Merite; und eben so
machte er sich die Gnade des Königs, bei der Belagerung von Schweidnitz, eigen. 1765 den 21ten Junius
ward er Obristlientenant, und erhielt eine besondere
Pension, 1770 im May Obrister und Kommandeur des
von

von Sobeckschen Regiments (jezt von Schönfeld),
1771 den 20ten Januar Generalmajor, und erhielt das
erledigte von Borksche Infanterieregiment in Preußen,
welches er im bayerschen Erbfolgekriege zur königlichen
Armee nach Schlesien führte. Er starb zu Königsberg
in Preußen, 1782 in der Nacht vom 19ten bis zum
20ten April, im 63sten Lebensjahre und 42sten Jahre
seiner Dienste; nachdem er noch ein Jahr zuvor beim
Könige in Potsdam gewesen war, und von demselben
besondere Gnadenbezeugungen empfangen hatte. Mit
Henriette Wilhelmine Juliane Louise Gräfin von
Solms hat er zu Halle zwei Kinder, einen Sohn und eine
Tochter, erzeuget, welche 1774 den 25. April mit dem
Namen von Bodenburg legitimiret wurden; auf wei-
teres Nachsuchen des Vaters aber, ertheilte ihnen der
König, den 11ten Oktober s. J., die Erlaubniß, sich
des väterlichen Geschlechtsnamens und Wappens bedie-
nen zu können.

Wilhelm Ernst von Buddenbrock,

Königl. Preuß. Major und Kommandeur eines Grenadierbataillons.

Er war ein Sohn Otto Heinrichs von Buddenbrock, auf Gurm in Preußen Erbherrn, und Louisen
Charlotten von Hülsen, die ihn 1715 zu Gurm zur
Welt gebohren hat. Er nahm zeitig Kriegesdienste;
wohnte mit dem von Röderschen Infanterieregimente
(jezt Graf von Henkel) 1734 und 1735 den Feldzügen
am

am Rheinstrohm bei; ward nachher Sekondelieutenant, und 1743 den 17ten December Premierlieutenant bei dem vom Bylaschen Grenadierbataillon (jezt von York) ernannt. 1752 im April erhielt er, ohne zuvor Staabshauptmann gewesen zu sein, eine Kompagnie; ward 1758 den 26ten May Major, und 1759 im Januar bekam er das erwehnte Grenadierbataillon als Kommandeur. Starb 1760 den 17ten April, zu Lauban, am hizigen Fieber. Außer den gedachten Feldzügen am Rhein, hat er von 1742 an den Kriegen in Schlesien, Böhmen, der Schlacht bei Chotusitz, der Belagerung von Prag, den Schlachten bei Reichenberg, Prag und Hochkirchen, bei welchem lezteren Ueberfalle er verwundet worden, rühmlichst beigewohnet. Er hat eine gebohrne von Hack, aus dem Hause Großen-Kreutz, zur Ehe gehabt, die sich nach seinem Tode wieder mit dem Generalmajor Friedrich Wilhelm Ernst von Gaudi verehlicht hat.

Konstantin Johann von Budritzky,

Königl. Preuß. Obristlieutenant und gewesener Chef eines stehenden Grenadierbataillons.

Er ist 1731 in Preußen gebohren worden, und kam kurz vor Anbruch des siebenjährigen Feldzuges, von den Kadets, als Junker zu dem von Kalksteinschen Regiment (jezt von Möllendorf); bald darauf ward er Fähnrich, und als solcher in der Schlacht bei Kunersdorf dermaßen verwundet, daß er zwei Jahre lang,

lang, der Heilung wegen, sich zu Berlin aufhalten
muste. Während dieser Zeit ging ihm das Avancement beim Regimente vorbei, und daher kam es,
daß er noch als Sekondelieutenant 1763 in Berlin
einmarschirte. 1767 erhielt er aber doch schon, des
starken Abgangs wegen, eine Kompagnie, und warb
1779 den 2ten Februar Major. 1786 gab ihm
König Friedrich der zweite das Scholtensche Grenadierbataillon (jezt von Vork), welches er 1787 im
May verlohr, und mit Obristlieutenantscharakter und
einer Gnadenpension seinen Abschied erhielt. Er ist
unverehlicht.

Johann Albrecht von Bülow,

Königl. Preuß. General von der Infanterie, Chef
eines Füselierregiments, Gouverneur der Festung
Spandau, Ritter des schwarzen Adlerordens, Domherr zu Minden, Erbherr auf Lichterfelde
und Gieselsdorf.

Seine Eltern waren, der 1758 verstorbene Daniel Levin von Bülow und eine gebohrne von
Schlubhut, die ihn 1708 zur Welt gebohren hat.
Er hat zwölf Jahr und neun Monate bei dem Regiment des Prinzen Leopolds von Anhalt-Dessau gestanden (jezt von Knobelsdorf), und war in den zwei
ersten schlesischen Kriegen dessen Generaladjudant und
Schüler in der Kriegeskunst. Nach dem Frieden

1742,

1742, ward er als Major zum Regiment Marggraf Karl (jezt Herzog Friedrich von Braunschweig)
versezt, und ward 1750 im May Obristlientenant,
und 1754 im September Obrister. 1755 im August erhielt er die Amtshauptmannschaft zu Blankenstein in der Grafschaft Mark, 1757 den 21ten May
den Generalmajorscharakter und das Alt-Würtember-
gische Füselierregiment (jezt von Pfuel). Ward 1760
den 6ten Februar Generallieutenant, und bekam im
August s. J. den schwarzen Adlerorden. 1766 im
Junius ernannte ihn der König zum Gouverneur der
Festung Spandau, und 1775 im May zum General
von der Infanterie. Starb 1776 den 19ten September im 69sten Jahre seines Alters und 52sten seiner Dienste. Er ist dreimal verwundet worden, und
es war auch eine Kugel, welche er im Leibe trug,
die Ursach seines Todes. Während seiner Kriegesdienste hat er der Blokade und dem Sturm vor Glogau, der Schlacht bei Molwiz, von deren Gewinn
er dem Könige die erste Nachricht überbrachte, den
Belagerungen von Brieg, Neisse und Prag, den Treffen bei Hohenfriedeberg, Soor, Prag, Roßbach, Leuthen, Zorndorf, Lignitz, Torgau und den Belagerungen von Breslau, rühmlichst beigewohnet. Ist verehlicht gewesen, mit Magdalena Jakobine, einer
Tochter des Obristen von Forrestier, die, 1780 den
9ten Oktober, ihrem Gemahl im Tode folgte, und
einen Sohn gebohren hat.

Chri-

Chriſtoph Karl von Bülow,

Königl. Preuß. General von der Kavallerie, Kommandeur des Marggraf von Anſpach-Bayreuth-
ſchen Dragonerregiments, Generalinſpekteur der in
Preußen ſtehenden Kavallerie, Ritter des ſchwarzen Adlerordens, Amtshauptmann zu Memel
und Oletzkow.

Er iſt ein Bruder des vorgedachten Generals von der
Infanterie, Johann Albrechts von Bülow, und
1716 zu Glubenſtein ohnweit Raſtenburg in Oſtpreußen
gebohren worden. 1731 trat er bei dem von Koſel-
ſchen (jezt von Poſadowsky) Dragonerregiment in preuſ-
ſiſche Kriegesdienſte; ward bei demſelben 1734 Fähnrich, 1747 Rittmeiſter bei den Gens d'Armes, 1756
Major, 1757 Obriſtlieutenant, 1758 zweiter Kommandeur des Bayreuthſchen Dragonerregiments, 1559
Obriſter, nach der Schlacht bei Torgau Generalmajor
und erſter Kommandeur des leztgedachten Regiments,
mit allen Vorzügen und Einkünften eines Chefs, wozu
er 1760 die Amtshauptmannſchaft zu Memel erhielt,
und 1763 Generalinſpekteur über die in Preußen ſtehenden Dragoner- und Huſarenregimenter ward. 1769
empfing er eine Zulage von 500 Thalern jährlich, und
an deren Statt, den 18ten Julius f. J. die Droſtey
Wetter. 1771 den 25ten May ward er Generallieutenant, und 1787 den 20ten May General von der
Kavallerie; 1772 im December erhielt er den ſchwarzen Adlerorden, und, 1773 den 14ten May, die Beſtallung

ſtallung zum Amtshauptmann zu Oletzko. 1734 und
1735 machte er mit den preußiſchen Hülfstruppen, unter dem Prinzen Eugen, am Rhein, den Feldzug wider
die Franzoſen mit. In den ſchleſiſchen Kriegen, befand
er ſich 1742 in der Aktion bei Auſterſitz, 1745 den 4ten
Junius in der Schlacht bei Hohenfriedeberg, wo er ſich
durch ſeine Tapferkeit den Orden pour le Merite erwarb,
den 30ten September ſelbigen Jahres bei Soor; 1756
den 1ſten Oktober bei Lowoſitz, in den Gefechten bei
Hirſchberg und Landshut, 1757 bei der Belagerung
von Prag und der Schlacht bei Rosbach, den 5ten December bei Leuthen, 1758 den 14ten Oktober bei dem
Ueberfall bei Hochkirchen, 1760 den 3ten November
in der Schlacht bei Torgau, wo er mit fünf Schwadronen Dragonern fünf kaiſerliche Infanterieregimenter angrif, und drei davon, nebſt ihren Anführern und Fahnen, zu Gefangenen machte, und 1762 den 13ten Auguſt bei Reichenberg. 1778 war er bei dem Heere des
Königs, und befehlichte die Kavallerie des rechten Flügels. 1784 gab ihm der König, nach Abſterben des
von Voß, die erledigte Domprobſtei zu Havelberg, mit
der Erlaubniß, ſie willkührlich verkaufen zu können, welches auch geſchahe. Er iſt unvermält. Sein Bildniß,
nebſt der beigefügten Lebensbeſchreibung, befindet ſich
in dem Berliniſchen genealogiſch-militairiſchen Taſchenkalender, für das Jahr 1785.

T   Daniel

Daniel Gottlieb von Bülow,

Königl. Preuß. Obrister, Flügeladjudant und Kommandeur eines Grenadierbataillons.

Ein Bruder des votigen; ist 1718 gebohren worden, und hat bereits in den ersten schlesischen Kriegen als Flügeladjudant nützliche Dienste geleistet. Ward 1742 Major, 1754 im September Obristlieutenant, und erhielt 1756 das Kommando über ein, aus den vier Grenadierkompagnien der Regimenter Garde und Preußen, zusammengesetztes Grenadierbataillon. 1757 im Februar erhob ihn der König zum Obristen, welche Ehre er aber kurze Zeit genoß, denn er ward im Junius beim Abzuge von Prag so hart verwundet, daß er einige Tage darauf zu Dresden starb. Mit Anna Sophia von Köhler hat er zwei Söhne erzeuget.

August Christian Freiherr von Bülow,

Königl. Preuß. Major, Generaladjudant des Herzogs Ferdinands von Braunschweig, Kommandeur der legion-Brittanique, Prälat und Scholastikus des Kapituls zu Kolberg.

Gebohren 1728, und war ein Sohn des Königl. Preuß. Etatsministers Friedrich Freyherrn von Bülow und Johannen Augusten von Arnim; trat sehr jung in königliche Kriegesdienste. Als der Herzog Ferdinand von Braunschweig das Kommando der allirten

Armee

Armee übernahm, machte er ihn zu seinem Flügeladjudanten. Während dem Kriege gegen die Franzosen, legte
er vielfältige Proben seines Muths, besonders bei den
Expeditionen auf Marpurg und Bußbach, ab; erhielt
darauf die Majors- und Generaladjudanttenstelle, und
errichtete ein Freykorps von etwa 1500 Mann zu Fuß
und zu Pferde, welches den Namen Legion-Britannique
erhielt. Man hatte von ihm, wegen seiner überall bewiesenen Bravour und Thätigkeit, die Hofnung, daß
er ein großer General werden würde; allein er starb zu
früh, 1760 den 24ten September, zu Stadtbergen,
im 32sten Jahre seines Alters, und liegt zu Lippstadt
begraben.

Jean du Buisson,

Königl. Preuß. Generalmajor, Chef eines Infan-
terteregiments und Ritter des Ordens de la
Generosité.

Er war aus Frankreich gebürtig. Stand 1692 bei
dem Graf Dohnaschen Regiment (jezt von Egloffstein)
als Lieutenant; ward 1709 den 23ten November
Obrister. 1717 wird sein Alter auf 51 und seine
Dienstzeit auf 37 Jahre angegeben. 1721 erhielt er
das von Auersche Regiment (jezt von Budberg); ward
den 1sten Junius s. J. Generalmajor, und starb zu
Hamm 1726 den 21ten Julius. Er ist verehlicht gewesen, und hat verschiedene Kinder beiderlei Geschlechts
hinterlassen.

Daniel

Daniel Albrecht von Burghagen,

Königl. Preuß. Major des lehwaldschen Infanterieregiments und Kommandeur eines Grenadierbataillons.

Er war aus der Prignitz gebürtig, und 1715 Sekondelieutenant des Finkensteinschen Regiments (jetzt
Graf von Schwerin), 27 Jahr alt, hatte 10 Jahr
gedienet, und sein Patent war vom 12ten November
1714. Bei diesem Regimente diente er bis zum
Major, und erhielt, 1741, im Lager bei Gettin, ein
aus vier Grenadierkompagnien von Alt-Anhalt und
zwei Grenadierkompagnien von Lehwald zusammenge-
sextes Grenadierbataillon; nahm aber schon 1742
seinen Abschied, und ist in Preußen auf seinem Gut
Tablack 17— verstorben. Mit Anna Elisabeth,
einer Tochter des Preußischen Hofgerichtspräsidenten
Julius Aegidius von Negelein, hat er vier Töchter erzeuget.

Konrad von Burgsdorf,

Churbrandenburgischer Oberkämmerer und Geheimerrath, Obrister zu Roß und Fuß, Oberkommendant aller in der Mark Brandenburg belegenen Festungen, Domprobst der beiden Stiftskirchen zu Halberstadt und Brandenburg, des St. Johanniterordens Ritter und Kommendator zu Lagow, auf Goldbeck, Buckow, Oberstorf und Groß-Machenow Erbherr,

Er ward 1595 den 1sten December gebohren, und seine Eltern sind Alexander Magnus von Burgsdorf, Churbrandenburgischer Hauptmann zu Zehden, auf Hohenzieten Erbherr, und Katharina von Röbel, eine Tochter des Generalfeldmarschalls Joachim von Röbel, gewesen. 1609 ward er dem Churprinzen und nachmaligen Churfürsten George Wilhelm zugegeben, mit dem er 1612 auf die hohe Schule zu Frankfurt an der Oder, und 1613, nach den klevesschen Landen ging. 1614 ward er Fähnrich unter des Obristen Kettlers Regiment. 1615 nahm er bei des Grafen Bernhard von Witgenstein Regiment zu Pferde französische Dienste; wohnte mit solchem dem scharfen Treffen mit dem Marquis de Ninell bei, und ward am Arm, an der Kniescheibe und dem Schenkel so schwer verwundet, daß er ohne Empfindung auf der Wahlstatt unter den Todten liegen blieb. Des andern Tages, da man solche begraben wollte, bemerkte man an ihm noch einige Lebenszeichen, brachte

T 3   ihn

ihn zu sich selbst, und da er auf Befragen, wer er
wäre? antwortete: qu'il étoit un de la Marche;
so verstand man es so, daß er ein Marquis wäre,
behandelte ihn daher, in Hofnung eines reichlichen
Lösegeldes, so gut, daß er nach Verlauf eines Jahres
völlig wiederhergestellt wurde. Nach seiner Wiederlö-
sung und Rückkunft in sein Vaterland, bestellte ihn
Churfürst George Wilhelm zu seinem Kammerjunker,
und sezte ihn 1618 bei der Leibgarde zu Fuß, wobei er, 1620 im September, zum Kapitain bestellet
wurde. Um eben diese Zeit nahm ihn auch der Johanniterorden auf, und designirte ihn zum Komthur
auf Lagow. 1623 muste er auf churfürstlichen Befehl fünf Kompagnien zu Pferde werben, worüber er
als Obristlieutenant gesezt wurde. 1626 den 1sten
December ward er mit 240 Flor. monatlichen Sold,
Obristlieutenant bei dem Leibregiment zu Fuß, und
erhielt 1630 im Februar eine besondere Kompagnie
von 400 Köpfen, die aus der Leibgarde errichtet
wurde. 1632 ward er Obrister, bekam als solcher
ein Regiment zu Fuß und eines zu Pferde, und kurz
darauf das Kommando über die Stadt und Festung
Spandau, nicht lange darnach auch über die Stadt
und Festung Küstrin. Churfürst Friedrich Wilhelm
sezte, bei Antritt seiner Regierung, die Gnadenbezeugungen seines Herrn Vaters, gegen Burgsdorf fort;
bestellte ihn 1641 den 23ten Januar zum neumärkischen Regierungs- und Kammerrath, 1642 den 23ten
Januar zum Geheimeurath, Oberkommendanten aller
Festungen in der Churmark Brandenburg, und be-
gnadigte ihn nach und nach mit den Domprobsteien
bei

bei den hohen Stiftern Brandenburg und Havelberg.
1641 wählten ihn die churmärkischen Landstände zu
ihren Deputirten und Verordneten. 1646 sandte ihn
der Churfürst an den Prinzen von Oranien, um bei
ihm die Anwerbung um seine Prinzessin Tochter zu
thun, und bediente sich seiner noch zu andern wichtigen Gesandtschaften und Angelegenheiten. Er starb
1652 den 1sten Februar. Ohne was schon oben
von seinen Thaten angeführet worden, ist noch zu
merken, daß er sich während den Kriegen zwischen
Polen und Schweden, 1627 besonders, durch Tapferkeit ausgezeichnet, und in Schlesien, wo er bei der
Besatzung in Schweidnitz stand, bei der Belagerung
dieser Festung, 1633 in der Schlacht bei Lignitz, und
1634 bei der Einnahme der Stadt Großglogau, besonders hervorgethan hat. Der bekannte Graf Adam
von Schwarzenberg war über die Gnade, mit der
die Churfürsten George Wilhelm und Friedrich Wilhelm, Burgsdorfen überhäuften, äußerst scheelsüchtig;
weshalb er ihn auch bei denenselben anzuschwärzen
sich auf alle Art bemühete, und verschiedener Verge-
hungen beschuldigte, welche zwar eine Untersuchung
veranlaßten, die aber nachher, auf des Churfürsten
Friedrich Wilhelms Befehl, niedergeschlagen worden.
Seit 1636 ist er mit Elisabeth, einer Tochter des
churbrandenburgischen Geheimenraths Johann von
Löben, verehlicht gewesen, und hat mit ihr eine Tochter erzeuget.

Johann

Johann Ehrentreich von Burgsdorf,

Churbrandenburgischer Oberstallmeister, Kammerherr, Obrister zu Roß und Fuß, Gouverneur der Festung Küstrin, Neumärkischer Regierungsrath, des St. Johanniterordens Ritter, Komthur zu Supplinburg, Hauptmann zu Zehden, auf Hohenzieten, Goldbeck und Derzow Erbherr.

Er war des vorigen Konrads von Burgsdorf Bruder, und ist 1603 den 27ten November zu Hohenzieten gebohren worden. Sein Vater beschloß, ihn, im Jahr 1614, an den churfürstlichen Hof bei der Jägerei zu bringen, änderte aber diesen Vorsatz, da ihm, als er mit dem Sohne in die Kutsche steigen wollte, um nach Berlin zu reisen, das Unglück begegnete, daß er den Arm brach, welches er für eine böse Vorbedeutung ansahe, brachte ihn daher, nach seiner Wiederherstellung, als Page an den Hof Churfürst Johann Georgens zu Sachsen. Hier blieb der junge Burgsdorf bis 1618, in welchem Jahre er Kammerpage bei Churfürst George Wilhelm von Brandenburg ward, der ihn 1622 wehrhaft machte, und erlaubte, auf Reisen zu gehen, von welchen er, nachdem er die vornehmsten europäischen Staaten gesehen, 1625 wieder zurück kam, und im selbigen Jahre churfürstlicher Kammerjunker ward. 1626 rettete er den Churfürsten auf der Jagd von einer Lebensgefahr, wobei er aber selbst, durch ein wildes Schwein, dermaßen am Schenkel verwundet wurde, daß er nach langer Zeit erst wieder hergestellet werden konnte.

konnte. 1625 nahm er Kriegesdienste an, und ward
Kornet unter dem Obristlieutenant Hans Wolf von der
Heyden; 1626 Ritter des St. Johanniterordens mit
der Anwartschaft auf die Landvoigtei und Komthurei
Schievelbein, und Rittmeister, als welcher er 1627
den Churfürsten nach Preußen begleitete, und von demselben, mit seiner Kompagnie, dem Könige von Polen,
wider die Schweden, zur Hülfe gesandt wurde; diese
Kompagnie ward aber, ehe sie die polnische Armee erreichen konnte, zerstreuet und zu Grunde gerichtet. 1629
errichtete er wieder eine wohlgerüstete Kompagnie von
125 Arquebusier-Reuter, mit der er zum Könige von
Polen, der eben mit der Belagerung von Marienburg
beschäftiget war, im Julius, nicht ohne geringe Gefahr,
ins Lager ankam, und die Ehre hatte, daß ihn und seine
Kompagnie, der Prinz Uladislaus bei seinem Herrn
Vater, sich zur Leibgarde ausbat, welches auch von letzterem bewilligt wurde. Nach hergestelltem Frieden
ward er herrlich beschenkt, und ließ darauf seine Kompagnie, nach seiner Rückkunft, bei Landsberg in Preu
ßen, auseinandergehen. 1631 bestellte ihn der Churfürst zum Oberstallmeister, und nahm ihn, im Februar,
mit auf den Fürstentag in Leipzig. Blieb mit churfürstlicher Erlaubniß bei dem Könige Gustav Adolph von
Schweden, folgte demselben bei allen Vorfällen, und
bewies sich dabei so vorzüglich, daß er sich dadurch dessen Gnade besonders zu eigen machte, und von ihm,
nach der Schlacht bei Leipzig, das Regiment des Obristen von Halle angeboten erhielt, welches er aber ausschlug, und sich wieder in seines Churfürsten Dienste zurückbegab, in denen er, 1631 im December, Obrist

T 5   lieute

lieutenant bei dem von seinem Bruder neuerrichteten Regiment zu Roß ward. 1632. stand er mit diesem Regimente bei den vereinigten schwedischen, sächsischen und
brandenburgischen Völkern in Schlesien, unter dem
Oberbefehl des Feldmarschalls Johann George von Arnim. Er that sich daselbst bei allen Gelegenheiten hervor; dankte im März 1633 das Regiment bei Striga
ab, und errichtete in wenig Monaten wiederum ein
neues, welches er nach dem Sammelplatze zu Kanten
in Schlesien abführte, und sich darauf mit demselben unter dem Oberbefehl des Feldmarschalls Banner befand.
Vor Prag muste er mit seinen Leuten auf dem weißen
Berge drei Tage und drei Nächte aushalten, indeß er
beständig beschossen wurde. Er nahm darauf mit zwölf
Kompagnien Brieg weg; half 1634, nebst den sächsischen Völkern, Halle einnehmen, und kam nach dem
Prager Frieden, 1636, unter das Kommando des Grafen von Marazin. Als die Kaiserlichen Greiffenhagen
einnehmen wollten, war er dabei gegenwärtig, und ward
am Ostertage in einem Gefechte nicht allein mit einer
Musketenkugel durch den Kopf geschossen, sondern auch
im Herabsinken vom Pferde mit einer Partisane dermaßen hinten in den Kopf gehauen, daß er als todt liegen blieb; wäre auch umgekommen, wenn nicht ein kai-
serlicher Reuter, von Geburt ein Franzose, das Ritter-
kreuz an seinem Halse entdeckt, und in Meinung, eine
Halskette zu erbeuten, herabgestiegen wäre, und bei dieser Gelegenheit annoch Lebenszeichen an ihm wahrgenom-
men hätte. Dieser Reuter fragte den verwundeten
Burgsdorf, ob er nicht von ihrer Armee und ein Ritter
von Malta wäre? — und, da solcher es bejahete, hob

er

er ihn auf, legte ihn auf sein Pferd, und brachte ihn mitten durch das fortwährende Gefechte zur Armee und hernach nach Schweidnitz. Der Kaiser hatte ihm zu seiner Verpflegung Wartenberg angewiesen, und er erlitte an den Wunden große Schmerzen, ward auch nach langer Zeit erst wieder hergestellet. 1637 warb er bei der neuerrichteten churbrandenburgischen Armee, zu seinem Regimente, noch eine Schwadron Dragoner, und diente damit unter dem General Hans Kaspar von Klitzing. Half den ganzen Elb= und Havelstrohm, und die an demselben belegene Städte einnehmen; diente auch bei der Infanterie, ob er gleich dazu nicht bestellt war. 1638 ging er, unter des Generalfeldmarschalls Grafen von Gallas Kommando, mit nach Mecklenburg. 1639 hatte er bei Bernau, nebst seinem Regimente, das Unglück, von den Schweden überfallen und nach Stettin gefangen geführet zu werden, wo er drei Vierteljahre, bis zu seiner Auslösung blieb. 1640 bestätigte ihn Churfürst Friedrich Wilhelm, nach Antritt der Regierung, in seine Chargen, ernannte ihn zum Hauptmann zu Zehden, 1641 zum Kammerherrn, und er erhielt, da sein Regiment in kaiserliche Dienste überlassen worden, das Oberkommando über die churfürstliche Leibkompagnie und Garde zu Pferde. 1644 warb er wiederum ein Regiment, und ging mit fünf Kompagnien nach Cleve; kam 1645 selbst wieder in die Mark, kehrte aber im Jahre 1646 im September mit dem Churfürsten wieder nach Cleve zurück. 1649 ward das Regiment abgedankt, und er erhielt an dessen Stelle die Leibkompagnie zu Pferde wieder. 1651 begleitete er den Churfürsten zum drittenmale nach Cleve, der ihn,

nach

nach seines Bruders Konrads Absterben, im folgenden
Jahre, zum Obristen, Gouverneur der Festung Küstrin
und Kommendanten von Driesen, Oberberg, Krossen
und Landsberg bestellte. Er hatte auch 1644 vom Herzog August von Braunschweig-Lüneburg die Anwartschaft auf die Komthurei Supplinburg erhalten, die er
nach des Obristen Hans Wolf von der Heyden Absterben, 1645, wirklich empfing. Starb 1656 den 2ten
März zu Küstrin, im 54sten Jahre seines Alters. 1633
den 20ten December hat er sich zu Alten-Stettin, in
Gegenwart des Churprinzen Friedrich Wilhelms, mit
Hedwig von der Osten feierlich verehlichet, und mit
ihr sieben Söhne und vier Töchter erzeuget.

Kurt Ehrentreich von Burgsdorf,

Königl. Preuß. Obristlieutenant des von Zastrow-
schen Füselierregiments und Kommandeur
eines Grenadierbataillons.

Er ward in der Neumark 1707 gebohren, wo sein Vater der, in polnischen Diensten gestandene Obristlieutenant
Balzer Ehrentreich von Burgsdorf, das Gut Mel-
lentin besaß. Begab sich im 17ten Jahre in Kriegesdienste, und stand 1641 im März als Kapitain bei dem neuerrichteten Füselierregiment Graf von Dohna (jezt von
Hager). 1756 erhielt er als Major ein aus zwei Grenadierkompagnien vom Regiment Kalsow und zwei Grenadierkompagnien vom Regiment Brandeis zusammen-
geseztes

gesetztes Grenadierbataillon, mit dem er sich bei vielen
Gelegenheiten, und besonders in der Schlacht bei Zorn,
dorf, wo er verwundet ward, hervorthat. Blieb als
Obristlieutenant in der Aktion bei Strehlen, 1760 den
20sten August.

Karl Lebrecht von dem Busche,

Königl. Preuß. Obrister und Kommandeur eines Grenadierbataillons.

Ist im Magdeburgischen 1708 gebohren worden; be,
gab sich im vierzehnten Jahre seines Alters in preußische
Kriegesdienste, befand sich 1741 als Staabskapitain
bei dem neuerrichteten Füselierregiment Jung , Dohna
(jezt von Hager), und wohnte von 1745 an, den Feld,
zügen Friedrich des zweiten bei. 1750 begab er sich in
sächsische und 1756 wieder in preußische Dienste, und
erhielt im lezteren Jahre ein aus den vier Grenadierkom,
pagnien der Regimenter von Quadt und von Lattorf zu,
sammengeseztes Bataillon als Kommandeur. Mit sol,
chem leistete er bis 1763 die nützlichsten Dienste; ward
1761 den 29ten Januar Obristlieutenant, und nahm,
1764, als Obrister mit einem Gnadengehalte Ab,
schied. Starb 1782 den 17ten May zu Juliusburg in
Schlesien.

In der, 1741, auf zwei Bogen in Folioformat zu
Magdeburg im Druck erschienenen Genealogie derer von
dem Busche, wird, auf der 4ten Seite Nro. 24, eines
Liborius von dem Busche, als Churbrandenburgischer
Generak

Generalmajor, auf Ippenburg und Harlinghausen, gedacht, der den 17ten Junius 1644 gebohren worden, und 1681 den 3ten August, zu Rinteln, gestorben seyn soll. Von diesem General habe ich bis
jezt an keinem andern Orte etwas auffinden können.

Siegesmund von Büsle oder Bütyez, eigent-
lich aber Bunßz.

Ich weis von ihm nicht mehr anzuführen, als daß
er 1692 des verstorbenen Generalmajors von Briquemault Bataillon (jezt von Budberg) erhielt, Obrister war, und als solcher im selbigen Jahre vor Landau erschossen wurde. 1694 den 1sten Februar, erhielt sein Bataillon der Generalmajor Otto von Schlabberndorf, aus welchem nachmals das jetzige von Bud-
bergsche Regiment entstanden ist.

Johann Franz Anton von Buttlar,

Kaiserl., Königl. Preuß. und Oberrheinischer Ge-
neralwachtmeister, Churmaynzischer Kammer-
herr, auch Ritter des schwarzen
Adlerordens.

Er war ein Sohn des 1705 verstorbenen Johann
Christophs von Buttlar zu Mariengard, General-
major und Obrister eines Regiments zu Fuß, des
Oberrheinschen Kreises und Fürstlicher Fuldaischer
Landobrister und Marien Renaten Freyin von Frey-
berg.

berg. Ich weiß von ihm nichts mehr anzuführen, als daß er 1719 den schwarzen Adlerorden, nebst dem Charakter eines preußischen Generalmajors, erhalten hat, und mit Maria Anna Klara Sophie von Reiffenberg vermählet gewesen ist, von der, nach Hartard von Hattstein Hoheit des teutschen Adels 1. Th. S. 62, zwei Söhne und eine Tochter gebohren worden.

In alten Archivakten, vom Jahr 1633, habe ich auch gefunden, daß Jost Siegmund Treusch von Buttlar, in diesem Jahre, für Churfürst George Wilhelm von Brandenburg zu Dortmund ein Regiment geworben.

Julius Treusch von Buttlar,

Königl. Preuß. Generalmajor von der Infanterie, Ritter des Ordens pour le Merite, und Amtshauptmann zu Ziesar.

Er ist aus einem alten adelichen Geschlechte in Hessen gebohren, und stand bis 1741 in Diensten seines Landesherrn, die er, wegen eines Zweikampfs, verließ, und mit den preußischen verwechselte, in welchen er bei der Garde kam; bei solcher ward er, 1751 im Junius, Staabskapitain, erhielt 1753 im August eine Kompagnie; 1758 im August machte ihn der König zum Major, und gab ihm 1763 im December die Amtshauptmannschaft zu Ziesar; ward 1765

Obrist

Obristlieutenant, 1767 im August Obrister und bald
nachher Kommandeur des ersten Bataillons Garde.
1776 im Oktober erhielt er, wegen kränklicher Gesundheit, den gesuchten Abschied, mit einem Gnadengehalte von 1200 Thalern, worauf er sich anfänglich nach Ziegesar, hernach [aber nach Woltersdorf
bei Brandenburg begab, wo er 1784 den [29ten
November verstarb. Er hat bei der Garde, von
1741 bis 1763, alle Feldzüge seines Königs rühmlichst mitgemacht, und ward in den Schlachten bei
Hohenfriedeberg und Soor verwundet.

Heinrich Wilhelm von Byla,

Königl. Preuß. Obristlieutenant des Hessenkassel-schen Regiments und vorheriger Chef [eines Grenadierbataillons.

Er stammt aus dem Hause Heyenroda, in der
Grafschaft Hohenstein, und war eine Zeitlang Gene-
raladjudant des Fürsten Leopolds von Anhalt-Dessau,
im Lager bei Brandenburg 1741. 1742 den 5ten
März ward er Major, und im Julius eben dieses
Jahres Chef eines aus sechs Kompagnien bestehenden
Grenadierbataillons (jezt von Scholten), mit welchem
er den Feldzügen von 1741 bis 1745 mit beiwohnte.
1747 den 19ten May ernannte ihn der König zum
Obristlieutenant, und versetzte ihn als solchen, 1749

im

im Februar, zum Dossowschen Regiment (jezt von Ek-
kartsberg). Starb zu Wesel 1752, im 46sten Jahre,
und ist mit einer gebohrnen von Arnstädt verehlicht
gewesen.

Otto Heinrich von Byland,

Freiherr zu Rheydt, Herr zu Brembt, Chur-
brandenburgischer Kriegesobrister, Geheimer-
kammerrath, Kammerherr und Ober-
hofmarschall.

Aus dem Clevischen gebürtig. 1606 ward er von
Churfürst Joachim Friedrich, am heiligen Neujahrstag,
zum Kriegesobristen, Geheimenkammerrath und Oberhofmarschall bestellt.

Er hatte sich in der Jülichschen Erbfolgeangele-
genheit sehr um den Churfürsten verdient gemacht, und
deshalb großen Schaden an seinen Gütern erlitten. Zur
Schadloshaltung erhielt er 1604 den 29ten December
die Anwartschaft auf die von Uchtenhagensche auf dem
Fall stehende Güter; muste aber im folgenden Jahre,
weil der Churfürst diese Güter, sowohl der Jagd, als
des Oderstroms wegen, nicht gerne trennen wollte,
darauf resigniren, und erhielt dagegen, 1605 den 3ten
Januar, eine Anweisung auf Kaputh. Starb 1608
im September.

---

u

Karl

Karl Wilhelm von Byren,

Königl. Preuß. Major, Kommandeur der Garde du Korps und Amtshauptmann zu Egeln.

Er ist im magdeburgischen gebohren worden, und sind seine Eltern, Adam Rudolph von Byren, Königl. Preuß. Hauptmann, und Hedwig Elisabeth von Quast, gewesen. Begab sich 1753 den 12ten März in Kriegesdienste, ward bei der Garde du Korps, 1756 den 17ten Februar, Kornet, den 10ten December f. J. Lieutenant, 1764 den 21ten März Stabsrittmeister; erhielt 1774 den 13ten Oktober eine Esquadron, ward 1778 den 26ten Oktober Major, und 1785 den 22ten September Kommandeur. 1787 den 2ten Junius gab ihm König Friedrich Wilhelm der zweite die Amtshauptmannschaft zu Egeln. Seit 1756 bis zum Frieden 1763, hat er allen Schlachten des König Friedrichs des zweiten beigewohnet, und ist stets so glücklich gewesen, nicht blessirt zu werden. 1768 den 6ten September verehlichte er sich mit der Tochter des Königl. Preuß. Geheimen-Finanzrath Zienow, mit der er dreizehn Kinder erzeuget, von denen noch vier Söhne und vier Töchter am Leben, die übrigen aber jung gestorben sind.

Domi-

Dominikus Emanuel Graf Cajetano di Ruggieri,

Königl. Preuß Generalmajor,

Er war der berüchtigte Abanturier, der 1705 nach Berlin kam, und König Friedrich den ersten durch seine vorgebliche Wissenschaft, unedle Metalle in Gold verwandeln zu können, so einnahm, daß er ihm nicht allein große Ehrenbezeugungen erwieß, sondern auch sogar 1705 den 29ten December den Generalmajorscharakter ertheilte. Nachdem aber seine Betrügereien entdeckt worden, fand er, 1709, zu Küstrin, am Galgen den Lohn dafür.

Heinrich Detlew von Calben, (oder Kalben),

Königl. Preuß. Obrstlieutenant und Chef eines Freibataillons.

Sein Vater war Daniel Gottfried von Calben, Erbherr auf Schmoor und Woldenhagen in der Altmark, der ihn mit Dorothea Agnes von Alvensleben erzeuget. Bis 1742 stand er als Rittmeister bei dem neuerrichteten Husarenregiment von Hodiß (jezt von Gröling); muste wegen eines gehabten verdrießlichen Handels die preußische Dienste verlassen, und trat in sächsische, in welchen er Major wurde. 1756 kam er wieder zur preußischen Armee, errichtete zu Reichenbach

U 2

im

im Voigtlande ein Freibataillon, und blieb, 1757 den
den 22ten November, in der Schlacht bei Leuthen.
Mit Katharina Elisabeth von Eiff hat er zwei Töchter erzeuget.

Paul Heinrich Tilio de Camas,

Königl. Preuß. Obrister und Chef eines Füselier-
regiments.

Er stammte aus einem alten und angesehenen französischen Geschlechte, das der Religion wegen, im vorigen
Jahrhunderte, Frankreich verließ, und sich in die Staaten Churfürst Friedrich Wilhelms von Brandenburg begeben hatte. Sein Vater, Franz Tilio de Camas,
starb 1792 den 23ten November als Königl. Preuß.
Obristlieutenant des Lottumschen Regiments zu Pferde,
welches in Westphalen seine Standquartiere hatte; hier
wurde auch Paul von Camas, zu Wesel, 1687 oder
1688 gebohren. Dieser trat 1701 in Kriegesdienste;
stand schon 1705 als Fähnrich bei dem Regiment Varenne (jetzt von Braun); ward 1711 den 21ten Julius
Kapitain, 1725 den 2ten Junius Obristlieutenant,
1727 den 26ten November Drost zu Petershagen im
Mindenschen, und um eben diese Zeit Gouverneur des
Prinzen Friedrich Wilhelms, nachmaligen Marggrafen
von Schwed. 1736 erhielt er als Obrister das Kommando des Alt-Schwerinschen Regiments. 1740 im
Junius schickte ihn König Friedrich der zweite als Gesandten nach Paris, und gab ihm nach seiner Zurückkunft
ein

ein neuerrichtetes Füselierregiment (jezt von Wolfframsdorf). Starb zu Breslau 1741 den 14ten April. Er
hat mit den preußischen Truppen den bekannten Feldzug
in Italien, unter dem Oberbefehle des Fürsten Leopolds
von Anhalt-Dessau, mitgemacht, und verlor in der Belagerung von Pizzihitona den linken Arm, an dessen
Stelle er einen künstlichen trug, den er so geschickt zu
gebrauchen wuste, daß man seinen Mangel nicht leicht
entdecken konnte. Seine Gemahlinn war Sophia gebohrne von Brand, die wegen ihrer vertreflichen Eigenschaften von dem Könige Friedrich dem zweiten, und
dessen ganzem königlichen Hause sehr geschäzt, und 1742
in den Grafenstand erhoben wurde. Sie starb 1766
den 2ten Julius, als Oberhofmeisterin der Königin
Elisabeth Christine von Preußen, im 80sten Jahre ihres Alters.

Graf von Candal.

In einer geschriebenen Liste der brandenburgischen Truppen, von 1679, wird ein Candal, als Chef von 290
Mann, welche wohl ein Freibataillon ausgemacht haben, aufgeführet, und er ist 1677 den 30ten May
zum Obristen bestellt worden. Mehr finde ich von
ihm nicht.

Elias

Elias von Caniß,

Churbrandenburgischer Obrister und Hauptmann zu
Balga, Erbherr auf Medenicken.

Er war ein Sohn Salomons von Caniß auf Medenicken, Preuß. Landrath und Hauptmanns zu Barthen, und Marien von Packmohr, aus dem Hause
Jagelack. 1666 hatte er ein schwaches Regiment
Dragoner, mit dem er sich in der Schlacht bei Warschau befand; war auch Hauptmann zu Balga. Starb
1674, und ist mit Anna Margaretha Fink von Finkenstein verehlicht gewesen.

Christoph Albrecht von Caniß,

Königl. Preuß. Generalmajor und Chef eines Regiments zu Fuß, auf Medenicken, Mühlfeld
und Boxin Erbherr.

Er ist 1653 gebohren, und war ein Sohn Christoph
Friedrichs von Caniß, Chur-Brandenb. Obristlieutenants und Kommendanten der Festung Pillau, und Susanna von Creuß, aus dem Hause Weßlienen. Er
hatte bereits unter Churfürst Friedrich Wilhelm frühzeitig zu dienen angefangen, und war anfänglich Fähnrich
bei der Pillauschen Garnison. Als der Krieg wider
Frankreich seinen Anfang nahm, ging er mit dem Lehn-
dorfschen Regiment, als Lieutenant, nach Holland, ward
Kapitain, und 1676, da er als Freiwilliger, mit dem
Churfürsten, den Winterzug in Ließland mitmachte, Ma-

jor

for bei dem Truchſeſſſchen Regiment, und wohnte hernach den folgenden Feldzügen bis 1679 bei. Als das
benannte Regiment abgedankt wurde, erhielt er, nach
ſeines Vaters Tode, die Stelle eines Majors in Pillau.
1684 machte er, unter dem Grafen von Truchſeß, der
Gouverneur dieſer Feſtung war, und die brandenburgiſchen Hülfstruppen befehlichte, den Feldzug in der
Ukraine, gegen die Türken, mit. 1691 ging er als
Obriſtlieutenant nach Braband. 1702 erhielt er ein
eigenes Regiment (jetzt Graf von Henkel), und ward
1703 im Junius Brigadier. 1704 den 29ten Januar
erhielt er den Befehl, vier von Berlin nach der Donau
marſchirende Bataillons bis z. n Rendezvous zu kommandiren, und wohnte den 13. Auguſt dieſes Jahres dem
blutigen Treffen bei Hochſtädt, in welchem er verwundet
wurde, bei, und befand ſich auch bei der Belagerung
von Landau, wo er wiederum eine Bleſſur empfing.
1705 den 3ten Januar ward er Generalmajor; 1708
den 10ten Januar bekam ſein Regiment den Namen
Oranien, die Uniform deſſelben erhielt zum Unterfutter
orangefarben Zeug, doch blieb Caniz Kommandeur.
1711 ſtand er mit den preußiſchen Völkern in Italien,
wo er bei Chaumont das Glück hatte, auf dem Mont
Vallon die Franzoſen, welche ihn unter dem Befehle des
Generallieutenants Marquis de Breville angriffen, nach
einem zweiſtündigen harten Gefechte, zurück zu treiben,
und ſtarb beim Rückmarſch, am 18ten November, auf
der parmeſaniſchen Grenze. Mit Maria Gottlieb
Schach von Wittenau hat er verſchiedene Kinder
ehelich erzeuget.

Hans

Hans Wilhelm von Caniß,

Königl. Preuß. Generallieutenant, Chef eines Infanterieregiments, Ritter des Ordens pour le
Merite.

Er stammt auch von der preußischen Linie seines Geschlechts ab, und ist 1693 gebohren worden. Seit
dem Jahre 1704 diente er bei dem von Lehwaldschen
Regiment (jezt Graf von Henkel), ward 1714 den 21ten
April Premierlieutenant, erhielt 1724 eine Kompagnie,
ward 1735 den 27ten Novemb. Major, 1741 den 20ten
April Obristlieutenant, 1745 den 20sten Januar Obrister, im Junius selbigen Jahres Kommandeur des
Schulzschen Regiments (jezt von Wendessen), 1750 den
12ten Junius Generalmajor, und erhielt das erledigte
Schlichtingsche Regiment (jezt Graf von Henkel). 1758
den 22ten Januar erhob ihn der König zum Generallieutenant, und ertheilte ihm, 1768 im November,
Alters halber, mit einem Gnadengehalte von 2000
Thalern, die gesuchte Dienstentlassung. Er hat seit
1740 allen kriegerischen Begebenheiten rühmlichst beigewohnet. In dem ersten schlesischen Feldzuge kommandirte er ein Grenadierbataillon, welches aus den Grenadierkompagnien der Regimenter Herzog von Holstein
und Lehwald zusammengesezt war, und befand sich mit
demselben in der Schlacht bei Czaslau. 1745 that er
sich in der Aktion bei Habelschwerd und in der Schlacht
bei Hohenfriedeberg, im siebenjährigen Kriege aber, in
den Treffen bei Großjägerndorf, Zorndorf, wo er verwundet ward, Kay, Kunersdorf, Torgau und Freyberg,

so

so wie bei dem bekannten Uebergang über die Mulde,
und der Belagerung von Anklam, rühmlichst hervor.
Starb 1775 den 10ten April, auf seinem Gute Krafftshagen in Preußen, im 82sten Lebensjahre, nachdem er
63 Jahre dem preußischen Hause gedienet, und hinterließ eine 75jährige Witwe, A. E. eine Tochter des
Königl. Preuß. Brigadiers Melchior Ernst von Canih, von der keine Kinder vorhanden, und welcher der
König, wegen der Verdienste ihres Mannes, ein Gnadengehalt ertheilte.

Philipp Ludwig Freiherr von Canstein,

Königl. Preuß. Obrister der Gens d'Armes, Herr
der Herrschaft Canstein, Schönberg, Neukirchen,
Blumberg, Eiche und Helmstorff.

Seine Eltern waren: Raban, Freiherr von Canstein, Churbrandenburgischer Geheimerrath, Obermarschall und Kammerpräsident, und Hedwig Sophia
von Kracht, die ihn, 1669 den 11ten April, zur Welt
gebohren. Seinen Vater verlor er frühzeitig, ward
von Vormündern sorgfältig erzogen, ging, nebst seinem
älteren Bruder, 1683, nach der Universität zu Frankfurt an der Oder, und durchreiste, mit vielem Nutzen,
die vornehmsten europäischen Staaten. Nahm nach seiner Rückkunft Kriegesdienste an; ward bei dem kaiserlichen Regimente Fürst von Anhalt-Dessau, 1688 den
22ten December, Hauptmann, und diente gegen die
Türken in Ungarn. 1694 den 24ten Februar bestellte

ihn

ihn Churfürst Friedrich der dritte bei dem Infanteriere=
giment Marggraf Karl Philipp zum Major, und Can=
stein machte mit demselben den Feldzug iu Italien mit;
ward bei Kasal in den Vorderleib verwundet, so, daß
er keine fernere Infanteriedienste leisten konnte. 1698
befand er sich, mit dem Generalmajor von Stille, in
dem berühmten Feld= und Lustlager, so zum Unterricht
des Herzogs von Bourgogne bei Kompiegne angestellet
war. 1700 den 12ten December ward er Obristlieu=
tenant bei den Gens d'Armes. Als der Brigadier von
Schöning, 1703 den 6ten November, Krankheits hal=
ber, die gesuchte Diensterlaßung als Generalmajor er=
hielt, bekam sein Regiment zu Pferde (jezt Graf v. Görz
Kuirassier) der von Kanstein mit Obristencharakter,
unter vorgedachtem Datum. Die bekannten allgemei=
nen Nachrichten von der preußischen Armee, sagen bei
der Geschichte dieses Regiments: Canstein habe solches
mit königlicher Erlaubniß, von dem Obristen von Schö=
ning, für 8000 Thaler erkauft, und für eben so viel
Geld, 1705, wieder an den Generaladjudanten Hans
Heinrich von Katte überlassen; wovon sich aber nichts
bestätigendes findet. Mit diesem gedachten Regimente
wohnte Canstein dem spanischen Erbfolgekriege bei; es
nöthigten ihn aber die Schmerzen von seiner empfangenen
Wunde, das Regiment und die Kriegesdienste zu verlaß=
sen, und einige Zeit, im magdeburgischen, sich der Ruhe
zu bedienen. 1707 fand er sich zum Dienst wiederum
gestärkt, und ging als Obrister der Gens d'Armes ins
Feld; blieb aber, 1708 den 11ten Julius, in der
Schlacht bei Oudenarde in Flandern, im 40sten Jahre
seines Lebens. 1704 den 20sten Januar hatte er sich

- mit

mit Ehrengard Maria gebohrnen von der Schulen=
burg, Karl August's von Alvensleben, Chur=Braun=
schweig = Lüneb. Hofraths und Hofmeisters, wie auch
Domherrn des hohen Stifts zu Magdeburg, hinterlaffe=
nen Witwe verehlicht, aber mit ihr keine Kinder erzeu=
get. Sein Bildniß hat der berühmte Blesendorf sehr
gut in Kupfer radiret.

George Karl von Carlowitz,

Königl. Preuß. Obrister, Chef eines Grenadierba=
taillons, Ritter des Ordens pour le Merite.

Gebohren zu Schwarzbach im Churfürstenthum Sach=
fen, 1717 den 4ten Oktober. Seine Eltern sind Hans
Karl von Karlowitz, Erbherr auf Schwarzbach und
Burkersdorf, der 1742 den 17ten May starb, und
Susanna Sabina von Seydewitz gewesen. Von
1731 bis zu Ende des Jahres 1733, stand er bei dem
regierenden Reichsgrafen Heinrich dem achtzehnten Reuß
zu Gera, als Edelknabe; ward 1734 Fähnrich des
Müflingschen Regiments, welches die Fürsten von
Schwarzburg und Reichsgrafen von Reuß, als Reichs=
kontingent stellen musten. Mit demselben wohnte er
den Feldzügen am Rhein, von 1734 bis 1736 bei. Als
dies Regiment, 1736, bis auf eine Kompagnie, gänz=
lich abgedanket wurde, die der Stadt Rostock, unter kai=
serlicher Vermittelung, als Kommisstonstruppen, bei
den damaligen mecklenburgischen Unruhen, überlaffen
ward. Bei solcher ward er wieder als Fähnrich ange=
stellet,

ſtellet, und 1738 zum Lieutenant ernannt. 1741 überließ man dieſe Kompagnie dem Könige von Preußen,
welcher ſie zu dem neuerrichteten Garniſonregiment von
Bredow (jezt von Kowalsky) gab. Aus demſelben
wurden, 1742, zwei Grenadierkompagnien ausgezo-
gen, auf den Feldetat geſezt, und mit den übrigen in
Beeliz und Treuenbriezen garniſonirenden Grenadiers
zu einem Bataillon gemacht (jezt von Bork). 1744
den 14ten September ward er, als zweiter Premierlieutenant, Hauptmann, und erhielt eine Kompagnie. 1757
den 23ten December ernannte ihn der König zum Major, und 1758 zum Kommandeur des erledigten Grenadierbataillons von Wangenheim, 1759 aber zum
Kommandeur des Kahldenſchen. 1762 im May erhielt er den Orden pour le Merite; ward 1765 den
24ten May Obriſtlieutenant, und 1767 im Auguſt
Obriſter. In den Kriegen von 1744 bis 1745, und
von 1756 bis 1763, that er ſich rühmlichſt hervor.
Starb zu Treuenbriezen, 1771, im 55ſten Jahre ſeines
Alters, und iſt zweimal verehlicht geweſen: erſtens, ſeit
1739 den 10ten Julius, mit **Anna Katharina von
Berg**, die 1753 den 14ten May im Kindbette ſtarb,
nachdem ſie eilf Kinder zur Welt gebohren, und zweitens, 1756 den 11ten Julius, mit **Karolina Eleonora Friedrika von Ende**, aus dem Hauſe Haus-
dorf in Sachſen, davon acht Töchter.

Benjamin Batfal von Castilhon,

Königl. Preuß. Obrister und Chef des Mineur-korps.

Er ist aus dem Brandenburgischen gebürtig. Sein Vater war (nach Ermann. Reclam. Memoires des Réfugiés françois T. II. p. 247) Zacharias de Castilhon, aus Morlais in Bearn, der zulezt als Major bei den Grandmousquetairs in preußischen Diensten gestanden. Er ward bereits, 1742 den 8ten Januar, Kapitain bei dem Walravischen Pionierregiment. 1743 im December ward sein Alter auf 37 und die Dienstzeit auf 13 Jahr angegeben. 1755 den 8ten August ernannte ihn der König zum Major, und 1771 den 20ten May zum Obristen. Er hat, als Chef, die drei zu Glaz in Garnison liegende Mineurkompagnien, und befand sich in sämtlichen Feldzügen König Friedrich des zweiten gegenwärtig.

Pierre de la Cave,

Churbrandenburgischer Generalmajor, Geheimer-kriegesrath, Kämmerer, Gouverneur der Festung Pillau, Ritter des St. Michaelordens, und Erbherr der Diblackschen Güter.

Er ist 1605 den 24ten December in Frankreich gebohren worden. Seine Eltern waren, Pierre de la Cave, Herr der Herrschaft Cave-haute, in der Grafschaft Courtenay, und Madelon de Vaufin, beide aus sehr alten

alten und berühmten Geschlechtern. Gegen die Mitte
des siebzehnten Jahrhunderts verließ er sein Vaterland,
in welchem er vermuthlich auch gedient hatte, weil er
den Michaelsorden mitbrachte, der Religion wegen, und
nahm churbrandenburgische Dienste an. 1632 war er
Fähnrich bei der churfürstlichen Leibgarde, unter Kon-
rad von Burgsdorfs Kompagnie. 1637 den 24ten
März bestellte ihn Churfürst George Wilhelm als seinen
Rittmeister (wie es in der Bestallung heißt) zum Vice-
oder Unterstallmeister, und Churfürst Friedrich Wilhelm,
1640 den 20ten December, zu seinem Stallmeister.
1642 errichtete er, auf des lezteren Befehl, eine sogenannte Leibkompagnie, so aus 202 Mann bestehen sollte, zu Königsberg, und ward darüber zum Kapitain
verordnet. Ohngefehr 1650 muß er, nach Otto Wilhelm von Podewils, Kommendant und Gouverneur von
Pillau geworden sein. 1652 den 1ten März ward er
zum Hauptmann über die churfürstliche Leibgarde zu Fuß,
die damals 300 Köpfe stark war, mit 100 Thalern
monatlich bestellet. 1669 den 13ten August erhob ihn
der Churfürst zum Generalmajor seiner Armeen. Starb
1679 den 8ten May, und liegt zu Pillau begraben.
Sein Bildniß findet sich in Kongehls Cypressenhain,
S. 81. War verehlicht mit Alpera Arnolde, Ger-
hards von Münster, churbrandenburgischen Obristen
zu Fuß und Erbherren zu Vortlage im Tecklenburgischen,
und Anna von Santmann, aus dem Stifte Münster,
Tochter, davon der folgende Sohn und eine Tochter gebohren worden.

Wil-

Wilhelm de la Cave,

Churbrandenburgischer Generalmajor und Chef eines Infanterieregiments.

Des vorigen Sohn, von dem ich, aller Mühe ohnerachtet, wenig habe auffinden können. 1692 stand er als Obrister bei dem Regiment Churprinz, ward 1695 Generalmajor, und hatte ein Infanterieregiment als Chef, welches 1697 abgedankt wurde. Lebte noch 1727 im 77sten Jahre seines Alters auf seinem Gut Didlacken im Amte Fischhausen, im Königreich Preussen, außer Diensten.

Emanuel Franz Eugen von Chaumontet,

Königl. Preuß. Brigadier und Chef eines leichten Infanterieregiments.

Er ist aus Savoyen gebürtig, und hat zuvor in königlichen sardinischen Diensten gestanden. 1756 kam er in preußische Dienste, in welchen er, nachdem er den siebenjährigen Feldzug mitgemacht, und sich bei verschiedenen wichtigen Gelegenheiten hervorgethan hatte, 1772 Major bei dem neuerrichteten von Krockowschen Füselierregiment ward. 1773 ward er Obristlieutenant, und 1776 Obrister. 1784 im September gab ihm König Friedrich der zweite 1000 Thaler Pension, und nahm ihn nach Potsdam in sein Gefolge. 1784 den 25ten September ward er Generalmajor. 1786 erhielt er ein leichtes Feldregiment, welches neu errichtet worden

den war, und seine Standquartiere zu Bunzlau und Löwenberg bekam; 1787 ward er Brigadier von der leichten Infanterie.

Daniel Massa de Chauvet,

Königl. Preuß. Major, ehemaliger Kommandeur eines Grenadierbataillons, und zuletzt Kommendant der Festung Glatz.

Er stammt aus einer berühmten französischen Familie, die sich, der Religion wegen, in den brandenburgischen Staaten niederließ, und ward 1719/20 zu Bernau gebohren. Bereits 1726 trat er bei dem Moselschen Regiment (jetzt von Kalkstein) in preußische Kriegsdienste, und diente von der Pike an; war 1730 bei demselben Fourier, avancirte zum Officier und weiter fort bis zum Major, als welcher er das Grenadierbataillon von Arnim, welches aus den Grenadierkompagnien der Regimenter von Kalkstein und von Wolfframsdorf zusammengesezt war, auf einige Zeit kommandirte. Nach dem 1763 erfolgten Frieden ward er Kommendant zu Brieg, wo er 1772, im 64sten Jahre seines Alters, verstarb. Von 1741 bis 1763 befand er sich in den Feldzügen König Friedrichs des zweiten gegenwärtig, und wurde 1757 den 14ten August in der Affaire bei Landshut verwundet.

. . . von Choisi,

Königl. Preuß. Major und Chef eines Frei-
bataillons.

1758 errichtete ein preußischer Major dieses Namens in Sachsen ein Freibataillon.

. . . von Chossignon,

Königl. Preuß. Obristlieutenant und Chef eines
Freibataillons.

Er kam aus französischen Diensten, und ward in
preußischen Obristlieutenant; errichtete 1757 in Nie-
dersachsen ein Freibataillon, mit welchem er, bis zu
Ende des Jahres 1758, da er von einem von ohngefehr losgegangenem Gewehre verwundet wurde, und
an der Wunde sterben muste, in Sachsen und der
Lausitz, mit Nutzen gebraucht ward.

Ferdinand Prinz und nachmaliger Herzog
von Churland,

Churbrandenburgischer Generallieutenant und Chef
eines Regiments zu Fuß.

Er war aus der fürstlichen Ehe Herzogs Jakob
von Churland mit Louisen Charlotten gebohrnen

X
Prin-

Prinzeſſin von **Brandenburg**, 1655 den 2ten No‑
vember, zur Welt gebohren. Churfürſt Friedrich Wil‑
helm ernannte ihn zum Generallieutenant ſeiner Armee,
in welcher Qualität er zuvor in polniſchen Dienſten ge‑
ſtanden, und gab ihm 1686 das Regiment, welches ſein
jüngerer Bruder, der 1686 bei Ofen gebliebene Prinz
Alexander von Churland gehabt (jezt von Strwolinsky).
Er verließ aber die brandenburgiſche Dienſte 1689, und
trat in königl. polniſche und churſächſiſche, in denen er
Generalfeldzeugmeiſter, bald darauf aber Herzog von
Churland ward, als welcher er, 1737 den 4ten May,
verſtorben. Sein Leben findet man in dem bekannten
Geneal. Archivarius, auf das Jahr 1737, S. 419
bis 453, und in Zirſchke Sächſiſch. Civil‑ und Militair‑
Etat, 2ten Theils erſte Fortſetzung S. 120, weitläufti‑
ger beſchrieben, wo auch ſeiner Deſcendenz, welche in
Prinzeſſinnen beſtanden, gedacht wird.

Alexander Prinz von Churland,

Churbrandenburgiſcher Obriſter, Chef eines Regi‑ ments zu Fuß, und Ritter des Ordens pour le Merite.

Er war des eben gedachten Herzogs jüngerer Bruder,
und iſt 1658 gebohren worden. An dem brandenbur‑
giſchen Hof ward er größtentheils erzogen, und diente
unter des Churfürſten Friedrich Wilhelms Truppen, der
ihn, 1684 den 6ten Junius, zum Obriſten ernannte.
1683 ward für ihn ein neues Regiment in Preuſſen er‑
richtet,

richtet, welches anfänglich nur ein Bataillon stark war, zu dem aber noch, 1685, das zweite geworben wurde. Es ist solches das jetzige von Stwolinskysche Regiment. Der Prinz starb 1686 an seinen den 26ten Junius bei der Belagerung von Ofen empfangenen Wunden, etliche Tage darnach, auf der Rückreise nach Wien.

Rabe Herrmann von Cloet,

Churbrandenburgischer Obrister, und Chef eines Bataillons zu Fuß.

Also wird er in zuverläßigen Listen der churbrandenburgischen Armee, vom Jahre 1692, aufgeführet.

Johann Franz von Colignon,

Königl. Preuß. Obrister und Chef eines Freibataillons.

Er war aus Deutsch-Lothringen gebürtig, und 1715 gebohren; 1757 trat er aus holländischen Diensten, in welchen er Obrister des Husarenkorps war, in preußische, und warb ein Freibataillon, mit dem er, während dem siebenjährigen Kriege, sich bei vielen Vorfällen auszeichnete. 1760 im März erhielt er das Angenellische Freibataillon, und nahm 1763, da dies Bataillon reduciret wurde, seinen Abschied.

X 2　　Jakob

Jakob von Colong,

Königl. Preuß. Generalmajor, Chef des siebenden Departements beim Kriegeskollegium.

Aus Reval in Liefland gebürtig. Kam 1745 zum Prinz Heinrichschen Füselierregiment in preußische Dienste; war 1750 Sekondelieutenant, und avancirte bis zum Major; erhielt als solcher seine Entlassung, und ward 1778, bei entstandenem baierschen Erbfolgekriege, Kommandeur des neuerrichteten Freiregiments von Stein. Hierauf erhielt er, an die Stelle des verabschiedeten Obristen von Görne, die Intendantenstelle von der Armee, und 1780 im April die Aufsicht über das Versorgungswesen der Invaliden. 1787 im Januar ernannte ihn König Friedrich Wilhelm der zweite zum Generalmajor, und den 25ten Junius dieses Jahres zum Chef des siebenten Departements beim Oberkriegeskollegium, welches das Versorgungswesen der Invaliden von der Armee, und die davon abhängenden Kassen zum Gegenstand seiner Arbeiten hat. Er hat sich im siebenjährigen Feldzuge bei vielen Gelegenheiten auf das bravste hervorgethan, ist ein Mann von ausgebreiteten Kenntnissen, und unverehlicht.

Friedrich Leopold von Colrep,

Königl. Preuß. Obrister des Anhaltschen Regiments, und vorher gewesener Kommandeur eines Grenadierbataillons.

Er ist 1721 in Preußen gebohren worden. Sein Vater war, Friedrich Wilhelm von Colrep, der in polnischen Diensten als Obristlieutenant gestanden, und im Amte Ortelsburg das Gut Jablonken besaß. Er trat 1736 bei dem von Röderschen Regiment (jezt Graf von Henkel) in Dienste, ward dabei 1741 Fähnrich, 1743 den 9ten August Sekondelieutenant; 1756 war er Premierlieutenant, als das Regiment nach Schlesien ins Feld rückte. Ward 1762 Kapitain, 1768 Major, 1775 den 22ten May Obristlieutenant, 1778 Kommandeur des Regiments, und erhielt 1784 im September als Obrister, mit einem Gnadengehalte, seinen Abschied. Von 1768 bis 1778 hatte er das Grenadierbataillon, so aus zwei Grenadierkompagnien des Regiments Graf von Henkel und zwei Grenadierkompagnien vom Regiment von Romberg zusammengesezt war, zu kommandiren, und hat sich bei den kriegerischen Vorfällen, welchen er während seiner langjährigen Dienstzeit beigewohnet, jederzeit vorzüglich brav bewiesen.

Johann

Johann Christian von Conradi,

Königl. Preuß. Obrister und Kommandeur des
Marggraf Heinrichschen Füselierregiments.

Er war aus Cleve gebürtig, und ist 1700 gebohren
worden. 1717 trat er in preußische Kriegesdienste;
war 1721 beim Golzschen Regiment in Wesel (jezt Prinz
Ferdinand vom Hause) Fähnrich, 1732 Lieutenant beim
Regiment Kronprinz, 1740 Kapitain bei dem Regiment
Prinz Ferdinand, 1743 Major bei Kreyßen (jezt von
Erlach), ward bei diesem leztern, 1745 den 15ten Julius, Obristlieutenant, gleich darauf aber zu dem Füselierregiment Marggraf Heinrich versezt. 1747 den
11ten Junius ernannte ihn der König zum Obristen,
1750 zum Kommandeur des leztgedachten Regiments,
und gab ihm 1753 im May den Abschied. Er ward
darauf Landrath in der Grafschaft Mark, wo er auch
176* verstorben ist.

Johann Kaspar von Cosel,

Königl. Preuß. Generallieutenant, Chef eines Dragonerregiments, Hauptmann des Amts Fischhausen, und Ritter des Ordens de la
Generosité.

Er war ein Sohn des churbrandenburgischen Kammer-
gerichts- und Amtskammerraths, auch Hofrentmeisters
Andreas von Cosel, der vom Kaiser Leopold, 1667,

den

den Adelstand erhielt, und Even Marien Striepen.
1684 trat er in churbrandenburgische Kriegesdienste;
war 1692 beim Sonsfeldschen Dragonerregiment (jezt
von Mahlen) Lieutenant, 1703 Kapitain; ward 1705
den 10ten Februar Major, 1711 den 30ten Januar
Obristlieutenant, 1716 den 20ten Julius Obrister bei
Alben Dragoner. 1720 stand er als Kommandeur
beim Lottumschen Kuirassierregiment (jezt von Kalkreuth).
1727 erhielt er fünf Esquadrons vom Wutenowschen
Dragonerregiment (jezt von Posabowsky) als ein eigenes
Regiment. 1728 ward er Generalmajor. 1734 den 11ten
Sept. erhielt er, mit Generallieutenantscharakter, Alters
halben, seinen Abschied, und empfing, den 24. September selbigen Jahres, die Bestallung als Amtshauptmann
zu Fischhausen. Er hat in den Feldzügen, welchen die
preußischen Truppen, von 1684 bis 1734 machten,
gedienet, und starb 1738 den 18ten März zu Fischhausen, in einem Alter von 82 Jahren. Ist verehlicht gewesen, und hat Kinder hinterlassen.

Wilhelm Renatus (René) de l'Homme de Courbiere,

Königl. Preuß. Generalmajor, Brigadier der leichten Infanterie und Chef eines leichten Feldbataillons, Drost zu Leer in Ostfriesland, und Ritter
des Ordens pour le Merite.

Er ist 1733 in Holland gebohren worden, wo seine
aus der Dauphines herstammende Familie, nach der

Auf-

Aufhebung des Edikts von Nantes, sich niedergelassen hatte. Bis 1756 stand er in holländischen Kriegesdiensten, und kam in diesem Jahre in preußische;
ward Hauptmann des Meyerschen Freibataillons, und
bald darauf Major; als solcher erhielt er, 1760 im
May, das Collignonsche Freibataillon, ward 1763
Obristlieutenant, 1771 im September Obrister, 1778
den 28ten Februar Drost zu Leer in Ostfriesland,
und 1780 den 10ten Julius Generalmajor. In
dem dritten schlesischen Feldzuge hat er sich bei vielen
wichtigen und gefährlichen Unternehmungen hervorgethan; erwarb sich 1760 den Orden pour le Merite,
und sein Bataillon wurde zu einem Garnisonbataillon
gemacht, welches zu Embden sein Standquartier erhielt. 1787 ward er Brigadier der leichten Infanterie, und sein Bataillon ein leichtes Feldbataillon.

Joel von Courneaud,

Königl. Preuß. Generallieutenant von der Infante-
rie, Inhaber eines Bataillons.

Er stammt aus einer vornehmen Familie, die in
Basse-Guienne in Frankreich blühet, und hatte schon
vorher in französischen Diensten gestanden, als er gegen das Ende des verwichenen Jahrhunderts sein Vaterland, der reformirten Religion wegen, verließ, und
in die Staaten Churfürst Friedrich Wilhelms kam,
der ihn sogleich zum Obristen ernannte, und ihm ein
Bataillon, welches zu Brandenburg in Garnison lag,
gab.

gab. Er hatte solches noch 1692, verlor es aber bei einer in diesem Jahre vorgenommenen Reduktion; ward 1696 den 5ten May Generalmajor, errichtete 1703 wieder eine Freikompagnie, die zu Rathenow gemustert, und sodann nach Magdeburg verlegt ward. 1704 erhob ihn König Friedrich der erste zum Ge-nerallieutenant, und gab ihm das Kommando über seine in Savoyen stehenden Hülfsvölker, unter dem Fürsten Leopold von Anhalt-Dessau. Sein Todesjahr ist mir, so wie seine etwanige Ehe und Kinder, un-bekannt; man findet aber Personen in den preußischen Staaten, die seinen Namen führen, und vermuthlich Abkömmlinge von ihm sind.

Karl Friedrich von Cratz,

Königl. Preuß. Generalmajor, Chef des Berlini-schen Garnisonregiments, Erbherr auf Mordal und Pfänner zu Halle.

Er ist zu Halle, 1671 den 3ten Februar, ge-bohren worden, und seine Eltern waren: Hans Ja-kob von Cratz, Churbrandenburgischer Amtskammer-rath und Hauptmann der Aemter Ziesar, Zinna, Loh-burg und Neuschloß, und Elisabeth Sibilla Rein-hards. 1685 kam er in preußische Dienste, und stand, 1690 im Oktober, als Lieutenant beim zwei-ten Bataillon preußische Garde in Crossen; 1705 als Staabskapitain. 1709 den 19ten April erhielt er eine Kompagnie. 1720 den 28ten Februar ward er Major, 1714 den 6ten December Obristlieute-

X 5   nant;

nant; 1721 erhielt er den gebetenen Abschied als
Obrister, und lebte viele Jahre zu Halle außer Diensten. Als König Friedrich der zweite 1740 den Thron
bestieg, und die alten erfahrnen Offiziers wieder her-
vorsuchte, ernannte er den von Cratz, 1743 im
April, zum Generalmajor, und gab ihm das Berlini-
sche Garnisonregiment (jezt von Löben). Er starb zu
Halle, 1747 den 7ten September, im 77sten Jahre
seines Alters unverehlicht, und hat den Feldzügen in
Italien, Braband und Pommern beigewohnet. Sein
Vermögen, welches besonders in Salzkothen zu Halle
bestand, vermachte er der Invalidenkasse.

Johann Franz von Croone,

Königl. Preuß. Generalmajor und Kommandeur des Anhalt-Zerbstischen Regiments zu Fuß.

Sein Vaterland scheint Westphalen zu sein, und hat
sein Geschlecht in der Folge den Namen Krahn oder
Krane angenommen. Er stand schon 1691 in churbrandenburgischen Diensten, und hatte zwei Kompagnien zu Fuß errichtet, von denen er Chef war. 1702
den 27ten Februar ging er mit den preußischen Hülfstruppen in holländische Dienste, und erhielt das Obri-
sten-Prädikat. 1707 den 19ten Februar ward er
Brigadier, 1709 den 29ten November Generalmajor,
und stand als solcher bei dem Anhalt-Zerbstischen Regiment (jezt von Scholten), welches er kommandirte.
Nicht lange darnach muß er die preußischen Dienste

ver-

verlaſſen haben, oder geſtorben ſein, da er in keinen
Liſten der preußiſchen Generalität, von den folgenden
Jahren, zu finden iſt.

Ernſt Bogislaus Herzog von Croy und Arſchot,

des H. R. R. Fürſt, Marggraf zu Habre, Graf zu
Fontenoy, Bajon, Naugardten und Maſſow, Herr
zu Dompmartin, lezter Biſchof zu Camin, Churbrandenburgiſcher Generalſtadthalter der Herzog-
thümer Preußen und Hinterpommern, auch Fürſtenthums Camin, geheimer Etatsrath, Chef eines
Regiments zu Pferde und zu Fuß.

Ernſt Herzogs von Croy und Anna Herzogin von
Pommern Sohn, iſt 1620 den 26ten Auguſt gebohren worden. Ward 1632 zum Biſchof von Camin
erwählt, und iſt der lezte geweſen, der dieſes anſehnliche
Stift gehabt hat. 1665 den 17ten Februar erhielt er
die Beſtallung zum Geheimenrath und Statthalter des
Herzogthums Hinterpommern und Fürſtenthums Camin,
mit dem Gehalte von 2800 Thalern, alles vor allen
jährlich, nebſt churfürſtlichen Befehl an die hinterpom-
merſchen und Caminſchen Oberförſter, ihm jährlich zwölf
Schweine und ſechszehn Rehe zu liefern, ſamt der Woh-
nung in Colberg. 1670 den 30ten März ward er, nach
des Fürſten Bogislaus von Radzivil Abſterben, zum
Statthalter in Preußen beſtellt und beſtätigt, ihm auch

zu

zu gleicher Zeit eine Kompagnie zu Fuß, unter dem Hauptmann Panzer, zur Leibgarde verordnet. Nach seiner Bestallung erhielt er 4000 Thaler aus der Kriegeskasse, auf vierzig Pferde hart und rauh Futter, und die nöthigen Zimmer auf der churfürstlichen Residenz. Im vorgedachten Jahre den 8/18ten April erging die Verordnung nach Preußen, dem Herzoge als Statthalter allen Respekt zu erweisen, und ihn bei seiner Ankunft mit der dreimaligen brandenburgischen Losung, aus neun Stücken, auf dem Wall und in der Schanze zu Königsberg, und Paraden der Soldateske zu empfangen. 1679 hatte er ein Regiment zu Pferde, 698 Mann stark, welches nachher der Obriste Gottfried von Perband erhielt, und eines zu Fuß von 586 Köpfen, nebst der Oberaufsicht über das Krieges- und Festungswesen im ganzen Herzogthum Preußen. Mit ihm erlosch, da er, 1684 den 7ten Februar, zu Königsberg in Preußen starb, der ganze Stamm der Herzoge von Pommern; indem er unverehlicht gewesen. Sein Bildniß, von J. C. Böcklin in Kupfer gestochen, befindet sich in Kongehls Cypreßenhain S. 73.

Karl Eugen Herzog von Croy,

des H. R. R. Marggraf von Cornetto und Renti, Baron in Milendonk, Kaiserl. und zuletzt Polnischer General.

Nach Johann Friedrich Seifferts Geschichte der Königl. Preuß. Regimenter (Nürnb. 1760. 8.) S. 35, hat er ein Bataillon preußische Truppen gehabt, aus welchem

welchem nnd dem Heinrich Truchseß von Waldburg-
schen, ein besonderes Regiment (jezt Alt-Woldeck)
errichtet ward, welches aber noch sehr zu bezweifeln
ist, da sich keine Spur einer Bestätigung findet, daß
dieser Herzog von Croy ein Bataillon gehabt, noch,
daß er in brandenburgischen Diensten wirklich gestanden; von seinen Thaten in kaiserlichen und polnischen
Diensten aber, stehen Nachrichten in Gauchens Adels-
Lexikon S. 482. f.

Ernst Heinrich Freiherr von Czettritz,

Königl. Preuß. Generallieutenant, Chef eines Dragonerregiments, Amtshauptmann zu Lyck, Ritter
des Ordens pour le Merite und Erbherr
auf Neuhaus.

Seine Eltern waren: Ernst Heinrich von Czettritz und Neuhaus, auf Waldenburg, Weinstein,
Hermsdorf ꝛc. Erbherr, und Anna Magdalena von
Czettritz, aus dem Hause Schwarzwalde, die ihn
1713 den 3ten März zur Welt gebohren. Nach voll-
endeten Reisen blieb er eine geraume Zeit auf seinen
Gütern, bis ihn 1741 König Friedrich der zweite
von Preußen, bei der Einnahme von Schlesien, kennen lernte, und aus eigener Bewegung zum Kapitain
bei dem von Schulenburgschen Dragonerregimente (jezt
von Götze) ernannte. 1745 erhielt er eine Kompagnie, ward bald darnach Major, 1755 Obristlieutenant, 1756 Kommandeur des Regiments, 1757
Chef

mandeur des Kleistſchen Huſarenregiments und Amtshauptmann zu Preußiſch-Holland; 1768 den 12ten
September Obriſter, erhielt den 15ten September 1770
das Regiment ſelbſt als Chef, und ward den 20ten May
1770 Generalmajor, und 1786 den 3ten März Generallieutenant. In den Feldzügen von 1756 bis 1763
hat er ſich bei vielen Gelegenheiten, beſonders in den
Schlachten bei Lowoſitz, Reichenberg, Prag, Kollin,
Zorndorf, Lignitz und Torgau, hervorgethan. Gegen
das Ende des 1758ſten Jahres hatte er das Unglück,
als er mit der königlichen Armee, zum Entſatz von Neiſſe,
aus Sachſen nach Schleſien rückte, von den Oeſterreichern bei Goldberg, in einem Gefechte, nach dem tapfer-
ſten Widerſtand, und nachdem ihm das Pferd unter dem
Leibe getödtet worden, gefangen zu werden; ward aber
nach einigen Monaten wieder ausgewechſelt. In der
Schlacht bei Reichenberg, die an ſeinem Geburtstage,
1762 den 16ten Auguſt, vorfiel, hat er mit dem Regimente, welches er anführte, ein Großes zu dem Siege
der Preußen beigetragen, indem er ein in die Flanke ein-
brechendes Korps feindlicher Reuterei, durch ſeinen leb-
haften Widerſtand, glücklich zurücktrieb. Im baierſchen
Erbfolgekriege befand er ſich bei dem Heere des Prinzen
Heinrichs in Sachſen und Böhmen. Sein ausgeführ-
teres Leben, nebſt dem von P. Haas in Kupfer geſtochenen Bildniſſe, befinden ſich im Berliniſchen genealogiſch-
militairiſchen Kalender, für das Jahr 1788. 1763
den 20ten Oktober verehlichte er ſich mit Sophia
Wilhelmina Auguſta von Grotthauſen, davon ein
Sohn und zwei Töchter gebohren worden.

George

George Christoph von Daembke,

Königl. Preuß. Obristlieutenant, Chef des Inva-
lidenkorps und Kommendant des Invaliden-
hauses bei Berlin.

Er ist in Preußen, 1719 den 5ten Februar, gebohren
worden, wo sein Vater, Johann Sigismund von
Daembke, der als Lieutenant in preußischen Diensten
gestanden, im Amte Neidenburg wohnte. Kam 1740
beim Truchseßschen Regiment (jezt von Braun) in Dienste, ward bei demselben 1741 Fähnrich, den 2ten December 1744 Sekonde- und 1752 den 27ten April
Premierlieutenant, 1757 Staabs- und 1759 im Februar wirklicher Hauptmann, 1767 im Januar Major,
und erhielt, 1768 im Januar, mit Obristlieutenantscharakter, die Kommendantenstelle in dem bei Berlin
gelegenen Invalidenhause, wo er 1775 den 19ten December im 57sten Jahre seines Alters unverehlicht verstarb; nachdem er in königlichen Kriegesdiensten einund-
vierzig Jahr gestanden, und die drei schlesische Feldzüge mitgemacht hatte.

George Ludwig von Dalwig,

Königl. Preuß. General von der Kavallerie, Chef
eines Kuirassierregiments und Ritter des schwarzen
Adler- und pour le Merite-Ordens.

Er ist zu Silterode auf dem Eichsfelde, 1725 den
26ten December, gebohren worden. Sein Vater, Otto

Y   Rein-

Reinhard von Dalwig, war in heſſiſchen Dienſten Generallieutenant und Gouverneur von Ziegenhain. Die Veranlaſſung, preußiſche Kriegesdienſte anzunehmen, gab der ehemalige preußiſche Generallieutenant von Winterfeld, der als Kapitain von den großen Grenadiers König Friedrich Wilhelms des erſten, mit einem Rekrutentransport, 1738, von Weſel, durchs heſſiſche nach Oldendorf an der Weſer kam, wo der Vater des jungen Herrn von Dalwig mit ſeinem Regimente ſtand, und das Vorhaben des Sohnes, ſich bei der preußiſchen Armee zu engagiren, wozu ihm der von Winterfeld Luſt gemacht hatte, genehmigte. Da er aber erſt dreizehn Jahr alt war; ſo verzögerte ſich ſolches bis zum Jahre 1740, da er den 16ten Januar zu Angermünde ankam, und jüngſter Standartenjunker bei dem Marggraf Friedrichſchen Kuiraſſierregiment (jezt Prinz Louis von Würtemberg) ward. Er rückte als ſolcher, im ſelbigen Jahre, mit dem Regimente nach Schleſien, wo am 10ten Januar 1741 bei Ottmachau ein Scharmützel vorfiel, nach welchem ſich dieſe Stadt ergab. Im Februar d. J. ward er Kornet; befand ſich den 10ten April in der Schlacht bei Molwiz, und folgends bei den Belagerungen von Brieg und Reiſſe. Im Frühjahr 1742 rückte er mit dem Regiment nach Oberſchleſien, wo das in dortiger Gegend ſich zuſammengerottete Geſindel vertrieben wurde; ſtand ſodann bei der Brigade des Prinzen Eugen von Deſſau, und war mit bei dem ſehr gefährlichen Vorfall bei Kranowiz, wo ſich das Regiment aus den größten Verlegenheiten auf eine glücklich-wunderbare Art herauszog. 1743 zu Anfang des Jahres ging er nach Frankfurt am Mayn auf Werbung; ward

ward im Julius Lieutenant, und wohnte gelegentlich der
Schlacht bei Dettingen bei. Im Frühjahr 1744 ward
er wieder zum Regiment berufen, und befand sich in allen Schlachten des zweiten schlesischen Krieges. 1747
ging er nach Achen auf Werbung, und 1748, mit königlicher Erlaubniß, zur alliirten Armee, die gegen die
Franzosen in den Niederlanden stand. Nach seiner Rückkunft ward er, 1749 im December, als ältester Rittmeister zum Wartenbergischen Husarenregimente (jezt
von Rosenbusch) versezt, und bald darauf, 1750 im
Februar, Major, wodurch ihm der Schaden, den er durch
dreizehn Kompagnien Einschub erlitten, ersezt wurde.
1757 den 18ten April rückte er mit dem Schwerinschen
Heere in Böhmen ein, und that sich in dem hitzigen Gefechte bei Altbunzlau, und bei der folgenden blutigen
Schlacht bei Prag, besonders hervor. Im December
lezgedachten Jahres ward er Obristlieutenant. Beim
Ausmarsch aus Böhmen ward er durch einen Sturz mit
dem Pferde, wobei er sich die Brust völlig zerquetschte,
einige Monate aufs Krankenlager geworfen, und die
Aerzte zweifelten an seiner Wiederherstellung; er ward
aber in Breslau völlig geheilt, und entging dadurch
glücklich der Gefangenschaft, in welcher das Regiment
zu Schweidniz fiel. 1759 im December ward er Kommandeur des Spaenschen Kuirassierregiments, welches
jezt das seinige ist, das er, da solches in den Schlachten bei Kunetsdorf und Kay viel gelitten hatte, zu Breslau rekrutiren und remontiren muste. 1760 im Januar
marschirte er mit dem Regimente nach der Lausiz, wo
er bei Görliz unter dem General Fouquet stand, und
bald darauf zum Heere des Prinzen Heinrichs kam, der

D 2   den

den Russen entgegen ging, und Breslau entsezte. Nach
der glücklichen Schlacht bei Lignitz ging er wieder zum
Heere des Königs, und befand sich unter dem Kommando des Generallieutenants von Krockow, beim Ueberfall bei Jauer. In der Schlacht bei Torgau, am
3ten November, nahm er mit seinem Regimente den
kaiserlichen General Bibow, mit dem größten Theile seiner Grenadiers, gefangen, und erbeutete sechs Kanonen.
Der König war mit dieser That so zufrieden, daß er jedem Esquadronschef 500 Thaler und den Orden pour
le Merite zum Geschenke machte. Während den Winterquartieren erhielt er Befehl, bei Zeitz, zum General
von Schenkendorf zu stoßen, um die Expedition im
Voigtlande zu unternehmen, die auch glücklich ausfiel,
und sie machten unter andern, bei Saalfeld, 2000
Mann zu Kriegesgefangenen. 1761 ging er nach Schlesien, zu dem Korps, welches der General von Ziethen
bei Großglogau formirte, und das zuerst nach Polen
aufbrach, um die Russen zu beobachten. Bei Storch-
nest muste er solche mit zwei Regimentern Dragoner, zwei
Bataillons Infanterie und einem Detaschement Husaren
rekognosciren, ward aber entdeckt, und lief Gefahr, von
dem Bergschen Korps angegriffen zu werden; er zog sich
aber auf eine so geschickte Art zurück, daß er, ohne
mehr, als einige im Morast stecken gebliebene Husaren,
verloren zu haben, glücklich wieder ins Lager kam; einige Kosaken und zwei Andreasfahnen mitbrachte, und
sich dadurch Ziethens Achtung erwarb. Im May dieses
Jahres ward er Obrister. In den Lägern bei Groß-
Nossen und Strehlen führte er verschiedene wichtige
Aufträge aus, und bezog einen Kordon gegen Schwarz-

wasser,

waſſer, bis zum Ende des Maymonats 1762; während
welcher Zeit verſchiedene Scharmützel vorfielen, in welchen er eine Menge Gefangene machte. Nach der Einnahme von Schweidnitz, im Oktober 1762, und dem
darauf geendigten Feldzuge, rückte er bei Falkenberg in
Oberſchleſien in die Winterquartiere. Bald nach geſchloſſenem Frieden, erhielt er als Chef das bisher kommandirte Kuiraſſierregiment, und rückte mit demſelben,
im Oktober, nach Ratibor ins Standquartier. 1764
im September ward er Generalmajor, erhielt 1769
500 Thaler Penſion, aus der Droſtey Hamm, und
muſte in den Jahren 1770 und 1771, in ganz Oberſchleſien, den Peſtkordon kommandiren. Im baierſchen
Erbfolgekriege befand er ſich, 1778, bei dem Heere des
Königs, und kommandirte den linken Flügel der Kavallerie; ward auch zu verſchiedenen Korps, und zuletzt zu
dem, welches unter dem Oberbefehle des jetztregieren-
den Herzogs von Braunſchweig ſtand, detachiret. 1781
den 21ten May ward er Generallieutenant. 1782 erhielt er vom Könige den Auftrag, den Großfürſten von
Rußland, von der Grenze von Troppau an, durch die
königl. Staaten, mit einigen Detaſchements zu eſkorti-
ren, mit einigen Eſquadronen vor demſelben zu manoeu-
vriren, und ihn endlich nach Pleſſe zu begleiten. 1785
im Auguſt bekam er, bei der ſchleſiſchen Revüe, den
ſchwarzen Adlerorden, als ein Zeichen der beſonderen
Zufriedenheit ſeines Königs, deſſen Nachfolger Friedrich
Wilhelm der zweite ihn 1787 den 20ten May zum General von der Kavallerie erhob. Er iſt nie bedeutend
verwundet worden, und ſein ausführliches Leben, nebſt
dem von D. Berger in Kupfer geſtochenen Bildniſſe,

befindet

nefindet sich im Berlinischen militairisch=genealogischen
Taschenkalender, für das Jahr 1785. Seine Gemah=
lin ist eine Freiin von Stechau aus Oberschlesien, die
ihm einen Sohn und eine Tochter gebohren hat.

George Ferdinand von Damm,

Königl. Preuß. Generalmajor, Kommendant der
Festung Stettin und Amtshauptmann zu Tanger=
münde, wie auch Ritter des Ordens pour
le Merite.

Er war ein Sohn Friedrichs von Damm, der
1740 den 16ten September verstorben, und Annen
Margarethen Eleonoren von Schmitz, die ihn 1717
den 3ten May zur Welt gebohren. 1736 trat er in
preußische Kriegesdienste, und ward bei dem gräflich
Dohnaschen Regiment (jezt von Kalkstein) 1740 den
3ten Junius Sekonde= 1749 den 30ten May Premier=
Lieutenant, 1756 den 11ten Julius Staabs= und 1757
den 22ten May wirklicher Hauptmann, 1764 im Sep=
tember Major, 1773 den 20ten Julius Obristlieute=
nant, 1778 den 24ten November Obrister; 1780
versezte ihn der König, als Kommandeur, zum Pfuhl=
schen Füselierregiment, und gab ihm die Amtshaupt=
schaft zu Tangermünde. 1783 im Januar ward er
Kommendant der Festung Stettin, und den 21ten May
s. J. Generalmajor. Er hat den wichtigsten kriegeri=
schen Auftritten in den Feldzügen von 1741 bis 1763
beigewohnet, dabei verschiedene schwere Blessuren, be=
sonders

sonders in der Schlacht bei Prag, 1757, wo ihm der eine Fuß so zerschoffen wurde, daß man ihm solchen abnehmen wollte, empfangen, und sich durch seinen großen Diensteifer die Gnade des Königs erworben. Ist mit Karolina Leopoldina Maria von Hautcharmoy verehlicht, davon ein Sohn gebohren worden.

Melchior von Dargitz,

Churbrandenburgischer Obrister, Chef eines Regiments zu Fuß, und Gouverneur von Pillau.

Er lebte zu den Zeiten Churfürst George Wilhelms, und ward mit Ausgang des Jahres 1635 Gouverneur von Pillau, kam aber bald wieder ab, und hatte 1636 ein Regiment zu Fuß, von dem in der Folge einige Kompagnien, unter dem Obristlieutenant Sigmund von Wallenrod, zur Besetzung des festen Platzes Oderberg, und hernach zur Beschützung der Stadt Frankfurt an der Oder gebraucht wurden. 1638 ward er Obrister.

Karl Gottlieb von Dechen,

Königl. Preuß. Generalmajor und Kommendant zu Frankfurt an der Oder.

Er stammt aus einem alten märkischen Geschlechte, welches sonst den Namen Decher führte. Sein Vater, Joachim Decher, war Professor bei der Univer-

sität

ſtät zu Frankfurt an der Oder, und erzeugte ihn mit
Margaretha Hemmeling aus Bremen. 1689 ſtand
er als Major bei den churbrandenburgiſchen Schweizern,
und ward in eben dieſem Jahre, nebſt ſeinem Bruder,
Joachim Decher, der Major von der Artillerie war,
vom Kaiſer Leopold in den Adelſtand erhoben, welches
Churfürſt Friedrich der dritte unterm 24ten März ſ. J.
beſtätigte. 1705 den 14ten März ward er Obriſter
von der Infanterie, und 1712 im Januar, da er Brigadier war, Kommendant zu Frankfurt an der Oder,
erhielt bald darauf den Generalmajorscharakter, und
ſtarb 1720. Er war verehlicht, und hinterließ Kinder.

Johann Peter von Delpont,

Königl. Preuß. Obriſtlieutenant, und ehemaliger Chef eines Freibataillons.

Er iſt 1733 in der franzöſiſchen Provinz Languedok gebohren worden, und hat vierzehn Jahr als Lieutenant
in Dienſten ſeines Vaterlandes geſtanden. 1761 den
1ten May trat er als Hauptmann des Kleiſtſchen Kroa-
tenkorps in preußiſche Dienſte; ward, nachdem dies
Korps 1763 reducirt wurde, Stabskapitain; bei
dem Garniſonregiment le Noble, erhielt 1769 den 1ten
Januar eine Kompagnie, 1778 die Majorscharge und
das erledigte Freibataillon von Steinmetz, welches während dem baierſchen Erbfolgekriege errichtet worden, im
December ſelbigen Jahres. Nach wiederhergeſtelltem

Frie-

Frieden ward solches reducirt, und ihn nahm der König
bei seine Suite nach Potsdam, und ernannte ihn 1785
den 30ten Julius zum Obristlieutenant.

George Freiherr von Derflinger,

Churbrandenburgischer Stadthalter von Hinterpommern und des Fürstenthums Camin, Generalfeldmarschall, Geheimerkriegesrath, Obergouverneur
aller Festungen, Obrister zu Pferde und zu Fuß,
Erbherr auf Gusow, Platko, Wulkow,
Kleßin, Hermsdorf rc.

Gebohren 1606 im März im Ländgen ob-der Ens in
Oberösterreich, von unbekannten, muthmaßlich geringen
Eltern. Zu Anfang des dreißigjährigen Krieges nahm
er als Gemeiner, unter dem Grafen Heinrich Matthäus
von Thurn, Kriegesdienste, und befand sich in der
Schlacht auf dem weißen Berge vor Prag. Folgte
1622 dem Grafen nach der Mark, kam darauf in schwedische Kriegesdienste, in welchen er 1635 Obristlieutenant zu Pferde, 1638 Obrister, und 1642 Generalmajor ward. Er diente bis 1648 bei den wichtigsten
Vorfällen im dreißigjährigen Kriege, und erhielt, nach
dem Münsterschen Frieden, seine Entlassung. Wandte
sich darauf nach dem Brandenburgischen, wo er sich niederließ, und ward 1654, in Churfürst Friedrich Wilhelms Diensten, Generalmajor von der Kavallerie,
1656 Generallieutenant, 1657 den 20ten Junius wirk-

Y 5   licher

licher Geheimer-Kriegesrath, 1658 Generalfeldzeugmeister, 1670 den 18ten Februar Generalfeldmarschall, 1677 Obergouverneur aller pommerschen Festungen, und 1678 den 26ten März Stadthalter von
Hinterpommern und dem Fürstenthum Camin. Es
wohnte von 1654 bis 1695, in welchem letzteren
Jahre er, den 4ten Februar, im 89sten Jahre seines
Alters verstarb, sämtlichen Feldzügen des Churfürsten
Friedrich Wilhelms, wider die Polen, Schweden und
Franzosen, bei, und erwarb sich darinnen einen großen Ruhm, der sein Andenken bei der Nachkommenschaft unvergeßlich macht, und warb auch außerdem
zu wichtigen Gesandtschaften mit Nutzen gebraucht.
1674 den 10ten März erhob ihn Kaiser Leopold,
auf Ansuchen des Churfürsten, in den Reichsfreiher-
renstand. Er hatte in churfürstlichen Diensten zwei
Regimenter zu Pferde und eines zu Fuß. Eine aus-
führliche Lebensbeschreibung von ihm und seinen vielfältigen Thaten, ist 1786 zu Stendal, in Oktav, im
Druck erschienen, und vor derselben sein Bildniß, nach
dem Hainzelmannschen Originalkupferstiche, sehr gut
von Henne kopiret, befindlich. War zweimal verehlicht: erstens seit 1646, mit Margaretha Tugendreich von Schaplow, aus dem Hause Gusow,
davon eine Tochter; zweitens mit Barbara Rosina
von Beeren, aus dem Hause Kleinen-Beeren,
die ihm zwei Söhne und vier Töchter gebohren.

————

Friedrich

Friedrich Freiherr von Derflinger,

Königl. Preuß. Generallieutenant, Obrister über ein Regiment Grenadier zu Pferde, Erbherr der väterlichen Güter.

Des vorigen Sohn; ward 1663 den 1ten April zu Gusow gebohren. Seine erste Erziehung besorgten geschickte Hauslehrer, worauf er 1676, nebst seinem Bruder Karl, der 1686, als Volontair bei den churbrandenburgischen Truppen, vor Ofen blieb, zu Frankfurt an der Oder und zu Tübingen studirte, sodann Frankreich, Holland, Engelland, Italien durchreiste, und endlich bis Malta kam. Hier gab ihm der venetianische Feldmarschall Graf von Königsmark, in Diensten der Republik Venedig, die Stelle eines Obristlieutenants. Nach der Rückkunft in sein Vaterland ward er, 1688 den 24ten Oktober, Obristlieutenant bei dem Infanterieregiment Marggraf Philipp, und 1689 den 15ten September, nach der Belagerung von Bonn, Obrister. Nach Endigung des Brabandschen Feldzuges nahm er, 1691, auf Verlangen seines alten und schwachen Vaters, der ihn, als einzigen Sohn, gern bei sich haben wollte, den Abschied; trat aber, nach dessen Absterben, wieder in Dienste, und ward 1704 den 10ten December Generalmajor und Chef eines Dragonerregiments in Preussen (jezt von Thun); 1713 den 27ten Februar Generallieutenant von der Kavallerie, und sein Regiment zum Grenadierregiment zu Pferde. Starb 1724 den 29ten Januar zu Gusow, eines von denen ansehnlichen

lichen Gütern, die ihm 1695, nach des Vaters Tode, eigen geworden waren. Sein Bildniß ist von A. B. König in Kupfer gestochen. 1695 den 17ten Junius hat er sich, zu Zerbst, mit Ursula Johanna, Hans Georgen von Osterhausen, Fürstl. Sächsischen Obersteuereinnehmers zu Altenburg, auf Böhlen und Poderschen Erbherrn, Tochter, verehlicht, die 1740 im März im 71sten Jahre ihres Lebens zu Berlin verstarb, ohne Kinder gebohren zu haben.

Christian Reinhold von Derschau,

Königl. Preuß. Generalmajor und Chef eines Regiments zu Fuß, Amtshauptmann zu Peitz und Kotbus, und Ritter des Ordens pour le Merite.

Sein Vater war Christian Wilhelm von Derschau, Königl. Preuß. Tribunalsrath, dem er 1679 gebohren worden. Studirte zu Königsberg in Preußen, reiste zwei Jahr lang in Engelland und Holland, und wurde auf dem Rückwege von den Franzosen gefangen genommen, die ihn zwangen, Dienste zu nehmen, in welchen er bis zum Lieutenant avancirte, bald aber seinen Abschied nahm, und 1700 in preußische Kriegesste trat. 1709 war er Adjudant bei dem General von Tettau, in den Niederlanden; als solcher that er sich bei allen Gelegenheiten, ohne die größte Gefahren zu scheuen, dermaßen hervor, daß er dem damals gegenwärtigen Kronprinzen Friedrich Wilhelm dermaßen gefiel,

fiel, daß er ihn zu seinem Regimente sezte, und ihm, 1710 den 12ten December, eine Kompagnie gab. 1713 den 8ten Junius kam er als Major zum gräflich Wartenslebenschen Regiment (jezt Alt = Bornstedt), und wohnte 1715 dem Feldzuge in Pommern bei, nach dessen Beendigung ihn der König zu seinem Generalad= jubanten, und 1718 zum Obristlieutenant ernannte. 1728 ward er Obrister des Forkabischen Regiments (jezt von Lichnowsky); begleitete den König 1730 ins Lager bei Mühlberg, und im folgenden Jahre brauchte ihn derselbe, als Kreisausschreibender Fürst in Nieder= sachsen, zur Berichtigung des Streits, zwischen dem Domkapitel und der Stadt Hildesheim. 1732 war er im Gefolge des Königs, auf der Reise nach Prag, bei der Zusammenkunft mit dem Kaiser. 1735 wohnte er dem Feldzuge am Rheinstrohm bei, und folgte dem Kö= nige, 1738, nach Holland. 1739 erhielt er das Kröchersche Regiment (jezt Preußen), wohnte dem er= sten schlesischen Feldzuge mit vielem Eifer bei; starb aber schon den 4ten November 1742. Er war ein großer Liebling König Friedrich Wilhelms des ersten, der ihn zur Ausführung einer großen Menge wichtiger Geschäfte und Aufträge nüzlich brauchte, unter denen auch der Bau der Friedrichsstadt zu merken ist, den er dirigirte. Eine kleine Charakteristik von ihm, und verschiedene Nachrichten von seinen Kindern, finden sich, in den be= kannten Charakterzügen aus dem Leben König Friedrich Wilhelms des ersten, 2te Samml. S. 37. War zwei= mal verehlicht: erstens mit einer gebohrnen Seelhaar aus Berlin; zweitens, seit 1718 den 12ten April, mit Louise Charlotte, Tochter des Kammerpräsidenten

und

und Oberappellationsgerichtsraths Johann Sigmund von Sturm, von welcher lezteren vier Söhne und vier Töchter gebohren worden.

Karl Friedrich von Derschau,

Königl. Preuß. Generalmajor und Chef eines Füselierregiments.

Er ist 1699 im März gebohren worden; sein Vater war Bernhard von Derschau, Erbherr auf Wönienteim in Preußen. Im sechszehnten Jahre seines Alters trat er in Kriegesdienste, und da er eine vorzügliche Leibesgestalt besaß, nahm ihn König Friedrich Wilhelm der erste zu seinem Regimente in Potsdam, bei dem er 1717 den 12ten März Fähnrich, 1721 den 7ten April Sekonde: 1725 den 12ten Februar Premierlieutenant; 1730 den 1ten Julius Staabshauptmann ward, und 1735 den 1ten August eine Kompagnie erhielt. König Friedrich der zweite versezte ihn, 1740 den 27ten Julius, als Obrister und Kommandeur zum Füselierregiment von Persode, bald darauf aber, in eben dieser Qualität, zu dem in preußische Dienste genommenen Sachsen-Eisenachschen Regiment (jezt von Erlach), welches er zu Magdeburg in den Waffen übte, und da solches im Stande war, es 1741 durch Berlin nach Breslau führte. 1744 den 18ten August, als der zweite schlesische Feldzug ausgebrochen war, rückte er mit dem Regimente ins Feld, und war bei der Belagerung

rung von Prag, und den Eroberungen von Tabor,
Budweiß und Frauenburg, gegenwärtig. In den
beiden zuletztgenannten Orten kam er mit seinen Leuten zur Besatzung; ward bald darauf von den Feinden eingeschlossen und belagert, und da kein Entsatz
zu hoffen war, muste er sich nach einer herzhaften
Gegenwehr gefangen nehmen lassen, und wurde nach
Neuhaus in Böhmen geführet, von da er 1745 wieder ausgewechselt wurde. 1757 den 23ten Februar
erhielt er das Füselierregiment Prinz George von
Hessen-Darmstadt (jetzt von Lehwald), und ward
den 25ten May selbigen Jahres, mit dem Patente
vom 1ten December 1743, Generalmajor. Starb
1753 den 6ten August zu Burg, und hatte sich 1731
den 6ten Januar mit Johanna Elisabeth Maria,
einer Tochter Ludwig Ernsts Marschalls von
Herrengosserstadt, Erbmarschalls in Thüringen, chursächsischen Generalwachtmeisters und Oberaufsehers der
gefürsteten Grafschaft Henneberg, verehlicht, die 1749
den 4ten May, nachdem sie vier Söhne und zwei
Töchter zur Welt gebohren, verstarb.

Jochim Balthasar von Dewitz,

Churbrandenburgischer Generallieutenant, Chef eines Regiments zu Pferde und zu Fuß, Gouverneur
der Festung Kolberg, Erb- und Burggesessen zu
Daber, Hoffelde, Massow ꝛc.

Gebohren 1636 den 25ten Februar zu Hoffelde in
Pommern. Seine Eltern waren: Stephan von Dewitz

witz und Essa Barbara von Pfuhl. Bis ins sechs-
zehnte Jahr ward er von Hauslehrern unterrichtet, und
da es die Zeitumstände nicht verstatteten, ihn den Wissenschaften, zu denen er viel Neigung hatte, gänzlich zu
widmen, und ihn auf Universitäten zu schicken; so ward
er, bei dem damals lebenden Herzog Christian von Sach-
sen-Merseburg, als Page an dessen Hof gebracht. Wegen seiner guten Aufführung ertheilte ihm derselbe die
Oberjägermeisterstelle, welcher er aber die Kriegesdienste
vorzog, und bei des brandenburgischen General von
Quasts Regiment zu Pferde sich anstellen ließ; ward
Lieutenant, nach drei Jahren Kapitainlieutenant (Stabskapitain), und 1672 Rittmeister. Er ging darauf mit
dem Regimente nach dem Elsaß, und ward, an des vor
der Neuwiedter Schanze erschossenen von der Marwitz
Stelle, Major; befand sich darauf in der Schlacht bei
Fehrbellin, wo ihn der Churfürst während derselben, an
des verwundeten Obristlieutenants von Treffenfeld Platz,
dem Regimente als Obristlieutenant vorstellte. Er half
darauf die Schweden in Pommern verfolgen, und war
bei allen Gelegenheiten dieses Krieges gegenwärtig. Nach
der Vertreibung der Schweden aus Preußen nach Liefland, kam er bei das churfürstliche Leibregiment, und
erhielt bald darauf, 1679 den 28ten Februar, an des
verstorbenen Obristen von Sydow Stelle, das Kommando desselben, und muste ins Mecklenburgische rücken,
als zwischen der Krone Dänemark und dem Hause Lüneburg Mißhelligkeiten entstanden waren. 1688 marschirte er nach dem Oberrhein, und blieb bis ins Frühjahr 1689 bei den sächsischen Truppen stehen; wohnte
nachher der Belagerung von Kaiserswerth und dem Feld-

zuge

zuge im Brabandschen bei. Wegen seines Wohlverhaltens erhielt er vom Könige von Engelland sowohl, als von dem Churfürsten Friedrich dem dritten von Brandenburg, schriftliche Beweise ihrer Zufriedenheit und Gnade, und lezterer ernannte ihn, nach der Belagerung von Bonn, 1689, zum Generalmajor, 1693 zum Gouverneur der Festung Kolberg, und 1694 zum Generallieutenant von der Kavallerie. Im leztgedachten Jahre schickte ihn der Churfürst mit den Grandmousquetairs, den Gens d'Armes und Grenadiers a Cheval, nach Flandern, wo er so lange blieb, bis ihm der König von Engelland, nach der Belagerung von Huy, zurück schickte. Er starb, nachdem er sich zweiundzwanzig Jahre lang mit dem Podagra und Stein quälen müssen, 1699 den 3ten April, im 64sten Jahre seines Alters und 40sten seiner Dienste. Dreimal hat er sich verehlicht: erstens 1662 mit Anna Hedwig, Bernd Joachim von Mörners, churbrandenburgischen Obristen, auf Zellin Erbherrn, Tochter, die fünf Töchter und einen Sohn gebohren; zweitens mit Margaretha Dorothea, Landraths Bernds von Dewitz Tochter, davon zwei Söhne und drei Töchter; drittens mit Louisa, des Feldmarschalls George Freiherrn von Derfflinger Tochter, welche leztere Ehe fruchtlos blieb.

3   Stephan

Stephan von Dewitz,

Königl. Preuß. Generallieutenant, Chef eines Regiments zu Pferde, Herr auf Kölpin im Mecklenburgischen, und Daber und Wussow
in Pommern.

Er war ein Sohn des fürstlich pommerschen Landraths, Jobst Ludwigs von Dewitz, auf Daber und Wussow Erbherrn, und Anna Gertrud von Steinwehr, die ihn 1658 den 24ten August zu Wussow gebohren. Nachdem er bis ins funfzehnte Jahr Hausunterricht genossen, wurde er bei seines Vaters Bruder, des vorerwehnten Joachim Balthasar von Dewitz, der damals als Major beim Mörnerschen Regiment stand, Kompagnie, Freireuter. 1674 machte er den Feldzug im Elsaß mit; half die Schweden aus der Mark Brandenburg vertreiben, und befand sich in der berühmten Schlacht bei Fehrbellin. 1676 ward er Quartiermeister, und 1677, nach der Belagerung von Stettin, bei des Obristen Treffenfeld Regiment, Adjudant. 1678 kam er als Lieutenant zum Sydowschen Dragonerregiment, und verfolgte, unter Anführung Treffenfelds, die Schweden in Preußen, bis Liefland. Als der Obriste von Sydow das Leibregiment erhielt, ward Dewitz bei demselben als Lieutenant gesezt, bald darauf Staabs- und 1681 wirklicher Rittmeister. 1688 marschirte er mit dem Regiment nach dem Rhein, und war bei den Belagerungen von Kaiserswerth und Bonn gegenwärtig. 1690 ward er im Lager bei Gennep im Cleveschen Major. 1693 bekam er in der Schlacht bei Landen

zwei

zwei Schrammschüße, und drei andre gingen ihm durch
die Kleider. Diese überstandene Lebensgefahr erinnerte
er sich jährlich, durch einen besonders gehaltenen Fast-
Bet- und Bußtag. 1695 den 6ten August, nach der
Belagerung von Namur, erhielt er das Patent als Obrister. 1697 muste er, nach geschlossenem Frieden, mit
dem Leibregiment wieder nach Preußen marschiren, hatte
aber noch vorher das Unglück, im Lager vor Brüggen,
den Arm zu brechen. 1699 überfiel ihn, zu Königsberg, wiederum eine harte Krankheit, so daß er an Hän-
den und Füßen kontrakt vierzehn Wochen darnieder liegen muste. 1704 ward er Obrister. 1706 rückte er
mit dem Regimente nach Braband, wo er bis 1711,
in fünf Kampagnen, allen Aktionen beiwohnte, und sich
unter andern, 1709, in der Schlacht bei Malplaquet
so hervorthat, daß er 1710 deshalb zum Brigadier ernannt wurde. In dieser Würde stand er bis zu Ausgang des Julius 1714 beim Leibregiment; erhielt sodann das Kommando vom Bayreuthschen Regiment,
und ward 1715 Generalmajor, mit dem Patente vom
14ten May 1713. 1716 erhielt er das bisherige
Bayreuthsche Regiment, das seinen Namen erhielt.
1721 ward er Generallieutenant. Kurz vor seinem
Ende entstand zwischen einigen Offiziers seines Regiments eine Mißhelligkeit, worin er verwickelt und zur
Untersuchung mit gezogen wurde. In der darüber ge-
fällten Sentenz, die der König den 24ten April 1724
bestätigte, ward er zwar für unschuldig, an allem, was
vorgefallen, erklärt; allein dieser Vorfall hatte demohnerachtet schädliche Folgen für seine Gesundheit, und
er starb 1723 den 24ten April zu Berlin, im 65sten

Z 2   Jahre

Jahre seines Alters. Der König ordnete sein Leichenbegängniß selbst an, und es wurde zu Berlin feierlich
vollzogen; der Körper aber nachher auf sein Gut Kölpin
im Mecklenburgischen geführet. Sein Bildniß ist von
A. B. König in Kupfer gestochen. 1683 verehlichte er
sich mit Ilsabe, Otto von Dewitz des älteren zu
Kölpin einiger Tochter, und erzeugte zwei Söhne und
drei Töchter.

Friedrich Wilhelm von Dewitz,

Königl. Preuß. Generallieutenant, Obrister des Leibregiments zu Pferde, und Amtshaupt-mann zu Balga.

Er ist 1688 in Pommern gebohren worden, und war
ein Bruder des vorerwähnten Generallieutenants Stephan von Dewitz. 1682 ward er gemeiner Mousque-
tier, 1683 Serzeant, 1686 ging er als Freiwilliger
nach Ungarn, und befand sich bei der berühmten Belagerung der Festung Ofen. 1688 ward er bei der Kavallerie Kornet, 1689 Lieutenant, und 1693 Rittmeister. In der Schlacht bei Landen ward er so schwer
verwundet, daß er unter den Todten auf dem Schlachtfelde liegen blieb, und bloß durch die Entdeckung und
Sorgfalt eines Bürgers aus Landen, gerettet wurde.
1705 ward er Major; 1709 im May, wegen seiner
bei Oudenarde bewiesenen Tapferkeit, Obristlieutenant,
1714 den 16ten Junius Obrister des königlichen Leib-

regiments,

regiments, 1723 den 22ten Junius Generalmajor, 1736 Generallieutenant, und starb im selbigen Jahre den 25ten Oktober im 54sten Dienstjahre. Er war mit Anna Eleonora von Kraft, aus dem Hause Delitzsch, verehlicht, die ihm zwei Töchter und fünf Söhne gebohren.

Henning Otto von Dewitz,

Königl. Preuß. Generalmajor, Chef eines Husarenregiments und Ritter des Ordens pour le Merite.

Ein Sohn des 1723 verstorbenen Königl. Dänischen Generallieutenants Ulrich Otto von Dewitz, und Annen Margarethen von Wedell, aus dem Hause Wedelsburg, die ihm 1707 den 30ten December zur Welt gebohren. Schon 1715 begleitete er seinen Vater ins Lager vor Stralsund; widmete sich darauf den Wissenschaften, und trat folgends in Königl. Preußische Kriegesdienste; da er aber in solchen das gesuchte und erwartete Glück nicht fand, verließ er dieselben 1731 als Lieutenant, und nahm 1734 als Staabskapitain Sachsen-Gothaische, und kurz nachher Kaiserliche an. Aber auch diese verließ er 1735, und folgte 1741 dem preußischen Heere, als Freiwilliger, in Schlesien. Ein besonderer Vorfall, vor Neisse, empfahl ihn dem Könige Friedrich dem zweiten so, daß er ihm den 5ten December d. J. eine Schwadron beim Brunikowskyschen Husarenregiment mit Majorscharakter gab. 1742 im

Z 3

May,

May, nach der Schlacht bei Chotusitz, ward er Obristlieutenant; erhielt 1743 den Orden pour le Merite;
1745 den 22ten April wurde ihm, da er bei Ratibor
einige hundert österreichische Husaren, welche die preuß-
sische Arriergarde beunruhigten, vertreiben sollte, das
linke Bein durchschossen, welches ihn den ganzen Feldzug über zum Dienst unfähig machte. 1747 im September ernannte ihn der König zum Obristen, und gab
ihm das von Brunikowskysche Husarenregiment (jezt
von Ciettritz); da ihm aber seine Wunde den Dienst
äußerst erschwerte, erhielt er 1750 im September den
gesuchten Abschied mit Generalmajorscharakter und einem Gnadengehalte. Bis 1759 blieb er auf seinem
Gut Neverin; nachdem er aber solches an einen Herrn
von Glöden verkauft hatte, zog er nach Berlin, wo er
ein stilles Privatleben führte, und hier 1772 den 13ten
August im 65sten Jahre verstarb. Er ist unverehlicht
gewesen, hat aber außer der Ehe verschiedene Kinder
erzeuget.

Christian Friedrich von Dierecke,

Königl. Preuß. Generallieutenant, Chef eines Regiments zu Fuß, Kommendant zu Neisse, und Erbherr auf Gläsersdorf im Grotkauschen Kreise
in Schlesien.

Er ist 1709 in der Prignitz, wo sein Vater, Cuno
Christian Siegfried von Dierecke, wohnhaft war,
gebohren worden. 1726 trat er beim Golzschen, nachmals

mals kronprinzlichen Regiment (jetzt Prinz Ferdinand
vom Hause) in Dienste; war bei demselben 1732 ge=
freiter Korporal, ward den 4ten Junius s. J. Fähnrich,
1740 den 4ten August Lieutenant bei dem neuerrichteten
ersten Bataillon Garde, mit Kapitainsrang; 1741 den
14ten April Premierlieutenant; 1745 den 28ten Ju=
nius Obristlieutenant beim Walrawesschen Regiment
(jetzt von Schwarz), 1753 den 13ten September Obri=
ster und Kommandeur desselben; 1758 den 31ten Au=
gust Generalmajor, und 1764 im May Generallieute=
nant. 1759 im Januar gab ihm der König das vorge=
dachte Regiment als Chef, und bald darauf die Kom=
mendantenschaft zu Neisse. 1770 erhielt er den erbete=
nen Abschied mit einem Gnadengehalte. Von 1740 bis
1759 hat er den dreien schlesischen Feldzügen mit ausge=
zeichnetem Muthe beigewohnet, und wurde bei Molwitz
verwundet. 1759 hatte er mit einem unter seinem Be=
fehle stehenden kleinen Korps, ohnweit Meissen, das
Unglück, nach einer tapfern Gegenwehr, endlich der Ue=
bermacht der Feinde weichen zu müssen, und in die öster=
reichische Gefangenschaft zu gerathen. 1764 machte er
sich, in Schlesien, mit Gläsersdorf im Grotkauischen
Kreise seßhaft, und erhielt den 4ten August s. J. das
Inkolat. Mit Louisen Julianen Friedriken von
Grävenitz hat er eine Tochter und drei Söhne erzeu=
get. Starb 1783 den 19ten Februar, nachdem er
dem königlichen Hause 46 Jahre gedienet, zu Glä=
sersdorf.

Karl

Karl Wilhelm von Dieskau,

Königl. Preuß. Generallieutenant, Ritter des schwarzen Adlerordens, Chef und Generalinspekteur des ganzen Artilleriekorps, der gesammten Artillerie und deren Magazine, von der Ecole d'Artillerie und deren Oekonomie, auch Landeshauptmann zu Barthen.

Gebohren 1701 zu Dieskau bei Halle. Seine Eltern waren: Karl Volrath von Dieskau, und dessen zweite Frau, Johanna Eleonora von Körbener. 1721 den 2ten Februar kam er als Bombardier zum Artilleriekorps; ward bei demselben 1727 Sekonde, 1730 den 12ten April Premierlieutenant, 1737 den 15ten December Staabs, und 1741 den 19ten November wirklicher Hauptmann, 1746 den 15ten Oktober Major, 1755 den 20ten April Obristlieutenant, 1757 den 29ten Februar Obrister und Generalinspekteur der sämtlichen Artillerie, 1762 den 18ten Oktober Generalmajor, und 1768 den 16ten May Generallieutenant. 1754 den 13ten August erhielt er die Amtshauptmannschaft zu Barthen in Preußen, 1755 im April die Oberaufsicht über sämtliche Magazine der Artillerie, und 1768 im Junius den schwarzen Adlerorden. Er starb 1777 den 14ten August, zu Berlin, im 77sten Jahre seines Alters unverehlicht, und es wurde ihm daselbst, auf Befehl des Königs, der ihn stets sehr hochgeschäzt hatte, ein feierliches Leichenbegängniß gehalten. Während seiner 55jährigen eifrigen Dienste hat er eilf

Kam

Kampagnen, zehn Schlachten, neun Belagerungen, und 1738, einem Feldzuge in Ungarn, mit vielem Ruhme beigewohnet.

Peter Dieuri,

Königl. Preuß. Generalmajor und Chef eines Husarenregiments.

Sein Name wird falsch Thicüry oder Thiery geschrieben. Er war ein gebohrner ungarischer Edelmann, und trat 1743, nebst seinem Sohne, der bei ihm Adjudant war, aus österreichischen in preußische Dienste; ward Obrister, und erhielt ein neuerrichtetes Husarenregiment (jezt von Usedom). 1744 erhob ihn der König zum Generalmajor, gab ihm aber schon 1746, wegen kränklicher Gesundheit, die nachgesuchte Dienstentlassung mit einem Gnadengehalte.

Michael Ludwig von Diezelsky,

Königl. Preuß. Obrister, Chef des Invalidenkorps und Kommendant des Invalidenhauses bei Berlin.

Er ward 1708 den 16ten September in Hinterpommern gebohren, und hat seit dem Jahre 1724 bei dem von Forkadeschen Regiment (jezt von Lichnowsky) von unten auf gedienet. Bei demselben ward er, 1747 im May, als Premierlieutenant dritter Staabs= und 1753

Z 5   im

im Januar wirklicher Hauptmann, 1759 im März Major, 1767 im May Obrister und Kommandeur des Regiments; erhielt 1774 im Januar, den Orden pour le Merite, und 1775 den 30ten December die Kommendantenstelle im Invalidenhause zu Berlin; wo er, 1779 den 10ten May, im 70sten Jahre seines Alters starb; nachdem er 55 Jahre gedienet, und sämtlichen Feldzügen des Königs Friedrich des zweiten, von 1740 bis 1763, rühmlichst beigewohnet hatte. Er war unverehlicht, und liegt auf dem Kirchhofe neben dem Invalidenhause bei Berlin begraben, wo ihm ein schönes Monument, nach des berühmten B. Rohde Angabe, errichtet worden, welches gesehen zu werden verdienet.

Melchior von Diezelsky,

Königl. Preuß. Major und Kommandeur eines Grenadierbataillons.

Er stammte aus Pommern, und ist 1708 gebohren worden. 1730 kam er zu dem von Grävenitzschen Regiment (jezt von Jung-Bornstädt) in Dienste; ward bei demselben, 1729 den 24ten September, Fähnrich, 1734 den 11ten Januar Sekonde- und 1738 Premierlieutenant, 1746 den 22ten Februar Kapitain, und 1757 Major und Kommandeur eines Grenadierbataillons, so aus den Grenadierkompagnien der Regimenter Jung-Bevern und von Manstein bestand. Er blieb 1757 den 14ten August in der Aktion bei Landhut.

Levin

Levin Auguſt von Dingelſtädt,

Königl. Preuß. Obriſter und Chef eines Huſaren⸗
regiments, auf leſſendorf in Schleſien
Erbherr.

Er ward zu Anfang dieſes Jahrhunderts in Mecklen⸗
burg gebohren, und trat 1740 in preußiſche Dienſte.
Ward 1741 den 5ten Januar Lieutenant, 1745 den
7ten Auguſt Rittmeiſter, 1758 im März, beim Put⸗
kammerſchen Huſarenregiment (jezt Prinz Eugen von
Würtemberg), Obriſtlieutenant, 1759 im December
Obriſter, und erhielt dieſes Regiment als Chef. 1762
gab ihm der König die von ihm nachgeſuchte Dienſtent⸗
laſſung, und er begab ſich auf ſein in Schleſien bei Frei⸗
ſtadt erkauftes Gut Leſſendorf, weßhalb er 1763 den
4ten April das ſchleſiſche Inkolat erhielt, und iſt ſeit
1746 den 24ten November mit Charlotten So⸗
phien von Koſchenbahr verehlicht.

Johann Wilhelm von Ditmar,

Königl. Preuß. Obriſter und Chef des geſammten
Artillerieforps, wie auch Direktor des dritten De⸗
partements des Kriegeskollegium.

Er iſt in der Neumark, wo ſein Vater, als Oberpfarr⸗
herr zu Kalies und ſeine Mutter, eine gebohrne von
Haßfort, lebten, 1725 gebohren worden; kam 1744
als Korporal zu Artillerie, ward bei derſelben 1748 den
9ten

9ten August Sekondelieutenant, 1757 den 30ten Junius Premierlieutenant, 1760 den 7ten November
Staabs- und 1761 den 27ten December wirklicher Kapitain, 1772 den 16ten April Major, 1778 den 10ten
Februar Obristlieutenant und Kommandeur des dritten
Artillerieregiments, 1782 den 14ten May Obrister,
und 1785 den 1ten Januar Chef eines Artillerieregiments, im December dieses Jahres aber, Chef des gesammten Artilleriekorps. Im siebenjährigen Kriege ist
er bei verschiedenen Gelegenheiten, besonders beim Ueberfall bei Hochkirchen, und in der Schlacht bei Torgau,
verwundet worden. 1786 den 9ten September befand
er sich bei dem prächtigen Leichenbegängnisse König Friedrich des zweiten, zu Potsdam, und half über die königliche Leiche den Thronhimmel tragen. König Friedrich Wilhelm der zweite erhob ihn im September 1786,
nebst seinen Descendenten, in den Adelstand, und sezte
ihn 1787 den 25ten Junius zum Direktor des dritten
Departements beim neuerrichteten Kriegeskollegium,
welches für das Artilleriewesen bestimmt ward. Er hat
sich zweimal verehlicht, und eine zahlreiche Familie am
Leben.

Martin Arend von Dockum,

Königl. Preuß. Generalmajor und Chef eines Dragonerregiments, Amtshauptmann zu
Tilsit.

Seine Eltern waren: Martin von Dockum, Obrister, und Ottilia Katharina gebohrne Freiin von Ge-
vers-

vershausen, die zuvor den holländischen Obristen, Dietrich von Steck, zur Ehe gehabt. Nachdem er in holländischen Diensten dem ganzen spanischen Erbfolgekriege mit beigewohnet, trat er 1717 in preußische Dienste, in welchen er Obrister ward, 1727 ein Dragonerregiment, welches aus fünf Eskadrons des getheilten von Wutenowschen Dragonerregiments errichtet worden (jezt von York), und 1728 den Generalmajorscharakter erhielt. 1729 den 20ten Julius empfing er die Bestallung als Hauptmann zu Sehesten, die er aber mit der zu Tilsit verwechseln mußte, und darüber den 28ten Junius s. J. bestellt wurde. 1732 den 7ten April erschoß ihn der Lieutenant seines Regiments, von Wolden, im Zweikampfe. Er ist mit einer gebohrnen von der Recke verehlicht gewesen, welche zu Berlin in einem hohen Alter verstorben.

Friedrich des H. R. R. Graf von Dönhof,

Churbrandenburgischer Geheimerrath, Generallieutenant von der Infanterie, Oberkämmerer, Gouverneur und Hauptmann der Festung Memel, Herr zu Friedenstein und Wolfsdorf.

Er war ein Sohn des 1642 den 18ten Junius verstorbenen Woiwoden zu Pernau, Magnus Ernst R. Gr. von Dönhof, und Katharinen gebohrnen Gräfin von Dohna; hat die Feldzüge Churfürst Friedrich Wilhelms größtentheils mitgemacht; ward 1678 den 10ten April Generalmajor, 1682 Gouverneur zu Memel,

1684

1684 den 5ten Mårz Generallieutenant, 1688 Ober-
kammerherr, 1689 den 20ten September wirklicher
Geheimer-Etats- und Kriegesrath, mit 2000 Thalern
Besoldung, und hatte 1692 die Garnisonkompagnie zu
Memel. Starb 1696 den 14/24ten Oktober. War
mit Eleonoren Katharinen, des Oberpräsidenten
Otto Freiherrn von Schwerin Tochter, verehlicht,
die ihm vier Söhne und zwei Töchter gebohren.

Otto Magnus Reichsgraf von Dönhof,

Königl. Preuß. wirklicher Geheimer-Staats- und
Kriegesrath, Generallieutenant, Ritter des schwar-
zen Adlerordens und Gouverneur, wie auch
Oberhauptmann zu Memel.

Des vorgedachten Reichsgrafen Friedrichs Sohn,
Ward 1665 den 18ten Oktober zu Berlin gebohren;
daselbst in den nöthigen Wissenschaften von geschickten
Hauslehrern unterrichtet, 1679 nach Thoren, 1681
nach Posen und 1687 nach Leiden gesandt, um seine
Studien zu vervollkommen. 1687 begab er sich auf
Reisen in verschiedenen berühmten europäischen Staaten; kehrte, als der Krieg mit Frankreich ausbrach, in
sein Vaterland zurück, und ward von dem Churfürsten
Friedrich dem dritten von Brandenburg bei dem neuerrichteten Korps Grandmousquetairs zum Kapitain bestellt. Zu Anfang des Jahres 1689 befand er sich, an
der Spitze seiner Kompagnie, in dem scharfen Treffen
bei Neus, und wohnte den Belagerungen von Kaiserswerth

werth und Bonn bei. 1695 half er Namur belagern; ward dabei in den Approchen leicht verwundet, bekam aber, im Hauptsturm auf diese Festung, da er die Grenadiers anführte, zwei harte Verwundungen. Zur Belohnung dieser erwiesenen Tapferkeit, erhob ihn der Churfürst bald darauf zum Major, und ferner zum Obristlieutenant bei den Grandmousquetairs. 1696 ward er, bei seines Vaters Regiment, Obrister, und da derselbe den 24ten Oktober d. J. starb, erhielt er dessen Regiment und das Gouvernement und die Oberhauptmannschaft der Festung Memel, wobei er zum wirklichen Kammerherrn, Brigadier, und 1703 den 8ten September, zum Generalmajor von der Armee bestellt wurde. 1699 den 23ten Februar ward er wirklicher Geheimeretatsrath und erster Gesandter am kaiserlichen Hofe; wohin er wegen des Churfürsten Belehnung gesandt wurde, und erwarb sich daselbst, durch sein kluges und geschicktes Betragen, die Gnade des Kaisers Leopold, der durch ein Patent, datirt Wien den 14ten September gedachten Jahres, ihm und seinen Nachkommen, beiderlei Geschlechts, die Gnade erzeigte, und den Kanzeleien befahl, ihnen den Namen Hoch- und Wohlgebohren zu geben. Nach seiner Rückkunft in Berlin ward er im leztgedachten Jahre den 18/28ten December Generalkriegeskommissarius; erhielt 1701 den 17ten Januar den schwarzen Adlerorden, und ward 1711 wieder als erster königl. preußischer Plenipotentiarius zu den Friedensunterhandlungen nach Utrecht gesandt, wo er die Ansprüche des Königs so nachdrücklich unterstützte, daß er sich dadurch dessen Beifall und Gnade ganz zu eigen machte. Als Generallieutenant, wozu er 1706 den

6ten

6ten Januar ernannt worden, wohnte er, 1715, dem Feldzuge in Pommern, der Landung auf der Insel Rügen, und der Belagerung und Eroberung der Festung Stralsund bei. Starb 1717 den 14ten December im 53sten Jahre seines Alters. Sein Bildniß ist von A. B. König in Kupfer gestochen. 1701 den 8ten September verehlichte er sich mit des Königl. Generalfeldmarschalls Alexander Burggrafen von Dohna ältester Tochter, Amalia, die fünf Söhne und fünf Töchter zur Welt gebohren.

Ernst Ladislaus Reichsgr. von Dönhof,

Königl. Preuß. Generallieutenant, Chef eines Regiments zu Fuß, Gouverneur von Kolberg, wirklicher Kammerherr, Hauptmann der pommerschen Aemter Altstadt-Kolberg, Suckow und Sulzhorst, Ritter des teutschen Ordens, und Komthur zu Schiefenberg.

Er war ein Sohn des vorgedachten Generallieutenants Reichsgrafen Friedrich von Dönhof, und ist 1671 gebohren worden. Trat frühzeitig in churbrandenburgische Dienste, und ward 1692 Kapitain und folgends Kommandeur des Anhalt-Dessauschen Regiments zu Pferde (jetzt von der Gröben); 1699 den 6ten December Kämmerer. 1713 erhielt er ein neuerrichtetes Regiment zu Fuß (jetzt Herzog von Braunschweig, zu Halberstadt), welches nach ihm den Namen Jung-Dönhof erhielt.

erhielt. 1705 den 17ten März ward er Generalmajor, den 23ten May 1715 Generallieutenant, 1723 Gouverneur von Kolberg, und starb 1724 den 11. Junius.

Bogislaus Friedrich des H. R. R. Graf von Dönhof,

Königl. Preuß. Generalmajor von der Infanterie, und Hauptmann zu Barthen.

Des vorigen Bruder; gebohren 1672 den 6ten December. Er stand als Obrister beim Jung-Dohnaschen Infanterieregiment, als er 1707 den 2ten April Generalmajor ward. 1708 den 14ten Februar erhielt er, auf sein Ansuchen, die Erlassung seiner Dienste. Starb 1740 auf seinen Gütern, und ist mit Sophia Charlotte Gräfin von Lehndorf vermält gewesen.

Alexander des H. R. R. Graf von Dönhof,

Königl. Preuß. Generallieutenant, Chef eines Regiments zu Fuß, auf Angerau und Beinumen Erbherr.

War des vorigen Bruder; und ist 1683 den 9ten Februar gebohren worden. In hessenkasselschen Diensten wohnte er allen Feldzügen des spanischen Erbfolgekrieges bei; trat 1722 als Generalmajor in preußische Dienste, mit dem Patent vom 13ten Julius, erhielt ein Regiment zu Fuß (jetzt von Braun), und ward 1737 im Ju-

A a

lius

tius Generallieutenant. König Friedrich Wilhelm der erste würdigte ihn seines besondern Vertrauens, und machte ihn zu seinem öfteren Gesellschafter, bediente sich auch seiner in verschiedenen wichtigen Vorfällen. Sein Nachfolger, König Friedrich der zweite, erließ ihn 1740 seiner Dienste, mit einem Gnadengehalte von 2000 Thalern; worauf er sich auf seine Güter in Preußen begab, und daselbst, 1742 den 9ten Oktober, im 60sten Jahre seines Alters verstarb. Mit Charlotten, einer Tochter des Königl. Preuß. Obristen und Kammerherrn Grafen von Blumenthal, hat er sich seit 1720 den 31ten Oktober verehlicht, und zwei Söhne und eine Tochter gezeuget.

Christian Albert Burggraf von Dohna,

Churbrandenburgischer Generalfeldzeugmeister von der Infanterie, Gouverneur der Festung Küstrin, wirklicher Geheimer-Etats- und neumärkischer Regierungsrath, Stadthalter des Fürstenthums Halberstadt und der Neumark, und Hauptmann zu Gröningen.

Gebohren 1621 den 15ten November zu Küstrin. Seine Eltern waren: Christian Burggraf von Dohna, Gouverneur des Fürstenthums Orange, der 1637 den 1ten Julius starb, und Ursula Gräfin von Solms-Braunfels. 1656 den 6ten September bekam er die Stelle eines wirklichen Geheimenraths, und

und wurden ihm die Kriegessachen zu bearbeiten aufgetragen. 1657 den 17ten August ward er zum
Gouverneur von Küstrin, mit der Obristen- und Raths-
charge, bestellt, erhielt auch zugleich den Vorsitz in
der Küstrinschen Kanzlei; den 6ten December selbigen
Jahres erhob ihn Churfürst Friedrich Wilhelm zum
Generallieutenant von der Infanterie, Gouverneur der
Festung Küstrin und neumärkischen Regierungsrath,
und 1657 den 16ten März zum Stadthalter zu Halberstadt und Hauptmann zu Gröningen; ferner, 1658
zum Generalfeldzeugmeister. 1659 befand er sich
bei der Belagerung von Stettin, und bemühete sich,
wiewohl vergeblich, dem Kommendanten und der
Bürgerschaft zu einer freiwilligen Ergebung zu rathen.
1673 widerrieth er dem Churfürsten, nebst dem Grafen d'Espence, Türennen anzugreifen, und mit ihm
ein Treffen zu wagen, wozu die ganze Generalität
geneigt war. Ueberhaupt rühmt Puffndorf in seiner
Geschichte Churfürst Friedrich Wilhelms 11ter Bd.
§. 82, Seite 838, sein kluges und vorsichtiges
Betragen, welches er bei vielen Gelegenheiten auf
das nützlichste geäußert habe. Er starb 1677 den
14ten December zu Garz, und ist mit Sophia
Theodora, Johann Wolfgang Grafen von Hol-
land-Brederode Tochter, verehlicht gewesen, die
ihm sechs Söhne, die sämtlich im Kriege geblieben
sind, und vier Töchter gebohren hat.

Alexan-

Alexander Burggraf zu Dohna, Freiherr von Wartenberg,

Königl. Preuß. Generalfeldmarschall, wirklicher Geheimer Etatsminister, Gouverneur von Pillau, Ritter des schwarzen Adlerordens, Hauptmann der Aemter Morungen und Liebstadt, Erbherr auf Schlobitten, Schlodien und Karwinden.

War Friedrichs Burggrafen zu Dohna, und Sperentia du Puy-Montbrun Sohn; gebohren 1661 den 25ten Januar. Churfürst Friedrich Wilhelm nahm ihn in seine Dienste; ernannte ihn anfänglich zum Hauptmann der Aemter Morungen und Liebstadt, darnach zum Obristen; sandte ihn auch 1688 nach Warschau, um daselbst die Brombergsche Traktaten zu erneuern; ferner, 1690, an den König von Schweden, wegen der Sachsen-Lauenburgischen Succession, und erhob ihn in diesem Jahre zum Generalmajor, gab ihm auch ein neu-errichtetes Infanterieregiment in Preußen (jezt von Romberg). 1694 ward er Generallieutenant und Gouverneur der Festung Pillau; 1691 ward er am 1ten Februar zum wirklichen Geheimenetatsrath ernannt, und den 26ten Februar 1695 erhob ihn Churfürst Friedrich der dritte, wegen seiner großen Eigenschaften, zum Oberhofmeister des Churprinzen Friedrich Wilhelms. 1701 den 17ten Januar erhielt er den schwarzen Adlerorden, und ward in diesem Jahre, von dem Schweizerkanton Bern, zum Mitglied seines großen Raths ernannt. 1711 fiel ihm die freie Standesherrschaft Wartenberg

in

in Schlesien zu. 1713 ernannte ihn König Friedrich
Wilhelm der erste, den 5ten September, zum Generalfeldmarschall, und bestätigte ihn in seinen übrigen hohen
Aemtern. Er begab sich aber bald darauf nach Preußen,
wo er 1728 den 25sten Februar, im 68sten Jahre seines Lebens, starb. Er ist zweimal verehlicht gewesen:
erstens, seit 1685, mit Aemilia Louise gebohrne Burggräfin zu Dohna-Carwinden, die 1724 den 2ten
April starb; aus dieser Ehe sind drei Söhne und vier
Töchter entsprossen; zweitens, seit 1724 den 22ten December, mit Johanna Sophia gebohrnen Burggräfin
zu Dohna-Reichertswalde, die 1734 starb, und
keine Kinder gehabt hat.

Christoph der Iste Burggraf von und zu Dohna,

Königl. Preuß. General von der Infanterie, wirklicher Geheimeretatsrath, des schwarzen Adlerordens Ritter, Amtshauptmann zu Preußisch-Hol-
land, Freiherr zu Wartenberg, Bralin und
Goschütz, Erbherr auf Schlodien und
Quitainen.

Ein Sohn Friedrichs Burggrafen von und zu Dohna, Gouverneurs von Orange, und Esperance du
Puy, Marquisin von Montbrun, die ihn 1665 den
den 2ten April zur Welt brachte. Seine Erziehung war
vorzüglich, und der berühmte Peter Bayle sein Hofmeister. Sobald sein Alter es verstattete, trat er in chur-

bran-

brandenburgifche Dienfte, und ward bei Churfürft Friedrich dem 3ten Kammerherr, 1695 Obrifter über die
Grandmousquetairs, Generalmajor, und 1699 den 3ten
November wirklicher Geheimeretatsrath. In der lezteren Würde erhielt er, 1701 den 17ten Januar, den
neugeftifteten fchwarzen Adlerorden, und befand fich bei
der Krönung König Friedrich des erften zu Königsberg
in Preußen. Diefer fandte ihn gleich darauf nach Lon-
don, um dem Großbrittannifchen Hofe die Annahme der
töniglichen Würde bekannt zu machen. 1704 ward er
Generallieutenant von der Infanterie, und 1711, als
Königl. Preuß. und Churbrandenburgifcher erfter Ge-
fandter, zur Wahl und Krönung Kaifer Karl des VIten
nach Frankfurt am Mayn gefandt; bei welcher lezteren
er das Erbkämmereramt verrichtete. König Friedrich
Wilhelm der erfte erbob ihn beim Antritt feiner Regierung zum wirklichen Geheimen-Staats-und Kriegesrath,
General von der Infanterie und Amtshauptmann, von
Preußifch-Holland. Er hat nie im Felde, fondern ftets
im Kabinet gedienet, und wufte fich der ihm aufgetrage-
nen Würde jederzeit gemäß zu betragen, welches er be-
fonders bei der erwähnten Kaiferwahl zu Frankfurt am
Mayn, gegen die ungebührliche Zumuthungen des an-
wefenden päbftlichen Nepoten, Don Hannibal Albani,
erwieß. Er legte 1716 feine Aemter nieder, und lebte
darauf auf feinen Gütern in Preußen, wo er 1733 den
11ten Oktober im 70ften Jahre ftarb. 1690 vermälte
er fich mit Friedrika Maria gebohrnen Burggräfin von
und zu Dohna, die 1719 verftarb, nachdem fie eilf
Kinder gebohren.

Friedrich

Friedrich Ludwig Burggraf zu Dohna,

Königl. Preuß. Generalfeldmarschall und Chef eines Füselierregiments.

Er ward 1697 den 31ten August gebohren, und seine Eltern sind Friedrich Christoph Burggraf von Dohna, der 1727 als Königl. Schwed. Generallieutenant, und oberster Präsident des hohen Tribunals zu Wismar starb, und Louise Antoinette gebohrne Burggräfin zu Dohna, gewesen. Nach einer standesmäßigen vorzüglichen Erziehung trat er 1713 in preußische Kriegesdienste, und ward den 28ten November s. J, Obristlieutenant bei dem Alt-Dohnaschen Regiment, als welcher er sich 1715 in der pommerschen Kampagne befand; ward ferner 1723 den 13ten Junius Obrister; erhielt 1733 das erledigte Regiment von Mosel (jezt von Kaltstein), und 1737 den 15ten März den Charakter eines Generalmajors. 1742 im September erhob ihn König Friedrich der zweite zum Generallieutenant, mit dem Range vom 9ten Junius 1741, und bediente sich seiner, im November 1742, als Gesandter am Wiener Hofe, wo er bis 1744, da der Krieg von neuem ausbrach, verblieb; errichtete auch für ihn ein neues Füselierregiment (jezt von Saudi). 1745 den 11. Jun. ward er General von der Infanterie. 1747 den 24. May erhielt er die Würde eines Generalfeldmarschalls. Starb zu Wesel, 1749 den 6. Jan., im 53sten Jahre seines Alters. Hatte sich 1721 den 21ten December mit Sophia Wilhelmina, Alexanders Burggrafen zu Dohna-Schlebitten Tochter, verehlicht, die 1757 den 25ten Sept., nachdem sie eine einzige Tochter gebohren, starb.

Aa 4   Wilhelm

Wilhelm Alexander Burggraf zu Dohna,

Königl. Preuß. Generallieutenant, Chef eines Regiments zu Fuß, Ritter des schwarzen Adler- und St.-Johanniterordens.

Gebohren 1695 den 31ten Januar, und war ein Sohn des vorgedachten Königl. Preuß. Etatsministers und Generals von der Infanterie, Christophs Burggrafen zu Dohna, und Friedrika Maria gebohrnen Burggräfin zu Dohna. Trat 1708 in Königl. Preuß. Dienste; ward bei dem Regiment von Arnim (jezt von Lengefeld), 1713 den 1ten December Kapitain, 1716 den 20ten Januar Major, 1719 Obristlieutenant, und 1728 im Junius Obrister. 1740 gab ihm der König Friedrich der zweite ein neuerrichtetes Füselierregiment in Schlesien (jezt von Hager); ernannte ihn, 1742, zum Generalmajor, 1745 den 18ten März zum Generallieutenant, und ertheilte ihm den schwarzen Adlerorden. Er hat dem Feldzuge in Pommern, 1715, und den ersten und zweiten schlesischen Kriegen beigewohnet. Starb, 1749 den 9ten Julius zu Wolwitz bei Sprottau in Schlesien, im 55ten Jahre seines Alters, und hinterließ den Ruhm eines eifrigen Generals, der sich Tag und Nacht mit dem Dienst beschäftigte, und die Soldaten als ein Vater liebte; weshalb man ihn auch mit dem Römer Katulus verglich. Verehlichte sich, 1722 den 4ten November, mit Henriette Sophia Elisabeth, Heinrich Gottlobs Grafen von Reeder Tochter, die 1778 im Februar starb, und ihm einen Sohn und zwei Töchter gebohren hat.

Chri

Chriſtoph der IIte Burggraf von und zu Dohna,

Kön. Preuß. Generallieutenant, Ritter des ſchwarzen Adlerordens, Chef eines Regiments zu Fuß
und Amthauptmann zu Preußiſch-
Holland.

Ein Sohn des vorgedachten Generals von der Infanterie, Chriſtophs des erſten Burggrafen von und zu
Dohna, und Friedriken Marien gebohrnen Burggräfin von und zu Dohna; gebohren 1702 den 25ten
Oktober. Diente anfänglich bei dem Forkadeſchen Regiment (jezt von Lichnowsky); ward 1718 den 16ten
Auguſt Fähnrich, und 1719 den 1ſten Januar zu dem
Regiment Alt-Anhalt (jezt von Leipziger) verſezt, bei
dem er, 1722 im Monat May, eine Kompagnie erhielt,
1727, mit dem Range vom 9ten December 1720, als
jüngſter Hauptmann, zum Obriſtlieutenant und, 1740
den 28ten Julius, zum Obriſten ernannt wurde. 1741
im Junius verſezte ihn König Friedrich der zweite zu
dem Regiment Prinz Moriz von Anhalt (jezt Graf von
Schlieben) als Kommandeur, und erhob ihn 1745 den
20ten Julius, mit dem Range vom 15ten May 1743,
zum Generalmajor und Chef des von Polenzſchen Regiments (jezt von Egloffſtein), welches er, 1745 im Oktober, mit dem Blankenſeeſchen (jezt von Lichnowsky),
und dieſes wieder, 1748 den 14ten Julius, mit dem
Flanßſchen Regiment (jezt von Romberg), vertauſchte.
1751 den 23ten Januar ward er Generallieutenant;
erhielt 1753 den ſchwarzen Adlerorden, und 1755 eine

Aa 5   Stelle

Stelle unter den Mitgliedern des hohen Raths zu Bern.
1757 führte er, in Preußen, die Avantgarde des Lehwaldschen Korps gegen die Russen an, stieß nachher zu
demselben, und wohnte den 30ten August s. J. der
Schlacht bei Groß-Jägerndorf, in der er verwundet
wurde, bei. Ging darauf nach Pommern, wo er im
April des folgenden Jahres den Oberbefehl über die daselbst befindliche preußische Truppen erhielt. Stralsund
hielt er bis zum 18ten Julius eingeschlossen, und folgte
sodann den Russen bis nach der Neumark, wo er, bei
Frankfurt an der Oder, eine so gute Stellung nahm,
daß sie nicht über die Oder gehen konnten. Hierauf
vereinigte er sich mit dem Könige, und kommandirte in
der Schlacht bei Zorndorf, am 25ten August, den rechten Flügel des ersten Treffens. Den 2ten Sept. verließ
ihn der König wieder, und er erhielt den Oberbefehl
über die zurückgelassenen Truppen, mit denen er wider
die Russen agirte, und muste im November, da solche
schon die Winterquartiere in polnisch Preußen bezogen
hatten, eiligst, nebst dem General von Wedel, nach
Sachsen aufbrechen, um den österreichischen General
Haddik daraus zu vertreiben, welches auch glücklich geschahe. Zu Ende des Decembers langte er mit seinen
unterhabenden Völkern wieder bei Demmin in Pommern an. Eroberte im Januar 1759 Damgarten,
Richtenberg, Grimm, Greifswalde, Demmin, Anklam,
und bezog hierauf bei Stralsund die Kantonirungsquartiere; schickte aber einen Theil seiner Truppen, unter
dem Generalmajor von Kleist, ins Mecklenburgische.
Im April löste ihn der General von Manteufel im Kommando ab, und er ging sodann nach Berlin, um seine

zerrüt-

zerrüttete Gesundheitsumstände wieder herzustellen. Nachdem solches geschehen, übernahm er aufs neue den Oberbefehl über die Armee, welche sich bei Landsberg an der Warte zusammenzog, und brach mit derselben, den 23ten Junius, nach Polen auf, wo er sich mit den Russen, die in Schlesien einzubrechen bemühet waren, herumzog. Bei Züllichau standen beide Armeen gegeneinander, als den 22ten Julius der General von Wedell bei der preußischen anlangte, dem der Graf von Dohna auf königlichen Befehl das Kommando übergab; worauf, am 23ten, das bekannte Treffen bei Kay folgte. Er selbst aber ging nach Berlin, und ist darnach nie wieder zur Armee gekommen; sondern starb daselbst, 1762 den 19ten May, im 60sten Jahre seines Alters. Er verehlichte sich 1734 mit Friedrika Amalia Albertina gebohrner Gräfin von Solms-Wildenfels, die 1755 den 9ten April starb, und ihm folgende Kinder gebohren, nemlich drei Söhne und drei Töchter.

Abraham Burggraf von Dohna,

Churbrandenburgischer Geheimerrath und Kriegesobrister.

Er ward 1579 gebohren, und war ein Sohn des Burggrafen Achatius von Dohna, der 1601 den 18ten Oktober als Amtshauptmann zu Tapiau verstorben, und ihn mit Barbara von Wernsdorf erzeuget hat. In beglaubten Nachrichten findet er sich als Churbrandenburgischer Geheimerrath, wie auch der Fürsten und

und Stände in Schlesien, Obrister über ein Regiment teutsches Kriegesvolk zu Fuß. Churfürst Johann Sigismund ernannte ihn, 1613, zum Kriegesobristen, und sein Nachfolger, Churfürst George Wilhelm, verschrieb ihm, 1616 den 15ten Julius, wegen verschiedener, zu den Cleve- und Jülichschen Kriegesbedürfnissen, hergeschossenen Summen, die Dörfer Schmauge und Bordeinen, im Amte Holland in Preußen. Starb 1631, und hat mit Anna Euphrosine von Pröck verschiedene Kinder erzeuget.

Dietrich (oder Theodorikus) Burggraf zu Dohna,

Churbrandenburgischer Obrister und Chef eines Dragonerregiments.

War ein Sohn Christian Alberts Burggrafen von Dohna, dessen schon oben erwähnet, und ist 1650 im December gebohren worden. Er erhielt 1684 das Leibdragonerregiment, welches der Obriste von Grumbkow 1672 errichtet (jetzt von Mengden), und welches den Namen der Küchendragoner führte, weil es zur Begleitung der Hofstaat diente: Grumbkow trat es ihm, wie die allgemeinen Nachrichten sagen, aus Dankbarkeit ab, weil er seines Vaters Zögling als Page gewesen. Dohna starb 1686 den 17ten Julius, vierzehn Tage nach der den 3ten Julius im Sturm vor Ofen empfangenen Wunde, als Obrister.

Manasse

Manasse Graf von Dörthe,

Churbrandenburgischer Generallieutenant und Chef einer Freikompagnie.

Er stammt von Claude Antoine de Bienne Baron de Clervant ab, dessen Geschlecht von den Königen von Burgund entsprossen. Nach dem aufgehobenen Edikt von Nantes kam er aus Metz in die brandenburgische Staaten, nahm churfürstliche Kriegsdienste an, und war 1688 Obristlieutenant bei dem Regiment Varenne (jezt von Braun), welches fast durchgängig aus französischen Flüchtlingen bestand. 1692 ward er Obrister, und 1698 Generalmajor. 1701 im November, errichtete König Friedrich der erste ein französisches Regiment zu Fuß, welches den Holländern zur Hülfe gegeben werden, und das der General Varenne haben, Dorthe aber kommandiren sollte; hiezu bezeigte aber der Leztere keine Neigung, sondern bat, ihn dafür bei dem Alt-Heidenschen Regiment zu versetzen, welches geschähe. 1703 errichtete er eine sogenannte Freikompagnie, welche im März d. J. zu Rathenow gemustert, und im May nach Magdeburg in Garnison verlegt wurde. 1713 ward er Generallieutenant. Er starb 1731, und ist mit des General Briquemault Witwe, Marie de Meaux, verehlicht gewesen.

Friedrich

Friedrich Wilhelm von Deſſow,

Königl. Preuß. Generalfeldmarſchall, Ritter des
ſchwarzen Adlerordens, Gouverneur der Feſtung
Weſel, Amtshauptmann von Spantekow,
Erbherr auf Bunſekow, Wuſtrow,
Batow ꝛc.

Gebohren 1669 den 17ten December. Seine Eltern
waren, der Landrath Richard Thomas von Doſ-
ſow, und eine gebohrne von Horker. Zuerſt beſuchte er zu Berlin die Joachimsthalſche Schule, kam
darauf nach Kolberg zu den Kadets, und 1683 zu
dem neuerrichteten Regiment für den Prinzen Alexander von Churland. Diente darauf gegen die Türken und Franzoſen. 1715 befand er ſich in der
pommerſchen Kampagne als Generaladjudant des Fürſten Leopolds von Anhalt-Deſſau. 1716 rückte er
mit dem Regimente nach Weſtphalen in die demſelben
angewieſene Standquartiere, und war zu dieſer Zeit
Major. 1716 war er Obriſtlieutenant, und ward
zu dem Regiment von Geßdorf (jetzt Preußen) als
Kommandeur verſetzt. 1724 muſte er zu Emden,
auf königlichen Befehl, zwei Garniſonkompagnien errichten. 1727 ward er nach Weſel geſchickt, um
den dort ſtehenden Truppen verſchiedene neue Waffenübungen bekannt zu machen. 1729 erhielt er als
Obriſter ein neuerrichtetes Füſilierregiment; ward
1732 Kommendant zu Weſel, 1733 Generalmajor,
1736, nach Abſterben des Generallieutenants von
Bardeleben, Interims-Gouverneur der vorgedachten
Feſtung,

Festung, und 1740 Generallieutenant. Während dem
ersten schlesischen Kriege blieb er in Westphalen, um
die dortige Ruhe zu erhalten. 1742 den 13ten Oktober ward er wirklicher Gouverneur von Wesel, und
erhielt zugleich den schwarzen Adlerorden, wogegen er
den Orden pour le Merite wieder abgab. 1743
trat er sein Regiment dem Obristen Varenne ab, und
solches erhielt in Schlesien sein Standquartier (das
jezige von Tauenziensche Regiment); er bekam dagegen ein neuerrichtetes Füselierregiment (jezt von Ek-
kartsberg). 1743 den 25ten May ward er General von der Infanterie. Auch den zweiten schlesischen
Krieg über blieb er in Westphalen, und 1745 den
15ten Julius erhob ihn der König zum Generalfeldmarschall, und schickte ihm 1751, wegen seines Dienst-
eifers, sein mit Brillanten reich beseztes Bildniß. 1757
trat er sein Regiment dem Erbprinzen Friedrich von
Hessenkassel ab, erhielt dagegen ein Gnadengehalt von
2000 Thalern, und begab sich auf sein Gut Bunsekow,
wo er 1758 den 28ten May verstarb. Sein weitläuftiger beschriebenes Leben findet man in Pauli Leben gros-
ser Helden. 2. Th. S. 53 — 72. Er hat sich dreimal
verehlicht: erstens mit einer von Wedell, zweitens mit
einer von der Golz, und drittens mit Eva Christina,
Hans Adam Gans Edlen von Putliz, und einer
gebohrnen Schenken von Landsberg, Tochter. Aus
sämtlichen Ehen sind keine Kinder gebohren.

Johann

Johann George Christian von Drache,

Königl. Preuß. Major und Kommandeur eines Grenadierbataillons.

Ward 1728 zu Frankenberg in Hessen gebohren, und ging 1755 in preußische Dienste; ward 1756 im Oktober Sekondelieutenant des jetzigen von Lehwaldschen Füselierregiments (damals von Rohr). Nachdem der Generalmajor Kaspar Friedrich von Rohr, dessen Generaladjudant er war, bei Leuthen erschossen war, nahm ihn der König als Flügeladjudant und Hauptmann in sein Gefolge, und ernannte ihn, 1761, zum Major und Kommandeur eines Grenadierbataillons, das aus den vier Grenadierkompagnien der Regimenter Prinz Ferdinand vom Hause und von Golz bestand; solches führte er bei verschiedenen Gelegenheiten, besonders aber bei der Belagerung von Schweidnitz, wo er am Kinn verwundet wurde, auf das herzhafteste an. 1763 ward er zu dem jetzigen von Eichmannschen Füselierregiment versezt, bei dem er als Major, 1770 den 4ten Februar starb.

George

George Wilhelm von Driesen,

Königl. Preuß. Generallieutenant, Chef eines Kürassierregiments, Ritter des Ordens pour le Merite,
Amtshauptmann zu Osterrode in Preußen, Erbherr aus Weskenit, Groß- und Klein-
Gilgehnen und Sarreinen.

Gebohren zu Klein-Gilgehnen, im preußischen Amte
Liebstadt, 1700 den 8ten Junius. Seine Eltern sind,
George Wilhelm von Driesen, der in churbrandenburgischen Kriegesdiensten gestanden, und 1724 starb,
und Maria Helena von Below gewesen. Anfänglich bestimmte er sich für die Wissenschaften, und besuchte deshalb, 1714, das Gymnasium zu Elbing,
wollte auch, 1717, die Universität zu Königsberg in
Preußen beziehen, um daselbst die Gottesgelahrtheit
zu studiren; als in eben diesem Jahre König Friedrich Wilhelm der erste nach Preußen kam, und ihn
bei die Kadets zu Berlin sezte. 1718 den 20ten
August ward er schon Kornet bei dem Regiment
Kronprinz Kürassier (jezt von Backhof), und der
König, der sich seiner vorzüglich anzunehmen versprochen, schenkte ihm die Equipage und das Paradepferd;
ernannte ihn ferner, 1720 den 22ten May, zum
Lieutenant, und 1731 den 31ten May, bei der Berlinischen Revûe, zum Staabsrittmeister. Als solcher
muste er einen Theil des Herzogthums Mecklenburg,
unter dem General von Schwerin, nachmaligen Generalfeldmarschall, mit besetzen; und machte sich demselben bei dieser Gelegenheit zu seinem Vortheile be-

kannt.

kannt. 1739 den 27ten November erhielt er eine Kompagnie, und ward in's Reich auf Werbung geschickt. 1740 ging er mit dem Regimente nach Schlesien, ward 1741 den 28ten März Major, und befand sich bei der Belagerung von Brieg, 1742 den 17ten May, im Treffen bei Czaslau, wobei er ein Pferd unterm Leibe, und sein Geld, die Uhr, Scherpe und Degen, welche man ihm abnahm, verlor, und entkam mit Mühe und Gefahr, bloß durch Gegenwart des Geistes und unerschütterte Tapferkeit, der Gefangenschaft. (Diese tapfere That ist in dem Berlinischen militairischen Taschenkalender, für das Jahr 1787, ausführlich beschrieben, und auch im beigefügten Kupferstiche abgebildet worden.) Bei dieser Gelegenheit erwarb er sich den Orden pour le Merite, sein Verlust ward ihm mit Geld ersezt, und er, 1742 den 19ten May, Obristlieutenant. Im zweiten schlesischen Feldzuge befand er sich bei der Belagerung von Prag, half die Insurgenten, unter dem Oberbefehl des Fürsten Leopolds von Anhalt, aus Oberschlesien vertreiben; war im Treffen bei Hohenfriedeberg, den 4ten Junius 1745, den 20ten September s. J. in dem bei Soor, und ward den 28ten Oktober Obrister. Im folgenden Jahre führte er das Regiment, als Kommandeur, nach Sachsen, und 1746, nach erfolgtem Frieden, wieder in seine Standquartiere. 1752 den 1ten September erhob ihn der König zum Generalmajor, und ertheilte ihm, 1754 im May bei der Revue, ein Geschenk von 2000 Thalern, die Amtshauptmannschaft zu Osterrode, und noch außerdem ein jährlich Gehalt von 1000 Thalern.

Thalern, 1755 den 5ten Julius bekam er das Bredowsche Kuirassierregiment (jezt von Kalkreuth); muste
aber dem vorigen Chef desselben, dem Generallieutenant Friedrich Sigmund von Bredow, jährlich 1000
Thaler Pension abgeben.   1756 ging er mit dem
königlichen Heere nach Sachsen; wohnte den 1ten
Oktober der Schlacht bei Lowositz, worinn ihm eine
Kanonenkugel nahe am Kopf vorbeiging, und den
6ten May 1757 dem Treffen bei Prag bei, nach
welchem er, indeß der König nach Kollin ging, die
Belagerung decken half.   Nachdem solche aufgehoben
war, kam er unter den Oberbefehl des Herzogs von
Bevern; war mit in der Schlacht bei Breslau, am
22ten November, und erhielt den 1ten December das
Patent als Generallieutenant.   Den 5ten December
führte er, in der Schlacht bei Leuthen, die Reuterei
des linken Flügels an, und ward den 16ten December mit einem Korps nach Lignitz gesandt, um solches
wieder zu erobern, welches sich auch den 28ten selb.
Mon. ergab.   Schloß darauf Schweidnitz bis zum
29ten März 1758 ein, worauf es sich den 16ten
April, nach einer kurzen Belagerung ergab, und die
Besatzung ward zu Kriegesgefangenen gemacht.   Der
König schickte ihn hierauf mit einigen Völkern dem
Prinzen Heinrich in Franken zur Hülfe, und er befehlichte, nachdem er bei demselben angelangt war,
die Avantgarde des prinzlichen Heeres, vertrieb die
Reichsvölker, nahm verschiedene Reichsstädte ein, die
wichtige Kontributionen zahlen musten, und begleitete
den Prinzen bei verschiedenen wichtigen Unternehmungen, deren gute Ausführung er mit befördern half.

Auf des Prinzen Rückzug nach Sachsen ward er krank; ließ sich nach Dresden bringen, wo er, 1758 den 2ten November, im 59sten Jahre starb, und in der dasigen Neustädter Kirche begraben wurde. Die Thaten dieses Feldherren befinden sich in Pauli Leben großer Helden, 5. Th. S. 35 — 84, zur Befriedigung wißbegierigerer Leser, umständlicher aufgezeichnet. Er hatte sich, 1733 ten 10ten September, mit Sophia Gottlieb von Quast vermält, davon aber keine Kinder gebohren worden.

Johann Heinrich von Drost,

Königl. Preuß. Major und Kommandeur eines Grenadierbataillons.

Er ist 1731 auf dem Hause Sengerhof, Soester-Boerde in der Grafschaft Mark, wo sein Vater, Dietrich Gottfried Heinrich von Drost, 1736 verstarb, gebohren worden. Trat 1749 den 13ten September als Fahnjunker beim jetzigen von Gaudischen Füselierregiment in Dienste; ward 1751 den 8ten November Fähnrich, 1756 den 9ten Oktober Sekonde, 1760 den 13ten April Premierlieutenant, 1766 den 10ten Julius Staabs- und 1768 wirklicher Hauptmann, 1782 den 8ten Junius aber Major, und erhielt 1784 das Borksche Grenadierbataillon, das aus zwei Grenadierkompagnien von Jung-Woldeck und zwei Grenadierkompagnien von Gaudi bestand. Er hat den siebenjährigen Feldzug mitgemacht.

.. von

. . . von Düring,

Königl. Preuß. Obristlieutenant und Kommandeur
eines Grenadierbataillons.

Er stand bei dem alten Leibregimente König Friedrich
Wilhelms des ersten als Lieutenant, und dessen Nachfolger ernannte ihn, beim Antritt seiner Regierung,
1740 im August, zum Premierlieutenant der neuerrichteten Garde, mit Kapitainsrang, und im December
zum Kommandeur eines Grenadierbataillons, das aus
den Grenadierkompagnien der Regimenter von Bredow
und von Jeeß zusammengesezt war. 1741 den 10ten
May erhielt er eine Kompagnie, und ward im Julius
zum Obristlieutenant ernannt. Blieb 1745 den 4ten
Julius in der Schlacht bei Hohenfriedeberg.

Bernhard Alexander von Düringshofen,

Königl. Preuß. Generalmajor, Chef eines Infanterieregiments, Generalinspekteur derer in Westphalen stehenden Regimenter, nnd Amtshauptmann zu Mühlenhof und
Mühlenbeck.

Er war aus dem Gute Sabow, im Pyrtzschen Kreise
des Herzogthums Pommern, gebürtig, sein Vater, Hans
Ludwig von Düringshofen, besaß solches, und erzeugte ihn in der ersten Ehe. 1728 trat er als Junker
bei dem Anhalt-Zerbstschen Infanterieregiment zu Stettin in Dienste; bei dem er bis zum Hauptmann stieg.

Bb 3   Nach

Nach der Schlacht bei Lowofitz ernannte ihn der König Friedrich der zweite zum Flügeladjudanten und Major, und gab ihm das Kommando über ein Grenadierbataillion, so aus den Grenadierkompagnien der Regimenter von Hülfen (jezt Herzog von Braunschweig) und von der Asseburg (jezt von Knobelsdorf) bestand. Mit demselben befand er sich bei der Belagerung von Prag, der Aktion beim Moysberge, wo er verwundet ward, der Belagerung von Schweidnitz, wo er den Sturm auf dem Galgenberge mitmachte, und dem Ueberfalle bei Hochkirch. 1758 im März ernannte ihn der König zum Obristlieutenant, und im December selbigen Jahres zum Obristen. 1759 ward er auf dem Posten zu Greiffenberg von einem überlegeneren Feinde angegriffen, und nach achtstündiger braver Gegenwehr, und nachdem er zweimal verwundet worden, mit dem Reste seiner Leute gefangen, 1761 aber erst wieder ausgewechselt. Hierauf erhielt er bei des Prinzen Heinrichs Armee in Sachsen eine eigene Brigade, und war beim Uebergang über die Mulde, und in der Schlacht bei Freiberg zugegen. 1763 erhielt er das Golzsche Regiment (jezt von Beville); ward 1764 im May Generalmajor, und erhielt 1765 im Januar die Amtshauptmannschaften von Mühlenhof und Mühlenbeck, wie auch um eben diese Zeit die Inspektion über die westphälische Regimenter. Starb 1776 den 4ten Januar, zu Frankfurt an der Oder, unverehlicht. Der König bedauerte seinen Verlust in einem Schreiben an den Kommandeur seines Regiments, den jezigen Generalmajor von Egloffstein, vom 6ten Januar 1776, in welchem dem Verstorbenen die Ausdrücke „Das unvermuthete Absterben meines Generalmajors
                                              „von

„von Düringshofen, gehet mir ungemein nahe.
„Meine Armee, und besonders sein Regiment, lei-
„det einen sehr großen Verlust, und es wird gewiß
„Mühe kosten, solchen wieder zu ersetzen. Ein
„solches Denkmal setze ich seinen Verdiensten" ——
viel Ehre machen.

Karl August Freiherr von Eben und Brunn,

Königl. Preuß. Generalmajor, Chef eines Husaren-regiments, und Ritter des Ordens pour le Merite.

Sein Vater war Hans Adolph von Eben und
Brunn, Kaiserl. Königl. Grenadierlieutenant, die
Mutter aber, Eleonora Elisabeth von Näfe, welche
ihn 1734 im März zu Eisdorf bei Namslau zur Welt
brachte. Trat 1751 bei dem Leibkuirassierregiment in
preußische Kriegesdienste; ward 1758 zum Bellingschen
Husarenregiment (jetzt von Schulenburg) versetzt, und
nachdem er bei demselben die untern Offizierstellen durch-
avancirt war, 1761 den 1ten Julius Major, 1778 den
6ten August Obristlieutenant, 1785 den 20ten May
Obrist; erhielt den 1ten März 1786 das erledigte von
Ziethensche Husarenregiment, und im selbigen Jahre den
Charakter eines Generalmajors. Er hat dem siebenjährigen und bayerschen Erbfolgekriege, und im ersteren
besonders den Schlachten bei Lowositz, Prag, Kollin,
Kunersdorf, Rosbach und Freiberg, mit vorzüglicher

Bb 4 Tapfer-

Tapferkeit beigewohnet; erwarb sich 1778, nach der
Affaire bei Gabel, den Orden pour le Merite. 1786
den 9ten September befand er sich bei dem prächtigen
Leichenbegängnisse, König Friedrichs des zweiten, zu
Potsdam, und half den Thronhimmel über dessen Leiche
tragen. 1787 im August rückte er mit dem ersten Bataillon seines unterhabenden Regiments aus seinen
Standquartieren zu Berlin aus, und ward damit gebraucht, die Unruhen im Holländischen zu dämpfen;
wobei sich seine Leute unter seinem Oberbefehl viel Ehre
erwarben. Er ist mit einer Tochter des Generalmajors
von Möhring verehlicht, mit welcher er verschiedene
Kinder erzeuget hat.

Wolf George von Eberstein,

Königl. Preuß. Major, Kommandeur eines Grenadierbataillons, und Ritter des Ordens
pour le Merite.

Er war aus der Grafschaft Mansfeld gebürtig, und ist
1723 gebohren worden. Im 17ten Jahre seines Alters
kam er zu dem Kadettenkorps, 1742 aber zum Regiment
von Kleist (jetzt Alt-Woldeck), bei dem er 1746 Fähnrich, 1748 Sekonde- 1756 Premierlieutenant, 1758
Staabs- und 1760 wirklicher Hauptmann, 1773 aber
Major ward. Erhielt darauf ein Grenadierbataillon,
welches aus den Grenadierkompagnien der Regimenter
von Alt-Woldeck und von Lichnowsky bestand. Er hat
von 1742 bis 1779 den meisten kriegerischen Vorfällen
mit

mit der preußischen Armee, besonders den Schlachten
bei Prag, Rosbach, Leuthen, Hochkirch, Torgau und
Freiberg, rühmlich beigewohnet; erwarb sich 1778 den
Orden pour le Merite, und starb 1779 zu Berlin unverehlicht.

Johann Ludewig von Eckartsberg,

Königl. Preuß. Generalmajor und Chef eines Fü-selierregiments.

Er ist im Bayreuthschen, 1723 im May, gebohren;
kam 1742 zu dem jetzigen von Jung-Woldeckschen Regiment in Dienste; ward 1744 den 5ten May Fähnrich, stieg bis zum Kapitain, erhielt den 9ten März
1760 eine Kompagnie, ward 1766 den 7ten Julius
Major, 1775 den 21ten Junius Obristlieutenant,
1779 den 20ten Januar Obrister; erhielt 1786 den
1ten März das erledigte Regiment von Hessenkassel Füselier, und ward bald darauf, den 4ten März, Generalmajor. Er hat den Kriegen von 1756 bis 1763, und
dem bayerschen Erbfolgekriege beigewohnet. Bei Kunersdorf ist er verwundet worden. 1787 im August
rückte er mit seinem Regiment ins holländsche, um die
Unruhen daselbst beilegen zu helfen, und rückte zu Ende
des Novembers wieder in sein Standquartier zu Wesel ein.

Friedrich

Friedrich von Egeln,

Königl. Preuß. Generallieutenant, Chef eines Kuirassierregiments und Amtshauptmann zu Oletzkow.

Er ist bürgerlicher Herkunft gewesen, und bediente sich erst als Staabsoffizier des Prädikats von. Trat 1674, im neunzehnten Jahre seines Alters, in brandenburgische Kriegesdienste als gemeiner Reuter, und avancirte, wegen seines bewiesenen Eifers im Dienst, von einer höheren Stelle zur andern fort. 1692 war er Kapitain beim Sonsfeldschen Dragonerregiment, mit dem er sich 1694 im Lager bei Lyk befand. 1703 war er Major, 1709 den 22ten November Obrist beim Regiment von Alben Dragoner, und ward als solcher, 1711 den 30ten Januar, zum Leibregiment versezt. 1720 den 28ten Januar ward er Generalmajor, und erhielt 1723 ein Kuirassierregiment (jezt von Pannewitz), 1728 den 6ten Julius Generallieutenant, und 1734 im December erhielt er den, seines Alters wegen, gesuchten Abschied. Er war auch Amtshauptmann zu Kolberg, welche Hauptmannschaft er, mit königlicher Bewilligung, vom .. Junius 1727, mit dem Generallieutenant von Dönhof, gegen die von Oletzkow vertauschte. Starb 1734 zu Anfang des Augusts, zu Fischhausen in Preußen, in einem Alter von 81 Jahren, nachdem er 62 Jahr lang gedienet, und von 1674 bis 1715 vielen Gelegenheiten beigewohnet, bei welchen die brandenburgischen Truppen die Waffen brauchen musten. Er hatte sich mit einer Person, geringen Standes, schon als Reuter ver-

verehlicht, die ihn aber nachher, da er General wurde, aus eigener Bewegung verließ, da sie glaubte, sie könne sich in diese Erhöhung ihres Standes nicht schicken. Sie ging daher nach Tilsit, wo sie sich mit spinnen und Spizzen machen beschäftigte. (Ein seltenes weibliches Beispiel!) Egel vermachte ihr, da er keine Kinder hatte, im Testament 40000 Gulden, sein Silberwerk und Hausgeräth; das übrige Vermögen erhielten theils die Kirche und das Hospital zu Fischhausen, theils seine Bedienten.

Eggebrecht.

Wird in einer Specifikation der churbrandenburgischen Truppen, vom Jahr 1679, als Chef von 256 Mann Infanterie, die vermuthlich ein Freibataillon ausgemacht haben werden, aufgeführt.

Albrecht Dietrich Gottfried Graf von und zum Eglofstein,

Königl. Preuß. Generallieutenant, Gouverneur von Königsberg in Preußen, Chef eines Regiments zu Fuß, Ritter des pour le Merite-und St. Johanniter-Maltheserordens.

Sein Vater, Abraham Johann Gottfried Freiherr von Eglofstein, Königl. Preuß. Amtshauptmann zu Ragnit, erzeugte ihn mit Louise Gottliebe von der Gröben,

Gröben, und er ist 1720 den 6ten May zu Langarben in Preußen gebohren worden. 1732 bezog er die Universität zu Königsberg in Preußen; hielt 1740, bei der Huldigung König Friedrichs des zweiten, als die Universität dem Könige eine feierliche Musik brachte, eine Anrede an denselben, und ward darauf von dem Monarchen in seine Kriegesdienste gezogen, und gleich zum Fähnrich des Regiments von Camas ernannt, 1741 aber zum Regiment von Schwerin (jezt von Beville) gesezt, wobei er im selbigen Jahre zum Sekonde-, 1745 zum Premierlieutenant, 1757 im März zum Staabs- und 1759 im November zum wirklichen Kapitain avancirte. Ferner ward er 1761 im Februar Major, 1771 Obristlieutenant, 1773 Obrister, 1775 Kommandeur des Regiments, und ward 1782 den 21ten May Generalmajor, wobei er zu gleicher Zeit das von Pelkowsky-Infanterieregiment erhielt. 1764 den 1ten Oktober empfing er den Ritterschlag beim St. Johanniterorden. Er hat den Schlachten bei Molwitz, Chotusitz, Prag, wo ihm beide Röhren des linken Armes zerschossen wurden, Roßbach, Kay, wo er eine Wunde in der Brust bekam, Lignitz, Torgau und Freiberg, wie auch der Belagerung von Prag, als Generaladjudant des Feldmarschalls Grafen von Schwerin, beigewohnt. 1742 ward er, als er Quartiere zu machen vorausgeschickt wurde, gefangen genommen, nach zehn Tagen aber wieder ausgewechselt. 1783 im November und December dirigirte er die Bloquade von Danzig mit vieler Klugheit, und stattete folgends dem Könige davon persönlich Bericht zu Potsdam ab, welcher mit seinem Betragen äußerst zufrieden war, und ihm, 1784 den 20ten May, eine

außer-

auſerordentliches Gehalt von 1000 Thalern gab. 1786
den 19ten Oktober erhob ihn König Friedrich Wilhelm
der zweite, nebſt ſeinem Bruder, in den Grafenſtand,
und ertheilte ihm 1787 im Junius das Gouvernement
von Königsberg in Preußen, mit einem anſehnlichen da
mit verbundenen Gehalte, und den Generallieutenants
charakter. Er verehlichte ſich 1748 den 1ten Februar
mit Henriette Gottliebe, einer Tochter des Königl.
Preuß. Obriſten Auguſt Andreas von Bork, die
1778 zu Frankfurt an der Oder verſtarb.

Martin Ludwig von Eichmann,

Königl. Preuß. Generallieutenant, Chef eines Fü-
ſelierregiments und Ritter des Ordens
pour le Merite.

Ward 1710 18ten Februar zu Kolberg gebohren, und
ſollte ſich den Wiſſenſchaften widmen; folgte aber ſeiner
Reigung zum Kriegesdienſt, und trat 1725, mit An-
fange ſeines funfzehnten Jahres, bei dem damaligen von
Grumbkowſchen Regiment (jezt von Raumer) in Dienſte. Die Kenntniſſe von der Mathematik, welche er
ſich zu Kolberg erworben, machten ihn ſeinem Chef, dem
Generalfeldmarſchall von Grumbkow, bekannt, der ihn
verſchiedene Plans anfertigen, und 1729 nach Berlin
kommen ließ, um dieſe Wiſſenſchaft daſelbſt mehr zu ſtu-
diren. 1730 nahm er ihn auch zu dem bekannten Luſt-
lager bei Mühlberg mit, welches er aufnahm, und ſich
bei dem ſächſiſchen Generalmajor von Grumbkow, des

Feld-

Feldmarſchalls Bruders, aufhalten muſte. 1732 den 23ten Julius ward er Fähnrich, und bald darauf Adjudant. 1734 wohnte er der Belagerung von Danzig bei, von der er dem Feldmarſchall die wichtigſten Vorfälle poſttäglich berichten muſte. Der Fürſt Czartorisky, der ihn kannte, empfahl ihn ſeiner Familie, und auch dem General Grafen von Poniatowsky, deſſen Sohn, den jetzigen König von Polen, er in den preußiſchen Waffenübungen unterrichten muſte. Er war auch ein Augenzeuge der Schlacht, zwiſchen den Polen und Ruſſen, bei Neuſtadt, wo er von den rußiſchen Koſacken gefangen, aber von dem kommandirenden General Laſcy bald wieder in Freiheit geſezt wurde. Nach ſeiner Zurückberufung zum Regiment ward er 1735 Sekonde- und 1740 den 29ten September Premierlieutenant. Er ging darauf mit dem Regimente nach Schleſien, und befand ſich bei den meiſten Vorfällen des erſten ſchleſiſchen Krieges, beſonders aber in der Schlacht bei Chotuſitz, den 20ten May 1742, nach welcher er, wegen ſeines Wohlverhaltens, zum Staabskapitain ernannt wurde. 1744 muſte das Regiment zum zweitenmale nach Schleſien aufbrechen, und befand ſich bei der Belagerung von Prag; wobei der Kapitain von Eichmann den Unfall hatte, in der Approche zwiſchen dem Ziskaberg und dem Walle, durch einen Schuß mit Steinen, ganz überſchüttet zu werden, welches ihm zwar eine Viertelſtunde lang die Sinne raubte, aber außerdem keinen Schaden zufügte. Nach der Einnahme von Prag ward er bei dem Naſſauſchen Korps, welches ſich bei Köllin befand, Intendant und Generalquartiermeiſter, welchen Poſten er ſchon vorher bei dem General

du

dû Moulin und dem Feldmarschall von Jeetz versehen hatte. 1745 wohnte er der Aktion bei Habelschwerd, am 4ten Junius der Schlacht bei Hohenfriedeberg, in der er eine leichte Wunde in der Schulter erhielt, und den 30ten September der bei Soor, bei. Den 16ten Oktober selbigen Jahres erhielt er eine Kompagnie. Während den Jahren 1745 und 1756 stand er verschiedenemale im Reiche auf Werbung, und ward 1756 Major. Den 1ten Oktober leztgedachten Jahres war er in dem Treffen bei Lowositz gegenwärtig, und zeichnete sich darin dermaßen aus, daß er den Orden pour le Merite erhielt. Ferner befand er sich, 1757 den 6ten May, in den Schlachten bei Prag, den 18ten Junius bei Kollin, und den 7ten September in der scharfen Aktion bei Moys; desgleichen den 22ten November in der Schlacht bei Breslau. 1758 und 1759 war er mit dem Regimente bei der Armee des Königs, rückte den 12ten December 1759 nach Neustadt in Oberschlesien in die Postirungsquartiere, und ward 1760 den 16ten Februar Obristlieutenant. Im leztgedachten Jahre, den 15ten März, kommandirte er ein Bataillon des Regiments, bei der höchst berühmten Retirade desselben von Neustadt, wobei es sich gegen sechs Kavallerieregimenter, nachher aber einer dazu gekommenen Menge Infanterie, vertheidigte, und sich durch eine bewundernswürdige Tapferkeit rettete. Nach der Schlacht bei Torgau, am 3ten November 1760, war das Bataillon, das er als Obristlieutenant vom Regimente kommandirte, nur noch fünfunddreißig Mann stark, als es vom Schlachtfelde abmarschirte, und hatte demohnerachtet, unter seiner Anführung, noch das Glück, ein

Batali-

Bataillon Kroaten anzugreifen, ihre Artillerie, so aus
vier Kanonen und zwei Pulverkarren bestand, zu erbeuten, und zwanzig Kroaten und Artilleristen zu Gefangene zu machen. 1761 den 13ten April ernannte ihn der
König zum Obristen. 1762 den 18ten August stieß er
mit dem Regimente zur Armee des Prinzen Heinrichs,
und befand sich, den 28ten Oktober, in dem siegreichen
Treffen bei Freiberg. 1766 den 28ten Julius erhielt
er das Beckwithsche Füselierregiment zu Wesel, und
ward 1767 den 20ten Julius Generalmajor. 1778
befand er sich, während dem bayerschen Erbfolgekriege,
bei des Prinzen Heinrichs Heer in Sachsen; obgleich
sein Regiment in Wesel stehen blieb, und wohnte allen
kriegerischen Vorfällen, besonders der Aktion bei Bri-
xen, mit bei. 1781 den 23ten May erhob ihn der
König zum Generallieutenant. Sein Bildniß, nebst
seiner Lebensbeschreibung, befinden sich im Berlinischen
genealogisch-historischen Kalender, für das Jahr 1784,
und zwar das erstere von D. Berger in Kupfer gestochen.
Er hat sich zweimal verehlicht: erstens, 1764, mit der
jüngsten Tochter des Generalmajors von Oldenburg;
zweitens, 1782, mit der zweiten Tochter des Obristen
von Cordier.

Gottfried Emanuel von Einsiedel,

Kön. Preuß. Generallieutenant, Ritter des schwarzen Adlerordens und Chef der Leib-
grenadiergarde.

Gebohren den 14ten April 1690. Seine Eltern sind,
Haubold von Einsiedel, auf Vatterode, fürstl. Sach-
sen-

fen-Weißenfelsscher Amtshauptmann zu Freiberg, und
Katharina Maria von Spißnase, gewesen. Er
trat 1707 in königl. preußische Kriegesdienste, und König Friedrich Wilhelm der erste nahm ihn, wegen seiner
ansehnlichen Leibesgestalt, zu seinen großen Grenadiers,
bei denen er schon 1715 Premierlieutenant war, und
den pommerschen Feldzug mitmachte. 1723 den 30ten
April erhielt er, als Kapitain, die Amtshauptmannschaft
zu Derenburg im Halberstädtschen, und avancirte darauf bis zur Obristlieutenantsstelle. War ein Liebling
des vorgedachten Königs, und muste demselben, auf
seinem lezten Krankenlager, nebst andern Offizieren, täglich Gesellschaft leisten. 1740 im Julius erhob ihn
König Friedrich der zweite zum Generalmajor und Chef
des Bataillons Grenadiergarde, welches er aus der alten Garde formirt hatte (jezt von Rohdig). 1741 befand er sich im Lager bei Genthin, welches sich unter des
Fürsten Leopolds von Anhalt-Dessau Oberbefehl versammlet hatte. 1744 im Januar erhob ihn der König
zum Generallieutenant, und gab ihm im August den
schwarzen Adlerorden. Im selbigen Jahre ward er
Kommendant von der eroberten Stadt Prag, und es
wurden ihm, wegen des Rückzuges von derselben, aus
Böhmen nach Schlesien, verschiedene Beschuldigungen
zur Last gelegt (s. Buchholz Gesch. der Churm. Bran-
denb. 6. Th. S. 98.), wogegen er sich aber zu vertheidigen muste. Er blieb jedoch seit dieser Zeit beständig
zu Potsdam, erschien auch nicht weiter im Felde, und
starb daselbst 1745 den 14ten Oktober. War mit Cla-
ra von Rochow, verwitwete von Thümen, verehlicht,
die ihm zwei Töchter gebohren hat.

Cc   ... El-

. . . . . Ellenberg.

Wird in der höchst fehlerhaften Liste, von der Armee Churfürst Friedrich Wilhelms, vom Jahre 1655, welche sich
im Theatr. Europ. T. VIII. S. 806. findet, und die
man, ohne alle Untersuchung, in vielen andern historischen Schriften, als zuverläßig, wieder erwähnet hat,
als Churbrandenburgischer Obrister, der ein Regiment
zu Fuß von zehn Kompagnien, zusammen 1000 Mann
stark, aufgeführet; allein dies ist falsch, und man wird
statt Ellenberg Eulenburg setzen müssen.

Wolfgang Ernst von Eller,

Churbrandenburgischer Geheimer-Kriegesrath, Ge-
neralwachtmeister und Obrister über zwei Regimenter, Gouverneur der Festungen Minden und Sparenberg, landdrost der Grafschaft Ravensberg,
Erbherr zu Lobach, Bustedt und
Kaltenhof.

Er war aus dem Mindenschen, wo seine Eltern, Jobst
Herrmann von Eller, auf Lobach Erbherr, und Dorothea von Wulffen, auf ihren Gütern lebten, gebürtig. 1649 befand er sich bereits in churbrandenburgischen Diensten als Rittmeister und Kommendant zu
Sparenberg. 1655 war er Obrister zu Roß, langte
im Oktober dieses Jahres, nebst dem Obristen Joseph
von Kazler, mit sechs Kompagnien zu Roß, aus dem
Cleve-

Clevefchen, bei Berlin an, und begleitete mit demfelben
die Churfürftin über Küftrin nach Preußen. 1656 befand er fich in der dreitägigen Schlacht bei Warfchau,
und 1658 auf dem Zuge, nach dem Holfteinifchen, in
welchem leztgedachten Jahre, den 8ten Oktober, ihn der
Churfürft zu Hufum zum Generalmajor ernamte. 1676
den 20ten Februar erging ein Befehl an die Mindenfche
Regierung, daß der Generalmajor von Eller Sitz und
Stimme bei derfelben haben, und bei Berathfchlagun-
gen, des Churfürften Intereffe, in Militair-, Staats-
und Civilfachen, verfehen follte. Starb zu Pyrmont,
1680 im Auguft, und ift mit Juliane Charlotte von
Kalkhun, genannt Leuchtmar, nachmalige Hofmeifte-
rin der Fürftin von Radzivil, verehlicht gewefen, davon
verfchiedene Kinder gebohren worden.

Sigmund von Erlach,

Königl. Preuß. Hofmarfchall und Colonel-Com-
mendant der hundert Schweizer.

Er war aus der Schweiz gebürtig, und ward von
Churfürft Friedrich dem dritten an feinen Hof gezogen,
und als diefer eine Schweizergarde von hundert Mann
errichtete, fezte er ihn darüber, nach dem von du Ro-
fey, zum Colonel-Commendant. 1703 den 25ten
September ward er Oberfchenk, 1706 Hofmarfchall,
verlor aber 1713, bei Antritt der Regierung König
Friedrich Wilhelms des erften, feine Chargen, und ftarb
den 30ten December 1722. Er hat fich zweimal verehlicht:

verehlicht: erstens mit einer Tochter des Geheimen-
Etatsraths von Chwalkowsky, die 1705 starb;
zweitens mit Sophia Wilhelmine von Schöning,
verwitwete von Blumenthal, eine Tochter des Feldmarschalls, die ihm einen Sohn gebohren hat.

Friedrich August Freiherr von Erlach,

Königl. Preuß. Generallieutenant, Chef eines Füselierregiments, Ritter des Ordens pour le Merite,
und Erbherr auf Ober- und Nieder-Groß-
Syrding, und Bogenau.

Gebohren 1721 den 11ten May zu Altenburg im Anhalt-Bernburgschen, und ist der zweite Sohn des 1754
verstorbenen Anhalt-Bernburgschen Hofmarschalls August Leberecht von Erlach, und Dorotheen Elisabeth von Schenk, aus dem Hause Flechtingen. 1740
kam er als Fahnjunker zum jetzigen Herzogl. Braunschweigischen Infanterieregiment in Halberstadt; ward
in eben diesem Jahre Fähnrich, 1744 Sekonde- und
1746 Premierlieutenant, 1750 Staabs- und 1753
wirklicher Hauptmann, 1759 Major, 1765 Obristlieutenant und Kommandeur des Regiments, 1770 Obrister, 1777 im Junius Chef des erledigten von Gablenz-
schen Füselierregiments, im August s. J. Generalmajor,
und 1786 den 3ten März Generallieutenant. Er hat
den Schlachten bei Hohenfriedeberg, Kesselsdorf, in
der er durch den Arm geschossen wurde, Lowositz, in
der er sich den Orden pour le Merite erwarb, Kollin,
Roßbach,

Roßbach, Kunersdorf, wo er eine schwere Verwundung
im rechten Hüftknochen bekam, und Torgau, wie auch
den Belagerungen von Prag, rühmlich beigewohnet. In
der Aktion auf dem Sebastiansberg führte er vierhundert
Freiwillige an, that sich besonders damit hervor, den
Verhack auf dem feindlichen linken Flügel zu forciren,
und erwarb sich dabei zum zweitenmale den Orden pour
le Merite, den er, da er solchen schon bei Lowositz erhalten, dem Könige zurücksandte, und dafür lieber überkom-
pletter Major des Regiments ward. Nach der Schlacht
bei Kunersdorf begab er sich nach Stettin, um seine
Gesundheit wieder herzustellen, und kaum hatte er solche
erlangt; so begab er sich auf königlichen Befehl nach
Halberstadt, um daselbst die Wiedergenesene und Ver-
laufene des Regiments zu sammlen, und solches aus dem
Kanton zu ergänzen. Als er dieses zu Stande gebracht,
erhob er mit dem Regimente in der Stadt Nordhausen
20000 Thaler Kontribution, und machte sich dadurch
dem Könige so angenehm, daß er ihm die unglückliche
Affaire bei Maxen, wobei er sich gegenwärtig befand,
in seinem fernern Avancement nicht hinderlich werden
ließ. Sein Leben und Bildniß, von Haas in Kupfer
gestochen, befindet sich im Berlinischen genealog. militair. Kalender, für das Jahr 1788. 1763 verehliche
er sich mit Friedrike Wilhelmine Christiane von
Walwitz, des Forstmeisters Wilhelm Gustavs von
Rauchhaupt auf Trebnitz, 1762 hinterlassene Witwe,
davon ein Sohn und drei Töchter gebohren worden.

. . . . . Erichson,

Churbrandenburgischer Obristlieutenant.

Er wird in der, in des Königs Friedrichs des zweiten
Abhandlung, von der preußischen Kriegesverfassung in
den ältesten Zeiten ꝛc. Frkfrt. und Leipz. 1771. 8.
S. 15, vorkommenden Liste, von der kleinen Armee
Churfürst George Wilhelms, welche er, 1638, bei
Neustadt-Eberswalde musterte, als Obristlieutenant,
mit einem Regiment zu Fuß, von 350 Mann, aufgeführet. Ich finde, außer dieser Nachricht, nirgends
die geringste Spur von diesem Erichson.

Jonas Kasimir Freiherr von Eulenburg,

Er lebte im vorigen Jahrhunderte, war Geheimer
Krieges- und Landrath, Generalmajor, Hauptmann zu
Brandenburg und Kämmerer. Im Jahr 1645 den
28ten April ward er zum Hauptmann zu Insterburg bestellt, welches er zuvor zu Balga gewesen, und 1659
hatte er ein Regiment in Preußen, welches aus sechs
Kompagnien bestand, davon zwei zu Memel, eine zu
Balga, eine zu Brandenburg, eine zu Preußisch-Mark,
und eine zu Holland, in Besatzung standen. Sein Todesjahr ist mir bis jetzt nicht vorgekommen; er war aber
mit Helenen Dorotheen von Brand verehlicht, die
verschiedene Kinder zur Welt gebracht hat.

Friedrich

Friedrich August von Eyff,

Königl. Preuß. Major und Chef des Stettinschen Landregiments.

Er ist aus Geldern gebürtig, wo er 1728 gebohren worden, und trat 1747 in Dienste. 1781 den 16ten Januar ward er bei dem jetzigen von Scholtenschen Infanterieregimente Major, und erhielt 1784 im September, nach Absterben des Majors von Poseck, das Stettinsche Landregiment zur Versorgung. Er hat den siebenjährigen und baierschen Erbfolgekrieg mitgemacht, und sich bei den wichtigsten Gelegenheiten während derselben rühmlichst hervorgethan.

Friedrich Gotthelf von Falkenhayn,

Königl. Preuß. Generallieutenant von der Infanterie, Gouverneur der Festung Schweidniß, Ritter des Ordens pour le Merite, und Droßt zu Petershagen im Mindenschen.

Gebohren 1719 den 17ten Oktober im Schwibußer Kreise des Herzogthums Schlesien. Im dreizehnten Jahre seines Alters, 1731, trat er in preußische Kriegesdienste, bei dem von Dossowschen Regiment (jezt von Lauenzien), welches damals in Wesel garnisonirte. Bei Errichtung der Grenadierkompagnien bei diesem Regimente, 1735, ward er im May Fähnrich, und 1738

Sekonde=

Sekondelieutenant. Als 1743 der Marquis de Varenne dies Regiment erhielt, und solches nach Breslau kam, ward er bei demselben Premierlieutenant, und wohnte im zweiten schlesischen Feldzuge der Belagerung von Prag bei. 1752 im März ward er Staabskapitain, und erhielt auch im September selbigen Jahres eine Kompagnie. Während dem siebenjährigen Kriege befand er sich, 1757 den 21ten April, im Gefechte bei Reichenberg, den 6ten May s. J. in der Schlacht bei Prag, in der er schwer verwundet ward. 1758 im May ernannte ihn der König zum Major. 1759 wohnte er den Schlachten bei Kay und Kunersdorf bei. 1760 erhielt er ein eigenes Grenadierbataillon, so aus den vier Grenadierkompagnien der von Lestwitzschen (jetzt von Tauenzien) und von Knoblochschen (jetzt von Wendessen) Regimenter bestand, und war mit demselben bei der Belagerung von Dresden, die vom 13ten bis zum 22ten Julius dauerte. Den 15ten August focht er in der Schlacht bei Liegnitz mit seinem Bataillon, so vorzüglich, daß ihn der König, weit außer seinem Range, zum Obristlieutenant erhob, und ihm den Orden pour le Merite gab. Gleiche Tapferkeit bewieß er im Treffen bei Torgau, den 3ten November, nach dem er das Kommando über diese von den Oesterreichen verlassene Stadt, nebst den darin befindlichen 8000 östreichischen Gefangenen, erhielt. 1761 im Februar ward er Obrister, und führte im Winter verschiedene ihm vom Könige aufgetragene Geschäfte, zu dessen höchsten Zufriedenheit, aus. Hierauf marschirte er mit der königlichen Armee nach Schlesien, wo er sich gegen Preußens Feinde so verhielt, daß sie ihm nichts anhaben konnten; ward folgends nach

Pommern, unter dem General von Schenkendorf, den Russen entgegengeschickt, wo er mit seinen Grenadiers, bei sehr vielen Gelegenheiten, sich äußerst brav bewieß. 1762 ging er mit dem Platenschen Korps nach Sachsen, und stand in Merseburg, als ihn der feindliche Partheigänger Otto, mit einer überlegenen Macht, in der Nacht zu überfallen suchte; allein er vereitelte dies Unternehmen durch seine Wachsamkeit, und zog sich mit seinem Bataillon über die Saalbrücke, ohne daß er angegriffen werden konnte. Im darauf folgenden Frühjahre marschirte er nach Schlesien, und befand sich bei der Belagerung von Schweidnitz, wo er bei einem Ausfalle verwundet und gefangen wurde. Zu Schweidnitz ward er durch eine preußische Bombe, die auf sein Zimmer sprang, zum zweitenmale verwundet, und kam, da sich diese Festung den 9ten Oktober ergab, wieder zu seinem Bataillon. Hierauf ward er als Kommandeur zu dem Zietenschen (jetzt Graf Anhaltschen) Regiment, und 1766 wieder nach Breslau versetzt, wo er im September das von Zastrowsche Regiment (jetzt von Hager), und 1766 den 8ten Julius die Bestallung als Drost zu Petershagen im Mindenschen, erhielt. 1767 im August ward er Generalmajor. 1778 machte er mit seinem Regimente, welches sich bei des Königs Armee befand, den bayerschen Erbfolgekrieg mit, und ward im Junius d. J. Generallieutenant. 1781 gab ihm der König, seiner kränklichen Gesundheitsumstände wegen, das Gouvernement von Schweidnitz, wogegen er sein Regiment dem Generalmajor von Anhalt abtrat. Sein Leben, und das von Dan. Berger in Kupfer gestochene Bildniß desselben, befindet sich im Berlinischen genealo-

gischen

gischen militairischen Taschenkalender, für das Jahr
1785. Starb den 6ten März 1786 zu Schweidnitz,
im 67sten Jahre seines Alters, und hinterließ den Ruhm
eines braven Offiziers, und eines billigen Obern, der
sein Ansehn nie zum Schaden seiner Untergebenen miß-
brauchte. Die Jahre seiner Ruhe glaubte er in seinem
Alter in Schweidnitz zu finden: aber sein siecher Körper,
der mit unaufhörlichen Schmerzen, und mit einem be-
ständigen Brustkampfe kämpfte, ließen ihn die Früchte
seiner mehr den funfzigjährigen Dienste nicht mit Zufriedenheit genießen.

Johann von Fargel (nicht Feergel),

Churbrandenburgischer Obrister, Chef eines Infanterieregiments, und Gouverneur der Festung Reinstein, auf Rückingen in der Grafschaft
Hanau Erbherr.

War aus der Grafschaft Hanau gebürtig, und ward
1665 den 16ten December churbrandenburgischer Obrister; errichtete 1669 drei Kompagnien im Halberstädtschen, 1675 eine Esquadron Reuter zu Berlin, und
erhielt folgends ein Regiment zu Fuß (jezt von Leipziger). 1679 im May trat er dies Regiment, hohen
Alters wegen, dem Generalfeldmarschall Fürst Johann
George von Anhalt ab. Er hat von 1665 bis zu seinem 1682 erfolgten Tode, die berühmten Feldzüge des
Churfürsten Friedrich Wilhelms, wider die Schweden
und Franzosen, mitgemacht. Mit Amalia von Bach-
mann, die ihn überlebte, hat er einen Sohn und eine
Tochter gezeuget.

Franz

Franz Andreas von Favrat Jaquin de Beyney,

Königl. Preuß. Generalmajor und Chef eines Infanterieregiments.

Er ist aus Savoyen gebürtig; kam 1758 in Königl. Preußische Dienste; stand bei dem von Salenmonschen Freibataillon, und that sich 1762 den 21ten Julius bei Bestürmung der Leutmannsdorfer Höhen hervor. 1763 den 14ten Julius ward er Major beim le Nobleschen Garnisonregiment. Der König Friedrich der zweite versezte ihn, 1771, zu dem neuerrichteten Regiment von Hessen-Philippsthal, und ernannte ihn den 25ten May 1775 zum Obristlieutenant, 1778 den 29ten November zum Obristen, 1786 den 6ten März zum Generalmajor, und gab ihm das von Naumersche Infanterieregiment. Er ist mit Maria Antonia, Franz Raymund Marschesen von Montekukuli, Kaiserl. Königl. Geheimenrath und Kämmerers, und Marien Josephen gebohrnen Gräfin von der Nath, Tochter, vermält.

Karl Adam Heinrich von Feilitzsch,

Königl. Preuß. Obrister, Chef des Invalidenkorps und Kommendant des Invalidenhauses bei Berlin.

Er war des 1722 verstorbenen Hans Adam von Feilitzsch, auf Treuen und Unterlauterbach im Voigtlande, und Marthen Elisabeth von Panzschmann Sohn,

Sohn, und ist 1701 den 2ten Junius gebohren worden. Kam 1720 in preußische Dienste, bei dem Regiment Alt-Anhalt (jezt von Leipziger); ward 1725
Fähnrich, 1730 Sekonde- und 1735 Premierlieutenant, 1740 Staabs- und auch wirklicher Hauptmann.
1747 den 10ten Julius ward er, wegen seiner in der
Schlacht bei Kesselsdorf empfangenen Wunden, zur
Versorgung als Obrister und Kommendant des Inva-
lidenkorps- und Hauses bei Berlin ernannt. Starb
den 18ten Januar 1768 unverehlicht.

Friedrich August von Fink,

Königl. Preuß. Generallieutenant, Chef eines Regi-
ments zu Fuß, und Ritter des schwarzen
Adlerordens.

Sein Vater war Johann Wilhelm von Fink,
Mecklenburg-Strelizischer Oberschenk und Jägermei-
ster. Da dieser vorher bei der Kaiserin Anna von
Rußland erster Stallmeister gewesen: so gab dieses
Gelegenheit, daß der Sohn in rußische Dienste trat,
und 1741 Adjudant des Prinzen Anton Ulrichs von
Braunschweig, mit Majorsrang, ward. Nachdem die
Kaiserin Elisabeth aber den Thron bestieg, ging er
nach Deutschland. Trat 1744 in preußische Dienste;
ward den 6ten May eben dieses Jahres Major und
Flügeladjudant, 1751 den 7ten September Obristlieutenant, und 1756 im März Obrister. Im zweiten und dritten schlesischen Kriege führte er ein Gre-
nadier-

nadierbataillon, welches aus den Grenadierkompagnien der Füselierregimenter von Kleist (jezt von Raumer) und Prinz Heinrich, nachmals aber von den Regimentern Hautcharmoy und Jung-Dohna bestand,
an, mit dem er sich stets hervorthat, und 1757 den
Schlachten bei Prag und Kollin, in welcher lezteren
er verwundet wurde, beiwohnte. Im November dieses Jahres ward er Generalmajor, und erhielt das
Regiment Erbprinz von Hessen-Darmstadt (jezt von
Wunsch). 1758 stand er mit einem Korps in Sachsen, wo er verschiedene Unternehmungen glücklich ausführte, und 1759 im Februar erhob ihn der König
zum Generallieutenant. Er diente darauf wider die
Reichstruppen; wohnte den 10ten August der Schlacht
bei Kunersdorf bei, nach welcher er wieder nach Sachsen ging, sich daselbst mit dem General von Wunsch
vereinigte, und Dresden zu erobern suchte, welches
aber Haddik verhinderte. Es kam darauf bei Kor-
bitz, den 21ten September, zu einer scharfen Aktion,
in der er Sieger blieb, und zur Belohnung den
schwarzen Adlerorden empfing. Vereinigte sich darauf
mit dem Heere des Prinzen Heinrichs, hatte aber
bald nachher das Unglück, den 20ten November, bei
Maxen, von einer überlegenen feindlichen Macht um-
ringt zu werden, und muste sich, nachdem er einen
Tag über Gegenwehr gethan, in der Nacht aber vergeblich zu entrinnen bemühet gewesen, und alle Mu-
nition verschossen hatte, den 21ten, mit acht Generals und 14000 Mann, aus welchen sein Korps bestand, ergeben. Bis zum Frieden 1763 blieb er in
der Gefangenschaft; ward nach seiner Befreiung zu

Berlin

Berlin in Arrest genommen, im Junius gedachten
Jahres, durch ein Kriegesrecht, unter dem Vorsitze
des Generals von Ziethen, kassirt, und ein Jahr lang
in die Festung Spandau gefänglich verwahrt. 1764
kam er wieder in Freiheit; ging darauf in Königl.
Dänische Dienste, ward in solchen, den 7ten November d. J., General von der Infanterie, 1765 den
6ten April Deputirter beim General-Kriegesdirekto-
rium, den 31ten Julius Obrister und Chef des Holsteinschen geworbenen Infanterieregiments, und 1766
den 29ten Januar Ritter des Dannebrog-Ordens.
Starb 1766 den 24ten Febr. zu Kopenhagen. 1754
im November verehlichte er sich mit Ulrika Henriette, einzigen Tochter des Königl. Preuß. Landraths
Julius Adolphs von Buggenhagen, die 1766
den 13ten März starb.

Jonathan Friedrich von Fink,

Königl. Preuß. Generalmajor und Kommendant zu Peitz.

Er war in der Neumark geboren, und trat 1704 bei
dem Alt-Anhaltschen Regiment (jezt von Leipziger) in
Diensten; ward 1712 den 6ten November Sekondelieutenant, war 1718 Staabskapitain; 1729 ward er
als Major zu dem Regiment von Dossow (jezt von
Tauenzien) versezt, 1743 den 25ten May Obrist, und
1748 Generalmajor und Kommendant zu Peitz. Starb
17**, und hat Christianen Elisabeth von Bren-
kenhof zur Ehe gehabt, die 1745 starb.

Ernst

Ernſt Friedrich von Fink,

Königl. Preuß. Obriſter, Chef des Kadettenkorps,
und Amtshauptmann zu Mühlenhof
und Mühlenbeck:

Er iſt der erſte Chef des Berliniſchen Kadettenkorps
geweſen, und ſtarb 1727 im Auguſt.

Albrecht Conrad Reichsgraf Fink
von Finkenſtein,

Königl. Preuß. Generalfeldmarſchall, Gouverneur
zu Pillau, Obriſter eines Regiments zu Fuß, des
ſchwarzen Adler- und St. Johanniterordens Ritter, reſidirender Komthur zu ließen, und des Ordens Senior, Amthauptmann zu Kroſſen, Erbherr auf Finkenſtein, Albrechten,
Roſenau ꝛc.

Seine Eltern ſind Albrecht Chriſtoph Fink von
Finkenſtein, churbrandenburgiſcher Kämmerer, Amtshauptmann zu Neidenburg und Soldau, und Charlotte Karolina von Obentraut, die ihn, während der
Peſt, zu Saberau, Amts Soldau in Preußen, 1660
im Oktober zur Welt brachte, geweſen. Er verlor ſolche
ſehr frühzeitig, und ſeine Erziehung beſorgten der Obriſte
von Roſen, nach deſſen Tode aber, 1667, Ernſt Fink
von Finkenſtein, Churbrandenburgiſcher Kämmerer und
Amtshauptmann zu Gilgenburg, und endlich ſein älteſter
Bruder.

Bruder. Dieser stand in holländischen Diensten als
Hauptmann beim Lottumschen Regiment, nahm ihn
1676 mit sich nach Holland, und sie kamen nach Brüssel, wo die alliirte Armee unter dem Prinzen Wilhelm
von Oranien im Lager stand, und im Begrif war, Bouchain zu entsetzen. Finkenstein nahm als Freiwilliger
bei demselben Dienste, und wohnte sämtlichen Unternehmungen in diesem Feldzuge, der Belagerung von Mastricht, 1677 der von St. Omer, und der Schlacht bei
Mont-Cassel, in der er über's Auge verwundet und gefangen wurde, bei. Er ward nach Clermont in Au-
vergne, wohin er ohne Hut und Kleider gehen muste,
gebracht, und stand eine Zeitlang viel Härte aus. Da
keine Gelegenheit zu seiner Auswechslung da war, ent-
schloß er sich, bei dem Regiment Fürstenberg, französische Dienste anzunehmen; diente wider die Spanier bei
verschiedenen wichtigen Vorfällen, deren Hererzählung
für diesen Raum zu weitläuftig sein würde. Bis zum
Jahre 1680 hatte er das Gewehr getragen, als ihn ein
Zufall davon befreiete. Der Obriste Zorlauben hatte
ihm ein gefährliches Geschäft aufgetragen, nach dessen
glücklichen Ausführung er sich seiner annahm, und es
bei dem Kriegesminister Louvois dahin brachte, daß er
eine Fahne erhielt. 1682 ward das Regiment von Fürstenberg getrennt, und zwei Regimenter daraus errichtet. Er kam bei dem zu stehen, welches der Graf von
Königsmark erhielt, und ward bei demselben Lieutenant
und Abjudant. 1684 ging er nach Katalonien zu Felde, wo er sich bei der Belagerung von Gironne hervorthat. 1685 ward er Staabshauptmann, blieb aber
zugleich Abjudant, und erhielt nach erfolgtem Frieden
Erlaubniß,

Erlaubniß, nach Preußen zu gehen, zugleich aber auch
für das Regiment zu werben. Zu Berlin zeigte er sich
dem Churfürsten Friedrich Wilhelm, der ihn sehr gnädig aufnahm, sich erinnerte, daß sein Vater, der Kämmerer, bei einer Gelegenheit, wo er sich bemühet, ihn
vor einer Gefahr zu warnen, das Bein gebrochen, und
versprach ihm, wenn er einst in seine Dienste treten würde, alle Fürsorge. In Preußen warb er verschiedene
junge Edelleute, unter denen die nachmalige preußische
Generale von Röder, Kalnein, Buddenbrock, Rappe,
Fink, Gröben, und andere mehr waren. Mit diesen
ging er zu Wasser von Danzig nach Hamburg, wo er
noch 120 Mann warb, zu Rouen ferner zu Wasser anlangte, und zu Melun seine Neuangeworbenen dem Grafen von Königsmark, zu dessen großer Zufriedenheit,
darstellte. 1687, als er wieder eine Reise nach Preußen that, fiel ihm indessen eine Kompagnie zu, worüber
ihm der französische Gesandte am churbrandenburgischen
Hofe, der Marquis von Rebenac, zu Berlin die Bestallung überreichte. Er kam darauf mit einer beträcht-
lichen Anzahl Neuangeworbenen wieder beim Regiment
an, als bald darauf Ludwig der vierzehnte, wider das
deutsche Reich, die Waffen ergrif, welches Finkenstei-
nen veranlaßte, 1689 seinen Abschied zu fordern, den
er zu Rochelle erhielt, sich darauf in das brandenburgische Lager bei Neus begab, Dienste nahm, und Major
beim churprinzlichen Regiment ward. Bei der Belagerung von Kaiserswerth ward er in die Stadt geschickt,
um die Uebergabe zu Stande zu bringen. Vor Bonn
ward er Obristlieutenant, und erhielt die Anführung eines Bataillons vom gedachten Regimente, welches da-

Dd   mals

mals in holländischen Diensten stand.   Er zeigte sich
darauf bei verschiedenen wichtigen Vorfällen tapfer und
unerschrocken, besonders bei Leuse, und im Treffen bei
Steenkerken, worin er am linken Fuß schwer verwundet
wurde. 1694 ernannte ihn der Churfürst zum Obristen,
und er führte bei Namur den Nachzug mit besonderer
Klugheit an.   1696 ward er in den St. Johanniterorden aufgenommen, und auf die Komthurei Lietzen designirt.   1697 befand er sich bei Oudenarde, wo er
bis zum geschlossenen Ryswickschen Frieden stehen blieb,
und noch in diesem Jahre Brigadier ward.   Im spanischen Erbfolgekriege war er bei der Belagerung von
Kaiserswerth, 1703 bei der Einschließung von Rheinbergen, welches er nachher einnahm; belagerte darauf
Geldern, welches an ihn mit Bedingungen überging,
und erhielt im December gedachten Jahres das Inte-
rims-Gouvernement von dieser Festung.   Hierauf stieß
er mit den dazu bestimmten preußischen Truppen zu dem
Heere des Prinzen Eugens an der Donau, und wohnte
als Generalmajor, den 16ten August, dem berühmten
Treffen bei Hochstädt bei, nach welchem er nach Berlin
ging, und hierauf den Auftrag empfing, den Kronprinzen nach Holland zu begleiten.   1705 den 21ten März
ward er Generallieutenant, und erhielt die Amtshauptmannschaft zu Krossen.   1706 befand er sich mit dem
Kronprinzen bei der Belagerung von Menin; holte hierauf die Braut desselben aus Hannover ab, führte sie ihm
zu, und überbrachte auch, 1707, dem hannöverischen
Hofe die Nachricht von der Geburt eines Prinzen. 1709
half er die Stadt und das Schloß Dornick erobern, und
fochte in der Schlacht bei Malplaquet mit vorzüglichem
Muthe.

Mythe. 1710 den 4ten Februar erhob ihn der Kaiser
Leopold in den Reichsgrafenstand. In eben diesem
Jahre wohnte er der Belagerung von Bethüne, und
1711 der Bestürmung der französischen Linien bei. Im
letztgedachten Jahre erhielt er das Regiment von Oranien, welches vorher der Generalmajor von Kaniz gehabt, und machte 1715 den pommerschen Feldzug mit.
1717 ward er Gouverneur von Memel, 1718 Oberhofmeister des Kronprinzen Friedrichs, nachmaligen
Königs von Preußen, und den 14ten November General von der Infanterie. 1728 erhielt er den schwarzen Adlerorden, und die Erlaubniß, das Gouvernement
von Memel gegen das von Pillau, mit dem Generalfeldmarschall Burggrafen von Dohna zu vertauschen. 1731
ward er residirender Komthur zu Lietzen, und des St.
Johanniterordens Senior, 1733 aber Generalfeldmarschall. Starb 1735 den 16ten December, zu Berlin,
im 75sten Jahre seines Alters. Sein ausführlicheres
Leben findet man in Pauli Leben großer Helden 8ter Th.
S. 255 bis 282. 1700 den 5ten May verehlichte er
sich mit Susanna Magdalena, dritten Tochter des
heßischen Oberhofmarschalls Wilhelm von Hoff, die
neun Kinder gebohren hat, von denen ein Sohn und
zwei Töchter vor dem Vater starben, vier Söhne und
zwei Töchter aber denselben überlebten.

Friedrich

Friedrich Ludwig des H. R. R. Graf Fink von Finkenstein,

Königl. Preuß. Generallieutenant, Chef eines Dragonerregiments, und des St. Johanniterordens Ritter.

Ein Sohn des vorgedachten Generalfeldmarschalls, gebohren zu Berlin, 1709 den 6. May. Nachdem er drei Jahre zu Frankfurt a. d. Oder studirt hatte, nahm ihn König Friedrich Wilhelm der erste, als Fähnrich, bei dem von Platenschen Dragonerregiment (jezt von Zitzwitz), in seine Dienste. 1731 warb er Lieutenant, und im selbigen Jahre zum Johanniterritter, in Gegenwart des Königs, zu Sonnenburg geschlagen. 1734 ging er mit den preußischen Hülfsvölkern, als Freiwilliger beim Prinz Eugen von Anhalt-Dessauschen Dragonerregiment (jezt von Bork), am Rheinstrohm; warb bei dem Regimente, bei welchem er wirklich stand, Kapitain, und erhielt, als zu demselben noch drei Schwadronen errichtet wurden, eine davon. 1741 warb er Major, 1742 Obristlieutenant, 1743 Kommandeur des von Möllendorfschen Dragonerregiments. 1745 den 15ten December wohnte er der Schlacht bei Kesselsdorf bei; warb 1747 im May Obrister, 1754 Generalmajor, und erhielt das leztgedachte Regiment als Chef. Vor der Schlacht bei Groß-Jägerndorf, 1757, brach er den Arm, konnte daher in solcher nicht gegenwärtig sein; nach der Wiederherstellung aber ging er mit dem Regimente nach Pommern, und rückte, da solches die Avantgarde mit ausmachte, im Oktober bis Stralsund vor. 1758 stieß

er

er mit seinem und dem Holstein-Gottorpschen Dragonerregiment zum Heere des Herzogs von Braunschweig,
und nahm, während des Marsches durch Mecklenburg,
ein in Güstrow stehendes mecklenburg-schwerinsches Regiment gefangen. Auf dem Zuge nach Westphalen hatte
er bei Rothenburg einen Scharmützel mit den Franzosen,
wobei er zwölf Offiziers, unter welchen zwei Staabsof-
fiziers waren, nebst 60 Mann gefangen nahm. Beim
berühmten Uebergang über den Rhein, hatte er mit seinem Regimente die Avantgarde, und eroberte vom Bed-
fordschen Regimente die Pauken, die der König dem
Finkensteinschen Regimente, das noch keine hatte, überließ. Im November schlug er mit dem Holsteinschen
Regiment bei Soest ein detaschirtes Korps Franzosen,
6000 Mann stark, und nahm Viele von ihnen gefangen.
1759 rückte er unter dem Kommando des Herzogs Ferdinand bei Frankfurt am Mayn vor; wohnte sodann
der Schlacht bei Bergen bei, nach der er, im osna-
brückschen bei Möllen, 2000 Mann Franzosen schlug,
verschiedene von ihnen gefangen nahm, und den 1sten
August, in der Schlacht bei Minden, den Sieg erfechten, und die Franzosen auf ihrer Flucht verfolgen half.
1760 den 21ten März ward er Generallieutenant, und
muste zur Armee des Königs stoßen. In der Schlacht
bei Lignitz, den 15ten August, kommandirte er das
Korps de Reserve, und muste mit der Kavallerie zum
rechten Flügel, den der General von Zieten anführte,
stoßen. Den andern Tag nach der Schlacht hatte er
vor Parchwitz ein Gefecht mit den Russen, die er aber
mit seinem und dem Holsteinschen Regiment über die
Oder trieb. Er folgte darauf dem Könige vor Bres-

lau

lau und Schweidnitz, ferner nach Sachsen, und befand sich im Treffen bei Torgau, worin er, als ihm das Pferd unter dem Leibe erschossen worden, gefangen wurde. Auf Befehl des kaiserlichen Hofes mußte er sich nach St. Pölten ohnweit Wien begeben; ward nach geschloßenem Frieden, 1763, wieder ausgewechselt, und kam im März wieder zu Berlin, und bald darauf bei seinem Regimente an. 1778 stand er mit demselben bei der Armee des Königes in Schlesien und Böhmen, und starb 1785 im März im 76sten Jahre seines Alters, nachdem er dem preußischen Hause 58 Jahre lang die treuesten Dienste geleistet. Sein Leben und Bildniß, von D. Berger gestochen, finden sich in dem Berlin. genealog. histor. militair. Taschenkalender, für das Jahr 1784. Er verehlichte sich, 1738 den 4ten November, mit Albertinen Marien gebohrnen Gräfin Fink von Finkenstein, aus dem Hause Gilgenburg; davon eine einzige Tochter.

Adam Christoph von Flanß,

Königl. Preuß. Generalfeldmarschall, Obrister über ein Regiment zu Fuß, Gouverneur zu Memel, des schwarzen Adler= und St. Johanniterordens Ritter, und Amtshauptmann zu Fehrbellin und Ruppin.

Er ist 1664 den 4ten Julius gebohren worden, und stammt aus einem uralten märkischen Geschlecht. Seine

Seine Eltern waren, Adam Ehrentreich von Flanß, auf Witbriezen Erbherr, und Magdalena von Flanß, aus dem Hause Witbriezen. Nachdem er vom zehnten bis zum siebzehnten Jahre sich bei dem General von Wangenheim, churbrandenburgischen Obristen, in Berlin aufgehalten, trat er 1680 bei dem Dönhoffschen Regiment (jezt Graf von Henkel) in seines Landesherrn Dienste, und ward bei demselben 1694 den 6ten September Hauptmann, 1705 den 8ten August Major, 1709 den 10ten August Obristlieutenant, und 1718 den 5ten Junius Obrister. 1728 erhielt er das Dohnasche Regiment (jezt von Romberg), ward 1731 Generalmajor, ging unter dem Befehl des Generals von Röder, der die preußischen Hülfsvölker an den Rheinstrom führte, mit dahin, und wohnte den Kampagnen von 1734 bis 1735, wider die Franzosen, mit bei. 1739 im August ward er Generallieutenant, und 1740 im Junius erhielt er den schwarzen Adlerorden. Im Observationslager bei Brandenburg kommandirte er 1741 die Infanterie des linken Flügels. 1742 führte er 12000 Mann zur Armee des Königs nach Schlesien, und befand sich in der Schlacht bei Chotusiz. 1743 den 25ten May erhob ihn der König zum General von der Infanterie, und 1745 den 18ten März zum Generalfeldmarschall. Er starb zu Königsberg in Preußen, 1748 den 19ten Julius, in einem Alter von 85 Jahren; nachdem er 68 Jahr lang, dem Churfürsten Friedrich Wilhelm, und den dreien auf ihn folgenden Königen von Preußen, auf das treueste gedienet hatte, und liegt zu Mühlhausen in Preußen

Dd 4   begraben.

begraben. König Friedrich Wilhelm der erſte war beſonders gnädig gegen ihn, und machte ihn zu ſeinem faſt täglichen Geſellſchafter, mit dem er ſich von den ernſthaften Tagesgeſchäften, des Abends, durch Spiel oder munteres Geſpräch zu erholen ſuchte. Er war mit Amalia Charlotte von Kälkſtein verehlicht, von der nur eine Tochter gebohren worden.

Kurt Friedrich von Flanß,

Königl. Pr. Generalmajor, Chef eines Dragonerregiments, und Ritter des Ordens pour le Merite.

Er iſt 1708 gebohren worden, und war der Sohn eines Bruders des vorgedachten Generalfeldmarſchalls, nemlich Henning Ehrentreichs von Flanß, auf Groß- und Kleinen-Zieten Erbherrn, und Eliſabeth Gottlieb von Hack. Trat 1730 in königliche Dienſte, ward bei dem von Geßlerſchen Kuiraſſierregiment (jezt von Mengden) 1750 Major, 1756 Obriſtlieutenant, 1759 im April Obriſter, und that ſich mit dem genannten Regimente, 1760 den 20ten Februar, bei Coßdorf dergeſtalt tapfer hervor, daß er damit den öſterreichiſchen General Beck angrif, bis Großenhayn verfolgte, und viel Gefangene machte. Nach der Schlacht bei Torgau, den 3ten November 1760, ward er Generalmajor, 1761 erhielt er das Meinickenſche Dragonerregiment (jezt von Thun), und ſtarb 1763 den 26ten Februar zu Löwen in Schleſien. Von 1741 bis 1763.

wohnte

wohnte er allen Feldzügen der Preußen bei, und ward in der Schlacht bei Prag zweimal verwundet, gefangen, bald aber wieder ausgewechſelt. Mit Aleranderinen Dorotheen von Friedeborn hat er drei Söhne und eine Tochter erzeuget.

Heino Heinrich des H. R. R. Graf von Flemming,

erſt Churſächſiſcher, nachmals Königl. Preußiſcher und Churbrandenburgiſcher Geheimer ⸗ Staats⸗ und Kriegesrath, Generalfeldmarſchall, Statthal⸗ halter des Herzogthums Hinterpommern und des Fürſtenthums Camin, Gouverneur der Reſidenz Berlin, des St. Johanniterordens Ritter und Komthur zu Schievelbein ꝛc.

Gebohren 1632 den 8ten May. Seine Eltern ſind Jakob von Flemming, Landmarſchall in Hinterpom⸗ mern, und Barbara von Pfuhl, aus dem Hauſe Langerwiſche geweſen. Er ward von geſchickten Haus⸗ lehrern unterwieſen, beſuchte darauf verſchiedene Univer⸗ ſitäten, begab ſich ſodann auf Reiſen, und hielt ſich un⸗ ter andern eine Zeitlang in Frankreich auf. Unter dem berühmten Admiral Ruyter erwarb er ſich Kenntniſſe vom Kriegesdienſte zur See, ſo wie vom Landkriege, unter Anführung des Kapitains von der holländiſchen Garde, dem von Steinberg. Nach der Rückkunft in ſein Vaterland trat er in brandenburgiſche Dienſte, und machte den Feldzug in Polen mit, nach deſſen Endi⸗

gung er entlaſſen wurde, darauf in kaiſerliche Dienſte
ging, und in ſolchen zum Kornet, und darnach zum
Generaladjudanten avancirte. Churfürſt Friedrich Wilhelm von Brandenburg berief ihn aber bald zurück,
nahm ihn als Kapitain zu ſeiner Leibkompagnie, und
verſezte ihn 1662 als Major zu dem Schwerinſchen
Regiment in Preußen; ernannte ihn 1664 zum Obriſtlieutenant, und 1672 den 25ten April zum Obriſten.
Als ſolcher führte er die churfürſtlichen Hülfsvölker
an, die dem Könige von Polen, Michael Wisnowiecky,
wider die Türken zugeſandt wurden. Nach Beendigung dieſes Feldzuges ging er mit churfürſtlicher Erlaubniß nach den Niederlanden, wohnte unter dem
Prinzen von Oranien der Belagerung von Norden,
und vielen wichtigen Begebenheiten, mit ſo ausgezeichnetem Muthe bei, daß ihn dieſer Prinz ſowohl, als
der Gouverneur der ſpaniſchen Niederlande, Graf de
Monterey, in Dienſte verlangten, und ihm ein Regiment von zwölf Kompagnien antrugen. Er konnte
ſolches aber nicht annehmen, da ihn der Churfürſt
ſo eben zurückberief, weil der Krieg wider Frankreich
erkläret worden war. Eben ſo ſchlug er die ihm,
nicht lange hernach, von der Stadt Danzig angetragene Oberkommendantenſchaft, und das Anerbieten des
Herzogs Johann Friedrich von Braunſchweig, ihm als
Generalmajor das beſte Regiment ſeiner Truppen zu
geben, aus. 1681 trat er als Feldmarſchallieutenant
in churſächſiſche Dienſte. 1682 verlangte ihn der
König von Dänemark als General von der Infanterie in ſeine Dienſte, da er aber Churſachſen ſchon
wider die Türken bedienet war: ſo muſte er auch
dies Anerbieten, ſo vortheilhuft es auch für ihn werden könnte, ablehnen. Bei dem Entſatz von Wien erwarb er ſich durch ſeine Tapferkeit viel Ruhm, und
der Kaiſer bot ihm zur Belohnung die Erhebung in
den

den Reichsgrafenstand mit einer Anweisung auf vier-
tausend Thaler an, welche leztere er aber nur allein
einnahm. 1687 ward er Generalfeldmarschall, welchen
Titel er zwar schon vorher gehabt, solchen aber, so
lange der Generalfeldmarschall von der Golz lebte,
nicht führen wollte. Er diente darauf am Rheinstrohm, wo er sich die Freundschaft und Achtung der
vornehmsten Feldherren bei den vereinigten Truppen
durch seine Klugheit und Unerschrockenheit erwarb.
1690 ward er, statt des in chursächsische Dienste als
Generalfeldmarschall getretenen Hans Adam von Schöning, in gleicher Würde, in churbrandenburgische berufen, und zugleich Geheimer-Staats- und Kriegesrath, Gouverneur von Berlin und, nach Derflingers
Absterben, Statthalter des Herzogthums Hinterpommern und des Fürstenthums Camin. In den Feldzügen in Flandern und Braband legte er noch verschiedene Proben seines Muths ab; nach dem Ryswickschen Frieden aber, nöthigten ihn seine zerrüttete
Gesundheitsumstände, den Abschied zu suchen, welchen er mit Beibehaltung seiner Statthalterschaften,
nebst 8000 Thalern Gnadengehalt, welches aber 1704
auf 4000 Thaler heruntergesezt ward, erhielt, und
begab sich sodann auf seine Güter. 1662 hatte ihn
der St. Johanniterorden aufgenommen, und 1678
erhielt er die Komthurei Schievelbein. 1700 erhob
ihn der Kaiser in des H. R. R. Grafenstand. Er
starb 1706 den 28ten Februar, auf seinem Schlosse
Bukow, im 74sten Jahre seines Alters. Hatte sich
dreimal verehlicht: erstens, 1663, mit Barbara
Gottlieb von Klitzing, die 1664 starb; zweitens,
1667, mit Agnes Dorothea von Schwerin,
starb 1673 im Februar; drittens, 1674, mit Dorothea Elisabeth von Pfuhl, die 1740 starb, und
zwei Söhne und drei Töchter gebohren hat.

Hein-

Heinrich Ludwig von Flemming,

Königl. Preuß. Generalmajor von der Infanterie, gewesener Chef eines Infanterieregiments, nachmaliger Kommendant von Breslau, und Erbherr der Güter Martentin und Lanken, Lehnsherr der Herrschaft Buckow.

Er ist 1719 gebohren worden, und sein Vater, Wilhelm Friedrich von Flemming, Erbherr auf Martentin und Wusterwitzel, hat als Major in Königl. Preußischen Diensten gestanden. Im neunzehnten Jahre seines Alters trat er bei dem Regiment Jung-Dork, welches er nachmals selbst als Chef erhalten, in Dienste; ward 1737 Fähnrich, 1742 Sekonde- und 1747 den 18ten September Premierlieutenant, 1757 Staabs- und 1758 wirklicher Hauptmann, ben 3ten September leztgedachten Jahres Major, 1765 Obristlieutenant, 1771 den 22ten May Obrister, 1773 Kommandeur des Regiments, welches er 1778 selbst als Chef erhielt; worauf ihn gleich nachher der König zum Generalmajor erhoben. 1782 erhielt er Alters wegen die Kommendantenstelle zu Breslau, und starb daselbst, den 6. April 1783, im 64sten Jahre seines Alters unverehlicht; nachdem er 44 Jahre gedienet, und von 1740 an, den Schlachten bei Chotusitz, Hohenfriedeberg, Prag, Breslau, Kollin und Kunersdorf, in welchen beiden leztern er verwundet worden, der Belagerung bei Schweidnitz, und dem Feldzuge wider die Russen, 1761, in Pommern, beigewohnet hatte. Er bewies jederzeit eine strenge Ausübung der Pflichten eines klugen und tapfern Soldaten.

Ernst

Ernst Bogislaus des H. R. R. Graf von Flemming,

Königl. Preuß. Generalmajor und Chef eines, aus den bei Pirna gefangenen Sachsen, errichteten Regiments in preußischen Diensten.

Er war ein Sohn Felix Friedrichs Reichsgrafen von Flemming, auf Iven, Königl. Preuß. wirkl. Geheimerrath und Erblandmarschall in Pommern, und Dorotheen Sophien gebohrnen von Flemming, die ihn 1700 zur Welt gebohren hat. 1741 setzte ihn König Friedrich der zweite, nachdem er schon vorher, seit 1732, bei der Armee seines Herrn Vaters gedienet, als Major zu dem neuerrichteten Jung-Dohnaschen Regimente (jezt von Hager), und ward 1747 Obrister. 1756 bekam er ein aus den bei Pirna gefangenen Sachsen formirtes Regiment, das aber 1757 untergesteckt ward, als Generalmajor. Er nahm 1760 seinen Abschied, und starb 1764 den 6ten Februar im 64sten Jahre seines Alters. Von 1740 bis 1760 hat er allen Feldzügen, und besonders den Schlachten bei Hohenfriedeberg, Zorndorf, worin ihm ein Pferd unter dem Leibe erschossen ward, Kay und Kunersdorf rühmlichst beigewohnet.

Jean Quirini de Forkade, Herr von Biaix,

Königl. Preuß. Generallieutenant, Chef eines Infanterieregiments, und Kommendant der Residenz Berlin.

Er war aus Pau in Bearn gebürtig, und hatte der Religion wegen sein Vaterland verlassen. Seine Eltern sind,

sind, Jaques de Forkade, Herr von Blair, Mare-
chall de Camp, und Philippine d'Espalunge, Ba-
ronne d'Arras gewesen. 1692 war er Kapitain bei
der preußischen Garde in Krossen; ward 1702 den
12ten September Major bei der weißen Füseliergarde
(jezt Alt-Bornstedt), 1705 den 12ten August Obrister; erhielt 1716 das Kamekensche Regiment (jezt von
Lichnowsky), und ward 1718 den 31ten May Generalmajor. War 1722 Kommendant von Berlin, und starb
1729 den 2ten Februar als Generallieutenant. Mit
Julianen Freiin von Honstedt, einer Tochter des
Generalmajors Quirin Freiherrn von Honstedt, und
Marien Magdalenen Streiff von Löwenstein, hat
er verschiedene Kinder erzeugt.

Friedrich Wilhelm Quirin von Forkade
de Biair,

Königl. Preuß. Generallieutenant, Chef eines Regiments zu Fuß, Ritter des schwarzen Adlerordens,
und Amtshauptmann zu Zinna und Neuenrade
in der Grafschaft Mark.

War ein Sohn des vorgedachten Generallieutenants,
und ist 1699 zu Berlin gebohren worden. 1713 trat
er in preußische Kriegsdienste; ward bei der weißen
Füseliergarde (jezt von Alt-Bornstedt), den 21ten September gedachten Jahres Fähnrich, 1716 den 11ten
Januar Sekonde- und 1719 den 26ten May Premierlieutenant. 1721 den 24ten Januar versezte ihn der
König als Hauptmann bei seines Vaters, des vorgedachten Generallieutenants Regiment, bei dem er 1732
Major, 1740 Obristlieutenant, und den 30ten May
1743 Obrister wurde. Im Junius erhielt er die Amtshauptmannschaft zu Zinna, 1746 den Orden pour le
Merite,

Merite, nebst einem Gnadengehalte von 600 Thalern, und eine Domherrenstelle zu Havelberg. 1747 den 4ten December ward er Generalmajor, mit dem Range vom 4ten December 1743. 1748 im Julius bekam er das Dohnasche Regiment, welches zuvor sein Vater gehabt; erhielt 1757 den 10ten Februar die General-lieutenants-Würde, und nach der Schlacht bei Leuthen und Eroberung von Breslau den schwarzen Adlerorden. 1715 hat er den pommerschen Feldzug, und in den dreien schlesischen Feldzügen den Schlachten bei Molwitz, Hohenfriedeberg, Soor, Prag, Roßbach, Leuthen, Zorndorf, wo er verwundet wurde, Torgau und Frei-berg, mit ausgezeichneter Tapferkeit beigewohnet. In dem Treffen bei Soor ward er durch die Wade des rech-ten Fußes geschossen, und blieb auf dem Wahlplatz für todt liegen. Er hatte sich während demselben so hervor-gethan, daß ihm der König den Sieg größtentheils zu-schrieb. 1757 kommandirte er die Belagerung von Breslau, wobei er sich viel Ruhm erwarb. 1762 kom-mandirte er ein besonderes Korps in Sachsen, unter dem Prinzen Heinrich von Preußen, und starb 1765 den 23ten März zu Berlin, im 67sten Jahre seines Al-ters, nachdem er 53 Jahr rühmlichst bei der preußischen Armee gedienet. Der König schätzte ihn sehr, und bewies ihm bei vielen Gelegenheiten öffentlich seine Achtung. Als er 1746, bei der auf dem königlichen Schlosse zu Berlin versammelten Cour, dem Könige für die wieder-holte Gnadenbezeugungen persönlich danken wollte, und er sich wegen seines verwundeten Fußes am Fenster leh-nen mußte, brachte ihm der König selbst einen Stuhl, und sagte zu ihm: „Mein lieber Obrister von Forkade, „ein so braver und würdiger Mann, als er ist, verdient „sehr wohl, daß auch der König selbst ihm einen Stuhl „bringet.“ Nach dem 1763 geschlossenen Frieden er-hielt er ein Geschenk von 8000 Thalern. Seiner Witwe

bezeigte

bezeugte der Monarch, in einem mit zärtlichen Ausdrücken angefüllten Briefen, (der sich, so wie noch andere den General von Forkade betreffende schäzbare Nachrichten, in den ungedruckten Nachrichten von den Feldzügen der Preußen. 1. Th. S. 522 und 523, abgedruckt befindet,) seine Theilnehmung an den Verlust ihres Mannes, und gab ihr ein Gnadengehalt von 1500 Thalern. Diese seine Gemahlin war eine gebohrne Montaulieu de St. Hippolite, deren Vater Generalmajor gewesen, und die ihm dreiundzwanzig Kinder gebohren hat, von welchen vier todt zur Welt kamen, und eilf den Vater überlebten.

Heinrich August Freiherr von la Motte-Fouque,

Königl. Preuß. General von der Infanterie, Chef eines Füsellerregiments, des schwarzen Adler- und pour le Merite-Ordens Ritter, Gouverneur zu Glaz, Domprobst zu Brandenburg, Amtshauptmann zu Gramzow und Löfeniz.

Sein Vater, Karl von la Motte Fouque, Ritter, Herr und Baron von la Motte, Saint-Surin, Thonnaiboutonne und la Greve, verließ der Religion wegen die französische Staaten, ging nach Holland, wo er sich mit Susanna von Robillard verehlichte, und diesen Sohn erzeugte. Er ward den 4ten Februar 1698 in Haag gebohren; kam im achten Jahre seines Alters, als Page zu dem Fürsten Leopold von Anhalt-Dessau, der ihn zu seinem Regimente nahm, mit welchem er dem pommerschen Feldzüge, 1715, beiwohnte, und ward den 26ten November dieses Jahres Fähnrich, 1719 den 18ten März Sekonde- und im Oktober s. J. Premierlieutenant, 1723 den 24ten Januar Staabshauptmann, und

und erhielt 1728 den 3ten November den Orden de la
Generosité, 1729 den 11ten Februar ward er wirklicher
Hauptmann. 1738 zog ihm ein Vorfall, da er nemlich
dem Lieutenant von Zehmen, der sich von dem Prinzen
Moriz von Anhalt-Dessau beleidiget zu sein glaubte, den
Rath gab, sich deshalb beim Könige zu beschweren, die
Ungnade seines Chefs zu. Der König wollte ihn deshalb zum Glaubitzschen Regimente versetzen, allein er bat
um seine Entlassung, die er 1739 mit Majorscharakter
erhielt, und darauf in Dänische Dienste ging, in welchen
er im selbigen Jahre, den 12ten Julius, Obristlieutenant ward. Sobald König Friedrich der zweite von
Preußen die Regierung angetreten hatte, berief er ihn
wieder in seine Dienste, ernannte ihn 1740 den 23ten
Julius zum Obristen, den 26ten aber zum Kommandeur
des Camasschen Füselierregiments, und gab ihm den Orden pour le Merite, nebst den Amtshauptmannschaften
Gramzow und Löknitz. Im ersten schlesischen Kriege
kommandirte er ein Grenadierbataillon, und ward 1742
Kommendant zu Glatz. 1744 den 30ten December erhielt er das erledigte von Predowsche Füselierregiment,
und 1745 im März den Generalmajorscharakter, mit
dem Patente vom 13ten May 1743. 1751 den 30ten
Januar ward er Generallieutenant, und bekam den 2ten
September d. J. den schwarzen Adlerorden, 1759 den
1ten März General von der Infanterie, und 1760 den
24ten April Domprobst zu Brandenburg. In diesem
Jahre, den 23ten Julius, war er in dem blutigen Gefechte bei Landshut in Gefahr, sein Leben zu verlieren,
indem ihm sein Pferd unterm Leibe erschossen wurde, und
er, mit vielen Wunden bedeckt, unfehlbar hätte umkom-
men müssen, wenn ihn nicht die außerordentliche Treue
seines Bedienten, Namens Trautschke, der sich auf ihn
warf, gerettet hätte. Diese sonderbare Begebenheit befindet sich im Berlinischen militairischen Taschenkalender,

Ee   für

für das Jahr 1787, ausführlich beschrieben, und im Kupferstich abgebildet. 1763 den 8ten April ward er Gouverneur von Glatz. 1774 den 3ten März starb er zu Brandenburg, wohin er sich im Jahre 1763, nach seiner Zurückkunft aus der Gefangenschaft, mit königlicher Erlaubniß begeben hatte, im 77sten Jahre seines Alters, und 59sten seiner Dienstzeit, während welcher er sich stets für das Interesse seines Königs eifrig bewiesen, und sich dadurch dessen Gnade und Vertrauen in einem hohen Grade eigen gemacht hatte. Sein ausgeführtes Leben befindet sich in den neuesten genealogisch-historischen Nachrichten, J. 1775. S. 153. f., und Anekdoten, so ihn betreffen, stehen in den neuen Miscellaneen histor. und politischen Inhalts. J. 1779. 6tes Stück. S. 968. u. f. Er hatte sich mit einer reformirten Französin, Elisabeth Maria Mason, zu Dessau verehlicht, die bereits vor ihm, 1753 den 3ten April, zu Glatz verstorben, und zwei Söhne und eine Tochter zur Welt gebohren hat.

Karl Ludwig von Frankenberg,

Königl. Preuß. Obrister und Kommandeur des von Bevillischen Infanterieregiments, ehemaliger Kommandeur eines Grenadierbataillons.

Er ist aus dem Würtembergischen gebürtig, wo sich sein aus Schlesien abstammendes Geschlecht ansäßig gemacht, und 1733 gebohren. Nachdem er zwei Jahr bei dem Könige Friedrich dem zweiten Page gewesen, trat er in heßische Dienste, in welchen er sechszehn Jahre gestanden, und bis zum Hauptmann stieg. Kam 1765 in preußische Dienste, und ward Hauptmann bei dem Gillerschen Grenadierbataillon. 1774 versetzte ihn der König als Major bei dem neuerrichteten von Rohrschen Füselier-

felierregiment, und er ward Kommandeur des Grena=
dierbataillons, so aus den Grenadierkompagnien der
Regimenter von Rohr und Hessen=Philipsthal bestand,
1783 den 8ten Junius Obristlieutenant, 1784 als
Kommandeur zum Bevillischen Regiment versezt, und
1785 den 30ten May Obrister. Bei den heßischen
Truppen hat er, von 1757 bis 1762, sämtlichen Un=
ternehmungen der alliirten Armee, wider die Franzosen,
und bei der preußischen, dem baierschen Erbfolgekriege,
während welchem er bei dem Heere des Königs in Böh=
men und Schlesien stand, rühmlich beigewohnet.

. . . Fresin,
Königlich Preußischer Obrister.

Soll, nach den allgemeinen Nachrichten von der königl.
preußischen Armee, das Königsbergsche Landregiment in
Preußen gehabt haben, und starb 1743.

Gabriel Monod von Froideville,
Königl. Preuß. Generalmajor, Kommandeur des
Schorlemmerschen Dragonerregiments, Ritter des
Ordens pour le Merite, Erbherr auf Urschkau,
Caunitz, Briese, Bartsch und Kullmer
in Schlesien.

Sein Vater, ein Schweizer, Gabriel Monod von
Froideville, Herr von Ballens und Dens im Kanton
Bern, hatte ihn mit Susanna von Crousaz erzeugt.
Ward 1711 nen 11ten März geboren, und studirte eine
Zeitlang zu Lausanne. 1727 trat er als Freiwilliger in
die Dienste der vereinigten Kantons, beim Constans=
schen Regiment, muste solche aber 1729, Krankheits
halber, verlassen. 1730 kam er nach Dresden, als
Frei=

Freiwilliger, bei den sächsischen Kadets, erhielt von selbigen wieder, 1731 den 17ten August, seine Entlassung, und ward bei dem von Naffauschen Kuiraffierregiment, 1731 den 19ten September, Kornet, 1732 den 14ten November Sekondelieutenant, als welcher er dem Feldzuge am Rheinstrohm beiwohnte, und 1735 den 15ten April zum Premierlieutenant avancirte. 1741 den 20ten Januar erhielt er den gesuchten Abschied, folgte seinem gewesenen Chef, dem Obristen von Naffau, in preußische Dienste, und ward bei dem für denselben neu errichteten Dragonerregimente (jezt von Boffe) Hauptmann. Befand sich darauf, im ersten schlesischen Feldzuge, bei der Belagerung von Neiffe, und wehrte sich auf der Postirung bei Nappa=Gödel gegen ein ganzes feindliches Husarenregiment, für welche Bravour er den Orden pour le Merite zur Belohnung bekam. 1744 den 14ten März ward er Major. Vor Ausbruch des zweiten schlesischen Krieges muste er, auf königlichen Befehl, nach Dresden, und die ganze Elbe hinauf, bis Prag gehen, und die dortige Gegenden genau in Augenschein nehmen. Er stattete von diesem Geschäfte Bericht ab, und erhielt ein schriftliches Zeugniß vom Könige, worin er ihm seine Zufriedenheit in sehr gnädigen Ausdrücken bezeugte. 1745 den 4ten Junius befand er sich in der Schlacht bei Hohenfriedeberg, und bei der Belagerung von Kosel. 1750 den 1ten Oktober ward er zum Schorlemmerschen Dragonerregiment (jezt von Posadowsky) versezt, 1751 den 26ten Junius Obristlieutenant, und 1755 den 12. Junius Obrister. 1757 den 30ten August wohnte er der Schlacht bei Groß=Jägerndorf in Preußen bei, und ging darauf mit dem Regimente nach Pommern, wider die Schweden, zu Felde. Während den Winterquartieren, von 1757 bis 1758, beschlichte er die Kavallerie, die in mecklenburgischen stand, und erndtete daselbst viel Lob wegen seines guten Betragens ein. 1758 im Julius ward er Generalma=

jor

for und Kommandeur des Schorlemmerschen Dragonerregiments, und befand sich den 25ten August in der
Schlacht bei Zorndorf, in der er beim Einhauen auf die
rußische Grenadiers durch den Kopf geschossen wurde,
und den 3ten September zu Frankfurt an der Oder ver-
schied, auch daselbst in der reformirten Stadtkirche begraben wurde. Sein ausführlicheres Leben befindet sich
in Pauli Leben großer Helden, 3. Th. S. 113 bis 142.
1748 den 12ten September hatte er sich mit Christiana Eusebia, Hans Ernst von Kalkreuth, chursächsischen Majors, auf Ober- und Nieder-Siegersdorf
Erbherr, und Sophien Elisabeth von Bülow, Tochter, verehlicht, davon aber keine Erben entsprossen.

Franz Isaac von Froideville,

Königl. Preuß. Generalmajor von der Kavallerie,
Intendant der Armee, und Assessor des fünften
Departements des Oberkriegeskollegium.

Er ist der jüngste Bruder des vorgedachten Generalmajors, und 1720 gebohren worden. Er diente bei dem
jetzigen von Posadowskyschen Dragonerregiment bis zum
Obristen, dazu ihn der König Friedrich der zweite 1775
den 22. May ernannte, und hat den 7jährigen Krieg mitgemacht. 1779 den 30. Novemb. ward er Intendant des
Vivres bei der zweiten Armee, welche bei entstehendem
Kriege zusammengezogen werden sollte. 1787 im Januar
erhob ihn König Friedrich Wilhelm II. zum Generalmajor
von der Kavallerie, und den 25. Junius selb. Jahres
zum Assessor bei dem fünften Departement des neuerrichteten Oberkriegeskollegium, welches sich mit dem Ver-pfle-
gungswesen der Armee beschäftigt. Wegen seiner kränklichen Gesundheitsumstände erhielt er schon im November,
mit einer ansehnlichen Pension, die gesuchte Entlassung.

Zusätze und Verbesserungen.

Seite 65. Leopold Ludwig des H. R. R. Graf von Anhalt; (Sein Leben und Bildniß befindet sich im Berlinischen militairischen Taschenkalender, für das Jahr 1788; woraus im letzten Theil dieses Werks das fehlende beigebracht werden soll.)

S. 67. Z. 5. von Pritzen l. Prinzen.

S. 94. Der General von Backhof ist vermält, und zwar mit einer Fr. von Erlach, Schwester des Königl. Preuß. Generallieutenants von Erlach.

S. 116. Z. 1. von Beckwitz l. Beckwith.

S. 130. Jakob von Beschefer war auch Ritter des schwarzen Adlerordens, welchen er im August seines Todesjahres, 1731, erhalten.

S. 136. Konstantin von Billerbeck; erhielt 1784 den 3ten Junius den schwarzen Adlerorden.

S. 185. Hans Ehrenreich von Bornstedt; (Sein Leben und Bildniß befindet sich im Berlin. militair. Taschenkalender, für das Jahr 1788. Mehreres von ihm findet sich auch im letzten Theile dieses Werks.)

S. 204. Z. 4. nach Generalfeldzeugmeister, setze zu: Obrister über ein Regiment zu Pferde und eines zu Fuß, des schwarzen Adlerordens Ritter. 1701 den 17ten Januar erhielt der Marggraf den Adlerorden, und starb zu Schwedt.

S. 264. Hier fehlt der aus sächsischen, 1787, in preußische Dienste getretene Generalmajor. Albert Christian Heinrich des H. R. R. Graf von Brühl; dessen Lebensumstände im letzten Theile dieses Lexikons vorkommen werden.